بِسْمِ اللّٰهِ الرَّحْمٰنِ الرَّحِيْمِ

# LOB FÜR *GEHEIMNISSE DER GÖTTLICHEN LIEBE*

»Der Duft des Geliebten strömt aus jeder Passage dieses großartigen Buches, öffnet sanft die Tore des Herzens und lädt Lesende zu einer direkten Erfahrung dessen ein, was die Autorin so schön evoziert. Ob man sich als Muslim identifiziert, dessen Glauben erblasst ist, oder als jemand, der die Essenz einer Tradition kosten möchte, die er oder sie nicht versteht: *Geheimnisse der Göttlichen Liebe* ist wie eine meisterhafte Landkarte der Seele, die sich auf ihrer Reise nach Hause zum Einen befindet, der alles Existente übersteigt und ihm genauso innewohnt.«

— MIRABAI STARR

Autorin der Bücher *God of Love: A Guide to the Heart of Judaism, Christianity and Islam* und *Wild Mercy: Living the Fierce & Tender Wisdom of the Women Mystics*

»A. Helwas Buch *Geheimnisse der Göttlichen Liebe* ist ein überragendes Verdienst. Wir werden sehr oft gefragt, wo und wie man Zugang zum inneren Herzen der islamischen Tradition findet – hier ist die Antwort! Helwa leistet eine wunderbare Arbeit, indem sie uns, unabhängig von unserem religiösen Hintergrund, durch den Koran, die Lehren des Propheten, Rumi und andere mystische Persönlichkeiten führt. Dies bewältigt sie mit Sanftmut, Güte, stets einladend und nie mit erhobenem Zeigefinger. *Geheimnisse der Göttlichen Liebe* ist ein wunderschönes Buch und ein wichtiger Beitrag, den ich spirituell Suchenden jeglichen Glaubens von ganzem Herzen empfehlen kann.«

— OMID SAFI

Professor für Nahoststudien an der Duke University und Autor des Buches *Radical Love: Teachings from the Islamic Mystical Tradition*

»Dies ist ein Manifest der Liebe, der Liebe zu Gott, der Liebe Gottes zu uns, der Liebe zu uns selbst und der gesamten Schöpfung, ein Manifest der Hoffnung und ein Manifest gegen die Verzweiflung. Helwa stützt sich auf verschiedene literarische Quellen und das Wissen vieler Autorinnen und Autoren, um universelle spirituelle Lehren zu veranschaulichen [...]. Ihre Prosa ist fesselnd, poetisch und durchdrungen von der Leidenschaft und Lebensfreude, die sie selbst verkörpert [...]. Dieses Buch haucht Lesenden den Lebensfunken ein und weckt in ihnen die Sehnsucht, diese Grundsätze selbst zu erfahren.«

—NURA LAIRD

M. Ed., Professorin an der University of Sufism, Vorsitzende der Abteilung für Spirituelle Friedensstiftung, Mediatorin, Sufi-Heilerin und Beraterin

»Die Metaphern und Einsichten, die Helwa in ihrem Werk anführt, sind einfach hinreißend. Ihre Formulierungen bestehen zum Großteil aus bewegter Poesie und sind gespickt mit Perlen der Weisheit, die nach Schönheit duften. Viele ihrer Sätze klingen musikalisch. Du kannst sie mitrappen. Einfach bezaubernd! Die kreative Art und Weise, wie Helwa ihr Herzenswissen in ihr Verständnis des Islams integriert hat, ist atemberaubend.«

—IMAM JAMAL RAHMAN

Autor des Buches Spiritual *Gems of Islam: Insights & Practices from the Qur'an, Hadith, Rumi & Muslim Teaching Stories to Enlighten the Heart & Mind*

»*Geheimnisse der Göttlichen Liebe* ist das Resultat von A. Helwas aufrichtiger Suche nach Wahrheit und Sinn. Außerdem ist es eine Einladung an uns Leser, zu sehen, was sie gesehen hat. Es ist ein faszinierendes Buch, das verschiedene tiefe Einsichten und eine Vision des Islams – und in der Tat des Göttlichen – bietet, die viele Lesende sicherlich als erhellend und motivierend empfinden werden.«

—MOHAMMAD KHALIL

Professor für Islamwissenschaft an der Michigan State University

»*Geheimnisse der Göttlichen Liebe* beginnt mit einem Wort: Liebe. Dieses Wort taucht immer wieder auf, bis Lesende nur einen Bruchteil der Wege verstehen, auf denen Gott Sein Licht über ihnen ausschüttet. Helwa führt ihr Publikum auf eine spirituelle Reise und beleuchtet dabei Aspekte der islamischen Spiritualität, Praktiken und Glaubensgrundsätze. Dieses Buch dient als zeitgemäßes Lehrbuch über den Islam und verbindet Textstellen aus dem Koran mit Denkanstößen und Diskussionsanregungen für ihr Publikum. Immer wieder wird man mit Beispielen für Gottes Barmherzigkeit, Güte, Vergebung, Geduld und Trost umspült. Es ist einfach ein wunderbares Buch, das mit Sorgfalt und Präzision verfasst wurde und uns in Gottes wunderschönen Wandteppich einwebt.«

— DR. NAZITA LAJEVARDI
Außerordentliche Professorin an der Michigan State University und Autorin des Buches *Outsiders at Home: The Politics of American Islamophobia*

»*Geheimnisse der Göttlichen Liebe* beseitigt meine tiefsten existenziellen Ängste, indem es mich daran erinnert, dass ich ein Geschöpf bin, das bedingungslos geliebt wird. Es bezieht Informationen aus bekannten und weniger bekannten Quellen und liefert Beweise, die den Verstand beruhigen und das Herz besänftigen. Der sorgfältig zusammengestellte Inhalt lässt tiefe emotionale Saiten klingen. Ich habe mich unsterblich in Gott und den Islam verliebt.«

— MAHYA SHAMAI
Multidisziplinäre Künstlerin

»*Geheimnisse der Göttlichen Liebe* ist ein Juwel! Es spricht all diejenigen von uns an, die sich als gläubig bezeichnen, diejenigen, die Probleme damit haben, sich so zu fühlen, und alle dazwischen. In einer Sprache der Sanftheit und des Mitgefühls führt uns Helwa auf die verbindende Reise zurück zur Liebe Allahs.«

— LEILA ENTEZAM
Lizensierte Ehe- und Familientherapeutin, MBA,
Vordenkerin für Emotionale Intelligenz

»Das Werk der Autorin hat eine besondere Art, zum Herzen zu sprechen. Diese Lektüre bietet außergewöhnliche spirituelle Nuancen zum Kern des islamischen Glaubens und seiner Praktiken. Mehr denn je brauchen wir Inhalte wie diese, die ein helles Licht auf einen Glauben werfen, der häufig Missverständnissen ausgesetzt wird.«

—SAYYID MAHDI AL-QASWINI

Pädagoge am Islamischen Bildungszentrum von Orange County

»Ein wunderbares Buch, das ein solides Verständnis dieser großen Religion vermittelt und als dringend benötigte Nahrung des Herzens fungiert. Dieses Buch ist eine Quelle der Erhabenheit und Schönheit.«

—DR. FAWZIA AL-RAWI

Autorin des Buches *Der Hauch der Ewigkeit: Die 99 heilenden Namen der Einen Liebe* und Gründerin des Zentrums für weibliche Spiritualität und Sufismus

# GEHEIMNISSE DER GÖTTLICHEN LIEBE

*Eine spirituelle Reise in das Herz des Islams*

## A. HELWA

*AUS DEM ENGLISCHEN VON*

REYHAN ALTINDAS

**Naulit**
PUBLISHING

»Mein Herr, gewähre mir einen wahrhaftigen Eingang,
und gewähre mir einen wahrhaftigen Ausgang, und
schaffe mir von Dir aus, eine hilfreiche Macht.«

KORAN 17:80

»Im Namen Allahs, des Allerbarmers, des Barmherzigen.
Alles Lob gehört Allah, dem Herrn der Welten,
dem Allerbarmer, dem Barmherzigen,
dem Herrscher am Tag des Gerichts.
Dir allein dienen wir, und zu Dir allein flehen wir um Hilfe.
Leite uns den geraden Weg,
den Weg derjenigen, denen Du Gunst erwiesen hast,
nicht derjenigen, die Deinen Zorn erregt haben, und nicht der
Irregehenden!«

KORAN 1:1-7

# Danksagung

*Im Namen Allahs, dessen Liebe dieses Buch ermöglicht hat. Gesegnet sei der Prophet Muhammad ﷺ, dessen Barmherzigkeit mich gelehrt hat, im Glauben zu wandeln. Mein tiefster Dank gebührt allen Propheten, deren Beispiele mich auf dem Weg der göttlichen Liebe leiten. Sidi, der mich gelehrt hat, der Musik meiner Seele zuzuhören. Meiner Mutter, deren Sanftmut und Gebete den Lauf meines Schicksals veränderten. Meinem Vater, der einen aufrichtigen und großzügigen Diener Gottes verkörpert. Amir, dessen gütiges Herz und dessen liebliche Seele mir das Lieben beibringen. Meinem Großvater, dessen spirituelle Geschichten die Seiten dieses Buches füllen. Meiner Familie, die mich immer bedingungslos unterstützt hat. Meinen Seelenfreunden, deren Weisheit und Liebe mich erhebt und inspiriert. Meiner spirituellen Gemeinschaft und insbesondere meinen Lehrern, die mich die Liebe zu Gott und die Erfahrung Seines unendlichen Friedens lehrten. Den Hunderttausenden von freundlichen Seelen in unserer wunderbaren Online-Community, die mir beigebracht haben, was es bedeutet, verletzlich und aufrichtig zu sein. Meiner Seelenschwester Reyhan, die dieses Buch mit Herz und Seele übersetzt hat: Ich bete, dass Allah dich mit dem Besten aus dieser und der nächsten Welt umgibt. Meinen Redakteuren und Designern, die dieses Buch zu seinem größten Potenzial geführt haben. Und in liebevoller Erinnerung an Esmat, die verkörperte, was es heißt, fröhlich, gütig und selbstlos zu sein. Ich widme dieses Buch euch allen und allen spirituell Suchenden, die den Weg der göttlichen Liebe und Wahrheit beschreiten möchten. Alles Lob gebührt Gott.*

**ALHAMDULILLAH**

# INHALT

*»Im Namen Allahs,*
*des Allerbarmers, des*
*Barmherzigen.«*

**KORAN 1:1**

# EINLEITUNG

Liebe. Sie ist der Grund dafür, dass es etwas gibt, anstelle von nichts. Es ist der Boden der Liebe, aus dem die gesamte Existenz erblüht. Liebe ist der Grund, warum wir hier sind. Liebe ist der Grund, warum du diese Worte in deinen Händen hältst, sie auf deiner Zunge sprichst oder sie mit deinen Ohren hörst. Dass dieses Buch seinen Weg in deine Hände gefunden hat, hat nichts damit zu tun, wer ich bin, sondern mit der unermesslich großen Liebe Gottes.

Die Worte, die ich an dich herantrage, sind nicht neu, aber ich glaube, dass viele dieser Lehren der Liebe und Barmherzigkeit in Vergessenheit geraten sind. Der Islam muss nicht verändert werden, es ist nur Zeit, zum spirituellen Herzen und zur Seele seiner zeitlosen Botschaft von Liebe, Barmherzigkeit, Frieden, Freiheit, Gerechtigkeit und Einheit zurückzukehren.

Obwohl es in diesem Buch um islamische Spiritualität und Praktiken geht, bin ich überzeugt, dass Gott erhaben ist über jede Religion oder Philosophie. Ich habe den Islam als meinen Glauben gewählt, aber ich übermittle dir diese Worte aus dem Koran nicht, um dich davon zu überzeugen, sondern um dich daran zu erinnern, wie sehr du von Gott geliebt wirst. Ich bin mir sicher, ebenso wie die Weisheitslehren anderer Glaubensrichtungen meine Beziehung zu Gott bereichert haben, können die tieferen Dimensionen des Islams auch dich inspirieren, unabhängig davon, für welchen Weg du dich entscheidest. Ich bete, dass diese Worte dein Herz wecken, damit du dich tiefer in Allah, Gott, Elohim, Jahwe oder wie auch immer du das höchste ewige Wesen nennen möchtest, das unendlich viele Namen, aber nur eine Essenz hat, verliebst.

Niemand hat die Macht, ein Herz wahrhaftig zu verändern. Ich glaube daran, dass nur Gott allein die Entscheidung treffen kann, welchen Weg wir auf dieser schönen, weiten Erde einschlagen werden. Gott erschafft alles bewusst und willentlich und nichts geschieht durch Zufall. Ich bin eine Schneeflocke im Sonnenlicht, die sich bald wieder in der Erde auflösen wird, die mich einst formte, Gott und Seine Worte jedoch sind ewig und unveränderlich.

Ich schätze mich glücklich, dass du dieses Buch gefunden hast, und ich bete innigst, dass du durch diese Worte vergessene Teile von dir selbst findest. Du bist ein Palast der verborgenen Edelsteine, und der größte Schatz, den du jemals finden könntest, befindet sich bereits in dir. Gold schmilzt, Geld verbrennt, doch du trägst den immerwährenden und geheimnisvollen Atem Gottes in dir, und das kann dir niemals genommen werden.

Deine Verbundenheit mit Gott ist dir angeboren, denn es ist Seine Liebe, die dich ins Leben gerufen hat und Seine Liebe, die dich am Leben hält. Wenn du danach strebst, die tiefe Verbundenheit, die du bereits mit deinem Herrn hast, neu zu beleben, dann bete ich dafür, dass dieses Buch dich auf den Weg der göttlichen Liebe zurückbringt.

*Geheimnisse der Göttlichen Liebe* wurde für denjenigen geschrieben, der in seinem Herzen Sehnsucht verspürt und auf der Suche nach etwas ist, das er bisher nicht finden konnte; für den, der manchmal in Hoffnungslosigkeit versinkt und sich zu unvollkommen fühlt, um von einem vollkommenen Gott geliebt zu werden. Dieses Buch ist für denjenigen, der am Rande seines Glaubens steht und Religion als einen harten Winter anstelle des lebensspendenden Frühlings erlebt hat, als den Gott sie geschickt hat.

Ob du dich auf dem Weg des Islams befindest oder einfach nur Gott kennenlernen möchtest, Geheimnisse der Göttlichen Liebe spricht die Sprache der Spiritualität, um deine Beziehung zu Gott, zu dir selbst und zur Welt um dich herum zu transformieren. Geheimnisse der Göttlichen Liebe vermittelt nicht nur Perspektiven auf die islamische Theologie, die von Herzen kommen, sondern begleitet den Leser durch eine Reihe praktischer Übungen, welche Liebe inspirieren, den Glauben stärken und das Vertrauen auf Gott und die Vertrautheit mit Ihm steigern. Mit inspirierenden Worten des Korans und des Propheten Muhammad ﷺ, spiritueller Poesie und lehrreichen Geschichten der größten spirituellen Meister der Welt, zielt dieses Buch darauf ab, das Herz des Lesenden mit Gott zu verbinden.

*Geheimnisse der Göttlichen Liebe* nimmt dich mit auf eine Reise durch die geheimnisvolle Natur Gottes und Seine bedingungslose Barmherzigkeit und Liebe für dich. Danach erforscht es, wer du bist und wie du den Koran als Wegweiser verwenden kannst, um dein größtmögliches Potenzial zu entfalten. Durch die Enthüllung der spirituellen Geheimnisse, die im Herzen der Säulen, Prinzipien und Praktiken des Islams verborgen sind, lädt dieses Buch dich ein, die göttliche Schönheit zu betrachten, die jedem Atom der Existenz innewohnt. *Geheimnisse der Göttlichen Liebe* ist eine Erinnerung daran, dass Gottes Liebe wie ein heilender Balsam ist, der deine Seele heilt und den Funken des Glaubens in dir neu entfachen kann, ganz gleich, wer du bist.

Das Erwachen zum Glauben ist kein einmaliges Ereignis, sondern eine Realität, die sich kontinuierlich entfaltet. Die Reise des Glaubens ist kein Wettlauf, sondern ein Marathon der Liebe, den jeder Mensch in unterschiedlichem Tempo bestreitet. Obwohl die Gotteserfahrung eines jeden Menschen einzigartig ist, fühlte ich mich beim Verfassen dieses Buches geleitet, meine Geschichte mit dir zu teilen, als ein Beweis dafür, dass Gottes Liebe und Barmherzigkeit die Kraft haben, jedes Herz zu verändern, das sie berühren.

## Meine Reise von der Angst zur Liebe

Ich wurde als Muslimin geboren, doch in meiner Jugend wurde mir nie beigebracht, wie man liebt und was es bedeutet, von Gott geliebt zu werden. In meinen Teenagerjahren gab ich das Beten schließlich auf, und für das nächste Jahrzehnt irrte ich umher auf der Suche nach etwas, das die Leere in meiner Seele füllen könnte. Ich besuchte Moscheen auf der ganzen Welt, lebte in einem Kloster, machte spirituelle Erfahrungen beim Meditieren mit buddhistischen Mönchen, studierte den Taoismus und die Kabbala, doch die Suche nach dem inneren Frieden war vergeblich.

In meinen frühen Zwanzigern reiste ich durch eine kleine Stadt in der Türkei namens Kappadokien. Dort sah ich eine Frau, die tief in ihrer Anbetung Gottes versunken war, und kaum fiel mein Blick auf sie, entflammte sich der göttliche Funke des Glaubens wie ein Blitz erneut in mir. Ich beobachtete, wie sie in einem alten Stall aus dem siebzehnten Jahrhundert betete, als gäbe es nichts auf der Welt außer ihrem göttlichen Geliebten.

Sie wiederholte die Worte des Gebets nicht mechanisch wie eine Formel; vielmehr wurde jedes Wort, das sie aussprach, von einem stillen »Ich liebe dich, mein geliebter Herr« begleitet. Ihre Worte waren wie Synchrontänzer, die im Einklang im Ozean der Liebe schwammen, der sich aus ihr ergoss. Nie zuvor hatte ich in meinem Leben eine Person gesehen, die nicht nur betete, sondern selbst zum Gebet wurde.

Mir wurde sofort klar, dass sie alles besaß, wonach meine Seele gesucht hatte, aber ich hatte noch immer keine Vorstellung davon, was genau es war oder wie ich es erreichen konnte. Es war mir ein Rätsel, wie ich mich plötzlich in einem fremden Land, das ich zuvor nicht gekannt hatte, so zuhause fühlen konnte. Erst viele Jahre später begriff ich, dass unser wirkliches Zuhause nicht die Häuser sind, in denen wir aufwachsen, sondern dass unser wirkliches Zuhause, die Heimat unserer Seele, aus den Ziegelsteinen und dem Mörtel des göttlichen Lobpreises gebaut ist.

Mittlerweile weiß ich, dass die Schönheit, die ich in der Türkei erlebte, nicht nur eine Frau war, die Gott innig liebte, sondern Gottes bedingungslose Liebe, die sich über sie ergoss. Es war der Duft dieser göttlichen Liebe, der den schlafenden Löwen des Glaubens in mir geweckt hat.

Sobald die Öllampe meines Herzens wieder angezündet war, begannen die Dominosteine zu fallen – bis ich einen Imam aus der heiligen Al-Aqsa-Moschee in Jerusalem traf, der mich lehren sollte, wie ich die Samen der Liebe und des Glaubens in mir gießen musste. Es war die Wegweisung dieses älteren palästinensischen Mannes – den ich von da an liebevoll »Sidi« nennen würde –, die mein Leben für immer verändern sollte.

Sidi war ein Meister der spirituellen Wissenschaften des Islams und der erste Lehrer, den ich je hatte, der mich durch die Tür seiner Liebe zu Gott rief. Sidi sagte uns: »Wisse, meine Liebe, dass die Liebe zwischen Allah und Seiner Schöpfung ewig ist und der Stromkreis Seiner Liebe durch alles fließt. Wenn das nicht so wäre, würde sich nichts bewegen, was sich bewegt; nichts würde leben, was lebt. Jeder Planet in seiner Umlaufbahn und jede Zelle in ihrem Lauf ist ein Zeuge der Liebe Allahs und ein Zeichen Seiner Weisheit. Bewahre diese Liebe in dir und liebe immer mit ihr, denn in dem Moment, in dem du sie verlierst, wirst du dich selbst verlieren; und du wirst Ihn verlieren.« Je tiefer ich in den Koran, das Herz der Propheten und die Lehren der zahllosen Weisen der islamischen Geschichte eintauchte, desto mehr stellte ich fest, dass die Liebe schon immer die Seele des Islams war – nur war es mein Herz, das erblindet war und diese Liebe nicht wahrnehmen konnte.

Als ich begann, mich intensiver mit der Suche zu beschäftigen – zu fasten, zu beten und über Gottes Worte nachzudenken –, begann ich, in meinem Herzen Orte zu berühren, von deren Existenz ich zuvor nichts gewusst hatte. Langsam wurde mein verhärtetes Herz weicher, was meine spirituelle Sicht wieder klarer machte. Die äußere Schale dessen, für wen ich mich hielt, begann zu bröckeln, als die Maske meines Egos wegzuschmelzen begann und einen Geist enthüllte, den ich von Zeit zu Zeit gespürt, aber nie zur Gänze angenommen hatte.

Als ich endlich die Freude meines authentischen Selbst zu spüren begann – die ich später als *Fitra* oder ursprüngliche Gutheit kennenlernen sollte, die im Kern aller Menschen existiert –, fühlte ich mich berufen, darüber zu schreiben. Aber erst vor ein paar Jahren wurde dieser Ruf so laut, dass ich ihn nicht mehr ignorieren konnte. Die Botschaft war klar: Schreib ein Buch über das liebende Herz des Islams. Obwohl die Anweisung eindeutig war, schürten die Stimmen des Zweifels in meinem Kopf die Flammen meiner Unsicherheit und gaben mir das Gefühl, dessen, was Gott von mir verlangte, nicht würdig zu sein.

## »Ich bin nicht gut genug«

Ich hatte das Gefühl, kaum etwas über den Islam zu wissen, und die Stimme, die da flüsterte: »Ich bin nicht gut genug«, begann in meinem Kopf zu hallen wie eine Milliarde Schmetterlinge, die im Gleichklang zum Soundtrack meiner Angst flatterten. Ich wandte mich immer wieder an Gott und sagte: »Ich bin dieser Aufgabe nicht würdig«, und sagte es immer wieder, bis mein Herz eines Tages Gott zurückflüstern hörte: »Ich weiß, dass du nicht gut genug bist. Genau aus diesem Grund habe Ich dich ausgewählt. Distanziere dich noch mehr von dieser Aufgabe. Das ist nicht etwas, das du tun wirst, sondern etwas, das Ich durch dich tun werde.«

Plötzlich wurde mir klar, dass der ganze Sinn des Glaubens nicht darin besteht, »gut genug« zu sein, bevor wir uns auf den Weg zu Gott machen, sondern mit all unseren Fehlern und Schwächen zu Ihm zurückzukehren, in dem Bewusstsein, dass nur Er unsere Lücken durch Seine Barmherzigkeit füllen kann.

Ich erkenne jetzt: Die Dinge, von denen Gott will, dass wir sie in Seinem Namen tun, basieren nicht auf unseren momentanen Fähigkeiten, sondern auf dem, was durch unser größtes gottgegebenes Potenzial möglich ist. Als ich mich von meiner begrenzten Fähigkeit abwandte und mich der unendlichen Größe Gottes zuwandte, löste sich meine Angst wie Wolken in der Gegenwart Seines Lichts auf. Wie der Stab Moses durchbrach diese Eingebung das Rote Meer der Angst in mir und legte einen Weg durch die Begrenzungen frei, die ich geschaffen hatte.

In diesem Moment war ich bereit, geformt zu werden. Ich fühlte mich wie Ton in den Händen des Schöpfers. Ich vertraute darauf, dass Gott mir einen Weg bahnen würde – nicht aufgrund dessen, wer ich bin, sondern weil Er so barmherzig und liebevoll ist.

## Das gewaltige Bittgebet eines Fremden

Eines Abends, nachdem ich stundenlang recherchiert und geschrieben hatte, öffnete Gott die Ohren meines Herzens, damit ich das Gebet eines Kindes irgendwo auf der Welt hören konnte, das Ihn um etwas bat, das ich schreiben sollte. Es ist schwer zu erklären, aber es fühlte sich an, als würde Gott mir zeigen, dass dieses Buch mehr ist als nur Worte auf Papier. Dieses Buch ist ein Fingerzeig auf einen lebendigen Gott, der sich kümmert und barmherzig jedes einzelne unserer Gebete anhört. In diesem Moment fühlte ich, wie mich Demut überkam. Ich hatte Tausende von Stunden meines Lebens damit verbracht, über dieses Buch nachzudenken und es schließlich in Worte zu fassen, nur damit dadurch ein einziges aufrichtiges Gebet beantwortet würde. Ich dachte mir:

*Wer ist diese Person? Wer ist derjenige, der ein so schönes Herz besitzt, dass er ein so gewaltiges Gebet sprechen kann?*

Wer auch immer du bist, ich bin mir sicher, dass du dieses Buch eines Tages finden wirst, und wenn du das tust, möchte ich dir versichern, dass Gott dich liebt. Dein Gebet hat Gott so viel bedeutet, dass Er Dutzende von Menschen zusammengebracht hat, die ihr Leben der Schaffung dieses Buches gewidmet haben, um deinen aufrichtigen Ruf zu beantworten. Ich denke oft an dich und daran, dass dieses Buch dir gehört. Schließlich waren es deine Liebe und deine Sehnsucht, die etwas in Bewegung gesetzt haben, das über mich hinausgeht.

Ich bin keine Schriftstellerin. Ich bin eine Träumerin und eine Person, die Gott liebt. Diese Worte haben ihren Platz auf dieser Seite gefunden, weil Gott es so bestimmt hat.

## *Alhamdulillah*, alles Lob gebührt Gott

Wenn etwas in diesem Buch Inspiration in dein Leben bringt, schreibe es bitte nicht mir zu. Ich bin lediglich eine Blumenpflückerin; ich bin nicht diejenige, die diese Ideen gepflanzt hat. Wenn du die Regung des Lebens in dir spürst, dann liegt das an all dem, was Gott bereits in dir gepflanzt hat. Wenn du auf einen Fehler in diesen Worten stößt, dann sei dir im Klaren, dass meine Menschlichkeit daran schuld ist.

Dieses Buch soll dich an all das erinnern, was du bereits bist und schon immer warst, es soll dich daran erinnern, dass du wichtig bist, dass Gott dich bedingungslos liebt, dass du bewusst mit einer göttlichen Bestimmung erschaffen wurdest und dass du bereits alles besitzt, was du brauchst, um dein Herz und deine Seele auf dem Weg zu Gott zu erwecken. Setze dein Vertrauen in das Göttliche und lass dich von Ihm zurückführen in die Arme Seiner immerwährenden Liebe.

Mit Liebe und Licht

A. Helwa

*»Ein reines Herz wird
mit dem Elixier der
Wahrheit befüllt, wenn
es empfänglich ist für
das Licht.«*

RUMI

# LESEN MIT OFFENEM HERZEN

Wenn wir unser Herz für das Licht Gottes öffnen, beginnen wir die Antworten auf unsere verworrensten Fragen zu finden. Ich wünsche mir, dass du durch dieses Buch eine Gotteserfahrung machst, indem du dich Ihm mit offenem Herzen zuwendest, anstatt lediglich neue Informationen über Gott zu erwerben.

Es gibt zahlreiche Techniken und Erfahrungen, um die Öffnung des spirituellen Herzens herbeizuführen. Eine dieser Möglichkeiten ist, mehrere tiefe Atemzüge zu nehmen, deine Hand auf die Brust zu legen und deinen Atem bis zu deinem Herzen wahrzunehmen. Anschließend kannst du die Absicht fassen, diese Worte nicht nur mit dem Verstand, sondern mit den Augen und Ohren deines Herzens zu lesen und zu hören.

Selbst wenn unsere Zweifel einen ganzen Ozean umfassen, kann das Licht von Gottes Weisheit über die entferntesten Horizonte hinausgehen und unsere Herzen mit Zufriedenheit erleuchten. Ich bete inbrünstig dafür, dass dieses Buch dir einen Geschmack dessen geben wird.

## Einige zu berücksichtigende Aspekte

Obwohl dieses Buch dich durch die wichtigsten Konzepte der islamischen Spiritualität führt, ist es kein Lehrbuch über den Islam. Anstatt jeden Aspekt der spirituellen Praxis eines Muslims zu betonen, hebt es inspirierende und praktische Erkenntnisse aus dem Koran und der islamischen Tradition hervor.

Bevor wir jedoch in den Ozean der göttlichen Liebe eintauchen, möchte ich einige stilistische Punkte erläutern, um Unklarheiten zu vermeiden.

1. Ich verwende die Namen Allah und Gott synonym, um den Lesenden gegenüber zum Ausdruck zu bringen, dass Gott, die eine transzendente allgegenwärtige Realität, und Allah ein und dasselbe sind. Obwohl das arabische Wort »Allah« viele Konnotationen hat, die das englische Wort für »Gott« (*God*), nicht hat, erschien es mir wichtig, beide zu verwenden, da die Mehrheit der Muslime Arabisch nicht als Muttersprache spricht. Da Allah jede Sprache überragt, werde ich mich auch oft metaphorisch ausdrücken, indem ich verschiedene Aspekte Seiner heiligen Eigenschaften durch die Verwendung von Symbolen und Metaphern ausdrücke.

2. Nach den Worten »Prophet Muhammad«, »Prophet« oder »Muhammad« findest du das arabische Symbol ﷺ, was für *salla Allahu 'alaihi wa sallam* steht und übersetzt »Gott segne ihn und schenke ihm Frieden« bedeutet. Dieses Zeichen ist im Text enthalten, weil Allah im Koran anweist, die Segenswünsche für den Propheten ﷺ jedes Mal auszusprechen, wenn sein Name erwähnt wird. Im Koran heißt es: »Siehe, Allah und Seine Engel segnen den Propheten. O ihr, die ihr glaubt! Sprecht den Segenswunsch für ihn und begrüßt ihn mit dem Friedensgruß.« (33:56) Wenn wir Segenswünsche für den Propheten ﷺ aussprechen, folgen wir gewissermaßen dem heiligen Pfad (*Sunna*) Allahs und Seiner Engel.

3. Die Worte, die der Prophet ﷺ außerhalb der Rezitation des Korans sprach, wurden als Hadithe bezeichnet. Diese prophetischen Aussprüche, gepaart mit den schriftlichen Aufzeichnungen über die täglichen Praktiken des Propheten, bilden die Sunna oder das »Beispiel des prophetischen Weges«. Nach dem Koran ist die Sunna des Propheten ﷺ, wie sie von seiner Familie und seinen rechtschaffenen Gefährten nachgeahmt und bewahrt wurde, einer der wichtigsten Wegweiser für Muslime. Obwohl es viele Buchbände bestätigter Überlieferungen gibt, existieren auch gefälschte Hadithe, die dem Propheten ﷺ im Laufe der Zeit fälschlicherweise zugeschrieben wurden. Die in diesem Buch zitierten Hadithe wurden sorgfältig aus seriösen Quellen ausgewählt, bekräftigen Grundsätze, die den Kern der Botschaft des Korans bilden, und werden in den Endnoten als Referenz für weitere Studien angeführt.

4. Die von mir in der englischen Originalausgabe dieses Buches verwendeten Koranübersetzungen stammen aus der Arbeit einer großen Zahl von Übersetzern, zu denen unter anderem die folgenden gehören: Muhammad Asad, Muhammad Sarwar, Yusuf Ali, A. J. Arberry, Mohsin Khan, Muhammad Pickthall, Yahya Emerick und Laleh Bakhtiar. Beeinflusst haben mich auch die Übersetzungen von Dr. Hossein Nasr und dem Team von *The Study Qur'an* sowie die berühmte *Sahih-International*-Übersetzung der amerikanischen Konvertiten Emily Assami, Amatullah Bantley und Mary Kennedy. Gelegentlich habe ich auch grammatikalische Anpassungen an den englischen Übersetzungen aus dem neunzehnten Jahrhundert vorgenommen, um den Text für das moderne Publikum zugänglicher zu machen. In der vorliegenden deutschen Fassung stammen die Koranübersetzungen aus Scheich Abdullah as-Samit Frank Bubenheims und Dr. Nadeem Elyas' Koranübersetzung *Der edle Qur'an* sowie der von Murad

Wilfried Hofmann überarbeiteten Koranübersetzung *Der Koran – das Heilige Buch des Islam* von Max Henning.

5. Immer wenn auf eine bestimmte Offenbarung des Korans verwiesen wird, findest du den Satz gefolgt von zwei durch einen Doppelpunkt getrennten Zahlen, z. B. *(57:4)*. Die erste Zahl, in diesem Fall *57*, bezieht sich auf das Kapitel (Sure); die zweite Zahl, in diesem Fall *4*, bezieht sich auf den Vers (*Aya*) innerhalb der 57. Sure. Die Angabe *(1:5–7)* bedeutet also, dass der zitierte Text aus der ersten Sure stammt, wie durch die 1 angegeben, und sich auf die Verse 5 bis 7 bezieht. Ich habe diese Angaben auch hinter eigenen Sätzen gemacht, die von bestimmten Versen im Koran inspiriert wurden.

6. Mit dem Wort »Mystiker« beziehe ich mich auf spirituelle Meister in der islamischen Tradition, die über den Buchstabenglauben der Religion hinaus in den Bereich des Herzens vorgedrungen sind. Ein Mystiker ist nicht jemand, der die Regeln des Korans und der prophetischen Tradition missachtet, sondern jemand, der versucht, die esoterischen Lehren des Glaubens durch eine Sichtweise der Liebe und Freude zu lernen. In der Tat sind die meisten Äußerungen muslimischer Mystiker direkt vom Koran und dem Propheten ﷺ oder von der Familie des Propheten ﷺ und seinen engsten Gefährten inspiriert.

7. Ich stütze mich stark auf die tiefe Weisheit von Ali Ibn Abu Talib, der islamischen Persönlichkeit des siebten Jahrhunderts, der von vielen auch Imam Ali genannt wird. Der spirituelle Meister Imam Ali, möge Allah mit ihm zufrieden sein und ihm Frieden gewähren, war der Cousin und Schwiegersohn des Propheten ﷺ und nach dessen Frau die erste Person, die zum Islam konvertierte. Der Prophet Muhammad ﷺ sagte über Imam Ali: »Ich bin die Stadt des Wissens und Ali ist ihr Tor.«[1] Imam Ali gilt als Symbol der Einigung und des Friedens, denn Sunniten, Schiiten und Sufis folgen seinem Weg und

bewundern ihn für seine Tapferkeit, seine Führungsstärke und sein spirituelles Wissen. Ich stütze mich auch auf die wunderschönen Betrachtungen des islamischen Theologen und Dichters Jalaluddin Rumi, dessen berühmtestes Buch, das *Mathnawi*, ein poetisches Meisterwerk ist, das direkt vom Koran inspiriert wurde. Die vorliegenden Zitate wurden von Reyhan Altindas aus der englischen Originalausgabe dieses Buches ins Deutsche übersetzt. Die englischen Quellenangaben finden sich im Literaturverzeichnis.

8. Wenn Wörter im Arabischen nicht korrekt übersetzt werden konnten, habe ich als Anhaltspunkt die arabische Transliteration des Wortes in Klammern gesetzt.

9. Viele der Zitate, spirituellen Geschichten und Lehrparabeln, die ich in dieses Buch aufgenommen habe, sind nicht mit spezifischen Quellen versehen, da es sich um mündlich überlieferte Geschichten aus verschiedenen Kulturen und Religionen handelt. Ich bin all meinen Freunden, Lehrpersonen und besonders meinem Großvater für immer dankbar, dass sie sich die Zeit genommen haben, diese unbezahlbaren Geschichten mit mir zu teilen, sodass ich sie nun mit euch teilen kann.

10. Am Ende eines jeden Kapitels findest du eine Reflexionsübung, die dir helfen soll, die Lehren des Kapitels in deinem täglichen Leben anzuwenden. Diese Abschnitte schienen für mich deshalb wichtig, weil im Koran die Aneignung von Wissen ohne Verinnerlichung und Umsetzung in die Praxis als das Gleichnis »eines Esels, der eine Last von Büchern trägt« (62:5) beschrieben wird. Das eigentliche Ziel dieser Praktiken ist es, das aktive Lesen des Textes zu fördern, bei dem Lesende die Informationen nicht nur intellektuell verstehen, sondern sie auch aufnehmen und in die eigene Glaubenspraxis einbeziehen. Bevor man sich diesen Übungen nähert, empfiehlt es sich, eine Absicht zu fassen oder zwei Einheiten (*Raka'at*) des rituellen Gebets (*Salah*) zu verrichten, denn wenn wir bewusst handeln und spirituell

achtsam sind, wird unsere Erfahrung der Übung bedeutungs-
voller und tiefgründiger werden. Für einige der Übungen
wird empfohlen, sie eine Woche lang täglich durchzuführen,
während andere je nach Bedarf anzuwenden sind. Führe jene
Übungen aus, zu denen du dich hingezogen fühlst und die
dein Herz erwecken und inspirieren.

## *Intra*konfessionell: Unsere spirituellen Gemeinsamkeiten feiern

Dieses Buch behandelt keine Themen wie die Geschichte und
Entwicklung der islamischen Theologie, sondern zielt darauf ab, eine
Brücke zu schlagen – nicht nur zwischen dem Islam und anderen
Glaubensrichtungen durch universelle spirituelle Wahrheiten, sondern
auch zwischen verschiedenen Muslimen, die ihre Religion unterschied-
lich praktizieren.

Es gibt allgemein gesprochen zwei große Denkschulen innerhalb
des Islams: sunnitische Muslime, die etwa 80 bis 85 Prozent der muslimischen Bevölkerung weltweit ausmachen; die schiitischen Muslime,
die etwa 10 bis 13 Prozent ausmachen; und eine Handvoll anderer spiritueller Perspektiven innerhalb des Islams, von denen sich viele mit dem
Sufismus identifizieren.[2] Obwohl sich Sufis im Allgemeinen entweder
als Sunniten oder Schiiten betrachten, neigen sie eher dazu, sich auf die
inneren Dimensionen des Islams zu konzentrieren. Nichtsdestotrotz
handelt es sich bei den Unterschieden zwischen Sunniten und Schiiten
überwiegend um historische Meinungsverschiedenheiten, die sich im
Laufe der Zeit zu theologischen Differenzen entwickelt haben.

Ich habe festgestellt, dass es in muslimischen Kreisen oft einfacher
ist, Brücken zu Menschen anderer Glaubensrichtungen zu schlagen, als
eine Verbindung zu jemandem herzustellen, der zwar Muslim ist, aber
die Religion anders praktiziert. Es halten sich viele hartnäckige Mythen
und Fehlannahmen, weil es zu wenige Berührungspunkte zwischen den
verschiedenen Denkschulen gibt.

Es ist nicht Ziel dieses Buches, historische Debatten aufzugreifen, sondern vielmehr, eine inspirierende, erbauliche und spirituelle Sichtweise auf die Überzeugungen, Praktiken und Prinzipien zu bieten, die Millionen von Muslimen teilen. Als Gläubige können wir durch unsere geteilte Sehnsucht nach Gott immer eine gemeinsame Grundlage finden.

> *»Und haltet alle fest am Seil Allahs und geht nicht*
> *auseinander!«*
>
> **KORAN 3:103**

Wenn es um inter- oder innerreligiöse Beziehungen geht, sprechen wir oft davon, »tolerant zu sein« gegenüber unterschiedlichen religiösen Ansichten und Theologien. Aber der Koran verlangt von uns mehr als Toleranz und ruft uns auf, einander kennenzulernen und offenherzig zu sein[3] für die Erfahrung des anderen, ohne dabei von der Einheit und dem höchsten Wesen Gottes Abstriche zu machen (58:11).

Wenn wir jemanden nur aufgrund einer Bezeichnung beurteilen, die für jeden etwas anderes bedeutet, verlieren wir die Chance, diese Person so kennenzulernen, wie sie wirklich ist. Im Koran heißt es: »O ihr Menschen, Wir haben euch ja von einem männlichen und einem weiblichen Wesen erschaffen, und Wir haben euch zu Völkern und Stämmen gemacht, damit ihr einander kennenlernt. Gewiss, der Geehrteste von euch bei Allah ist der Gottesfürchtigste von euch.« (49:13) Es mag sein, dass wir hinsichtlich der Interpretation bestimmter historischer Ereignisse oder theologischer Punkte nicht immer einverstanden sind, aber um diesen Vers des Korans zu befolgen, müssen wir aus unserer Komfortzone heraustreten und jeden Menschen ohne jedwede Diskriminierung kennenlernen.

Damit möchte ich nicht sagen, dass wir unsere Unterschiede ignorieren sollten, sondern dass es wichtig ist, sich der Tatsache bewusst zu sein, dass die Art und Weise, wie jemand seinen Glauben tatsächlich lebt und zum Ausdruck bringt, viel mehr über seine Beziehung zu Allah aussagt als eine Bezeichnung. Es wäre arrogant zu denken, dass wir nur aufgrund eines Artikels im Internet oder einer Predigt, die wir gehört haben, alles über eine Person oder ihren Glauben wissen. Außerdem wird die

Wahrheit niemals eine Chance haben, sich zu entfalten, wenn wir ständig Menschen aus unserem Leben oder unserer Religion ausschließen, mit denen wir uns nicht einig sind. Schließlich kann nur Gott in das Herz eines Menschen blicken, also kann auch nur Gott sagen, wer aufrichtigen Glauben in seinem Herzen trägt. Es liegt nicht an uns, diese Entscheidung zu treffen.

Die Geschichte lehrt, welch große Bemühungen sowohl die Familie des Propheten ﷺ als auch die rechtschaffensten seiner Gefährten auf sich genommen haben, um in den verschiedenen Konflikten, die die frühe muslimische Gemeinschaft zu bewältigen hatte, Einheit zu schaffen und zu wahren. Mögen wir den rechtschaffenen Beispielen folgen, die diejenigen hinterlassen haben, die unser Prophet ﷺ liebte. Mögen wir uns bemühen, Brücken zu bauen, wo Mauern stehen, und darauf hinarbeiten, Frieden auf dieser Erde zu schaffen. Mögen wir dem Ruf Gottes folgen und das bestmögliche Leben führen, indem wir uns an den Koran sowie die Beispiele des Propheten ﷺ halten und unseren Glauben demütig durch Taten der Güte, Liebe und Barmherzigkeit gegenüber der gesamten Menschheit teilen.

Ich denke, dass eine innerreligiöse Kommunikation oder ein Brückenschlagen innerhalb der muslimischen Gemeinschaft nicht nur möglich, sondern auch leicht zu bewerkstelligen ist, wenn wir uns auf unsere gemeinsamen moralischen Grundsätze konzentrieren, den Koran als Kompass verwenden und uns den Propheten Muhammad ﷺ zum Wegweiser nehmen. Um so integrativ wie möglich zu sein, wird sich dieses Buch auf die fünf Säulen des sunnitischen Islams stützen, da diese Kernprinzipien auch in den schiitischen Lehren der Grundlagen der Religion (*Usul ad-Din*) und der Zweige der Religion (*Furu' ad-Din*) enthalten sind. Im Mittelpunkt des Buches stehen die folgenden universellen Wahrheiten des islamischen Glaubens: die Bezeugung (*Schahada*) der Einheit Gottes und des Prophetentums Muhammads ﷺ, das rituelle Gebet (*Salah*), das Fasten (*Saum*), die Almosensteuer (*Zakat*) und die Pilgerfahrt nach Mekka (*Haddsch*).

Obwohl in diesem Buch nicht spezifisch auf die zusätzlichen Praktiken und Grundsätze eingegangen wird, die in der schiitischen Auffassung des Islams fest verankert sind, erscheint es wichtig, einige von ihnen hier zu erwähnen, um das innergemeinschaftliche Bewusstsein zu fördern. Neben den fünf Grundprinzipien, zu denen sich alle Muslime bekennen, betrachten viele schiitische Muslime die folgenden Überzeugungen und Lehren als Eckpfeiler ihrer Glaubenserfahrung: den Glauben an die göttliche Gerechtigkeit (*'Adl*), den Glauben an den Tag des Gerichts und die Auferstehung (*Mi'ad*) und den Glauben an die Rechtleitung (*Imama*). Weitere Schwerpunkte sind das Gebieten des Guten (*Amr bil-Ma'ruf*), das Verbieten des Schlechten (*Nahi 'anil-Munkar*), die Zahlung der zusätzlichen Vermögensabgabe an Bedürftige in Höhe von 20 Prozent (*Chums*), die Bemühung für Allah mit Leben und Vermögen (*Dschihad*), die Liebe zu den Gläubigen und den Gottesfreunden (*Tawalla*) und die Abgrenzung von denen, die den Weg des Guten, den der Prophet ﷺ geebnet hat, nicht ehren (*Tabarra*).

Viele dieser Grundsätze beruhen direkt auf Versen des Korans und werden daher von Muslimen weltweit befolgt, auch wenn sie nicht immer auf gleiche Weise interpretiert und konzeptualisiert werden. Obwohl es Unterschiede zwischen Sunniten, Schiiten und Sufis gibt, bestehen auch viele Gemeinsamkeiten auf spiritueller Ebene, die sowohl Muslime als auch aufrichtige Suchende aller anderen spirituellen Wege erbauen und inspirieren können.

## Sunnitische, schiitische und Sufi-Imame

Um sicherzustellen, dass dieses Buch mit der tieferen Bedeutung des Korans und der prophetischen Tradition im Einklang steht, habe ich die editorische Hilfe mehrerer Imame oder religiöser Autoritätspersonen in Anspruch genommen. In einem Akt der Vereinigung suchte ich Hilfe bei sunnitischen, schiitischen und Sufi-Imamen, in der Hoffnung, mit diesem Buch einen Treffpunkt zwischen diesen drei islamischen Perspektiven zu schaffen, so sollten Imame mit unterschiedlichen Hintergründen es als theologisch fundiert bestätigten.

> *»Gewiss, die Gläubigen sind Brüder. So stiftet Frieden*
> *zwischen euren beiden Brüdern und bleibt euch Gottes*
> *bewusst, auf dass ihr Erbarmen finden möget.«*
>
> KORAN 49:10

Dieses Buch trifft keine Aussage darüber, welcher Weg mehr oder weniger richtig ist, sondern beabsichtigt lediglich, die muslimische Gemeinschaft daran zu erinnern, dass der Koran und der Prophet ﷺ unsere gemeinsame Basis sind. Und so Gott will, können wir Seine wunderbare Offenbarung und Seinen Gesandten als Brücke für gegenseitiges Verständnis und Liebe zueinander nutzen.

## Ich bin Muslimin.

Den vielen, die mich gefragt haben, ob ich Sunnitin, Schiitin oder Sufi bin, antworte ich: »Ich bin Muslimin.« Der Prophet Muhammad ﷺ war ein Muslim. Seine Familienmitglieder, wie etwa Imam Ali, waren Muslime. Seine rechtschaffenen Gefährten nannten sich selbst Muslime. Seine Tochter, die geliebte Fatima Zahra, war eine Muslimin. Als Anhängerin der Überlieferungen des Propheten ﷺ, als Anhängerin der Familie des Propheten ﷺ, als Anhängerin der rechtschaffenen Gefährten des Propheten ﷺ und als Schülerin von wunderbaren Lehrpersonen und Gottesfreunden kann ich mich nur als Muslimin bezeichnen.

Ich liebe all die aufrichtigen und rechtschaffenen Menschen, die mein Prophet ﷺ wahrhaft geliebt hat. Ich liebe alle Menschen auf der Welt, die sich bemühen, gütiger zu sein, liebevoller zu sein und die besten Versionen ihrer selbst zu werden. Ich liebe diejenigen, die sich bemühen, die versuchen, ihren Weg zu finden, die versuchen, ihren Glauben zu finden und die noch nicht den Frieden gefunden haben, den sie suchen. Wenn der Schöpfer des Universums dich als würdig ansieht, erschaffen zu werden, wie kann ich dich dann nicht lieben? Wie könnte ich nicht lieben, was die Liebe selbst erschaffen hat? Ich respektiere deine Freiheit, den spirituellen Weg zu wählen, zu dem du dich berufen fühlst, und ich liebe deine ehrwürdige Seele, unabhängig davon, ob ich mit deiner Wahl einverstanden bin oder nicht. Wenn ich dich ansehe, dann sehe ich nur die Schönheit von Allahs Schöpferkraft und Liebe.

> *Wenn du Sunnit bist, bist du hier willkommen.*
> *Wenn du Schiit bist, bist du hier willkommen.*
> *Wenn du Sufi bist, bist du hier willkommen.*
> *Wenn du einer anderen Religion oder Philosophie angehörst,*
>     *bist du hier willkommen.*
> *Wenn du immer noch auf der Suche bist,*
>     *bist du hier ebenfalls willkommen.*

Wie jemand einst so schön sagte: »Komm so, wie du bist, zum Islam, wie er ist.« Das Ziel dieses Buches ist es nicht, den Islam zu verändern, sondern vielmehr die Art und Weise, wie er gesehen wird, indem es eine inspirierende Herangehensweise an die klassische islamische Theologie anbietet.

Ich bin eine Muslimin, die weiß, wie es sich anfühlt, verloren zu sein und dann zur Liebe zurückgeführt zu werden. Ich habe Hunderte von Büchern gelesen, Tausende von Stunden damit verbracht, Vorträgen zuzuhören, und die Welt bereist, um Meister der Mystik und Religion zu interviewen, damit ich dieses Buch für Menschen schreiben kann, die sich verloren fühlen und nicht zu finden scheinen, was sie suchen. Die spirituellen Geheimnisse, die zwischen den Seiten dieses Buches versteckt sind, sind kleine Spuren und Wegweiser, die zurück zum Einen führen, den wir manchmal aus den Augen verlieren, der uns aber nie aus den Augen verliert.

»Sprich: ›Er ist der Eine Gott, Allah, der Absolute.
Er zeugt nicht und ist nicht gezeugt, und es gibt
keinen, der Ihm gleicht.‹«

**KORAN 112:1-4**

»Er ist Allah, außer dem es keinen Gott gibt, der
Kenner des Verborgenen und des Offenbaren. Er
ist der Allerbarmer und Barmherzige. Er ist Allah,
außer dem es keinen Gott gibt, der König, der
Heilige, der Friede, der Gewährer der Sicherheit,
der Wächter, der Allmächtige, der Gewalthaber,
der Stolze. Preis sei Allah! (Und erhaben ist Er)
über das, was sie (Ihm) beigesellen. Er ist Allah,
der Schöpfer, der Erschaffer, der Gestalter. Sein
sind die schönsten Namen. Ihn preist (alles), was in
den Himmeln und auf der Erde ist. Und Er ist der
Allmächtige und Allweise.«

**KORAN 59:22-24**

# 1

# ALLAH: DER URSPRUNG DER LIEBE

Allah ist der Schöpfer des Universums und das Licht der Himmel und der Erde. Er ist die eine absolute, transzendente Wirklichkeit, die alle Unterschiede im Ozean Seiner Liebe vereint. Er ist das Licht, das die Blumen zum Blühen bringt. Er ist der Atem der Liebe hinter dem Wind, der die Bäume im Winter entkleidet und sie im Frühling mit Blüten schmückt. Er ist die Kraft, die Berge sich erheben lässt. Er ist der Künstler, der die Rezeptoren deiner Augen mit Farben bemalt. Er ist das Leben hinter der gesamten Natur. Er ist es, der einen Samen keimen lässt, um einen Baum zu erschaffen. Er ist es, dessen Liebe Steine in Gold verwandelt. »Und Allah hat euch aus den Leibern eurer Mütter hervorgebracht, während ihr nichts wusstet. Und Er hat euch Gehör, Augenlicht und Herzen gegeben, auf dass ihr dankbar sein möget.« (16:78) Allah ist der Schöpfer aller Naturgesetze, Er ist es, der »jedem Ding sein Dasein und Wesen gegeben hat« und es in Seinen vollkommenen Plan eingeschlossen hat (20:50).

Allah ist *as-Samad*, was nicht nur »der Unabhängige« bedeutet, sondern von der Wortwurzel »fest, undurchdringlich, ausgefüllt« kommt.[1] Allah ist der Eine, der keine Lücken hat, nicht aus Teilen zusammengesetzt ist und auch keine Teilung zulässt. Wo Allah metaphorisch ganz ist, sind wir nichts als Löcher. Wir bestehen aus Atomen, die zu 99,99999 Prozent aus leerem Raum bestehen.[2] Wenn wir uns an irgendetwas Existentem außer Allah festhalten wollen, so greifen wir ins Leere. Nichts in dieser Welt kann uns erfüllen, denn alles in ihr besteht ebenfalls aus leeren Atomen. Nur wenn wir nach Gott greifen, sind wir spirituell erfüllt und zufrieden, denn Er ist *al-Ahad*, der Eine, der Vollkommene, die unteilbare Essenz, die über Zahlen oder Teile erhaben ist.

Allah ist der Erschaffer der Zeit, der Former des Raumes, der Weber der Seelen, der Wender der Herzen, Er ist derjenige, der alles stufenweise erschafft und doch jenseits der Grenzen der Zeit ist. Das Leben wird aus Seinem Hauch erschaffen; der Kosmos formt sich aus den Schwingungen Seiner Rede; und Liebe wird aus dem Schoß Seiner Barmherzigkeit geboren. Er ist es, der »Sei!« zum gewaltigen Nichts sprach, worauf die Existenz ins Dasein kam. Seine Worte inspirieren das Licht, die Dunkelheit des Nichts zu durchbrechen, hin zur Morgendämmerung des Lebens.

Die Sonne geht unter, die Sterne werden scheu, der Mond versteckt sich hinter den Wolken, doch Er ist das Licht, das niemals vergeht. Er ist nicht das Universum, Er ist der Atem hinter der Ausdehnung von Raum und Zeit. Gott ist nicht das, was die Augen sehen; Er ist das, was den Augen Sehkraft verleiht. Er ist nicht das, was die Hände berühren können; Er ist das, was dich inspiriert, danach zu greifen. Gott ist die Kraft hinter aller Bewegung, denn »Ihn bittet, wer in den Himmeln und auf Erden ist. Jeden Tag ist Er am Werk« (55:29). Er ist es, der alle Dinge paarweise erschaffen hat (51:49), damit du erkennst, dass Er allein einzigartig ist. Er ist derjenige, der unabhängig ist, von dem aber alles andere abhängig ist. Gott ist derjenige, der unsterblich ist, aber sterben lässt; derjenige, der niemals erschaffen wurde, aber Leben schafft; derjenige, der niemals gebärt, aber »weiß, was im Mutterleib ist« (31:34).

*Er ist es, der keinen Anfang hat, aber von dem alles
ausgeht; Er ist es, der kein Ende hat, zu dem aber alles
zurückkehrt.*

Gott hat dich nicht nur einmal erschaffen, Er erschafft dich laufend
neu und hält dich aufrecht (10:4). Er wickelt Seine Liebe wie die Arme
einer Galaxie um jede Seele, die kommt und sucht; Er versetzt deine
Zellen mit seinem Gesang in Harmonie und trommelt dein Herz in einen
Rhythmus. Er ist es, der dich aus Wasser und Erde erschaffen hat (23:12),
der dich Seinen Engeln vorgezogen hat (7:11), der ein Abbild Seines
gesamten Universums in den Boden deiner Seele gepflanzt hat. Alles, was
existiert, ist zwischen den Fingern Seiner Barmherzigkeit.[3] »Er weiß, was
in die Erde eindringt und was aus ihr herauskommt, was vom Himmel
herabkommt und was dorthin aufsteigt. Und Er ist der Barmherzige und
Allvergebende.« (34:2)

Ganz gleich, ob du dich in einem Flugzeug am Himmel befindest,
im Herzen einer Wüste oder in den Tiefen eines Meeres, die kein Licht
erreicht; Gott ist bei dir. Alle anderen mögen dich verlassen, alles andere
mag zerbrechen, aber Allah wird dein engster Freund sein, der dir stets
treu bleibt.

Allah ist die Inspiration im Herzen eines jeden Liebenden, die
Schönheit hinter dem Gesang der Nachtigall, der Mathematiker hinter
der symmetrischen Perfektion in den geometrischen Gebilden der
Natur und das Licht, das sich im Herzen des Propheten Muhammad ﷺ
widerspiegelt. Durch Gottes Majestät haben die Worte Jesu die Toten
auferweckt (5:110). Durch Seine Macht wurde das Rote Meer für Moses
geteilt (20:77–78). Auch wenn wir uns dessen oft nicht bewusst sind,
segnet Gott uns stets mit Seinen Wundern und erhört unsere Gebete.

Du brauchst keine Mobilfunkmasten, um Gott zu erreichen, du musst
dich nur in dein Herz einklinken, denn »Er ist mit euch, wo immer ihr
auch seid« (57:4), vom nächsten Atom bis zum fernsten Stern. Gottes
Liebe lässt den Ozean in seiner Tiefe erzittern, und Seine Barmherzigkeit
macht Platz für jeden Sünder, der reumütig an Seine Tür kommt.[4] Wenn

die Welt einschläft, ist Gott derjenige, der mit dir wach ist. Gott sieht die versteckten Tränen hinter deinem Lächeln, und Er nimmt den Schmerz auf, von dem du denkst, dass ihn niemand verstehen würde. »Es entgeht Ihm nicht das Gewicht eines Stäubchens, weder in den Himmeln noch auf der Erde.« (34:3) Wie ein unbekannter Mystiker einst poetisch sagte: »Gott sieht die schwarze Ameise auf einem schwarzen Stein in der dunkelsten Nacht. Wie könnte Er also den Schmerz eines treuen Suchers nicht sehen?«[5]

Allah sieht dich und alles Existente mit Seinem vollkommenen Blick. Im Koran heißt es: »Er verfügt über die Schlüssel des Verborgenen; niemand kennt sie außer Ihm. Und Er weiß, was auf dem Festland und im Meer ist. Kein Blatt fällt, ohne dass Er es weiß; und (es gibt) kein Korn in den Finsternissen der Erde und nichts Feuchtes und nichts Trockenes, das nicht in einem deutlichen Buch (verzeichnet) wäre.« (6:59) Sag mir, wenn kein einziges Blatt auf der ganzen Erde ohne Gottes Wissen fallen kann, wie könnte dein Herz brechen, ohne dass Seine heilende Gegenwart dich umarmt?

> »Gott schickt Hoffnung in den aussichtslosesten
> Momenten. Vergiss nicht, der stärkste Regen kommt aus
> den dunkelsten Wolken.«
>
> RUMI

Gottes Barmherzigkeit ist gewaltiger als deine Sünden und Lebensumstände. Seine barmherzige Liebe umschließt die dornigen Seiten an dir, von denen du schwörst, dass niemand sie umarmen könnte. Seine Gnade feiert diese deiner Seiten, die sonst niemand applaudiert. Gott hat dich geliebt, bevor du überhaupt erschaffen wurdest und bevor du überhaupt von Ihm wusstest. Im Koran heißt es: »Er ist es, der die innere Ruhe in die Herzen der Gläubigen herabgesandt hat, damit sie in ihrem Glauben noch an Glauben zunehmen. Und Allah gehören die Heerscharen der Himmel und der Erde. Und Allah ist Allwissend und Allweise.« (48:4)

## Das Geheimnis »Allah«

Es gibt unzählige Schleier zwischen uns und Gott, aber keine zwischen Ihm und uns.[6] Die Schleier, die wir zwischen uns und Gott sehen, entstehen oft durch falsche Annahmen, die wir in unserer Kindheit entwickelt haben und die zu einer verzerrten Sicht der Realität führen. Wenn uns etwas widerfährt, sei es gut oder schlecht, neigen wir als Menschen dazu, diese Erlebnisse in eine Interpretation einzuordnen. Die Art und Weise, wie wir sie deuten, beeinflusst wiederum, wie wir unsere Realität wahrnehmen. Da die Interpretationen von uns stammen und völlig subjektiv sind, sind sie wandelbar; und mit ihnen ändert sich dementsprechend unsere Sicht auf die Welt und auf Gott. Unsere Erfahrung der Welt hat wenig mit dem zu tun, was uns tatsächlich widerfährt. Sie hängt gänzlich davon ab, für welche Interpretation unserer Erlebnisse wir uns bewusst oder unbewusst entscheiden.

Aus diesem Grund halten uns unsere Interpretationen und die damit verbundenen Überzeugungen davon ab, Gott in vollem Umfang wahrzunehmen. Nichts ist jedoch vor Gottes Wahrnehmung verborgen. Gott hat keine blinden Flecken oder Grenzen. Wir sind nicht abgeschirmt, weil Gott so weit von uns entfernt ist, sondern weil Er uns nahe ist.[7] So wie das Leben, das uns atmen lässt, uns so nahe ist, dass wir es nicht sehen und berühren können, erklärt Allah im Koran, dass Er uns trotz der Transzendenz Seines Wesens näher ist als unsere »Halsschlagader« (50:16).

Gottes Liebe ist eng verwoben mit jedem Schlag unseres Herzens. Tatsächlich beginnt das arabische Wort für Gott, »Allah«, mit einem »Ah«-Laut, der in den Theorien sakraler Klänge als Klang der Manifestation charakterisiert wird, der Klang, den wir vermeintlich von uns geben, wenn sich unsere Herzen öffnen. Symbolisch gesehen steht dieser Klang für den Menschen, der durch die Rede Gottes aus dem Nichts der Stille in die manifestierte Existenz aufbricht.

Das Wort »Allah« kann als für denselben singulären Gott stehend betrachtet werden, der in der Tora auf Hebräisch *Elohim* und von Jesus auf Aramäisch – auffallend ähnlich – *Allaha* genannt wird. Allah hat kein Geschlecht, denn Er ist jenseits aller Schöpfung und übersteigt alle Grenzen des menschlichen Geistes. Da es im Arabischen kein geschlechtsneutrales Pronomen wie »es« gibt, verwendet Allah *Huwa* oder »Er«, wenn Er auf sich selbst Bezug nimmt, denn im Arabischen schließt die männliche Form das weibliche Geschlecht ein.

Darüber hinaus ist im Koran zu beobachten, dass Allah in der ersten Person Plural spricht und sich selbst als »Wir« bezeichnet. Dies bedeutet nicht, dass Gott mehr als Einer ist, sondern fungiert im Arabischen und vielen anderen Sprachen als Zeichen der Majestät; man spricht auch vom »Pluralis Majestatis«, der »Mehrzahl der Hoheit«, die Könige verwenden, wenn sie ihre Untertanen adressieren. So kann ein König zum Beispiel sagen: »*Wir* haben die folgende Anordnung erlassen«, auch wenn er sich nur auf sich selbst bezieht. Einige Kommentatoren sind auch der Meinung, dass Allah, wenn Er sagt: »Wir haben erschaffen«, die von Ihm befehligten Engel einschließt, durch die Er erschaffen hat. Dennoch benutzt Gott im Anschluss an das »Wir« im Koran oft Wörter im Singular, um Seine Singularität zu bekräftigen.[8]

Allah ist der Treffpunkt aller Dualität und Unterschiedlichkeit, denn Er ist eine singuläre Realität. Einige Gelehrte sagen, dass das Wort »Allah« ein Eigenname ist, den Gott sich selbst gegeben hat, und somit sprachlich nicht seziert werden kann. Andere Gelehrte wiederum meinen, das Wort »Allah« leite sich von *Ilah* ab, was im Arabischen »Gottheit« bedeutet und in Kombination mit dem bestimmten Artikel *al* zu *al-Ilah* wird, also »der Gott«.

Unabhängig des sprachlichen Ursprungs des Wortes ist Allah derjenige, der Ja und Nein vereint, denn in Seiner Einheit ist alle Dualität auf geheimnisvolle Weise vereint. Allah ist einerseits die Brücke zwischen der unsichtbaren und der sichtbaren Welt und andererseits der Treffpunkt von Existenz und Nichtexistenz. Paradoxerweise ist Er aber auch die Stätte der Polarität, da Er sowohl die vollständige Manifestation des Inneren (*al-Batin*) als auch die vollständige Manifestation des Äußeren (*az-Zahir*) ist.

> *»Gott ist außerhalb der Geschöpflichkeit, aber nicht in dem Sinne, dass Er ihr fremd wäre; und Er ist innerhalb der Geschöpflichkeit, aber nicht in dem Sinne, dass Er mit ihr identisch wäre.«*
>
> IMAM ALI

Aus diesen scheinbar widersprüchlichen Aussagen ergibt sich, dass Allah per Definition das ist, was jenseits des Verstandes liegt. Wie die Mystiker zu sagen pflegten: »Nur Gott kann Gott kennen«, denn »niemand ist Ihm jemals gleich« (112:4). Entsprechend hat Allah definitionsgemäß keine Gegensätze, und da der menschliche Verstand die Welt durch Assoziationen und Vergleiche begreift, ist er nicht in der Lage, einen singulären Gott zu fassen, der nicht in Teile zerlegt werden kann und anders ist als alles, was er kennt.

> *»Die Blicke erfassen Ihn nicht, Er aber erfasst die Blicke. Und Er ist der Feinfühlige und Allkundige.«*
>
> KORAN 6:103

Wir können Allahs ewiges und transzendentes Wesen nicht durch unsere sterblichen Zungen zum Ausdruck bringen. Wir können die Unendlichkeit nicht durch eine begrenzte Anzahl von 26 Buchstaben wiedergeben. Deshalb sagte Abu Bakr, der Nachfolger des Propheten Muhammad ﷺ: »Unsere Unfähigkeit, Gott zu verstehen, ist unser Verständnis von Gott.« Unsere Unfähigkeit, Gottes unendliches Wesen zu begreifen, bedeutet nicht, dass wir keine Beziehung zu Gott haben können; sie bedeutet vielmehr, dass unsere Erfahrung mit Gott damit beginnt, dass wir unsere Unwissenheit vor Seinem allumfassenden Wissen eingestehen.

Nur aus Demut heraus können wir beginnen, eine Verbindung mit Gott zu erfahren. Wie der berühmte Romanautor Leo Tolstoi in seinem Werk *Krieg und Frieden* schrieb: »Nichts können wir wissen, außer dem einen, dass wir eben nichts wissen. Und das ist nun der Gipfel der menschlichen Weisheit.«[9] Nur wenn wir unser Ego beiseitelegen und die begrenzte Natur unseres Intellekts erkennen, können wir beginnen, den Glaubensweg zu beschreiten. Wie Rumi so schön sagt: »Verkaufe deine Klugheit und kaufe Verwirrung« – denn am Ende von alle dem, was du weißt, steht der Beginn deiner Reise zu Allah.

## Die göttliche Tür steht immer offen

Allah ist kein alter Mann im Himmel. Er ist nicht Zeus, der auf einer Wolke sitzt und darauf wartet, dich zu bestrafen. Allah ist nicht der Weihnachtsmann und hat keine Liste unartiger Kinder, auf der dein Name für immer vermerkt ist. Allah ist der Schöpfer des Kosmos, der Eine, dessen Barmherzigkeit alle Dinge umfasst, dessen Liebe alle Herzen umschließt, dessen Hände alle Wunden heilen, dessen Gesicht überall ist, wohin du dich wendest – denn Er ist bei dir, wo immer du bist.

> »Wer Mir eine Elle entgegenkommt, dem komme Ich die Weite seiner ausgestreckten Arme entgegen. Und wenn er gehend zu Mir kommt, laufe Ich ihm entgegen.«[10]

**ALLAH**

Es mag sein, dass wir mit unserer Reue zögern, doch Gott zögert nicht mit Seiner Barmherzigkeit, Großzügigkeit, Vergebung und Gnade. Die folgende Interaktion zwischen zwei großen Mystikern bringt Gottes Barmherzigkeit in wunderschöner Weise zum Ausdruck:

Salih von Qaswin, ein Weiser des achten Jahrhunderts, sagte zu seinen Schülern: »Klopft weiter an die Tür Allahs und hört niemals auf, denn durch Seine Barmherzigkeit wird Allah Seine Tür schließlich für diejenigen öffnen, die Ihn aufrichtig suchen.« Die Mystikerin Rabi'a al-'Adawiyya hörte diese Aussage, als sie an der Moschee vorbeiging, und sagte: »O Salih, wer hat gesagt, dass Allahs Tür geschlossen ist?«

Rabi'a begriff, dass Allahs Liebe nicht von unseren Handlungen abhängt, sondern dass es Seine Liebe ist, die uns überhaupt an Seiner Tür anklopfen lässt. So wie die Sonne die Pflanzen dazu bringt, ihr Gesicht dem Licht zuzuwenden, so ruft Gott uns dazu auf, uns Ihm zuzuwenden, damit wir durch Ihn wachsen können. Allah ist der, dessen Sprache die Toten aus ihren Gräbern erweckt, der die Meere mit einem Stab teilen kann und deine hoffnungslosen Situationen als den Nährboden Seines nächsten Wunders nutzt. Er ist es, der dein Chaos in eine Botschaft verwandelt und deine Prüfungen in einen Triumph, und Er ist es, der den Unterlegenen zum Sieger macht (30:5). Gott ist bei dir; am Anfang, am Ende und in jedem Augenblick dazwischen. Deshalb hat Imam Hussain, der geliebte Enkel des Propheten ﷺ, gesagt:»O Allah, was hat derjenige gefunden, der Dich verloren hat, und was hat derjenige verloren, der Dich gefunden hat?«

Wir beten Gott nicht an, weil Gott es nötig hätte, wir beten Ihn an, weil *wir* es nötig haben. Das Gebet ist kein Zugehen auf Gott, sondern vielmehr eine Antwort auf Seine Einladung. Nur wenn sich unsere keimenden Herzen dem Licht Gottes unterwerfen, können wir die verborgenen Früchte der Liebe ernten, die Er in unsere Seele gepflanzt hat. Allah sagt im Koran:»Und wer sich abmüht, der müht sich nur zu seinem eigenen Vorteil ab, denn Allah ist der Weltenbewohner fürwahr unbedürftig.« (29:06) Ganz gleich, wie viele hundert Millionen Schritte wir uns von Gott entfernen, es genügt ein einziger Gedanke, um zurückzukehren.

Wie Rumi sagt:»Jeder Augenblick enthält hundert Botschaften von Gott. Auf jedes ausgerufene ›O Gott‹ antwortet Er hundertmal mit:›Ich bin hier.‹« Glaube niemals, dass Gott dich nicht sehen kann, weil du Ihn nicht siehst.»Werdet nicht schwach noch seid traurig« (3:139), denn selbst in den Tiefen eurer dunkelsten Nächte ist euer Herr stets bei euch und sagt:»Ich bin nahe.« (2:186)

Er ist nur Einer, und doch vergessen wir Ihn immer wieder; während Er Milliarden und Abermilliarden von Geschöpfen hat und niemals auch nur eines vergisst. Gottes Liebe hat keine Zäune oder Grenzen. Seine Liebe hat keine Bedingungen. Seine Liebe ist nicht in einem fernen Himmel, sondern bei dir, in der Heiligkeit dieses Augenblicks.

*Während wir unsere Versprechen tausendfach brechen,*
*bleibt Gott immer treu.*

Nur wenn wir uns der Tatsache bewusstwerden, wie sehr wir von Gott geliebt werden, können wir uns aus der Angst und Besorgnis befreien, welche mit der unkontrollierbaren und unbekannten Zukunft einhergeht. Je mehr wir auf Gottes vollkommene Weisheit vertrauen, desto mehr Harmonie spüren wir in unserem Leben. Der umfassende Frieden, der sich einstellt, wenn man sich ganz auf Gott verlässt, wird in der folgenden japanischen Erzählung auf wunderschöne Weise illustriert:

> Ein Samurai und seine Geliebte hatten kürzlich geheiratet. Als sie sich mit dem Boot auf den Weg in ihre Flitterwochen machten, zog ein gewaltiger Sturm über ihnen auf. Die Frau des Samurais begann, vor Angst zu zittern; es war kein Ufer in Sicht und ihr Boot sah aus, als würde es jeden Moment kentern. Rennend suchte sie nach ihrem Mann und fand ihn vor, wie er friedlich auf das Meer hinausblickte, als würden die Sonne scheinen und die Wellen sanft vor sich hinplätschern. Sie eilte auf ihn zu und schrie ihn an: »Wie kannst du so ruhig sein, wenn wir kurz vor dem Tod stehen! Ist dir dein Leben nicht wichtig?« Als der Samurai dies hörte, zog er sein Schwert und hielt es an ihren Hals. Seine Frau begann zu lachen. Er sagte: »Warum lachst du? Fürchtest du dich nicht?« Sie antwortete: »Nein, weil ich weiß, dass du mich liebst und mir niemals wehtun würdest.« Daraufhin lachte der Samurai und sagte: »Nun, wie kann ich also Angst haben, wenn auch ich in den Händen desjenigen bin, der mich liebt?«

Wenn wir erkennen, dass Allah uns mehr liebt, als wir begreifen können, und dass Er immer weiß, was das Beste für uns ist, wandelt sich unsere Angst vor dem Unbekannten in Vertrauen. Schließlich heißt es im Koran: »Ihm gehören die Schlüssel der Himmel und der Erde.« (39:63) Wenn wir uns dem Willen Gottes unterwerfen, auch wenn etwas einmal nicht so funktioniert, wie es geplant war, schaffen wir es dennoch, dankbar zu sein, denn wir wissen, dass Gottes Plan stets größer ist als unsere größten Träume. Solange wir an diese Welt und alles in ihr, einschließlich unserer eigenen Wünsche, gekettet bleiben, können wir uns nie wirklich befreit fühlen. Nur durch das Vertrauen in Allah und durch ein Leben als Gottesdiener erfahren unsere Seelen wahre Freiheit.

## *Ar-Rahman* und *ar-Rahim:* Die spirituellen Geheimnisse der Barmherzigkeit Gottes

*»Ruft Allah oder ruft den Allerbarmer an; welchen
ihr auch ruft, Sein sind die schönsten Namen. Und sei
nicht zu laut beim Gebet, und sei auch nicht zu leise
dabei, sondern suche einen Weg dazwischen.«*

KORAN 17:110

Allah ruft uns zu sich durch grenzenlose Barmherzigkeit und
Gnade, die die gesamte Schöpfung ohne Unterscheidung umschließen.
Diese göttliche Barmherzigkeit ist jenseits von Zeit und Raum und
sorgt für das Gute, das Böse und alles, was dazwischen liegt. In den
114 Suren des Korans sagt Allah 114-mal Bismillahi ar-Rahman ar-Rahim, was mit »Im Namen Gottes, des Allerbarmers, des Barmherzigen«
übersetzt werden kann.[11] Im Arabischen umfassen diese Worte nicht
nur Barmherzigkeit, sondern auch Liebe, Vergebung, Hilfe, Mitgefühl,
Leidenschaft, Beistand, Schutz, Sorge, Zärtlichkeit und Vergebung.

*Ar-Rahman* und *ar-Rahim* leiten sich beide vom Verb *rahima* ab,
dessen Bedeutung sich umschreiben lässt mit »barmherzig, liebevoll
und fürsorglich sein in einer Weise, die dem Objekt der Zuneigung
zugutekommt«. Mit anderen Worten: Gott stellt uns, die Schöpfung,
in den Mittelpunkt Seiner unendlichen Gnade und Seiner liebevollsten
Eigenschaften. Während *ar-Rahim* Gottes Eigenschaften der Liebe
und Barmherzigkeit umfasst, beschreibt *ar-Rahman* Gottes Wesen der
Barmherzigkeit, Liebe und Gnade. *Ar-Rahim* transportiert eine bestimmte Form der Barmherzigkeit, die denjenigen zuteilwird, die ihr
Herz für Gott öffnen und sich nach dem Licht Seiner Liebe sehnen,
während *ar-Rahman* ohne Unterscheidung auf die gesamte Schöpfung
strahlt.

Sowohl *ar-Rahim* als auch *ar-Rahman* stammen vom arabischen
Wort *Rahim* ab, das »Mutterleib« bedeutet. Das bedeutet, dass wir die
Wahrheit von Gottes Botschaft nur durch den allumfassenden Schoß

Seiner Barmherzigkeit und Liebe, Seines Mitgefühls und Seiner Gnade erfahren können.

> *Ar-Rahman gilt als die Mutter aller göttlichen Namen, denn*
> *durch den allumfassenden Schoß von Gottes »Rahman«*
> *wurde das Universum ins Leben gerufen.*

Im Arabischen gilt das Wort *Rahman* als *Sighatul-Mubaalagha* – als
Hyperbel – bekannt, drückt also Übertreibung und Außergewöhnlichkeit
aus. Als Beispiel: *'atash* ist ein Wort, das man verwendet, wenn man durstig ist, aber die Form *'atshan* bedeutet, dass man in verzweifeltem Maße
durstig ist. Ein anderes Beispiel wäre das Wort *ghadib*, das verwendet
wird, wenn man wütend ist. Die Form *ghadban* bedeutet, dass man vor
Wut außer sich ist. In diesem Fall bedeutet *Rahma* Barmherzigkeit, aber
die Form *Rahman* ist eine extreme, unendliche Form der Barmherzigkeit,
die weit über die Grenzen des menschlichen Verstandes hinausgeht. Einige
Grammatiker sind der Meinung, dass das Wort *Rahman* sprachlich gesehen
das Geschehen im Hier und Jetzt markiert.[12] Anders ausgedrückt: Allah ist
liebevoll, fürsorglich und barmherzig, und zwar nicht nur in einem allgemeinen Sinne, sondern genau in diesem Moment, genau jetzt.[13]

Allah stellt Seinen Namen »der Barmherzige« (*ar-Rahman*) über Seinen
Namen »der Liebende« (*al-Wadud*), da *Rahman* allumfassend und an allen
Orten und zu allen Zeiten gegenwärtig ist. Die Liebe ist nicht getrennt von
der Bedeutung des Wortes *Rahman*, denn sie ist in ihr eingeschlossen.

> *»Euer Herr ist voll umfassender Barmherzigkeit«*
> KORAN 6:147

Allahs *Rahman* ist wie der Himmel; er bedeckt alles, was existiert, auch
uns und unsere schlimmsten Sünden. Wir wurden aus Allahs Barmherzigkeit
erschaffen und der Koran wurde wie eine Leiter vom Himmel auf die Erde
gesandt, damit wir uns dem Göttlichen nähern können. Allah hält die Tür
offen; es liegt an uns, ob wir den Palast Seiner Barmherzigkeit und Liebe
betreten.

## Die Bedeutung der göttlichen Gerechtigkeit

Wir müssen uns der Tatsache bewusst sein, dass Gottes Barmherzigkeit und Gerechtigkeit Hand in Hand gehen. Das arabische Wort für Gerechtigkeit ist *'Adl*, was in seiner Wurzel »proportionieren, Symmetrie schaffen, angemessen sein« bedeutet. Mit anderen Worten: Harmonie und Gleichgewicht sind von der Gerechtigkeit abhängig. Jüdische Mystiker beschreiben Gottes Gerechtigkeit metaphorisch als äußerst heißes Wasser, das ein Tongefäß zerbrechen würde, wenn es allein hineingegossen würde. Gottes Barmherzigkeit wird als eiskaltes Wasser beschrieben, das ein Tongefäß, wenn es allein in dieses gegossen würde, ebenfalls zerbrechen würde. Wenn beide aber gemeinsam hineingegossen werden, entsteht ein neutralisierendes Gleichgewicht, welches das Zerbrechen des Gefäßes verhindert.

Das Tongefäß ist hierbei eine Metapher für das menschliche Herz, das weder Gottes Barmherzigkeit noch Gottes Gerechtigkeit pur aufnehmen kann. Wäre Gott nur barmherzig, würde auf der Erde Chaos herrschen, weil es keine Verantwortlichkeit gäbe; wäre Gott jedoch nur gerecht, gäbe es niemanden auf der Erde, weil kein Mensch perfekt ist. Im Koran heißt es: »Wenn Allah aber die Menschen nach ihrem Verdienst strafte, ließe Er auf der Erdoberfläche kein Lebewesen zurück. Er gewährt ihnen jedoch Aufschub bis zu einem bestimmten Termin. Und wenn ihre Frist abgelaufen ist – Allah durchschaut Seine Diener sehr wohl.« (35:45) Durch die Verschmelzung von Gottes Gerechtigkeit und Barmherzigkeit entsteht die Möglichkeit für Harmonie.

## Gottes Barmherzigkeit schenkt uns mehr, als wir verdienen

Wenn Gerechtigkeit bedeutet, dass man bekommt, was man verdient, dann bedeutet Barmherzigkeit, dass man mehr bekommt, als man verdient oder jemals verdienen könnte. Aufgrund Seiner unendlichen Großzügigkeit vervielfacht Allah die Belohnungen für unsere guten Taten stets, während Er unsere Übeltaten minimiert. So heißt es im Koran:

»Wer mit (etwas) Gutem kommt, erhält zehnmal so viel. Und Wer mit
einer bösen Tat kommt, dem wird nur gleichviel vergolten, und es wird
ihnen kein Unrecht zugefügt.« (6:160) Trotz der unzähligen Beweise
für Gottes unendliche Barmherzigkeit behaupten manche Menschen
immer noch, Gott sei ungerecht. Doch Gott kann definitionsgemäß
nicht ungerecht zu uns sein.

> *Gerechtigkeit bedeutet, genau das zu bekommen, was*
> *man verdient. Aber was könnte uns in der Beziehung*
> *zu einem Gott zustehen, der nichts nötig hat und uns*
> *dennoch alles gibt? Kannst du genug zu demjenigen*
> *beten, der dir eine Zunge, einen Mund, einen Körper*
> *und eine Existenz gegeben hat? Wie kann Gott ungerecht*
> *sein, wenn Er dir etwas wegnimmt, wo doch Er der*
> *Eigentümer der gesamten Existenz ist, einschließlich*
> *dir?*

Gott ist nicht ungerecht, vielmehr sind wir es. Wir sind diejenigen,
die Gott vorenthalten, was Er bereits besitzt. Wie Allah im Koran sagt,
sind wir es, die »uns selbst Unrecht zugefügt haben« durch unsere
Entscheidungen (7:23). Es ist nicht Gott, der uns unterdrückt. Gott
macht dies deutlich, wenn Er sagt: »O meine Diener! Ich habe mir
die Unterdrückung für verboten erklärt. Auch unter euch habe ich sie
verboten, so unterdrückt euch nicht gegenseitig.«[14]

Wir müssen uns vor Augen führen, dass all unsere Handlungen,
unsere Worte und alles, was wir Allah bieten, bereits Ihm gehört. Gott
schuldet uns nichts, und doch gibt Er uns ständig, haucht uns Leben
ein, lässt uns Seine Liebe zuteilwerden und trägt für uns Sorge, nicht auf
Basis dessen, wer wir sind, sondern aufgrund Seiner Barmherzigkeit
und Liebe uns gegenüber.

## Allah ist Liebe

Allah ist der Ursprung und die Ursache der Liebe. Allah hört nie
auf, dich zu lieben, denn Seine Liebe ist ewig und hat weder einen

Anfang noch ein Ende. Liebe ist keine Handlung Allahs, sondern Teil Seines Wesens.

*Du kannst die Liebe und Gott nicht voneinander trennen,
genauso wenig wie du Wasser vom Ozean trennen kannst.*

Wir können Allahs Liebe erwidern, indem wir Ihn lieben und verehren, aber unsere mangelnde Bereitschaft, Allah zu ehren, beeinträchtigt Seine göttlichen Eigenschaften nicht, denn Allah ist »aller Geschöpfe völlig unbedürftig« (3:97). Während der Mensch gütig sein kann, *ist* Gott die Güte (*ar-Ra'uf*); während wir barmherzig sein können, *ist* Gott die Barmherzigkeit (*ar-Rahman*). Gott ist nicht nur friedlich, Er *ist* der Frieden (*as-Salam*). Gottes liebende Eigenschaften ändern sich nicht als Reaktion auf unsere Entscheidungen, denn Gott ist nicht reaktiv. Er ist die Ursache von allem, was existiert.[15]

Der Prophet ﷺ erklärt, dass es Allahs Souveränität keinesfalls beeinträchtigen würde, wenn jeder einzelne Mensch auf der Erde den Höhepunkt der spirituellen Frömmigkeit erreichen würde – oder wenn sie alle die schlimmsten Menschen wären. Des Weiteren sagt der Prophet ﷺ, dass sich Allahs Besitz nicht verringern würde, wenn Er die Gebete jedes Einzelnen zur selben Zeit erhören würde, »genauso wie eine in den Ozean geworfene Nadel nicht das in ihm Befindliche verringert«[16]. Wie C. S. Lewis, ein Theologe des 20. Jahrhunderts, sagte: »So wie ein Wahnsinniger die Sonne nicht auslöschen kann, wenn er das Wort ›Dunkelheit‹ an die Wände seiner Zelle kritzelt, so kann kein Mensch Gottes Herrlichkeit schmälern, wenn er sich weigert, Ihn anzubeten.«

Allahs Liebe zu uns wird niemals weniger. Was sich ändert, ist unsere Fähigkeit, die göttliche Liebe zu empfangen. Tatsächlich wird das Wort Hass im Koran nicht im Zusammenhang mit Allah erwähnt. Wenn es in der Übersetzung heißt »Gott hasst«, so ist eine wörtlichere Übersetzung des arabischen Texts »Gott liebt nicht«. Dies deutet darauf hin, dass sich unsere Erfahrung mit Allah immer im Spektrum der Liebe bewegt.[17] Die Schwankungen in diesem Spektrum sind nicht darauf zurückzuführen, dass Allah uns etwas vorenthält; es sind unsere Schleier und unsere

Unachtsamkeit, die aus falschen Wahrnehmungen, falschen Identitäten und Sünden resultieren. Wenn wir sündigen, so ist es nicht Gott, der uns hasst, sondern wir schließen uns selbst davon aus, Gottes Liebe in Erfahrung zu bringen; so wie auch die Sonne nicht aufhört zu scheinen, wenn wir unsere Augen schließen.[18]

> *»Das Mondlicht durchflutet den ganzen Himmel von Horizont zu Horizont; Wie sehr es deinen Raum erhellt, hängt von dessen Fenstern ab.«*
>
> RUMI

Allah liebt und versorgt, wen Er will, »ohne zu berechnen« (3:37). Wenn wir also innere Begrenzungen empfinden, dann bedeutet das, dass dieses Problem in unserer Fähigkeit, zu empfangen, liegt und nicht in der Ausgießung Seiner Gaben.

Einige Sprachwissenschaftler sagen, dass das Wort Allah auf dem Wort *Waliha* beruht, das eine Liebe beschreibt, die so leidenschaftlich und ekstatisch ist, dass sie jenseits aller Sinne ist.[19] Um Gott zu erkennen, müssen wir also unseren Verstand, alles, was wir sind, und alles, was wir wissen, für Seine Liebe aufgeben, denn die Hingabe an die göttliche Liebe ist der einzige Weg zu Gott. Im Gegensatz zu den Engeln können wir mehr, als nur von der Liebe zu wissen, wir können zu ihr werden. Da Allah der Ursprung aller Liebe ist, muss man in der Essenz der Liebe ertrinken, um Ihn zu erkennen. Um Ihn zu erkennen, muss man sich seiner selbst entledigen, denn die Liebe hinterlässt keine Zeugen. Wie kann es vor der Realität des Einen zwei geben? Wir sollten nicht mehr versuchen, die Dinge mit unserem eingeschränkten Verstand zu verstehen, denn sie sind dem Herzen bereits bekannt. Wie Rumi sagt: »Ich suchte in Tempeln, Kirchen und Moscheen. Aber ich fand das Göttliche in meinem Herzen.« In diesem Gedicht erinnert uns Rumi daran, dass der Spiegel des spirituellen Herzens, der Sitz des Bewusstseins, Gott am glanzvollsten reflektiert.

## Gott übersteigt den menschlichen Verstand

Gott ist grenzenlos. Unsere Vorstellung von Gott ist auf die Eigenschaften beschränkt, die wir in der Welt beobachten und in unserer eigenen Existenz widerspiegeln. Da wir die Welt durch den Filter unserer Selbstwahrnehmung betrachten, lernen wir Gott durch Seine Eigenschaften kennen, die wir durch Ihn in uns selbst verwirklichen.

Allah sagt: »Ich bin, wie Mein Diener es von mir annimmt«[20], weil wir Allah nicht so sehen können, wie Er ist, sondern durch die Linse unseres begrenzten Verstandes. Wenn wir uns auf Gottes Liebe, Barmherzigkeit, Mitgefühl und Güte einstimmen, dann extrahieren wir diese Eigenschaften aus der Existenz und sehen Gott durch sie. Der Schöpfer begegnet uns mit den Eigenschaften, mit denen wir Seiner Schöpfung begegnen. Wenn dir das nächste Mal jemand ein Unrecht antut, könntest du Allah in deinen Gebeten also um Sein Erbarmen mit dieser Person bitten, statt nur Gerechtigkeit zu fordern.

> *»Seid barmherzig zu denen, die auf Erden sind, so wird derjenige sich eurer erbarmen, der über den Himmeln ist.«[21]*
>
> **PROPHET MUHAMMAD** ﷺ

Obwohl wir als Menschen ein Spiegel Gottes auf Erden sind, unterscheiden wir uns in unserer Erfahrung der göttlichen Namen unendlich von Gott. Zum Beispiel können wir die Eigenschaft von Gottes allumfassender Sicht (*al-Basir*) nur im Verhältnis zu unserem eigenen Sehvermögen verstehen, aber Gottes Sicht ist völlig unbegreiflich. Wie Imam Ali sagt: »Er sieht auch dann, wenn es unter Seiner Schöpfung nichts zu sehen gibt.« Allah sieht alles, was existiert, ohne Augen, ohne auf Licht, Hornhaut, Farben oder Iris angewiesen zu sein. Allah braucht keine Kontraste und keine Dualität, um zu sehen. Er sieht den Klang, den Geruch und die Liebe. Während unser Gehör ein Trommelfell und Luft benötigt, durch die der Schall sich ausbreitet, ist Allahs Hören (*as-Sami'*) über Schallwellen erhaben. Während unser Leben von einem schlagenden Herzen und einem funktionierenden Gehirn abhängt, hat Allah weder Anfang noch Ende. Allah hat die Kerze unserer sterblichen

Existenz entflammt, aber das Licht Seines Wesens ist jenseits der Existenz. Seine Eigenschaften sind jenseits menschlicher Worte.

> *»Was immer ihr über Allah denkt – wisset, dass Er anders ist,*
> *als was ihr über Ihn denkt!«*

> IBN ATA ALLAH AL-ISKANDARI,
> MYSTIKER DES 13. JAHRHUNDERTS

Das Leben Allahs reicht über die Atemzüge hinaus, über das, was von sterblichen Händen erfasst oder vom menschlichen Gehirn berechnet werden kann. Wie Rumi sagt: »Stille ist die Sprache Gottes, alles andere ist eine schlechte Übersetzung.« Während Worte unsere Interpretation von Gott auf die Grenzen der menschlichen Sprache beschränken, birgt die Stille unendlich viele Möglichkeiten.

Wie der Lehrer von Rumi, der Mystiker Schams-e Tabrizi, sagte: »Der Verstand bringt dich zum Tor, aber er führt dich nicht ins Haus.« Trotz aller gesandten Propheten, die die Menschheit ständig dazu aufriefen, Gott nicht nur mit dem Verstand zu suchen, haben die Menschen nie aufgehört, nach einem Gott zu suchen, den sie direkt berühren und sehen können. Der Islam übersieht diese Neigung nicht, sondern fordert sie mit demselben rationalen Denken heraus.

Eines Tages stellte man einem Mystiker die folgende Frage: »Wie kann ich Gott sehen?« Der Meister antwortete: »Schau in die Sonne.« Der Suchende schaute zur Sonne, blinzelte aber nach ein paar Sekunden vor Schmerz und sagte: »Ich kann nicht, sie blendet meine Augen.« Daraufhin erwiderte der Meister: »Du kannst nicht einmal in die Sonne blicken, ohne zu erblinden, und du willst den Schöpfer der Sonne sehen?« Daraufhin fragte der Suchende: »Dann sag mir, großer Meister, wo befindet sich Gott?« Der Meister fragte ihn daraufhin: »Weißt du, wo in der Galaxie die Erde in diesem Moment kreist? Weißt du überhaupt, wo du bist, dass du wissen möchtest, wo derjenige wohnt, der die Orte erschaffen hat? Wenn wir nicht einmal uns selbst im Universum verorten können, wie können wir dann versuchen, einen formlosen Gott in Beziehung zu einer Existenz zu setzen, die Er völlig überschreitet?«

Wenn unsere Augen sich nicht selbst sehen oder unsere Zähne sich nicht selbst beißen können, wenn wir nicht einmal unsere eigenen Sinne vollständig erfahren können, wie können wir dann erwarten, dass wir denjenigen vollständig erfahren können, der diese Sinne geschaffen hat? Der menschliche Verstand wird immer versuchen, Gottes allgegenwärtige, transzendente und geheimnisvolle Natur in eine Form oder Formel zu bringen, die verstanden werden kann. Rumi äußert sich im folgenden Gedicht metaphorisch zu dieser Neigung: »Die Wahrheit war ein Spiegel in den Händen Gottes. Er fiel und zerbrach in Stücke. Jeder nahm davon eines, schaute es sich an und dachte, er hätte die Wahrheit.«

Im Islam gibt es keine Bilder oder Götzen, sodass der Mensch Gott nicht auf eine Form beschränkt. Dennoch ist wahrer Monotheismus nicht nur der Glaube an einen einzigen Gott, sondern die Fähigkeit, in allem einen Abglanz Gottes zu sehen, denn alles ist durchdrungen und beseelt von Seiner Liebe. Im Koran ist die Rede von Gottes unendlichem und unbegreiflichem Wissen:

»*Und wenn auch das, was es auf der Erde an Bäumen gibt, Schreibrohre wären und das (gesamte) Meer und danach sieben weitere Meere als Nachschub (Tinte wären), würden die Worte Allahs nicht zu Ende gehen, denn Allah ist Allmächtig und Allweise.*«

KORAN 31:27

## Wie das Universum auf Gott verweist

Da das Universum einen Anfang hat und etwas, das einen Anfang hat, nicht aus dem Nichts kommen kann, ist es vernünftig, anzunehmen, dass es einen Schöpfer hat.[22] Die alten Beduinen pflegten zu sagen, dass die vielen Täler, Berge, Ozeane und Sternbilder der Erde auf die Existenz eines Schöpfers hindeuten, so wie der Kot des Kamels in der Wüste ihnen verrät, dass Kamele vorbeigezogen sind, und Fußspuren im Sand ein Beweis dafür sind, dass ein Lebewesen vorbeigegangen ist. Allah sagt im Koran: »Schauen sie denn nicht zu den Kamelen, wie sie erschaffen worden sind, und zum Himmel, wie er emporgehoben worden ist, und zu den Bergen, wie sie aufgerichtet worden sind, und zur Erde, wie sie flach gemacht worden ist?« (88:17–20)

Wenn wir ein Buch, ein Flugzeug, ein Gebäude oder auch nur eine Armbanduhr betrachten, so machen sich uns darin Zeichen von Intelligenz bemerkbar, die weit von bloßem Zufall entfernt sind. Unser Planet ist so fein darauf abgestimmt, Leben zu beherbergen, dass es undenkbar ist, dass eine solche Ordnung aus Chaos und reinem Zufall entstehen könnte. Die Bedingungen des Lebens liegen in erstaunlich engen Grenzen.

> *Unser Leben hängt ab von der Nähe der Erde zur Sonne, der Neigung der Erde und der Geschwindigkeit, mit der sie sich dreht, dem Sauerstoffgehalt der Luft, der Existenz unserer Atmosphäre, der Dicke der Erdkruste und zahllosen anderen Gleichungen, die in einigen Fällen bis auf 120 Dezimalstellen exakt sein müssen.*[23]

Tatsächlich sind die Konstanten in den Gleichungen der Wissenschaft so fein abgestimmt, dass der weltbekannte theoretische Physiker Stephen Hawking in seinem Werk *Eine kurze Geschichte der Zeit* sagte: »Die Naturgesetzte enthalten nach heutigem Wissensstand einige grundlegende Zahlen, etwa die Größe der elektrischen Ladung des Elektrons und das Massenverhältnis von Proton und Elektron [...]. Bemerkenswert ist, dass die Werte dieser Zahlen sehr fein darauf abgestimmt zu sein scheinen, dass sie die Entwicklung des Lebens ermöglichen.«[24]

So genial und beeindruckend die Entdeckungen der Wissenschaft auch sein mögen, sie können immer nur darüber Auskunft geben, *wie* die Dinge in unserem Universum funktionieren, während Gott Aufschluss darüber gibt, *warum* sie existieren. Dennoch kann die Wissenschaft als ein großer Verbündeter des Glaubens angesehen werden, denn die wissenschaftliche Methode, die vom muslimischen Physiker Ibn al-Haitham entwickelt wurde, hilft, die Macht und Weisheit Gottes, die in der geschaffenen Welt verborgen ist, durch den von Gott geschenkten Intellekt des Menschen zu enthüllen. Allerdings kann der menschliche Intellekt die Welt, in der wir leben, nur bedingt erklären. Das folgende Zitat bringt diesen Gedanken sehr schön zum Ausdruck:

>*Der erste Schluck aus dem Becher der Wissenschaft führt zum Atheismus, aber auf dem Grunde des Bechers wartet Gott.*«

WERNER HEISENBERG, PIONIER DER QUANTENPHYSIK

Erst im zwanzigsten Jahrhundert bestätigte die Wissenschaft bestimmte Behauptungen, die der Koran vor mehr als 1 400 Jahren aufgestellt hat. So thematisiert der Koran zum Beispiel, dass Wasser die Grundsubstanz aller Lebewesen ist (21:30), die Entwicklung des menschlichen Embryos (23:12–14), dass das Universum nicht statisch ist, sondern sich ausdehnt (51:47), und dass Sonne und Mond ihre eigenen individuellen Umlaufbahnen haben (21:33).

Nichtsdestotrotz muss man verstehen, dass die Wissenschaft in Experimenten nicht jede einzelne Variable berücksichtigen kann und lediglich dazu in der Lage ist, Vorhersagen zu treffen und Theorien über das Universum und die geschaffene Welt aufzustellen. Während der Glaube an Gott als eine angeborene natürliche Neigung jedes Menschen angesehen wird, basiert die Wissenschaft traditionell auf Spekulationen und kann nichts mit hundertprozentiger Sicherheit beweisen.[25] Im Koran fordert uns Allah ständig auf, die natürliche Welt zu betrachten und zu reflektieren, allerdings müssen wir darauf achten, dass wir unseren Intellekt nicht zu einem Götzen machen, den wir Gott voranstellen. Die Tatsache, dass das Universum einen Ursprung hat, die Feinabstimmung der Existenz sowie die wissenschaftliche Genauigkeit im Koran sind gewaltige Wahrheiten, über die wir nachdenken sollten, jedoch kann der Glaube an Gott nicht durch bloßes Lesen oder intellektuelles Verständnis erlangt werden.

Im Koran wird verdeutlicht, dass der Glaube an Gott in das Herz jedes einzelnen Menschen gelegt wurde; Gott ist nichts, das gefunden werden muss, man muss nur für Seine Wahrheit empfänglich sein, mit einem offenen Geist und einem demütigen Herzen.

*»Gott leitet zu sich, wer sich Ihm reuig zuwendet.«*

KORAN 13:27

Aufrichtige Hingabe ist der einzige Weg zu Gott. Wenn wir Gott voller Arroganz aufsuchen, indem wir denken, dass wir aufgrund unseres Wissens, unseres Erfolgs oder unseres Reichtums überlegen sind, werden wir nicht nur abgeschirmt von den Zeichen Gottes, auch werden wir eine Rechtfertigung für unseren Unglauben finden. Das liegt daran, dass Arroganz zu geistiger Blindheit führt und Trennung und Hierarchie schafft. Infolgedessen kann die arrogante Person Gott nicht erreichen, weil Er nur durch das Tor der Einheit erkannt werden kann. Wie Gott selbst sagt: »Ich werde von Meinen Zeichen diejenigen abwenden, die auf der Erde ohne Recht hochmütig sind. Wenn sie auch jedes Zeichen sehen, glauben sie nicht daran. Und wenn sie den Weg der Besonnenheit sehen, nehmen sie ihn sich nicht zum Weg. Wenn sie aber den Weg der Verirrung sehen, nehmen sie ihn sich zum Weg. Dies, weil sie Unsere Zeichen für Lüge erklären und ihnen gegenüber unachtsam sind.« (7:146)

Es sind nicht etwa Informationen, die wir in Form von Worten erhalten, die zum Glauben führen. Vielmehr enthüllt sich die Wahrheit des Glaubens, wenn wir die Augen unseres Herzens in Demut vor dem Licht Gottes öffnen. Das Licht der Wahrheit ist verborgen in den Worten der Offenbarung und den göttlichen Zeichen, die sich in der Schöpfung widerspiegeln, und wird durch Dankbarkeit und demütige Ehrfurcht vor Gott zugänglich. Unser Blick wird geweitet durch die göttliche Gnade sowie beständige Dankbarkeit und Demut, und so werden wir empfänglich für die göttliche Inspiration hinter Seinen vielen Wundern, die uns bereits umgeben.

Schließlich leben wir auf einem Planeten mit Meeren und Bäumen, schweben im Weltraum um einen Feuerball, der den Tag bringt, werden umkreist von einem Mond, der die Wellen erzeugt – und trotzdem behaupten wir an manchen Tagen, dass Gott nicht existiere. Allah fragt im Koran: »Sag: Wer versorgt euch vom Himmel und von der Erde, oder wer verfügt über Gehör und Augenlicht? Und wer bringt das Lebendige aus dem Toten und bringt das Tote aus dem Lebendigen hervor? Und wer regelt die Angelegenheit? Sie werden sagen: ›Allah.‹ Sag: Wollt ihr denn nicht gottesfürchtig sein?« (10:31)

*Wenn jedes Buch einen Autor und jedes Gebäude einen Architekten hat, wie können wir dann all diese komplexe Perfektion betrachten und sagen, dass sie keinen Schöpfer habe?*

Im Koran heißt es: »(Und Er ist es,) der sieben Himmel in Schichten (übereinander) erschaffen hat. Du kannst in der Schöpfung des Allerbarmers keine Ungesetzmäßigkeit sehen. Wende den Blick zurück: Siehst du irgendwelche Risse?« (67:03) Im Koran werden wir dazu aufgefordert, die Naturphänomene zu betrachten, damit wir durch die Beobachtung des komplexen Geheimnisses der Schöpfung zum logischen Schluss kommen, dass eine solche Präzision nicht das Ergebnis eines Zufalls sein kann. Der größte Beweis für Gott liegt nicht in dem, was die Augen erfassen können, sondern in dem, was die Augen vollständig verwirrt und übersteigt. So wie wir schwarze Löcher im Weltall nicht direkt sehen können, aber Beweise für ihre Existenz haben, weil ihre Anziehungskraft die umgebende Materie und das Licht beeinflusst, können wir Allah nicht sehen, aber der größte Beweis für Seine Existenz ist die unsere. Von nichts kommt nichts. Schließlich wird 0 + 0 + 0 niemals 1 ergeben. (52:35–36)

*Mystiker haben zu allen Zeiten gesagt, dass sie an Gott glauben, wie sie an das Licht glauben, nicht weil sie das Licht sehen können, sondern weil sie durch das Licht alles andere sehen.*

## Wer hat Gott erschaffen?

Wir sollten auf keinen Fall in die Falle tappen, uns die Frage zu stellen: »Wenn Gott das Universum erschaffen hat, wer hat dann Gott erschaffen?« Denn das führt zu einem infiniten Regress.[26] Wir müssen uns der Tatsache bewusst sein, dass Gott und das Universum sehr verschieden sind. Aus der Sicht unserer physischen Realität werden Zeit, Materie und Raum als ein Kontinuum betrachtet, da sie gleichzeitig entstanden sind. Wenn du Materie hättest, aber keinen Raum, wo würdest du die Materie unterbringen? Wenn du Materie, aber keine Zeit hättest, wann würde die Materie dann existieren? Da Zeit, Materie und Raum scheinbar gleichzeitig erschaffen wurden, muss die Schöpfungskraft hinter dem Universum definitionsgemäß alle Beschränkungen der erschaffenen Welt der Formen überschreiten. Der Koran stellt dies perfekt dar, denn Allah beschreibt sich selbst als denjenigen, der jenseits von Zeit, Raum und jeglichen Formen oder Begrenzungen ist, denn »Allah hat Macht über alle Dinge« (24:45). Da Gott ewig und anfangslos ist, können wir folgern, dass Er keinen Schöpfer hat, denn es gab keinen Moment, in dem Gott nicht anwesend war, und somit kann Er nicht erschaffen worden sein. Er allein ist also der unerschaffene Schöpfer und ohne Ihn wäre nichts erschaffen worden.

## Wie man eine enge Beziehung zu Gott pflegt

In einer Welt, die sich ständig verändert, ist es beruhigend zu wissen, dass unser Gott heute derselbe ist wie gestern und morgen. Wenn wir akzeptieren, dass Gottes Wesen ununterschieden, unendlich und mit nichts in der Schöpfung vergleichbar ist, dürfen wir nicht irrtümlicherweise glauben, dass Er zu groß oder transzendent ist, um eine enge Beziehung zu einem Wesen zu haben, das so klein ist wie wir es sind.

Es stellt sich also die Frage, wie wir eine Beziehung zu einem Gott haben können, der nicht direkt erkannt, gesehen oder berührt werden kann. Wir können Gott nicht kennen, wie Er ist, aber wir können Seine Qualitäten indirekt durch Seine Schöpfungen erfahren. So wie wenn weißes Licht auf ein Prisma trifft und sich ausbreitet, um die Farben des Spektrums zu enthüllen, manifestiert sich der Name Allah im Spektrum Seiner Namen, wenn das Licht Seines Namens das dichte Prisma der Schöpfung durchdringt. Wie weißes Licht, das alle Farben in sich trägt,

trägt der Name Allah die unendlichen göttlichen Namen in sich. Da jedoch Singularität, Einheit und Einssein vom menschlichen Verstand nicht vollständig erfasst werden können, spiegelt Allah Seine Singularität in der Vielfalt der Schöpfung durch die Manifestation Seiner göttlichen Namen wider. Alles Erschaffene ist aus einer einzigartigen Rezeptur von Allahs Namen entstanden.

*Ähnlich wie die alle physische Materie in chemische Elemente zerlegt werden kann, die in einem Periodensystem organisiert sind, bilden die göttlichen Namen in der spirituellen Dimension eine Tabelle, die es uns ermöglicht, einen unendlichen Gott durch Seine Namen zu erfahren.*

Allah beschreibt sich im Koran mehrmals mit scheinbar widersprüchlichen Namen. Er stellt sich als der Lebendige (*al-Hayy*), der Mitleidige (*ar-Ra'uf*) und der unendlich Großzügige (*al-Karim*) vor. Er stellt sich auch als der Bringer des Todes (*al-Mumit*), der Erniedrigende (*al-Chaafid*) und der Entehrende (*al-Mudhill*) vor. Allahs Namen sind nicht widersprüchlich, sondern ergänzen einander.

Allah ist der Ausweitende (*al-Basit*), derjenige, der unsere Herzen für das Licht der Gnade öffnet; und Er ist der Einengende (*al-Qabid*), derjenige, der die Tore verschließt, die uns in die Irre führen würden. Er ist der Vergelter (*al-Muntaqim*), derjenige, der unser Ego konfrontiert und die Waage der Ungerechtigkeit durch Rechenschaft ausgleicht. Er ist der große Vergebende (*al-Ghaffar*), der unsere Sünden mit dem Schleier Seiner Perfektion bedeckt und uns vor den Folgen unserer Entscheidungen schützt. Er ist der Peiniger (*ad-Darr*), derjenige, der die Verbindungen durchtrennt, die wir mit selbstzerstörerischen Gelüsten eingegangen sind. Er ist der Nutzbringende (*an-Nafi'*), derjenige, der die Saat des Glaubens in uns zum Leuchten bringt und uns hilft, zur bestmöglichen Version unserer selbst zu erblühen.

Allahs Eigenschaften können im Allgemeinen in die Kategorien *Dschamal* und *Dschalal* unterteilt werden. Allahs

*Dschamal*-Eigenschaften, auch Eigenschaften der Schönheit genannt, entsprechen meist der Leichtigkeit, die aus Seinen Segnungen entsteht. Allahs *Dschalal*-Eigenschaften, auch Eigenschaften der Majestät, beziehen sich auf die Schwierigkeiten und den Schmerz, die wir erfahren, wenn Allah den Spiegel unseres Herzens reinigt und poliert. Obwohl viele Menschen mit der *Dschalal*-Seite Gottes Schwierigkeiten haben, sind sie auf dem Pfad des spirituellen Fortschritts notwendig. So wie der Mensch weder in reinem Licht noch in reiner Dunkelheit sehen kann und Hell und Dunkel sich vermischen und verflechten müssen, damit die Sehkraft erwacht, so ergänzen sich die *Dschamal*- und *Dschalal*-Eigenschaften auf dem Weg, Gott zu erkennen und zu erfahren.

> *»Sag: O Allah, Herr des Königreichs, Du gibst die Herrschaft, wem Du willst, und Du entziehst die Herrschaft, wem Du willst. Du ehrst, wen Du willst, und Du erniedrigst, wen Du willst. In Deiner Hand ist (all) das Gute. Gewiss, Du hast zu allem die Macht. Du lässt die Nacht in den Tag eindringen und lässt den Tag eindringen in die Nacht. Und Du lässt das Lebendige aus dem Toten hervorgehen und lässt hervorgehen das Tote aus dem Lebendigen. Und Du versorgst, wen Du willst, ohne zu berechnen.«*
>
> KORAN 3:26-27

Die Eigenschaften Gottes balancieren einander perfekt aus. Wenn wir uns einen Knochen brechen, kommt es vor, dass der Arzt ihn erneut brechen muss, um ihn zu richten, so kann Allah manchmal entscheiden, Aspekte unseres Egos durch Seine *Dschalal*-Eigenschaften zu brechen, um die Bedingungen für die Heilung durch Seine *Dschamal*-Eigenschaften zu schaffen. Es kann auch gesagt werden, dass die *Dschalal*-Eigenschaften Allahs das Herz polieren, damit Seine *Dschamal*-Eigenschaften reflektiert werden können. Wir mögen eine Vorliebe für Leichtigkeit haben, aber im spirituellen Sinne gibt es keinen Unterschied zwischen *Dschamal* und *Dschalal*, denn beide repräsentieren eine Facette Gottes.

Wir müssen uns daran erinnern, dass wir Allahs Eigenschaften nicht nur auf der spirituellen Ebene erfahren, sondern dass sie sich auch in der gesamten physischen Schöpfung manifestieren. Wir können sehen, wie Allahs Macht (*al-Dschabbar*) sich im Ozean widerspiegelt, wir können Seine Barmherzigkeit (*ar-Rahman*) durch den Regen spüren, wir können Seine Liebe (*al-Wadud*) durch eine Mutter erleben, die ihr Kind hält, wir können sehen, wie Seine Majestät (*al-Dschalil*)[27] sich in den Sternen widerspiegelt, wir können Seine Feinfühligkeit (*al-Latif*) in den Blütenblättern einer Rose sehen. Jedes Mal, wenn wir sehen, erleben wir dadurch ein Stück von Gottes unendlichem Sehen (*al-Basir*). Jedes Mal, wenn wir hören, erleben wir die Beschaffenheit von Gottes allumfassendem Hören (*as-Sami*). In einer Geburt sehen wir Gottes Eigenschaft des Lebens (*al-Hayy*) und im Tod werden wir Zeuge von Gottes Fähigkeit, Leben zu nehmen (*al-Mumit*). Von unserem Inneren bis zu den äußersten Rändern des Universums sehen wir in jedem Atom, das Er erschaffen hat, unendlich viele Manifestationen der Gnade Gottes, gemalt mit den Farben Seiner Namen.[28] So wie jeder Künstler sich in seinen Kunstwerken widerspiegelt, aber nicht das Kunstwerk selbst ist, so spiegelt sich Gott in dem, was Er erschafft, ist jedoch nicht durch Seine Schöpfung begrenzt.

> *»Gott gehört der Osten und der Westen; wohin ihr euch*
> *auch immer wendet, dort ist Gottes Angesicht.«*
>
> **KORAN 2:115**

»Angesicht« bedeutet hier nicht, dass Gott ein menschliches Gesicht besitzt, denn Gott ist formlos und über Zeit und Raum erhaben; das Wort Angesicht hat in diesem Vers eine metaphorische Bedeutung und bezieht sich auf Gottes Wesen (*adh-Dhat*) und wie dieses sich auf geheimnisvolle Weise in der gesamten Schöpfung widerspiegelt. Allahs Allgegenwart in allen Dingen wird bekräftigt, wenn es im Koran heißt: »Er ist der Erste und der Letzte, der Offenbare und der Verborgene. Und Er weiß über alles Bescheid.« (57:03)

Was wir in dieser Welt der Formen in jedem Moment erleben, ist eine dreidimensionale Reflexion von Gottes Namen, die durch den Spiegel unserer Existenz projiziert wird. Im Grunde genommen existieren die Menschen und alles andere in der Schöpfung, sowohl das Sichtbare als auch das Unsichtbare, als eine Reflexion von Gottes Eigenschaften im Spiegel des Universums. Wenn Allah für einen einzigen Moment das Gesicht Seiner Barmherzigkeit vom Spiegel dieser Welt abwenden würde, würde alles verschwinden, denn nichts würde existieren, wenn Er es nicht in jedem Moment aufrechterhalten würde. Allah ist *al-Hayy*, der Lebendige, der Leben erschafft. Allah ist *al-Qayyum*, der Beständige, von dem alles abhängig ist.

Wir sind nicht Gott, so wie das Bild in einem Spiegel nicht derjenige ist, der ihm gegenübersteht, aber wie ein Spiegel, verweist unsere Existenz auf das Göttliche. So wie die Sonne am Horizont aufgeht, aber nicht Teil des Horizonts ist, so spiegelt sich Gottes Licht in der Schöpfung wider, gehört der Schöpfung aber nicht. In jedem Baum, jedem Kind, jedem Stern, jeder Galaxie und jedem Atom spiegeln sich hinter der Begrenzung äußerer Formen die Eigenschaften Gottes wider. Da alles von Allah ausgeht und alles zu Allah zurückkehrt, gibt es nichts, was letztlich von Allahs Wissen und Liebe getrennt ist, denn die gesamte Schöpfung ist vollständig von Allah abhängig und wird von Ihm aufrechterhalten.

> *»Nichts, was ich sage, kann dir die göttliche Liebe erklären,*
> *und doch kann die gesamte Schöpfung nicht aufhören, über*
> *sie zu sprechen.«*
>
> RUMI

So wie die Liebe nicht gesehen oder wahrhaftig erkannt, aber zweifellos gefühlt werden kann, so können wir unseren Herrn an Orten erleben, die unser Verstand niemals bereisen oder begreifen könnte. Suche nach diesen »ortlosen« Orte, wo das Unbekannte wohnt. Denke über die Geheimnisse des Lebens nach, begebe dich in Räume, die dir nicht vertraut sind, wage dich in Bereiche, in denen weltliche Kompasse dich nicht führen können, begib dich in die Quantenwelt, in der die Naturgesetze zuscheitern scheinen, und spüre die Verwundbarkeit deiner Unwissenheit.

Begib dich in die Göttlichkeit, die in allem verborgen ist. Durchbrich jede Mauer des bekannten Wissens; versuche nicht zu wissen, sondern gib dir Mühe, in Ehrfurcht vor dem unendlichen Wesen Gottes zu sein. Hier kannst du dir am besten bewusst machen, dass du Allah nie so kennen wirst, wie Er wirklich ist, und doch ist es in jedem Moment eines jeden Tages Sein Odem, der auf geheimnisvolle Weise das Leben in dir erschafft.

*Mein Herr, hilf mir, alles aufzugeben, was ich bin, damit ich alles empfangen kann, was Du mir geben möchtest. O Allah, hilf mir, die Last des Zweifels abzulegen und mich frei im Glauben zu bewegen, darauf vertrauend, dass Deine Pläne für mich immer besser sein werden als meine größten Träume. O Allah, vergib mir meine vergangenen, gegenwärtigen und zukünftigen Fehler. Mein Herr, erinnere mich daran, dass Deine Güte immer größer sein wird als meine Fehler und dass Deine Liebe immer größer sein wird als meine Schande. O Allah, lasse Dein Licht auf mich scheinen, damit meine Augen die Wahrheit Deiner Schönheit erkennen können. In Deinem erhabenen Namen bete ich, amin.*

## Reflexion: Die Geheimnisse des Atems

Reflexion: Die Geheimnisse des Atems

Wenn wir uns mit unserem Atem verbinden, verbinden wir uns auf geheimnisvolle Weise mit dem göttlichen Geist, den Gott uns eingeflößt hat. Die folgende Übung ist ein einfacher, aber tiefgreifender Weg, Gottesbewusstsein in deinen Atem zu bringen:

- Nimm deinen Atem wahr. Erlaube dir, ganz natürlich zu atmen.
- Beobachte nicht, wie du atmest, sondern vielmehr wie du geatmet wirst.
- Beobachte deinen Atem, als würdest du das Kommen und Gehen der Wellen am Meeresufer beobachten. Einatmen… halten… ausatmen… halten… einatmen… halten… ausatmen.

- Konzentriere dich nicht darauf, wie lang oder tief deine Atemzüge sind.
- Während du ganz natürlich durch die Nase einatmest, lasse deine Zunge zum Gaumen aufsteigen und erlaube deinem Atem, »Al-« zu sagen. Wenn du durch den Mund ausatmest, lasse deine Zunge nach unten sinken, sodass dein Atem nach außen »-lah« sagt. Sitze die nächsten 3 bis 5 Minuten in stiller Reflexion und sage »Al-lah« mit deinem Atem.
- Achte darauf, wie du dich vor und nach dieser Übung fühlst.

## Reflexion: Wohin du auch blickst, da ist Allahs Antlitz

Wenn wir uns in einem ständigen Zustand der Gotteserfahrung befinden, erleben wir, was es bedeutet, wahrhaft menschlich zu sein. Wie bereits erwähnt, spricht der Koran direkt von Allahs Allgegenwart: »Wohin ihr euch auch immer wendet, dort ist Allahs Angesicht.« (2:115) Der Prophet ﷺ sagte: »Allah hat neunundneunzig Namen, und wer sie bewahrt, der kommt ins Paradies.«[29] Mit anderen Worten: Wenn wir göttliche Eigenschaften lernen, reflektieren und verkörpern, kommen wir dem Göttlichen näher. Obwohl wir Gottes Wesen nicht kennen können, können wir stets die Reflexionen von Gottes Eigenschaften erfahren. In der folgenden Übung findest du eine hilfreiche Anleitung, um das Göttliche näher zu erfahren:

- Nimm dir ein Notizbuch und einen Stift und gehe in der Natur spazieren. Du kannst an den Strand, in die Wüste, in die Berge, in den Wald, in den Dschungel, an einen Fluss, einen See oder einen beliebigen anderen Ort auf der Erde gehen, der dich anspricht.
- Erlaube deinem Herzen, etwas in deiner Umgebung auszuwählen, was du wahrnehmen oder meditativ reflektieren möchtest. Es können die Wellen des Ozeans sein, ein Baum, ein Berg, ein Tier, eine Blume, eine Sanddüne, eine Muschel oder sogar ein Stein.

- Nimm dir einen Moment Zeit, um bestimmte Eigenschaften aufzuschreiben, die du an diesem natürlichen Objekt beobachtest. Ist es majestätisch, schön, weich, stark, lieblich oder komplex? Kann es sich bewegen? Kann es Leben erschaffen oder Leben nehmen? Was würde es sagen, wenn es sprechen könnte? Höre genau hin. Schreibe auf, was dir einfällt.

- Schlage den Abschnitt »Die 99 schönsten Namen Allahs« im Anhang auf und suche die Namen Allahs heraus, die am ehesten mit den Beschreibungen übereinstimmen, die du notiert hast. Wenn du zum Beispiel eine Blume als lebendig, zart und schön beschrieben hast, könnten die entsprechenden göttlichen Namen »Der Lebendige« (*al-Hayy*), »Der Feinfühlige« (*al-Latif*) und »Der Gestalter der Schönheit« (*al-Musawwir*) sein.

- Wenn du die entsprechenden göttlichen Namen gefunden hast, wiederhole jeden Namen 3 bis 5 Minuten lang, während du das Objekt betrachtest, das sie widerspiegelt. Um zum Beispiel die Eigenschaft der Güte Gottes zu bezeugen, könntest du »*Ya Allah!*« in Kombination mit dem Gottesnamen *ar-Ra'uf* rezitieren, was »der Gütige« bedeutet. In diesem Fall würde der Ausruf lauten: »*Ya Allah! Ya Ra'uf!*« Das Wort *ya* kennzeichnet ein Flehen und wird verwendet, wenn man sich nach der Aufmerksamkeit einer Person sehnt. Eine naheliegende Übersetzung für *Ya Allah!* wäre »O Allah!«.

- Nachdem du die verschiedenen Namen wiederholt hast, nimm dir einen Moment Zeit und werde dir darüber bewusst, dass alles in der Existenz von den Eigenschaften Gottes zusammengehalten wird.

- Was kommt dir in den Sinn, wenn du über diese Wahrheit nachdenkst? Inwiefern würdest du die Welt anders sehen, wenn du alles als ein Abbild Gottes betrachten würdest?

*»Wir haben den Menschen ja in
schönster Gestaltung erschaffen.«*

KORAN 95:04

*»Und Ich habe die Geisterwesen
und die Menschen nur (dazu)
erschaffen, damit sie Mir dienen.«*

KORAN 51:56

# 2

# WER BIST DU?

Du bist die gewollte Schöpfung eines vollkommenen Gottes. Du bist kein Produkt eines glücklichen Zufalls. Im Koran heißt es: »Und Wir haben den Himmel und die Erde und das, was dazwischen ist, nicht zum Spiel erschaffen.« (21:16) Es gibt kein versehentliches Leben. Allah hat deine Geschichte mit der Feder der Barmherzigkeit geschrieben, Seine Liebe in jede Zelle gegeben, die in dir tanzt und wirbelt, Seinen Geist in deine Form aus Lehm geblasen und dich zu einer Brücke zwischen Himmel und Erde gemacht (15:29). Wie eine sanfte Brise haucht Gott das Licht Seiner Liebe in dich und erweckt zum Leben, was einst tote Erde war (30:19).

Du bist viel schöner als Spiegel es besingen könnten, du bist viel zu komplex, als dass Sprache dich in Worte fassen könnte, denn du bist das Produkt einer göttlichen Liebe, die so heilig und unendlich ist, dass endliche Hände zu kurz greifen, um deine Wahrheit zu malen. Die Liebe Gottes ist gezielt übergelaufen, um dich und alles andere zu erschaffen.

> »Der Gott, der die Sterne, die Meere, die Berge und
> ihre Gipfel, das Universum und seine Galaxien
> erschaffen hat, fand diese Welt ohne dich und ohne

*mich unvollständig. Siehst du, wie du ein Puzzlestück des Ganzen bist – wie es ohne deine Anwesenheit eine Lücke gäbe? Dein Körper ist nicht nur ein Zelt aus Lehm, in dem du wohnst; er ist ein Teil des Universums, das dir gegeben wurde. Du bist kein kleiner Stern, du bist ein Abglanz des gesamten Kosmos. Kannst du den Urknall in deinem Herzen hören? Achtzigmal in der Minute klopft Gott an die Tür deiner Brust, um dich daran zu erinnern, dass Er dich nie verlassen hat und dass Er dir näher ist als deine Halsschlagader (50:16). Jeder Augenblick ist göttlich gesegnet, denn in diesem Augenblick haucht Gott den Atem des Lebens in die Brust von acht Milliarden verschiedenen Menschen. Du bist nicht nur Sternenstaub und Schmutz, du bist ein Abbild von Gottes Schönheit auf Erden. Du bist nicht dieser sterbliche Körper, den der Tod eines Tages holen wird. Du bist ein ewiger Geist in der sterblichen Ummantelung von Lehm. Du bist eine Seele, die dieses menschliche Wunder lebt.«*

ARU BARZAK, DICHTERIN

## Was du für Gott bist

Du bist nicht nur die Summe deines Erfolges abzüglich deiner Fehler. Dein Wert ist nicht nur eine Gleichung dessen, wie viel du der Welt bieten kannst. Dein Wert ergibt sich nicht nur aus dem, was du gibst, sagst oder tust; du hast mehr in dir als nur Leistung. Die Sonne muss keine Runden um den Horizont laufen, die Tage müssen nicht vergehen, um deinen Wert zu erkaufen, dein Wert liegt nicht irgendwo in der Zukunft. Du bist nicht nur dann wertvoll, wenn du eine unschuldige Vergangenheit hattest, denn es sind nicht deine vergangenen oder gegenwärtigen Taten, die dich wertvoll machen. Deinen Wert erhältst du nicht nur durch deine Handlungen, sondern durch den perfekten Gott, der dich erschaffen hat.

Du solltest aufhören, deinen Wert mit endlichen Zahlen zu berechnen, wenn du von einem unendlichen Gott erschaffen wurdest, der dich mit einer ewigen Seele des Lichts ins Leben gerufen hat. Du solltest aufhören, dein Wesen durch den Nenner der Meinungen anderer Menschen zu teilen. Bedenke, dass unendlich geteilt durch eine beliebige Zahl immer noch unendlich ist. Bedenke, dass die Ewigkeit nicht reduziert werden kann, egal wie viel du abziehst. Erinnere dich daran, dass du keine Währung bist, die im Wert fällt und steigt.

*Du besitzt dich nicht selbst, dass du bestimmen könntest,*
*für welchen Preis du verkauft wirst. Du solltest aufhören,*
*einen Preis für Gottes Ware festzulegen.*

So wie ein perfekter Smaragd keine schöne Fassung braucht, die ihm Wert verleiht, so ist der Wert deiner Seele intrinsisch, weil sie Gott gehört: Messe deinen Wert nicht an der Meinung von Menschen, Spiegeln oder Komplimenten.

Obwohl deine Sünden dein Herz davon abhalten können, Gott vollständig zu erfahren, kann keine deiner Taten einen Einfluss darauf haben, wie Gott dich sieht. Deine Sünden und Seelennarben können niemals Gottes Gegenwart aus deinem Herzen entfernen, denn unabhängig davon, wer du bist oder wer du warst, wird Gottes Barmherzigkeit dich immer umschließen. Dein Wert wird nicht durch weltliche Bezeichnungen definiert, denn obwohl Gott diese Welt für dich erschaffen hat, sagt Er: »Und Ich habe dich für Mich auserwählt.« (20:41)

Unsere Arbeit auf der Erde besteht nicht darin, etwas anderes zu werden; unsere Mission besteht darin, aus der Illusion zu erwachen, dass wir von dem, was wir suchen, getrennt sind. Wir tragen den Glauben bereits in uns; unsere Seelen stehen in Verbindung mit Gott und werden dies immer tun. Sie wurden nicht erschaffen, um perfekt zu werden, sondern um sich ihrer Vollendung und ihrer Verbindung mit einer höheren Macht bewusst zu werden.

*»Erleuchtung ist, wenn eine Welle erkennt, dass sie der Ozean ist.«*
THICH NHAT HANH, ZEN-MEISTER

Spirituellen Fortschritt erreichen wir nicht nur durch unsere Bemühungen. Wenn wir alles aufgeben, was uns daran hindert zu erkennen, was unter dem Staub der Vergessenheit liegt, dann sind wir bereits das, was wir werden wollen. Wir sind bereits von Gott geliebt.

> *»Du wanderst von Raum zu Raum auf der Jagd nach einer Diamantenkette, die bereits um deinen Hals hängt.«*

RUMI

Es ist also nicht verwunderlich, dass das arabische Wort für Mensch *Insan* ist, was nach Ansicht vieler Gelehrter abgeleitet wird von den Wurzelwörtern *Nisyan*, was »Vergessenheit« bedeutet, und *Unsiya*, was »Intimität, lieben, geliebt werden, sich nahekommen« bedeutet. Im Kern des Menschseins können wir erkennen, dass wir nicht erschaffen wurden, um Gott zu finden, sondern um uns zu erinnern und zu der innigen Beziehung zurückzukehren, die wir bereits zu Ihm haben. Unsere Reise auf der Erde führt nicht nur zu Gott, sondern von Gott, mit Gott und in die Liebe Gottes hinein. Der Weg zu Gott ist weniger ein spiritueller Weg als vielmehr ein spirituelles Entkleiden von allem, was uns daran hindert zu sehen, dass Gott in diesem Augenblick bei uns ist, wo immer wir uns befinden (57:4).

## Die unendlichen Gesichter Gottes

Alles auf der Erde weist auf Gott hin. Hier hat alles einen göttlichen Duft. Wie Allah im Koran sagt: »Wir werden ihnen Unsere Zeichen am Gesichtskreis und in ihnen selbst zeigen, bis es ihnen klar wird, dass es die Wahrheit ist.« (41:53) Dies bestätigt die Idee, dass ein göttlicher Wegweiser im Kern aller Schöpfungen wohnt und eine zugrunde liegende Einheit in der manifestierten Vielfalt existiert. Wie Allah sagt: »Die Himmel und die Erde waren eine zusammenhängende Masse. Da haben Wir sie getrennt.« (21:30) Im Koran heißt es, dass du mit der gesamten Menschheit im Zusammenschluss einer einzigen Seele vereint warst, bevor dir eine eigene menschliche Existenz gegeben wurde (39:06).

Im Wesentlichen sagt uns Gott, dass alles Sichtbare und Unsichtbare in der Existenz aus einem einzigen Ursprung stammt. So wie das Eisen in deinem Blut aus der Verschmelzung von Sternen entstanden ist und deine Knochen den Staub von Galaxien in sich tragen, so wurdest du nicht nur im Himmel gemacht, sondern auch *aus den Himmeln*. Du lebst nicht nur im Universum, du lebst als ein Teil des Universums.

> *»So wie unendlich viele Farben aus dem Licht einer einzigen Sonne erblühen, nenne es ein Atom oder einen Adam, alles war einmal eins.«*

ARU BARZAK, DICHTERIN

Der Mensch ist der Mikrokosmos des Makrokosmos, die Brücke zwischen Himmel und Erde, besitzt sowohl einen sterblichen Körper als auch einen ewigen Geist und neigt sowohl zum Guten als auch zum Bösen (91:7–10). Es ist die duale Natur des Menschen, die es ihm ermöglicht, die Eigenschaften Gottes vollkommen aufzunehmen, und deshalb hat Allah uns dazu auserwählt, Seine Stellvertreter der Liebe auf Erden zu sein. Obwohl die Engel Gott durchgehend anbeten und bezeugen, verhindern ihre Vollkommenheit und die Abwesenheit eines freien Willens, dass sie die Gesamtheit der Eigenschaften Gottes erfahren können. Wie kann man schließlich Vergebung erfahren, wenn man nie einen Fehler begeht?

> *»Wenn ihr nicht sündigen würdet, würde Allah euch durch Menschen ersetzen, die sündigen würden, die daraufhin Allah um Vergebung bitten, und Er würde ihnen verzeihen.«[1]*

PROPHET MUHAMMAD ﷺ

Uns Menschen wurde der freie Wille und der Verstand anvertraut, damit wir durch diese Entscheidungsfreiheit die Liebe Gottes erkennen und erfahren können. Allah sagt im Koran: »Wir haben das anvertraute Gut den Himmeln und der Erde und den Bergen angeboten, aber sie weigerten sich, es zu tragen, sie scheuten sich davor. Der Mensch trug es – gewiss, er ist sehr oft ungerecht und sehr oft töricht.« (33:72) Unsere Unwissenheit über Gott und die Neigung unseres Egos zur

Habgier machen uns Menschen oft ungerecht und unwillig, der heiligen Verantwortung nachzukommen, Gottes gerechte Stellvertreter auf Erden zu sein. Der Status, den Gott den Menschen zuerkannt hat, ist nichts, worauf wir ein Anrecht hätten, sondern ein Geschenk, wofür wir dankbar sein sollten.

## Die Ehre des Menschen

Im Koran werden wir aufgefordert, darüber nachzudenken, wie sehr wir von Gott geachtet werden: »Seht ihr nicht, dass Allah euch das, was in den Himmeln und was auf der Erde ist, dienstbar gemacht hat, und euch mit Seinen Gunsterweisen überhäuft hat – äußerlich und innerlich?« (31:20) Trotz allem, was uns von Gott zuteilwurde, gibt es immer noch Tage, an denen unsere Freiheit uns zur Verzweiflung verleitet, wenn wir versuchen, gegen den Strom von Gottes Willen zu schwimmen und die Reibung zwischen dem, was wir wollen, und dem, wovon Allah weiß, dass wir es brauchen, spüren. Trotz all unserer Errungenschaften und Erfolge fragen wir uns immer noch: »Warum fühle ich mich nie gut genug? Wie kommt es, dass ich, egal was ich erreiche, nie völlig zufrieden bin?«

Wir fühlen uns oft nicht gut genug, weil wir ohne Gott keine wahre Ruhe, keine Zufriedenheit und kein Glück erreichen können. Nicht durch unsere Taten, sondern durch die Rückkehr zu Gott werden wir satt. Unsere innere Leere, die sich nicht leicht füllen lässt, stammt aus der Erfahrung, dass wir einst mit der gesamten Existenz vereint waren. Denn wie kann man sich nach Einheit sehnen, wenn man immer nur ein getrennter Körper war? Wie kann man sich nach Vollkommenheit sehnen, wenn man sie nie erfahren hat? Wie kann man sich nach einer allumfassenden Liebe sehnen, wenn man sie nie gekostet hat?

> »Wenn ein Gefangener nicht in Freiheit gelebt hätte,
> würde er den Kerker nicht verabscheuen.«
>
> **RUMI**

Unsere Sehnsucht nach etwas, das diese Welt nicht zu erfüllen vermag, ist der beste Beweis für eine Welt jenseits dieser Sphäre. Der Koran erinnert uns an die subtile Realität, dass Gott die Samen des Glaubens, der Liebe und der Einheit im sogenannten Bund von Alast (*Ruz-e-Alast*) in die fruchtbaren Herzen der gesamten Menschheit gepflanzt hat. In einem vorewigen Reich, vor dieser Welt, wie wir sie kennen, wurden die Wesen, die sich eines Tages in einer irdischen Form manifestieren würden, von Allah gefragt: »Bin ich nicht euer Herr?« Die Seelen vibrierten zu einer Symphonie der Bejahung, als jedes einzelne Wesen die Einheit Allahs mit den folgenden Worten bestätigte: »Doch, wir bezeugen es.« Das Ergebnis dieses Bundes ist, so kann gesagt werden, dass auf der Seelenebene jeder Mensch unabhängig von seinem bewussten Glauben vollständig auf das Göttliche ausgerichtet ist (7:172).

Als Ergebnis von Gottes bedingungsloser Liebe ist der Glaube dein gottgegebenes Geburtsrecht. Genauso wie wir unseren Herzschlag oder die Teilung unserer Zellen nicht kontrollieren können, ist unser Geist in den Boden des Gottesbewusstseins gepflanzt, ob wir uns nun entscheiden, die Samen zu gießen, oder nicht. Der Islam betrachtet den Glauben an die Einheit Gottes als einen angeborenen Teil des Menschseins. Deshalb wird das Glaubensbekenntnis als der Beginn unserer Reise zur Erfüllung unserer Aufgabe auf der Erde angesehen.

## Die *Fitra* und die angeborene Gutheit des Menschen

Die angeborene Ausrichtung auf das Göttliche, die dem Herzen des Menschseins innewohnt, wird oft als »ursprüngliche Essenz« oder im Arabischen als *Fitra* bezeichnet. Das Wort *Fitra* kommt von einem Wurzelwort, das »spalten, hervorbringen« bedeutet. Dies impliziert, dass unsere Arbeit auf dieser Erde darin besteht, die Schale unseres Egos zu spalten und die göttlichen Samen hervorzubringen, die Gott durch die Großzügigkeit Seiner Liebe bereits in den Garten unseres Geistes gepflanzt hat.

Die *Fitra* ist die angeborene natürliche Veranlagung, an Gott zu glauben, ihn zu verehren und seine Singularität zu bezeugen. Der Prophet Muhammad ﷺ sagte, dass alle Kinder mit der Neigung geboren werden, Gott zu verehren und ein Leben in Hingabe zu Ihm zu führen.[2] Wenn sie sich selbst überlassen werden, manifestiert sich ihre natürliche Veranlagung, an Gott zu glauben, kontinuierlich. Wenn jemand einen Weg einschlägt, auf dem er die göttliche Liebe ablehnt und zum Bösen anstiftet, ist das nicht das Ergebnis seiner Natur, sondern des Einflusses seiner Eltern oder des Umfelds, in dem er aufgewachsen ist. Obwohl der Koran die Gläubigen immer wieder auffordert, ihre Eltern zu respektieren, sagt Gott auch: »Und Wir haben dem Menschen anbefohlen, seine Eltern mit Güte zu behandeln. Wenn sie sich aber darum bemühen, dass du Mir das beigesellst, wovon du kein Wissen hast, dann gehorche ihnen nicht. Zu Mir wird eure Rückkehr sein, da werde Ich euch kundtun, was ihr zu tun pflegtet.« (29:8)

Unabhängig davon, was unsere Eltern oder andere Personen glauben, ist die *Fitra* oder der Glaube an die Einheit Gottes (*Tauhid*) Teil der Hardware aller Menschen. Während die Software unseres Verstandes je nach Lebenserfahrung und Umfeld unterschiedlich kodiert werden kann, lässt sich die Hardware der *Fitra* nicht verändern. Allah sagt im Koran: »So richte dein Gesicht aufrichtig zur Religion hin als Anhänger des rechten Glaubens, – (gemäß) der natürlichen Anlage (*Fitra*) Allahs, in der Er die Menschen erschaffen hat.« (30:30) In unserem natürlichen Zustand erkennen wir das Licht Gottes, denn wir tragen die Einprägung dieses Lichts in unserem Geist. Im Grunde bedeutet der Glaube nicht, dass man seine Vernunft ausschaltet, sondern dass man zu dem zurückkehrt, was man wirklich ist und schon immer war. Aus diesem Grund war eine große Anzahl von Mystikern der Meinung, dass unser Ziel auf der Erde nicht darin besteht, einen metaphysischen Berg der Spiritualität zu erklimmen, sondern vielmehr darin, zu unserem ursprünglichen kindlichen Zustand der Reinheit zurückzukehren.

Rumi beschreibt die Wichtigkeit der Entfaltung unseres angeborenen Glaubens und der Manifestation unserer Bestimmung auf der Erde durch die folgende Metapher:

*»Eine Sache darf nicht vergessen werden. Vergiss alles andere, aber erinnere dich an diese eine Angelegenheit, und du wirst es nicht bereuen. Erinnere dich an das und kümmere dich um alles andere, aber vergiss diese eine Sache, und du wirst nichts getan haben. Es ist so, als ob ein König dich zur Erfüllung einer bestimmten Aufgabe in ein anderes Land geschickt hätte. Du gehst und erledigst hundert andere Aufgaben, wenn du aber diese eine Aufgabe nicht erfüllst, ist es, als hättest du überhaupt nichts erledigt.«*

RUMI

Es ist unsere Aufgabe, ein heiliger Baum der liebevollen Güte zu werden und die treuen Früchte unserer *Fitra* mit der ganzen Welt zu teilen. Nur wenn wir wahrhaftig an Gott glauben und uns Ihm hingeben, können wir unser größtes Potenzial als Stellvertreter der Liebe Gottes auf Erden entfalten.

## Adam und Eva und der Teufel

Die Geschichte von Adam und Eva ist kein altertümlicher Mythos, sondern unsere Geschichte. Wir wurden aus Lehm und Wasser erschaffen und auf diese Welt gesandt, nicht nur um Gott zu lieben und zu verehren und dann in den Himmel zurückzukehren, sondern auch um eine Manifestation des Himmels auf Erden zu werden, indem wir Gottes Eigenschaften der Liebe und Barmherzigkeit auf die gesamte Schöpfung widerspiegeln.[3] Wie der Prophet Muhammad ﷺ sagte: »Schmücke dich mit den göttlichen Eigenschaften.«[4]

Sowohl Männer als auch Frauen sind dazu berufen, ein Spiegel Gottes auf der Erde zu sein und gemeinsam für Harmonie und Frieden für alle Menschen zu sorgen. So wie der Samen eines Granatapfels ohne Erde nicht zu einem Baum heranwachsen kann und die Erde ohne Samen keine Granatapfelfrucht hervorbringen kann, so ergänzen sich das Göttlich-Männliche und das Göttlich-Weibliche auf dem Weg zur Entfaltung der Seele.

Männer und Frauen sind körperlich nicht identisch, aber sie sind in den Augen Gottes gleichwertig, denn die Seele hat kein Geschlecht.[5] Wie der Prophet Muhammad ﷺ sagt: »Wahrlich, Frauen sind die Zwillingshälften der Männer.«[6] Das Wort für »Eva« im Arabischen ist dasselbe wie das hebräische Wort *Hawwah*, das von einer Wortwurzel stammt, die »Quelle des Lebens« bedeutet.[7] Jedes Mal, wenn wir Eva erwähnen, werden wir daran erinnert, dass die Propheten Gottes, die im Koran erwähnt werden, zwar Männer waren, dass es aber ohne Frauen keine Propheten auf dieser Erde gegeben hätte. Aus diesem Grund werden Frauen als die Brücken der Schöpfung zwischen Himmel und Erde betrachtet.[8]

Männer und Frauen werden im Koran nicht nur als auserwählte Vertreter Gottes auf Erden geehrt; im Koran wird auch gelehrt, wie man unseren größten Feind, den Teufel, überwindet. Der Teufel, auch Satan, wird auf Arabisch *Schaitan* genannt und kann auch als *Iblis* bezeichnet werden. Das Wort *Iblis* gilt als der Eigenname des Teufels und stammt von einer Wortwurzel, die »die Hoffnung aufgeben, verzweifeln, hoffnungslos sein« bedeutet.[9] Im Wesentlichen ist Iblis derjenige, der Hoffnungslosigkeit schürt, indem er uns glauben lässt, dass wir aufgrund unserer Taten böse und somit nicht liebenswert seien. In der traditionellen islamischen Theologie wird Iblis nicht als gefallener Engel gesehen, denn Engel haben keinen freien Willen und können daher nicht sündigen oder Allah gegenüber ungehorsam sein.[10]

Der Koran beschreibt den *Schaitan* als Dschinn, eine Schöpfung Gottes aus rauchlosem Feuer, die Teil des *Ghaib*, des unsichtbaren Reiches, ist.[11] Obwohl wir die Dschinn in ihrer physischen Form nicht sehen können, haben sie ähnlich wie die Menschen einen freien Willen; es gibt also sowohl gute als auch böse Dschinn. Der *Schaitan* ist nicht der Gegenspieler zu Gott, sondern eine Schöpfung Gottes. Während einige spirituelle Wege davon ausgehen, dass es getrennte Götter des Lichts und der Dunkelheit gibt, die sich gegenseitig ausgleichen, sagt der Koran, dass Allah Einer ist, keine gleichwertigen Gegensätze hat und unendliche Eigenschaften reiner Güte besitzt, die sich perfekt ergänzen.

Die Macht des *Schaitans* reicht nur so weit, wie Allah es ihm erlaubt (38:82–83). Auch wenn der *Schaitan* als »klarer Feind des Menschen« (17:53) gilt, hat seine Existenz dennoch einen heiligen Zweck. So wie es ein Segen ist, das Leck in einem undichten Boot zu finden, weil es uns zeigt, was geflickt werden muss, besteht die göttliche Barmherzigkeit hinter der Existenz des *Schaitans* darin, dass er uns zeigt, wo unsere Herzen nicht mit Gott im Einklang sind. Der spirituelle Meister des zwanzigsten Jahrhunderts, Scheich Sidi Muhammad al-Jamal, bezeichnete den *Schaitan* als »das Feuer am Tor des Gartens«, weil es seine Aufgabe ist, uns mit unseren niederen Eigenschaften zu konfrontieren und sie zu reinigen. Im Koran heißt es: »Der Satan verspricht euch Armut und befiehlt euch Schändliches. Allah aber verspricht euch Vergebung von Sich aus und Huld. Allah ist Allumfassend und Allwissend.« (2:268) Manche Mystiker bezeichnen den *Schaitan* als den Wächter der Finsternis oder den Torwächter des Himmels, denn es ist seine Stimme, die uns zu den niederen Eigenschaften des Egos wie Neid, Lust, Gier und Eifersucht verleitet und uns die Stellen zeigt, die wir polieren und reinigen müssen. Indem wir Distanz zu Allah erfahren, erkennen wir den unschätzbaren Segen der göttlichen Nähe. Obwohl der *Schaitan* seinen Platz in der Schöpfung hat, ist es wichtig, sich daran zu erinnern, dass er ein bösartiger Lügner ist, weshalb wir seine Existenz nicht auf die leichte Schulter nehmen sollten.

Iblis war kein gewöhnlicher Dschinn; Erzählungen von spirituellen Weisen aus der gesamten islamischen Geschichte besagen, dass er Gott tausend Jahre lang mit einer solchen Inbrunst und Leidenschaft angebetet hat, dass er zu den Engeln emporgehoben wurde.[12] Obwohl er eigentlich kein Engel war, genoss Iblis seinen himmlischen Rang, bis Allah eines Tages verkündete, dass Er eine neue Schöpfung mit dem Namen Adam als Seinen Vertreter auf Erden erschaffen hat. Allah hauchte Seinen Geist (*Ruh*) in Adam ein und befahl den Engeln und Iblis, sich vor Seiner neuen Schöpfung zu verneigen. Iblis betrachtete die hohle Lehmform Adams und verweigerte den Befehl Gottes, indem er erklärte: »Ich bin besser als er. Du hast mich aus Feuer erschaffen, ihn aber hast Du aus Lehm erschaffen.« (7:12) So wie ein Streichholz angezündet werden muss, um das Feuer, das es in sich trägt, zu entfachen, hat die Erschaffung Adams genug Reibung erzeugt, um das Feuer des Hochmuts, das in Iblis zwar vorhanden, aber noch nicht zu Tage getreten war, zu entzünden. Während die Engel sich hinsichtlich Adams Erschaffung erkundigten, befolgten sie dennoch Gottes Befehl und verneigten sich vor dem Odem Gottes in Adam; aber Iblis war nicht in der Lage, den Widerschein des Göttlichen zu sehen, der hinter der physischen Form des Menschen verborgen war.

Der Annahme des Teufels, dass der Wert der Schöpfung in ihrer physischen Substanz liegt, ist ein Fehler, den wir auch heute noch begehen. In gewisser Weise könnte man sagen, dass Satan der erste dokumentierte Rassist war. In Wirklichkeit wird unser Wert nicht durch Reichtum, Ruhm, Ethnie oder äußere Schönheit definiert, sondern durch unsere guten Taten und den vollkommenen Gott, der uns sowie die Samen des Guten, die wir im diesseitigen Garten unseres Lebens säen, erschaffen hat. Unsere Erfahrungen mit Allah, mit uns selbst und mit der Welt hängen vom Zustand unserer Herzen ab. Im Koran heißt es: »Und wer Allah fürchtet, dem tilgt Er seine bösen Taten und dem gewährt Er großartigen Lohn.« (65:5) Mit anderen Worten: Unser Wert ist angeboren, aber in seiner ganzen Tiefe können wir ihn nur durch die Tür guter Taten erfahren.

Im Koran heißt es: »Gewiss, der Geehrteste von euch bei Allah ist der Gottesfürchtigste von euch.« (49:13) Da wir wissen, dass unsere Handlungen keinen Einfluss auf Gott haben, können wir diesen Vers so verstehen, dass wir, wenn wir Gutes tun, die Würde und Ehre ans Licht bringen, die Gott jedem Menschen bereits anvertraut hat.

Der Teufel hat nicht begriffen, dass das, was Allah Adam gegeben hat, nicht durch Sünde zerstört werden kann, denn unser angeborener Wert ist nicht die Summe unserer guten Taten. Adam wurde geehrt, noch bevor er eine einzige gute Tat vollbracht hatte, denn seine anfängliche Ehre als Mensch beruhte nicht auf seinen Taten, sondern auf dem Odem Gottes (*Ruh*), der ihm eingehaucht wurde, und der angeborenen Gutheit (*Fitra*), die Gott ihm eingepflanzt hatte. Nachdem sich die Engel vor Adam verneigt hatten, sagte Allah zu ihm: »O Adam, bewohne du und deine Gattin den (Paradies-)Garten, und esst von ihm reichlich, wo immer ihr wollt! Aber naht euch nicht diesem Baum, sonst gehört ihr zu den Ungerechten!« (2:35) Adam und Eva erhielten das ganze Paradies, aber der Teufel wollte unbedingt beweisen, dass die menschliche Schöpfung es nicht wert war, so sehr von Gott geehrt zu werden, und so flüsterte er ihnen ein: »Unser Herr hat euch diesen Baum nur verboten, damit ihr nicht Engel werdet oder zu den Ewiglebenden gehört.« Und er schwor ihnen: »Ich gehöre wahrlich zu denjenigen, die euch guten Rat geben.« (7:20–21)

Nachdem Adam und Eva vom verbotenen Baum gegessen hatten, sagte Allah: »Geht fort [aus dem Zustand der Unschuld]! Einer sei des anderen Feind. Und auf der Erde sollt ihr Aufenthalt und Nießbrauch auf Zeit haben.« (7:24) An dieser Stelle der Offenbarung sehen wir, dass der wahre Unterschied zwischen dem Teufel und Adam in der Verantwortlichkeit liegt, denn als Adam und Eva Gott nicht gehorchten, gaben sie nicht Ihm oder dem Teufel die Schuld, sondern sich selbst, und baten Gott um Vergebung durch das folgende Gebet:

> »*Unser Herr, wir haben uns selbst Unrecht zugefügt.*
> *Wenn Du uns nicht vergibst und Dich unser erbarmst,*
> *werden wir ganz gewiss zu den Verlorenen gehören.*«
>
> KORAN 7:23

Das Essen vom verbotenen Baum war für Adam und Eva ein Weg, die Lehre der Buße zu begreifen. Während der Teufel mit seiner Arroganz den göttlichen Zorn auf sich zog, wurden Adam und Eva durch ihre Demut mit Barmherzigkeit, Vergebung und göttlicher Weisung empfangen.[13]

Als der Teufel Gott gegenüber ungehorsam war, gab er Gott die Schuld und zog mit den folgenden Worten aus, sich an der Menschheit zu rächen: »Darum, dass Du mich in Verirrung hast fallen lassen, werde ich ihnen ganz gewiss auf Deinem geraden Weg auflauern. Hierauf werde ich ganz gewiss von vorn und von hinten, von ihrer Rechten und von ihrer Linken über sie kommen. Und Du wirst die meisten von ihnen nicht dankbar finden.« (7:16–17) Abgesehen davon, dass diese Aussage die Arroganz des Teufels entlarvt, ist es unglaublich tiefgründig, dass der

Teufel uns sagt, dass Undankbarkeit die Wurzel des Unglaubens und der moralischen Verderbtheit ist. Die tieferen Dimensionen dieses Verses enthüllen die geheimen Tücken des Teufels und lehren uns letztlich, wie wir diese Versuchungen überwinden können.

Beachte, wie der *Schaitan* sagte, dass er uns auf »dem geraden Weg« auflauern wird. So wie ein Dieb nur ein Haus mit teuren Gütern ausraubt, jagt der *Schaitan* am intensivsten diejenigen, die auf dem spirituellen Weg sind und ein Gespür für den Glauben pflegen. Ein anderer Kommentar zu diesem Vers legt nahe, dass die Aussage des *Schaitans*, er werde sich uns von »hinten« nähern, bedeutet, dass er uns hinsichtlich unseres göttlichen Ursprungs täuschen wird, indem er suggeriert, dass wir nichts als das zufällige Produkt eines gottlosen Universums sind. Es kann auch bedeuten, dass er uns aus dem gegenwärtigen Moment wegzieht und in der Vergangenheit leben lässt, indem er die Flammen des Bedauerns anfacht und uns mit Gefühlen der Verzweiflung anstachelt. Wenn der *Schaitan* sagt, dass er sich uns von »vorne« nähern wird, impliziert dies, dass er uns über den Tag des Gerichts täuschen wird, indem er versucht, uns davon zu überzeugen, dass wir in der Zukunft keine Rechenschaft für unsere guten und schlechten Handlungen abzulegen haben.[14]

Dann heißt es, dass der *Schaitan* von rechts und links kommt und versucht, uns durch unsere Wünsche und Überzeugungen in die Irre zu locken. Das Einzige, was der *Schaitan* nicht erwähnt hat, ist, dass er sich uns von oben nähern wird, da nur die Offenbarung von oben herabgesandt wird. Er kann sich uns auch nicht von unten nähern, denn wenn wir unsere Köpfe zur Erde neigen, verkörpern wir Hingabe und Demut, während der *Schaitan* Hochmut repräsentiert. Dies lehrt uns ein verborgenes Geheimnis. Wenn wir uns der Offenbarung zuwenden und uns in einem Zustand der Demut befinden, sind wir vor den Versuchungen des *Schaitans* geschützt. Schließlich sagt der *Schaitan* selbst zu Allah: »Nun, bei Deiner Macht, ich werde sie allesamt ganz gewiss in Verirrung fallen lassen, außer Deinen Dienern, den auserlesenen unter ihnen.« (38:82–83) Die »Auserlesenen« sind diejenigen, die Gott mit den Eigenschaften des Glaubens, der Aufrichtigkeit und der demütigen Dankbarkeit segnet.

## Die Kraft der Dankbarkeit

Das englische Wort für Dankbarkeit, *gratitude*, stammt vom griechischen Wort *gratus* ab, das »dankbar und erfreulich« bedeutet, aber auch entfernt mit dem englischen Wort *grace* (»Gnade«) verwandt sein soll. Im Grunde genommen steht Dankbarkeit in direktem Zusammenhang mit Allah, denn durch das Tor der Dankbarkeit erfahren wir Allahs Gnade und Großzügigkeit. Wie Allah in aller Deutlichkeit sagt:

> *»Wenn ihr dankbar seid, werde Ich euch ganz gewiss noch*
> *mehr (Gunst) erweisen.«*
>
> KORAN 14:7

Der Zustand der Dankbarkeit, auch *Schukr* genannt, beruht nicht auf unseren Lebensumständen, sondern auf dem Zustand unseres Geistes. Unsere Dankbarkeit macht Gott nicht großzügiger, vielmehr macht sie uns empfänglicher für die Gunst Allahs, die uns fortlaufend zuteilwird. Dankbarkeit bedeutet, sich daran zu erinnern, dass Gott uns geliebt hat, bevor wir Ihn geliebt haben. Dankbarkeit lässt uns in einer höheren Frequenz schwingen und gibt mehr Klarheit und Bewusstsein hinsichtlich unserer angeborenen Ausrichtung auf Allah.

Dankbarkeit ist kein Gefühl, sondern eher ein Zustand des Geistes und des Herzens. Geisteszustände sind etwas anderes als Emotionen, denn sie sind wie Radiokanäle, die wir bewusst einschalten können. Wenn wir nur dankbar sind, wenn wir bekommen, was wir wollen, dann ist unsere Dankbarkeit lediglich ein Produkt unseres Egos. Aufrichtige Dankbarkeit erblüht durch die Praxis, das Göttliche zu preisen, unabhängig vom Ergebnis, das wir uns wünschen. Aufrichtige Dankbarkeit entspringt aus dem Schoß der Demut, denn nur wenn wir wirklich glauben, dass Gott »der beste Planer« ist (8:30), hängt unsere Dankbarkeit nicht mehr von äußeren Umständen ab, die sich ständig ändern, sondern von einem Gott, der unveränderlich und ewig ist. Denn wenn der Prophet Jona in der Lage ist, Gott zu preisen, selbst nachdem ein Wal ihn verschluckt, dann können auch wir über unsere gegenwärtigen Umstände hinausblicken und für die unendlichen Segnungen dankbar sein, die Gott uns ständig gewährt (37:143–144). Die Mystiker gehen sogar einen Schritt weiter und sagen: »Wir müssen dankbar sein, dass wir Ihm dankbar sind, denn dass wir überhaupt dankbar sind, ist bereits ein Segen von Allah.«

Wenn wir uns in einem Zustand von *Schukr* oder Dankbarkeit befinden, verbinden wir uns mit dem göttlichen Namen *asch-Schakur*, was »der Dankbarste« bedeutet.[15] Wenn wir dankbar sind, sind wir unserem Herrn näher. Sich im Zustand der Dankbarkeit zu befinden, ist wertvoller als das Objekt der Dankbarkeit, denn ein Geschenk beispielsweise vergeht, doch der Schenkende bleibt ewig. Als die Frau des Propheten ﷺ ihn fragte, warum er sich so viel Mühe mit Gebet und Buße gibt, wo Allah ihm doch bereits vergeben habe, antwortete der Prophet ﷺ mit den Worten *Afala akuna 'Abdan schakura* – »Soll ich denn kein dankbarer Diener sein?«[16] Mit anderen Worten: Der Prophet ﷺ war Allah nicht dankbar, um im Gegenzug etwas zu erlangen, sondern er war dankbar, weil er sich nicht vorstellen konnte, Allahs unendliche Barmherzigkeit, Gnade, Liebe und Vergebung auf eine andere Weise zu erwidern. Wie Rumi sagt: »Danksagung ist süßer als die Gunst selbst. Wer Dankbarkeit schätzt, klammert sich nicht an das Geschenk! Danksagung ist das eigentliche Hauptmahl unter den Gaben Allahs; die Gaben sind nur die Schale. Denn Danksagung führt dich zum Herzen des Geliebten.«

Das Wesen der Dankbarkeit wird durch die Anerkennung und Wertschätzung der Gaben Gottes erfahren. Wenn wir Seine Ressourcen und Gaben zu schätzen wissen und sie auf dem richtigen Weg nutzen, erhalten wir eine größere Möglichkeit, Ihn und Seine göttlichen Namen zu erfahren. Wir zeigen aufrichtige Dankbarkeit, wenn wir Gottes Zeichen mit unseren Augen sehen, Seine Worte mit unseren Ohren hören, unsere Zungen zu Seinem Gedenken und unsere Hände zum Spenden benutzen; wenn wir mit unseren Füßen auf dem Weg der Wahrhaftigkeit, Liebe, Güte, Gerechtigkeit und Gnade gehen. Wie Imam Ali sagt: »Wenn dir Segnungen zuteilwerden, dann vertreibe sie nicht durch Undankbarkeit.« Dankbarkeit ist das genaue Gegenteil davon, Ansprüche zu stellen oder zu meinen, man könne sich selbst verwalten. Wahre Dankbarkeit gedeiht auf dem Boden des vollständigen Vertrauens und der Hingabe an Gottes vollkommenen Willen.

Alhamdulillah oder »Alles Lob und alle Ehre gebühren Allah« ist der erste Gedanke, den Adam äußerte, als er sprach,[17] und Alhamdulillah ist eines der ersten Worte, die die Menschen im Paradies sagen werden. Wenn Dankbarkeit gegenüber Gott der Weg zur Rechtschaffenheit und zur ewigen Erlösung ist, dann könnten wir sagen, dass Undankbarkeit einer der größten Feinde des Glaubens ist.[18] Durch die Überprüfung des eigenen Grades an Dankbarkeit können wir erfahren, wo wir derzeit spirituell stehen.

Der Koran zeigt uns die Bedeutung der Dankbarkeit unter anderem dadurch, dass er uns die nachteiligen Auswirkungen der Undankbarkeit vor Augen führt. Tatsächlich ist eine der Lektionen, die uns die Geschichte des Schaitans erteilt, dass man aus den höchsten Himmeln in die tiefste Hölle fallen kann, wenn man Gott äußerlich anbetet, aber innerlich ein undankbares Herz hat, das voller Hochmut ist. Die Arroganz und Gier des Schaitans verlagerten seinen Fokus vom ewigen Gewährer der Gunst auf die vergängliche Gunst und machten seinen Gehorsam davon abhängig, dass er bekam, was er glaubte zu verdienen. Iblis befand sich bereits im Garten, war Allah bereits nahe, und doch führten seine Undankbarkeit gegenüber Gott und sein Neid auf Adam dazu, dass er aus dem Paradies vertrieben wurde.

> »Derjenige, der auch nur einen Hauch von Arroganz in seinem Herzen hat, wird das Paradies nicht betreten.«[19]
>
> PROPHET MUHAMMAD ﷺ

Da Allah der König der Einheit ist und Stolz und Hochmut Zustände der Gottvergessenheit sind, die dazu führen, dass wir uns von Ihm entfernen, kann der Hochmütige definitionsgemäß nicht vor Gottes singulärer Gegenwart existieren.

## Sünde und Unachtsamkeit

Gott erklärt im Koran: »Das Gedenken Allahs ist wahrlich größer« (29:45), also ist das Vergessen des Göttlichen ein schwerwiegender spiritueller Fehltritt. Wie Imam Ali sagt: »Deine Krankheit kommt von dir, aber du nimmst sie nicht wahr, und dein Heilmittel ist in dir, doch du weißt es nicht. Du betrachtest dich als ein kleines Wesen, während in dir das ganze Universum liegt [...]. Was du suchst, ist bereits in dir, wenn du nur darüber nachsinnen würdest.« Hier erinnert uns Imam Ali daran, dass das Grundproblem der Menschheit darin besteht, dass wir unsere angeborene Gutheit (*Fitra*) und unsere urewige Verbindung mit der göttlichen Liebe Gottes vergessen haben.[20]

In der Bibel wird für »Sünde« das griechische Wort *hamartia* verwendet, das aus dem Kontext des Bogenschießens stammt und übersetzt »das Ziel verfehlen« bedeutet. Dieses Wort beschreibt sehr schön, dass wir uns nicht nur von Gott abwenden, wenn wir sündigen, sondern auch die Bedeutung des Menschseins verfehlen. Mit anderen Worten: Sünde kann als ein Symptom dessen gesehen werden, dass der Mensch seine ursprüngliche Gutheit (*Fitra*) aus den Augen verliert. Da die Gutheit des Menschen ein Spiegelbild der ewigen und vollkommenen Gutheit Gottes ist, kann unsere *Fitra* nicht durch menschliche Sünde verändert werden.

> *So wie Wolken zwar nicht das Dasein und die Stärke des Sonnenlichts, durchaus aber unsere Erfahrung der Lichtintensität beeinträchtigen können, so kann die Sünde unsere Wahrnehmung der inneren Gutheit verschleiern, sie jedoch nicht verändern.*

Gott hat jedem Menschen eine spirituelle Sehkraft verliehen, damit er Seine Zeichen erleben und wahrnehmen kann. Da es Gottes Großzügigkeit ist – nicht unser Gehorsam gegenüber Gottes Gesetzen und Regeln –, die uns diese spirituelle Sicht ermöglicht, haben unsere Sünden nicht die Macht, uns wegzunehmen, was wir uns nie durch unsere guten Taten verdient haben. Es ist jedoch wichtig, sich dessen bewusst zu sein, dass unsere Taten die Kraft haben, einen Schleier zwischen uns und die Gaben Gottes zu setzen. Unsere Sünden können sich wie eine Binde über unsere spirituellen Augen legen. Wenn wir immer wieder sündigen, ohne unser Herz durch die Praxis der Reue (*Tauba*) zu polieren, kann uns dies daran hindern, Gottes Schönheit zu erkennen (18:101).[21]

Unsere Sünden können uns vom Licht der ewigen Liebe Gottes abwenden und uns dazu bringen, in der Dunkelheit zu leben, der wir uns durch unsere eigenen Handlungen unterwerfen. Ebenso wie man Dunkelheit erfährt, wenn man sich von der Sonne abwendet, so spürt man eine Dunkelheit, die sich wie Zorn anfühlt, wenn man sich durch Sünden und Unachtsamkeit von der göttlichen Liebe abwendet. Gerade deshalb erinnert uns der Koran immer wieder daran, dass nicht Gott uns unterdrückt, sondern wir es sind, die sich selbst Unrecht zufügen.

Diese Unterscheidung ist sehr wichtig. Gott ist kein menschliches Wesen mit wechselhaften Emotionen, daher geht jede Veränderlichkeit, die wir in der Beziehung zu Gott erfahren, nicht von Ihm aus, sondern von *unserer* Erfahrung Seiner Liebe. Obwohl der Gehorsam gegenüber Gottes Geboten und das Vollbringen guter Taten zwei Wege sind, auf denen wir die Liebe Gottes zwar *erfahren*, machen uns unsere Taten allein Gottes nicht *würdig*, denn nichts kann demjenigen würdig sein, der uns alles gegeben hat und selbst nichts braucht. In Wahrheit sind wir Seiner Liebe nur aufgrund Seiner Großzügigkeit würdig. Unsere Würdigkeit kommt allein von Gott, aber unsere Entscheidungen und Handlungen sind das Mittel, durch das wir Gottes Gaben verwirklichen. Wie Allah im Koran sagt: »Für den Menschen wird es nichts anderes geben als das, worum er sich (selbst) bemüht.« (53:39)

Unsere Erfahrung des Jenseits wird zum Teil durch unsere Handlungen bestimmt, denn unsere Handlungen tragen dazu bei, den Spiegel unseres Herzens zu polieren, das Gottes Gaben entweder ablehnt oder annimmt. Wie Allah im Koran sagt: »So wetteifert nach guten Dingen!« (2:148), denn »diejenigen aber, die glauben und rechtschaffene Werke tun, das sind Insassen des (Paradies-)Gartens. Ewig werden sie darin bleiben.« (2:82)

Gute Taten und aufrichtiges Engagement zum Wohle anderer tragen zwar dazu bei, unseren Geist auf Gott auszurichten, doch ohne die Reinigung unseres Herzens, können wir die Früchte unserer Wohltaten aufgrund des dazwischenliegenden Schleiers nicht ernten. Wie der Prophet Muhammad ﷺ sagte: »Allah schaut nicht auf euer Äußeres oder euren Besitz, sondern auf eure Herzen und eure Taten.«[22] Allah sagt im Koran, dass wir nicht nur äußerlich Regeln befolgen, sondern auch Gottesbewusstsein in die tiefsten Ebenen unserer Herzen integrieren sollen. Im Koran heißt es, dass nur derjenige Erfolg haben wird, »der zu Allah mit einem heilen Herzen kommt« (26:89). Nur wenn sich äußerer Gehorsam mit aufrichtiger innerer Unterwerfung verbindet, erwachen die Augen des Herzens, um die Liebe Gottes zu empfangen und zu bezeugen.

> »Gewiss, denjenigen, die glauben und rechtschaffene Werke tun, wird der Allerbarmer Liebe bereiten.«
>
> KORAN 19:96

Indem wir uns dem Göttlichen zuwenden, uns in den Dienst anderer stellen und den Schleier des Egos entfernen, beginnen wir, die Liebe zu spüren, die Gott schon immer über uns ausgegossen hat.

## Ego = Gott ausgrenzen

Da das Sündigen oder die Abkehr von Gott das Werk unseres Egos sind, müssen wir wissen, was das Ego eigentlich ist. Es wird angenommen, dass das Ego (Nafs), das illusionäre Gefühl des Selbst, erst dann entsteht, wenn der Odem Gottes (Ruh) mit dem sterblichen Körper verbunden wird. Wenn die Seele durch die Sonne und der Körper durch nassen Lehm symbolisiert wird, so ist das Ego der durchscheinende Dampf, der entsteht, wenn das Licht des Geistes den Lehm berührt.[23] Mit anderen Worten: Wie ein Nebel, der unsere Sicht verzerrt, ist das Ego ein Schleier zwischen unserem Bewusstsein und unserer Seele. Die Reinigung des Egos und die Lossagung von ihm sind im Islam äußerst wichtig, denn je mehr wir die Illusionen unseres Selbst bereinigen, desto stärker können wir das Licht Allahs bezeugen.

So wie die Dunkelheit der Nacht notwendig ist, um die Sterne sehen zu können, schafft das niedere Ego den Kontrast, der für die Erfahrung der Seele notwendig ist. Der Dichter Samani spricht von der ausgleichenden Wirkung von Gegensätzen folgendermaßen: »Neben einem hohen

Palast muss eine Müllgrube sein, damit all der Abfall und der Dreck, der sich im Palast ansammelt, dort entsorgt werden kann. In gleicher Weise hat Gott, wann immer Er ein Herz mit dem Licht der Reinheit erschaffen hat, das niedere Selbst [Ego] als Abfallbehälter daneben gestellt. Dieser schwarze Fleck der ›Ignoranz‹ fliegt auf denselben Flügeln wie das Juwel der Reinheit [...]. Ein gerader Pfeil braucht einen krummen Bogen. O Herz, sei du wie der gerade Pfeil! O Ego, nimm du die Form eines krummen Bogens an!«

Gott bricht uns, um uns zum Durchbruch zu verhelfen, denn die Schale der Sünde muss zerbrochen werden, bevor der Geist erblühen kann. Gott prüft uns nicht aus Hass, sondern aus Liebe, und Er prüft, weil Er in uns ein Potenzial sieht, das nur durch das Feuer der Läuterung ans Tageslicht gelangen kann. So wie Muskelmasse reißen muss, um zu wachsen, schafft die Reibung zwischen der Sünde und unserer inneren Heiligkeit die Voraussetzungen für spirituelles Wachstum. Auch wenn es in der Hitze des Gefechts nicht immer einfach zu sehen ist, sollte uns bewusst sein, dass wir – so wie die Nacht als Schleier notwendig ist, um die Sterne sichtbar zu machen – diese Welt nur durch den Kontrast von Freude und Leid erfahren können.

Selbst die Existenz des Menschen ist wie eine Medaille mit zwei Seiten: Einerseits sagt Allah im Koran, dass du in schönster Gestaltung erschaffen wurdest (95:4), dass du mit dem Einhauchen von Gottes Geist geformt wurdest (38:72) und dass du dazu auserwählt bist, Sein Statthalter der Barmherzigkeit auf Erden zu sein (2:30). Andererseits beschreibt der Koran die Menschen als zerbrechliche Geschöpfe, die aus dem Staub derselben Erde gemacht sind, auf der sie gehen (23:12); ängstlich, vergesslich, undankbar, anfällig für den Biss einer Fliege (22:73), ein Nichts angesichts der ewigen Wirklichkeit Gottes; ein sterbliches Wesen, das Atemzug um Atemzug dahinschwindet und sich auf einen Tod zubewegt, der ohne Vorwarnung kommt (31:34).

Obwohl das Wort *ego* im Englischen als Akronym für »Edging God Out« (Gott ausgrenzen) gesehen werden kann und wie ein Schleier wirkt, der uns von der Einheit Gottes trennt, ist es auch der Grund dafür, dass diese Einheit Bedeutung hat.[24] Einige Gelehrte vermuten, dass Adam und Eva keine wirkliche Erfahrung der Trennung von Gott gemacht haben, als sie sich im Garten befanden, und dass die Heiligkeit ihrer Nähe zum Göttlichen erst dann voll zum Tragen kam, als sie den Kontrast der Entfernung von Gott erlebten. Einige Gelehrte sind der Meinung, dass Adam und Eva nicht zur Strafe auf die Erde geschickt wurden, sondern teils auch deshalb, weil eine gefühlte Trennung für den Menschen manchmal notwendig ist, um eine Gotteserfahrung zu machen. Ohne die Präsenz von Schleiern wären also der Beobachter und der Beobachtete in unserer irdischen, physischen Welt eins. Die Schleier zwischen uns und Gott sind möglicherweise ein Produkt der göttlichen Barmherzigkeit, weil sie es uns ermöglichen, Gott in der Vielfalt Seiner Schöpfung zu erfahren.[25]

Um dies besser zu verstehen, schauen wir uns das folgende Beispiel an: Das Glas von Astronautenhelmen ist so gemacht, dass es die Intensität des Sonnenlichts abweist und die empfindlichen Augen der Astronauten vor der vollen Leuchtkraft der Sonne schützt, damit sie nicht erblinden. Die Helme mögen ihre Augen vor der wahren Helligkeit der Sonne abschirmen, aber dieser Schleier ist eine Gnade, denn er erlaubt ihren Augen, das Licht zu erleben. In gleicher Weise ist das Ego zwar ein Schleier vor Gott, aber wenn wir es richtig erziehen und reinigen, können wir Gott dadurch wahrhaftig finden.

Wenn die Neigung unseres Egos, das Göttliche zu vergessen, auf die Erinnerung an Gott trifft, kann sich unsere gesamte Wahrnehmung der Realität in einem Augenblick verändern. Die folgende Geschichte über den spirituellen Meister und Satiriker des dreizehnten Jahrhunderts, Mullah Nasruddin, veranschaulicht diesen Punkt sehr schön:

> Ein Mann kam einst zu Mullah Nasruddin und sagte: »Ich bin reich, aber deprimiert. Ich habe all mein Geld mitgenommen und mich auf die Suche nach Glück gemacht, dieses aber noch nicht finden können.« Als der Mann nachdenklich in den Himmel blickte, riss ihm der Mullah die Tasche mit dem Geld aus der Hand und lief davon.

Der Mann rannte dem Mullah nach und schrie: »Du Dieb! Du Dieb!«
Der Mullah nahm eine scharfe Kurve und ließ die Tasche auf der
Straße liegen, wo der Mann sie fand, und versteckte sich dann hinter
einer Säule. Als der Mann seine Tasche auf dem Boden sah, umarmte
er sie voller Freude. Nach wenigen Augenblicken kam der Mullah aus
seinem Versteck und sagte: »Manchmal muss man seinen Besitz verlieren und wiederfinden, um den Wert des Segens zu erkennen, der
immer mit einem war.«

So wie Adam und Eva den Garten verlassen mussten, um seinen Wert
zu begreifen, wurden wir nicht zur Strafe, sondern zur Prüfung auf diese
Erde gesandt; damit wir lernen, für alles dankbar zu sein, was Gott uns
bereits gegeben hat.[26] Wir können uns entweder von den vergänglichen
Freuden dieser Welt dazu verleiten lassen, zu vergessen, wer und wessen
wir wirklich sind, oder wir können uns gegen die Begierden unseres Egos
wehren, indem wir uns an Gottes unbegreifliche Barmherzigkeit uns
gegenüber erinnern (*Dhikr*).

## Es gibt keinen Zwang im Glauben

Um zu verstehen, warum Gott uns mit einer Seele erschaffen
hat, die sich nach Einheit sehnt, und einem Ego, das sich ständig zur
Individualisierung hingezogen fühlt, müssen wir zunächst begreifen,
dass alles mit Liebe beginnt und endet. Der Beginn unserer Reise ist die
Aneignung der intimen Kenntnis (*Ma'rifa*) von Gottes Liebe. Da wir den
Ursprung der Liebe (*al-Wadud*) verehren, sind wir dafür erschaffen worden, Gott zu lieben und von Ihm geliebt zu werden. Selbst wenn wir ein
Leben mit mehr Regentagen als blauen Himmeln gelebt haben, ist hinter
jeder Wolke die Sonne von Allahs bedingungsloser Liebe stets präsent.

Es ist die Liebe Allahs, die einen vergänglichen Zeitpunkt immer-
während macht. Liebe ist es, die uns Unendlichkeit kosten lässt, und
Liebe ist es, die uns eine spirituelle Alchemie erfahren lässt, durch die
unsere steinernen Herzen in Gold verwandelt werden. Liebe ist es, die
die Rose aus einem Meer von Dornen zieht, einer Raupe Flügel verleiht,

Granit in Rubine verwandelt und uns daran erinnert, dass wir unendlich viel mehr sind als nur unser Körpergewicht bemessen in Erde. Liebe ist es, durch die das Herz Gott erreichen kann. Die Sehnsucht nach Liebe ist es, die unsere keimenden Herzen antreibt, die Finsternis der Erde zu durchqueren und nach einem Licht zu streben, das sie spüren, aber nicht sehen können.

> *»Wie hat die Rose jemals ihr Herz geöffnet und der Welt ihre ganze Schönheit geschenkt? Sie spürte die Ermutigung des Lichts gegen sich scheinen, ohne sie wären wir alle zu ängstlich.«*
>
> HAFIZ, PERSISCHER DICHTER DES 14. JAHRHUNDERTS

Wir dürfen nicht vergessen, dass die Liebe der Grund dafür ist, dass etwas anstelle des Nichts existiert, denn wir wurden von Gott und um der Verwirklichung Seiner Liebe willen erschaffen. Gott spricht von dieser Liebe, wenn Er sagt: »Und Ich habe die unsichtbaren Wesen und die Menschen nur (dazu) erschaffen, damit sie Mir dienen.« (51:56) Ihrem Wesen nach ist die göttliche Anbetung die höchste Stufe der Liebe, denn man kann nichts anbeten, was man nicht liebt. Damit es die Liebe aber geben kann, muss ein freier Wille existieren, denn Liebe kann nicht erzwungen werden, sie kann nicht mit Gewalt geschaffen werden.

> *»Es gibt keinen Zwang im Glauben.«*
>
> KORAN 2:256

Allah hat uns den freien Willen nicht gegeben, damit wir Böses schaffen, sondern damit wir uns bewusst für die Erfahrung der göttlichen Liebe entscheiden und im Gegenzug auch Gott lieben. Hätte Allah uns keine Entscheidungsfreiheit gegeben und die Möglichkeit verwehrt, dass wir uns von Ihm abwenden, hätten wir unsere Freiheit niemals manifestieren können – es gäbe nur eine Wahl, und folglich keine Freiheit, diese Wahlmöglichkeit abzulehnen. Allah ließ die Möglichkeit zu, dass wir uns von Ihm abwenden, damit wir unseren freien Willen manifestieren und uns für die Liebe entscheiden.

## Das Geschenk der göttlichen Liebe auspacken

Unsere Reise auf der Erde handelt davon, das Geschenk der göttlichen Liebe, das uns von Gott gegeben wurde, auszupacken. Es geht nicht darum, göttliche Liebe zu erreichen, zu ernten oder zu verdienen – denn der uferlose Ozean von Allahs Liebe befindet sich bereits in uns.

Der endlose Fluss von Allahs Gaben fließt bereits durch die gesamte Existenz. Gute Taten sind dabei lediglich eine der wichtigsten Möglichkeiten, wie wir den Hahn aufdrehen und Allahs grenzenlose Liebe erfahren können. Das Geschenk des freien Willens schafft den Kontrast, der notwendig ist, um Gott kennenzulernen, Seine Liebe zu erfahren und Ihn aus leidenschaftlicher Dankbarkeit zu verehren.

Durch den Menschen lernt das Universum sich selbst kennen, denn wir sind es, die die Gabe erhielten, den Formen der Schöpfung einen Sinn zu verleihen. Als Allah Adam erschuf, fragten die Engel, warum Er ein Wesen erschafft, das auf der Erde so viel Unheil stiften und Blut vergießen wird. Gott antwortete: »Ich weiß, was ihr nicht wisst.« (2:30) Dann befahl Er den Engeln, sich niederzuwerfen – nicht vor der äußeren Gestalt Adams, sondern vor dem Geist Gottes, der sich in ihm spiegelte. In Bezug auf die Erschaffung Adams sagt Allah Folgendes:

>*Ich habe ihn zurechtgeformt und ihm von Meinem Geist*
>*eingehaucht.«*
>
> **KORAN 38:72**

Im Koran wird danach ein weiterer geheimnisvoller Aspekt erwähnt, der den Unterschied zwischen den Engeln und Adam deutlich macht, wenn Gott über sich sagt: »Er lehrte Adam alle Namen.« (2:31) Einige meinen, dies beziehe sich darauf, dass Adam und alle Kinder Adams die Fähigkeit erhielten, die Geschöpfe zu kategorisieren und Verbindungen zwischen ihnen herzustellen. Andere sagen, dies beziehe sich auf die Fähigkeit, die Essenz hinter den physischen Formen zu erkennen. Wieder andere sagen, dass das, was Adam gelehrt wurde, die Namen Allahs waren, die sich in allen Formen der Schöpfung manifestieren und widerspiegeln, denn wie Allah sagt: »Adam wurde nach Meinem Bilde erschaffen.«[27] Aus diesem Grund haben viele spirituelle Meister im Laufe der Zeit gesagt: »Wer sich selbst kennt, der kennt seinen Schöpfer.«[28]

Obwohl wir ein Abglanz von Gottes Eigenschaften sein können, sind wir nicht Gott. Es ist nicht etwa so, als würden wir durch Selbsterkenntnis eine Ähnlichkeit zwischen uns und Ihm feststellen, vielmehr bekommen wir einen Vorgeschmack auf Seine unendliche und vollkommene Natur, wenn wir unsere Menschlichkeit, unsere Begrenztheit und Fehlbarkeit genau erfassen. So wie du die natürliche Neigung dazu hast, über die Brillanz des Autors nachzudenken, wenn du ein schönes und tiefsinniges Buch liest, so weist es uns auf die unergründliche Vollkommenheit des Autors hin, der uns für die Existenz bestimmt hat, wenn wir darüber nachsinnen, wie komplex unsere eigene Erschaffung ist.

Um unseren Schöpfer zu kennen, müssen wir lernen, unser Leben zu akzeptieren, anstatt zu versuchen, ihm zu entfliehen. Gott spricht uns sowohl durch Segnungen als auch durch Prüfungen an. Wenn Gott uns mit Reichtum und Überfluss segnet, ruft Er uns zu Seinen Namen des Großzügigen (*al-Karim*) und des Dankbaren (*asch-Schakur*). Wenn wir uns Treue und Hoffnung in schwierigen Zeiten bewahren, lernen wir Gott durch Seine Eigenschaft des Geduldigsten (*as-Sabur*) kennen. Wie der Prophet Muhammad ﷺ sagte: »Erstaunlich ist die Angelegenheit des Gläubigen, wahrlich, alle seine Angelegenheiten sind gut, und das gilt für niemanden außer für den Gläubigen. Wenn ihm etwas Gutes widerfährt, ist er dankbar, und das ist gut für ihn. Wenn ihm etwas Schlechtes widerfährt, ist er geduldig, und das ist gut für ihn.«[29] Sowohl in uns selbst als auch im größeren Kosmos öffnet Gott die Tür für uns, sodass wir Ihn durch die Manifestationen Seiner Namen kennenlernen mögen.

> »Wie wir Gott sehen, spiegelt unmittelbar wider, wie wir uns selbst sehen. Wenn Gott nur Angst und Schuldgefühle in uns weckt, dann heißt das, dass zu viel Angst und Schuld in uns brodelt. Wenn wir Gott als liebend und barmherzig sehen, so trifft dies auch auf uns zu.«
>
> SCHAMS-E TABRIZI, RUMIS SPIRITUELLER MEISTER

Das Wissen, das wir über Gott besitzen, beruht auf denjenigen Seiner Namen und Eigenschaften, die in uns am regsten genährt und widergespiegelt werden. Um Gott zu lieben, müssen wir uns selbst kennen, denn die göttliche Liebe erwacht in unserer Seele, wenn wir anfangen zu spüren, wie sehr wir Gott brauchen und wie bedürftig wir Ihm gegenüber sind. Gott hat die Eigenschaft Seiner Liebe in uns gepflanzt, bevor wir überhaupt wussten, wer Er ist, und so ist unser Verlangen, Gott zu lieben, eine Manifestation dessen, dass Er uns zuerst geliebt hat.

Liebe ist nichts, das wir selbst erschaffen oder in der Welt finden; sie ist ein Teil dessen, was wir bereits sind. Da wir dazu neigen, die Güte derer wertzuschätzen, denen wir ähneln, erblüht unsere Liebe zu Gott umso stärker, je mehr wir Ihn widerspiegeln. Je mehr wir diejenigen begleiten, die Gott lieben und Gottes Eigenschaften der Güte, des Mitgefühls, der Barmherzigkeit und des Friedens widerspiegeln, desto mehr werden wir in die Einheit Seiner Liebe hineingezogen. Wir sind wie der Mond: Je mehr wir uns von der Dunkelheit des unwissenden Egos abwenden und uns dem ewigen Licht der Liebe Gottes zuwenden, desto erfüllter wird unsere Seele.

Die Anbetung ist die höchste Stufe der Liebe. Wenn wir durch unsere Erfahrungen mehr über Gott lernen und darüber, dass Seine Liebe unsere größten Fehler akzeptiert und übersieht, dann können wir nicht anders, als Ihn anzubeten. Denn Anbetung entwächst nicht dem Boden der Pflicht, sondern der Dankbarkeit für alles, was Gott uns aus freien Stücken gegeben hat, noch bevor Er uns den Mund gab, um Ihm überhaupt zu danken.

Eine einfache, aber tiefgreifende Möglichkeit, die Dankbarkeit in uns zu stärken, besteht darin, darüber nachzusinnen, wie perfekt Gott uns erschaffen hat. Wenn wir über die komplexe Perfektion unserer Erschaffung nachdenken, sind wir natürlicherweise dazu geneigt, Allah gegenüber dankbar zu sein. Wir geraten automatisch in einen Zustand der Ehrfurcht und des Staunens, wenn wir beginnen, bewusst über unsere Atemzüge und Herzschläge zu reflektieren. Wenn wir uns der Tatsache bewusstwerden, dass Allah jeden Atemzug absichtlich so bestimmt hat, wie Er es will, begreifen wir, dass Seine Blicke immer mit Liebe auf uns gerichtet sind. Wenn wir unsere Sorgen beiseiteschieben und uns stattdessen dem Gebet, der Reue und dem Gedenken an Allahs Namen widmen, beginnt die Last unserer Probleme kleiner zu werden, und durch das Nachsinnen über Seine Großartigkeit beginnen wir, Frieden in unserem Inneren zu fühlen.

## Das Leben ist eine Prüfung

Im Koran wird das Leben als eine Prüfung beschrieben, denn Gott hat uns auf die Erde gesandt, um unsere eigenen vermeintlichen Grenzen herauszufordern und uns zu helfen, unsere zahlreichen Fähigkeiten zu entfalten. Im Leben geht es nicht nur um Himmel und Hölle, sondern auch darum, zu enthüllen, welche Rolle Gott für uns vorgesehen hat, damit wir erkennen können, wer Er ist. Dein Weg zu Gott beginnt mit dem Erkennen und Erleben deiner menschlichen Qualitäten, denn du kannst nicht verwirklichen, was du nicht anerkannt hast. Wenn wir unsere Perspektive von dem, was Gott uns *antut*, auf das verlagern, was Gott *für uns tut*, können wir erkennen, dass Er uns zwar nicht immer gibt, was wir wollen, aber immer genau das, was wir brauchen.

> *»Aber vielleicht ist euch etwas zuwider, während es gut für euch ist, und vielleicht ist euch etwas lieb, während es schlecht für euch ist. Allah weiß, ihr aber wisst nicht.«*

**KORAN 2:216**

Gott weiß, welchen Boden dein Seelensprössling braucht, um zu erblühen. Er gibt dir Menschen, die dich lieben, die dich verlassen, die dich inspirieren, die an dir zweifeln und die an dich glauben. Aus Seiner Liebe heraus lässt Gott zu, dass die Welt dich verletzt und bricht, nicht weil Er dich zugrunde richten will, sondern weil Er dir deine verborgenen Stärken zeigen will, die sich nur im Kokon der Prüfungen offenbaren können. Das ist einer der Gründe, warum der Prophet ﷺ sagt: »Wenn Allah jemandem etwas Gutes tun will, dann setzt Er ihn

Prüfungen aus.«[30] Gott führt uns in die Höhle der Schwierigkeiten und des Schmerzes, wenn es dort für uns Edelsteine zu finden gibt. Gott stößt uns an den Rand der Klippe, wenn Er will, dass wir das Fliegen lernen. Die Schwierigkeiten, mit denen wir konfrontiert werden, können als Katalysatoren für Selbstentdeckung und Wachstum dienen.

Die islamische Kernlehre »Gewiss, mit der Erschwernis ist die Erleichterung« (94:5) wird durch die berühmte Geschichte von einem Jungen und einem Schmetterling wunderbar veranschaulicht.

> Ein kleiner Junge beobachtete stundenlang, wie ein Schmetterling versuchte, durch ein Loch aus seinem Kokon zu entkommen. Um ihm zu helfen, nahm der Junge eine Schere in die Hand und schnitt den Kokon vorsichtig auf. Zur Überraschung des Jungen kam der Schmetterling mit verschrumpelten Flügeln heraus und verbrachte den Rest seines Lebens auf dem Boden.

Der Junge wusste nicht, dass der Kampf des Schmetterlings, sich aus seinem Kokon herauszuwinden, die Art der Natur war, seine Flügel für das zukünftige Fliegen zu stärken. Ein Schmetterling verlässt seinen Kokon nicht trotz seines Kampfes, sondern gerade wegen diesem. Auf dieselbe Weise wird unsere Seele durch ihren Kampf gegen das besinnungslose Ego gestärkt. Wie Rumi sagt: »Wenn du dich über jedes Scheuern ärgerst, wie soll dann dein Spiegel poliert werden?«

Wenn wir uns Prüfungen stellen, werden wir darauf vorbereitet, unser größtes Potenzial zu entfalten, das unter der Schale unserer Bequemlichkeit und Konditionierung verborgen liegt.

*Wir sind wie Fotos; unser Glaube entwickelt sich in der Dunkelkammer der Prüfungen, die wir durchlaufen.*

Im Arabischen leitet sich das Wort *Fitna*, welches »Drangsal« bedeutet, vom Wort *fatana* ab, das »Gold prüfen, mit Feuer verbrennen« bedeutet. So wie Gold erhitzt wird, um wertvolle Elemente aus dem unbrauchbaren Material zu extrahieren, das sie umgibt, wird unsere goldene Essenz durch das Feuer unserer Prüfungen zutage gefördert.

Wenn *Fitna* auftritt, macht sie zunächst wenig Sinn; denn sie fühlt sich ungerecht und unfair an. Für jemanden, der die Phasen des Wachstums nicht versteht, sieht ein Samen, der zu einem Baum wird, wie Zerstörung aus. Wenn die Erde die Schale zusammendrückt, bis sie zerbricht, sieht das wie Strafe aus, wie unverdienter Schmerz. Aber das Samenkorn verflucht die Sonne und den Regen nicht dafür, dass sie es aufbrechen, denn es weiß, dass sein Potenzial weit größer ist als die Grenzen seiner Schale.

Ein liebender und barmherziger Gott erschafft dich neu, indem Er dich aus den Kokons und Käfigen der Vergangenheit herausbricht. Nur mit Geduld und Gebet können wir erkennen, dass Hitze und Druck dazu beitragen, die notwendigen Bedingungen zu schaffen, um dunkle Kohle in einen leuchtenden Diamanten zu verwandeln.

> *»Und wer Allah fürchtet, dem schafft Er einen Ausweg und gewährt ihm Versorgung, von wo (aus) er damit nicht rechnet. Und wer sich auf Allah verlässt, dem ist Er seine Genüge. Allah wird gewiss (die Durchführung) seine° Angelegenheit erreichen. Allah legt ja für alles ein Maß fest.«*
>
> KORAN 65:2-3

Alles auf Erden wurde erschaffen, damit du Gott liebevoll dienen und dabei die Heiligkeit im Kern jeglicher Existenz erfahren kannst. Wenn du wirklich auf den Zweck deines Menschseins ausgerichtet bist, werden Prüfung und Segen eins. Jede Erfahrung, jedes Gefühl und jeder Gedanke ist ein Weg, auf dem Allah zu dir spricht und dich auffordert, in Seine liebenden Arme zurückzukehren. Im Koran heißt es: »Und Wir prüften sie mit Gutem und Bösem, auf dass sie umkehren mögen.« (7:168) Es ist ein Segen zu wissen, dass Gott sowohl in den Momenten der Leichtigkeit als auch in schwierigen Situationen gegenwärtig ist und uns ständig zu sich zurückruft.

## *Dschihad* für den Frieden

Das Streben unserer Seele gegen das niedere Ego ist der große *Dschihad* unseres Lebens. Das Wort *Dschihad* entspringt der Wortwurzel *dschahada*, was so viel bedeutet wie »streben« oder »sich bemühen«.[31] Auf der Grundlage von Überlieferungen des Propheten ﷺ haben muslimische Gelehrte das Konzept des *Dschihad* in zwei Teile gegliedert: den kleinen *Dschihad* und den großen *Dschihad*.

Der kleinere oder kämpferische *Dschihad* ist der Kampf zur Verteidigung der Religionsfreiheit, des Heimatlandes und der grundlegenden Menschenrechte, während der größere oder spirituelle *Dschihad* das Streben gegen das eigene Ego und die niederen Gelüste ist. Im Koran heißt es: »Was ist mit euch, dass ihr nicht auf Allahs Weg, und (zwar) für die Unterdrückten unter den Männern, Frauen und Kindern kämpft, die sagen: ›Unser Herr, bringe uns aus dieser Stadt heraus, deren Bewohner ungerecht sind, und gib uns von Dir einen Beschützer, und gib uns von Dir einen Helfer.‹« (4:75)

Hier macht der Koran sehr deutlich, dass Muslime verpflichtet sind, Menschen zu helfen, die unterdrückt werden, ganz gleich, wer sie sind oder wo auf der Welt sie sich befinden. Der kleinere *Dschihad* wird jedoch immer zur Verteidigung geführt und kann nicht von Zivilisten ausgerufen werden, sondern muss von den zuständigen Autoritätspersonen in Übereinstimmung mit dem Beispiel des Propheten ﷺ und dem Koran erklärt werden (4:59). Im Koran heißt es: »Und kämpft auf Gottes Weg gegen diejenigen, die gegen euch kämpfen, doch übertretet nicht! Gott liebt nicht die Übertreter.« (2:190)

> *Der Dschihad ist kein Ziel, sondern ein Prozess, der darauf abzielt, Frieden zu schaffen, wo Ungerechtigkeit und Unterdrückung der Freiheit herrschen.*

Im Gegensatz zu den Römern, die zu sagen pflegten: »*Silent enim leges inter arma*«, was so viel bedeutet wie »Die Gesetze schweigen im Krieg«, schreibt das göttliche Gesetz im Krieg ganz spezifische Regeln vor, um vor unrechtmäßigen Tötungen und Unterdrückung zu schützen.[32] Infolge der göttlich erklärten Heiligkeit des menschlichen Lebens (5:32) sind die Regeln der defensiven Kriegsführung im Islam strenger als in vielen modernen Ländern. Im kämpferischen *Dschihad* zur Verteidigung der Religionsfreiheit dürfen die Kämpfer beispielsweise keine Frauen, Gläubigen, Kranken, Alten, Kinder, Nichtkämpfer oder Zivilisten töten. Sie dürfen auch keine Städte zerstören, keine Bäume fällen und kein Feuer zur Zerstörung des Landes einsetzen. Im Grunde dürfen keine Bomben eingesetzt werden, die Erde muss geschützt werden und Unschuldige dürfen nicht zu Kollateralschäden werden.

Der kämpferische *Dschihad* hat ganz spezifische Regeln und endet in dem Moment, wenn der Frieden wiederhergestellt ist. Im Koran heißt es klar und deutlich: »Und wenn sie sich dem Frieden zuneigen, dann neige auch du dich ihm zu!« (8:61) Wir sind dazu aufgerufen, »mit jedem freundlich und gerecht umzugehen«, der unser Recht auf freie Religionsausübung respektiert, der uns nicht ungerechtfertigt aus unseren Häusern vertreibt und uns nicht unterdrückt (60:8). Der Prophet Muhammad ﷺ sagt klar und bestimmt: »Hütet euch! Wer auch immer grausam und hart zu einer nichtmuslimischen Minderheit ist, ihre Rechte verletzt, ihnen mehr aufbürdet, als sie tragen können, oder ihnen gegen ihren freien Willen etwas wegnimmt, den werde ich am Tag des Jüngsten Gerichts anklagen.«[33]

Während der kleinere *Dschihad* ganz spezifische Bedingungen hat und in einem speziellen Kontext und Zeitrahmen geführt wird, endet der größere, spirituelle *Dschihad* niemals und gilt für alle Muslime in allen Ländern unter allen Umständen. Während sich der kleinere *Dschihad* gegen einen sichtbaren Tyrannen oder unterdrückerischen Feind richtet, richtet sich der größere *Dschihad* gegen den unsichtbaren Feind des Egos mit seinen Gelüsten von Gier, Lust, Arroganz, Ignoranz, Stolz, Neid, Zorn und anderen Lastern.

Der Prophet Muhammad ﷺ erinnerte uns an die Bedeutung des größeren *Dschihad*, als er sagte: »Habe ich euch nicht informiert? Der Gläubige ist derjenige, dem das Leben und der Reichtum der Menschen anvertraut wird. Der Muslim ist derjenige, vor dessen Zunge und Hand die Menschen sicher sind. Den *Dschihad* auf dem Weg Allahs führt derjenige, der den *Dschihad* gegen sich selbst im Gehorsam gegenüber Allah führt. Der Auswanderer ist derjenige, der von Sünden und schlechten Taten abwandert.«[34]

Wir sind dazu aufgerufen, uns zu *bemühen*, die heiligen Eigenschaften Gottes auf alle Menschen widerzuspiegeln, egal wie schwer es fällt. Wenn wir uns bemühen, zum Morgengebet aufzuwachen, ist das ein *Dschihad*. Wenn wir die Geheimnisse anderer schützen, selbst wenn sie unsere Geheimnisse preisgeben, ist das ein *Dschihad*. Wenn wir versuchen, Licht und Liebe dorthin zu bringen, wo wir mit Dunkelheit und Hass konfrontiert werden, ist das ein *Dschihad*. *Dschihad* kann jede Handlung sein, die zum Ziel hat, Gutes und Schönes um Gottes willen zu manifestieren.

Die Vorstellung, dass das Konzept des *Dschihad* auf die militärische Verteidigung beschränkt ist, wird durch den folgenden Bericht eindeutig widerlegt: »Ein Mann kam zum Propheten ﷺ und bat um die Erlaubnis, im *Dschihad* mitzukämpfen. Der Prophet ﷺ fragte: ›Leben deine Eltern noch?‹ Er bejahte. Der Prophet ﷺ sagte daraufhin: ›Dann kämpfe gegen dein Ego, indem du deinen Eltern dienst.‹«[35]

> *Dschihad ist der Akt des Strebens, alles an seinen richtigen Platz zu bringen. Beim Dschihad geht es nicht nur darum, die inneren Kämpfe mit unserem Ego zu überwinden, sondern auch darum, Gottes Gerechtigkeit zu repräsentieren, indem wir die gottgegebenen Rechte aller Menschen bewahren.*

Es ist wichtig, dass wir den Frieden nicht aus einem Gefühl des Hasses heraus anstreben, sondern aus einer Haltung der Liebe heraus. Wir müssen zuerst den Spiegel unseres eigenen Herzens polieren, bevor wir das Licht von Gottes Gerechtigkeit, Barmherzigkeit und Einheit auf den Rest der Schöpfung spiegeln können.

## Den Spiegel des Herzens polieren

Ähnlich wie ein Spiegel, der rostet, wenn er nicht poliert wird, kann auch das Herz »rostig« werden, wenn wir von Gedanken der Selbstverwaltung eingenommen sind und das Gedenken Gottes vernachlässigen. Es ist allerdings nicht einfach, unsere Aufmerksamkeit vom Verstand auf das Herz zu richten und uns Gott hinzugeben. Man sagt, dass der Abstand zwischen Kopf und Herz zwar nur 45 Zentimeter beträgt, jedoch die längste Reise repräsentiert, die wir spirituell jemals unternehmen werden.[36] Der spirituelle Weg verneint den Verstand nicht, doch wenn der Verstand allein über den Körper herrscht, werden Herz und Seele zum Sklaven des Egos und seiner Wünsche. Ist jedoch das göttlich ausgerichtete Herz der König des Körpers und der Verstand sein Diener, leben wir in Frieden und Harmonie.

Es ist kein Zufall, dass das Wort für »Intellekt« im Arabischen 'Aql ist, welches von einem Wort abstammt, das auch »sich zurückhalten« bedeuten kann, wie ein Seil, mit dem ein Tier festgebunden, damit dieses nicht fliehen kann.[37] Mit anderen Worten: Der Wert des Intellekts wird durch seine Fähigkeit bestimmt, die animalischen Begierden in uns anzuleinen, sodass Raum für das Erkennen und Bezeugen von Gottes Zeichen geschaffen wird.

Um ein Hüter der Erde oder ein Abglanz Gottes auf Erden zu werden, ist nicht nur eine Änderung des Verhaltens nötig, sondern auch die Transformation des Egos sowie des Herzens. In der islamischen Theologie gilt das Herz allgemein als »Wahrnehmungsorgan«, weil die Welt durch den Filter des Herzens und nicht durch die Augen erfahren wird.

> *»Denn nicht die Blicke sind blind, sondern blind sind die Herzen, die in den Brüsten sind.«*
>
> **KORAN 22:46**

Wir sehen die Welt nicht in der Weise, wie sie wirklich ist, sondern durch den derzeitigen Zustand unseres Herzens. Wenn das spirituelle Herz durch die niederen Eigenschaften des Egos wie Stolz, Lust, Gier und Neid verschleiert ist, führt dies zu einer verzerrten Wahrnehmung der

Realität. Wie es im Koran heißt: »Keineswegs! Vielmehr hat sich das, was sie zu erwerben pflegten, über ihren Herzen angesetzt.« (83:14) Genauso wie ein Kieselstein und ein Klumpen Gold bei Dunkelheit gleich aussehen und sich gleich anfühlen, dringt das Licht der Unterscheidung nicht in unser Bewusstsein ein, wenn unsere Herzen unrein und von den Wolken der Sünde bedeckt sind, und lässt uns so vor der Wahrheit erblinden.

> *»Wahrlich, es gibt im Menschenkörper ein kleines Stück Fleisch; wenn dieses gut ist, so ist der ganze Körper gut; ist es aber verdorben, so ist der ganze Körper verdorben. Wahrlich, das ist das Herz!«*[38]

PROPHET MUHAMMAD ﷺ

Unser Herz mag so groß wie unsere Faust sein und weniger als ein Kilogramm wiegen, doch es hat die Fähigkeit, in einer einzigen Stunde 150 Liter Blut durch unseren Körper zu pumpen. Durch die Macht Gottes schlägt dieser winzige Muskel 40 Millionen Mal pro Jahr und 3 Milliarden Mal während der gesamten Lebensspanne des Menschen.[39] Einige Gelehrte haben behauptet, dass man den Namen »Al-lah, Al-lah, Al-lah« hören kann, wenn der Herzschlag mit einem Stethoskop abgehört wird.[40] Das Zusammenziehen und Lockern der Zunge beim Aussprechen von »Allah« wird auch vom Herzen wahrgenommen, so beginnt es, das Blut in einem bestimmten Schwingungsmuster zu pumpen. Sogar auf der physischen Ebene weiß das Herz genau, wer sein Herr ist; es ist das Ego (*Nafs*), das die Herrschaft Allahs vergisst, weil es durch seine Vergnügungen und die Besessenheit von der Welt benebelt wird.

Im Bund von Alast, im vorewigen Reich der Seelen, haben wir alle bezeugt, wie Gott sich nach außen hin kundtat und bestätigte, dass Er allein unser Herr ist. In dieser Welt ist das Herz dazu aufgerufen, Gott erneut zu bezeugen, aber diesmal innerlich und indirekt durch die Art und Weise, wie Gott Seine Eigenschaften auf den Spiegel der Schöpfung projiziert. Das Herz, das gereinigt und poliert ist, sieht nicht die Schöpfung in seiner physischen Form, sondern nur einen Abglanz von Allahs unendlichen Eigenschaften. Als Imam Ali gefragt wurde: »Was ist die Schöpfung?«, antwortete er: »Sie ist wie der Staub in der Luft, sie wird nur dann sichtbar, wenn das Licht Allahs auf sie fällt.«

Nur wenn das Herz gereinigt und auf Allah ausgerichtet ist, sehen wir die Realität so, wie sie ist, und nicht durch den Filter dessen, was wir sein wollen oder glauben zu sein – einen Filter nämlich, der auf der Konditionierung durch unsere Kultur und Gesellschaft beruht. Das Herz wird nicht vom Verstand beherrscht, denn das Herz hat seinen eigenen spirituellen Intellekt. Deshalb sagte der Prophet ﷺ, als er gefragt wurde, was Rechtschaffenheit ist: »Befrage dein Herz!«[41]

Wissenschaftliche Studien des Heartmath Institute haben gezeigt, dass das elektromagnetische Feld des Herzens noch mehrere Meter außerhalb des Körpers gemessen werden kann und 60-mal stärker ist als unsere Gehirnwellen. Außerdem beginnt das Herz eines Fötus zu schlagen, bevor sich das Gehirn oder zentrale Nervensystem überhaupt entwickelt haben. Jüngste Studien haben gezeigt, dass das Herz über eine eigene Reihe von Neuronen mit Kurz- und Langzeitgedächtnis verfügt, die mit dem Gehirn interagieren und unsere Gefühle beeinflussen können.[42]

Das Herz wird auch von unseren Handlungen beeinflusst. Der Prophet ﷺ teilt uns mit, dass der ruhige Zustand von Seele und Herz Frömmigkeit und Rechtschaffenheit hervorruft, und umgekehrt zeigt sich die Sünde dadurch, dass die Brust von Unruhe und Unsicherheit bedrückt wird.[43] Ausgehend von der Tatsache, dass der Zustand des Herzens das Wohlbefinden des gesamten physischen und spirituellen Körpers beeinflussen kann, stellen wir uns nun die Frage: Wie können wir unser spirituelles Herz transformieren und erwecken?

Die Transformation des Herzens und die Läuterung des Egos gehören zu den grundlegenden Zielen der göttlichen Offenbarung. Alle Säulen und Praktiken des Islams dienen der Läuterung des Egos, indem das Herz weg von den Begierden der vergänglichen Welt und hin zur ewigen Liebe Gottes ausgerichtet wird. Die beiden wirkungsvollsten Methoden zur Läuterung des Egos und zur Transformation des Herzens, die im Koran erwähnt werden, sind die Praktiken der Reue (*Tauba*) und des Gottesgedenkens (*Dhikr*).

## Die Rückkehr zu Gott durch Reue

Die *Tauba*, oder Reue, führt uns mit Liebe und Barmherzigkeit zu den spirituell ausgerichteten Teilen in uns zurück, die wir angesichts unserer Fehler oder Sünden häufig aus den Augen verlieren. Wir wurden als die schönsten und perfekten Meisterwerke Gottes auf diese Erde gesandt, doch wenn wir vergessen, dass wir göttlichen Ursprungs sind, wird die Leinwand unserer Existenz mit einem Film bedeckt, der uns vom göttlichen Ursprung unserer Seelen trennt. Wenn Allah im Koran sagt: »Allah hat keinem Menschen zwei Herzen in seinem Inneren gemacht« (33:04), bedeutet das, dass wir unser Herz entweder der Schöpfung oder Allah zuwenden können, aber nicht beiden gleichzeitig. Ein im Arabischen häufig verwendetes Wort für das Herz ist *Qalb*, das von einer Wurzel stammt, die auch »umdrehen, die Richtung ändern, zurückkehren« bedeutet.[44]

Sowohl zu sündigen als auch sich von Gott abzuwenden ist menschlich, denn es liegt in der Natur des Herzens, sich ständig zwischen Ausdehnung und Zusammenziehen, zwischen der Schöpfung und dem Schöpfer und zwischen dem sterblichen Ego und der ewigen Seele zu bewegen. Der Teufel kann das Herz nicht direkt verführen, denn das Innere des Herzens ist in einem reinen Zustand und gehört nur Allah. Der Teufel kann lediglich in die Brust einflüstern, welche auf Arabisch *Sadr* genannt wird und so etwas wie die äußere Festung repräsentiert, die das Herz schützt. Je stärker das Herz durch Reue, Gedenken und Hingabe wird, desto eher verstummt das Flüstern des Teufels im Vergleich. Deshalb sagt der Prophet ﷺ zu Allah: »O Du, der die Herzen wendet, festige mein Herz in Deiner Religion!«[45]

Wenn wir bereuen, reinigen wir den Überzug des Egos, um zu enthüllen, wer wir sind und schon immer waren. Es sind nicht das Wissen oder unsere weltlichen Errungenschaften, die uns zu Gottes Vertretern auf Erden machen; sondern die Erkenntnis, wie unwürdig und unfähig wir ohne Gottes Gnade für diese Aufgabe wären. Aus diesem Grund beten die Weisen: »Unser Herr, lasse unsere Herzen nicht abschweifen, nachdem Du uns rechtgeleitet hast, und schenke uns Erbarmen von Dir aus. Du bist ja der unablässig Schenkende.« (3:8)

Indem wir unsere Schwächen erkennen, werden wir empfänglich dafür, durch die Macht und Barmherzigkeit Gottes stark zu werden. Reue bedeutet, Raum für Gottes Willen zu schaffen, damit Er sich nahtlos und ohne Widerstand durch uns bewegen kann.

Nur wenn wir uns Gott zuerst in Nichtigkeit hingeben, öffnen wir uns für die Fülle Seiner Gegenwart. Die folgende Geschichte zeigt sehr schön, wie wichtig es ist, mit leeren Händen zu Gott zu kommen – ohne das, was wir zu wissen glauben.

> Ein spiritueller Sucher ging in die Berge des Iran, um von einem Mystiker namens Essijan zu lernen. Als der Mystiker hörte, dass der Suchende etwas über das Göttliche erfahren wollte, sagte er: »Zuerst müssen wir aber Tee trinken.« Als das Wasser gekocht war, goss Essijan Tee in die Tasse des Gastes, bis sie so voll war, dass sie überlief. Essijan hörte nicht auf, Tee in die volle Tasse zu gießen, bis der verwirrte Sucher sagte: »Meister, in dieser Tasse ist kein Platz mehr, sie ist schon voll.«

> Da lächelte der Lehrer und sagte: »So wie du es bist. Wie kann ich dir etwas über die Wege der Seele beibringen, wenn du so voll bist? Du musst deine Tasse zuerst von Urteilen, Fehlern aus der Vergangenheit, Meinungen und allem, was du zu wissen glaubst, leeren, wenn du mit Gottesbewusstsein gefüllt werden willst.«

Reue ist also das »Entleeren der Tasse«, damit man sich mit dem reinen Licht des göttlichen Gedenkens füllen kann. Eine der besten Möglichkeiten, dies zu tun, ist das Rezitieren des Satzes *Astaghfirullah*, was bedeutet »Ich bitte Allah um Vergebung«.[46] Beim göttlichen Gedenken (*Dhikr*) geht es nicht nur darum, sich durch das Aussprechen Seiner Namen an Ihn zu erinnern, sondern auch darum, sich stets vor Augen zu führen, dass Er uns niemals vergisst.

> *Im Leben geht es nicht nur darum, nach dem Tod den Himmel zu erreichen; es geht darum, im Palast der ewigen Gegenwart Gottes zu wohnen, während man noch lebt.*

Durch die Hinwendung unseres Bewusstseins zu einem bedingungslos liebenden Gott finden unsere Herzen Ruhe (13:28), und unser Ego wird von dem, was Allah im Koran das herrschende und zerstörerische Selbst (*Nafs al-ammara*) nennt, in das zufriedene und friedliche Selbst (*Nafs al-mutma'inna*) verwandelt. Wie der Prophet ﷺ bekanntlich sagte: »Es gibt für alles eine Politur, die Rost entfernt. Die Politur des Herzes ist das Gedenken an Gott.«[47]

Aber so wie der Gedanke an den Ozean dich nicht nass macht, ist das Aussprechen von Gottes Namen ohne liebende Absicht fruchtlos. Wie der indische Dichter Kabir im fünfzehnten Jahrhundert sagte: »Wenn das Aussprechen des Wortes ›Gott‹ Befreiung schenken würde, wenn das Aussprechen des Wortes ›Zucker‹ deinen Mund süß machen würde, wenn das Aussprechen des Wortes ›Feuer‹ deine Füße verbrennen würde, wenn das Aussprechen des Wortes ›Wasser‹ deinen Durst stillen würde, wenn das Aussprechen des Wortes ›Essen‹ den Hunger vertreiben würde, dann wäre die ganze Welt frei.« Das Gottesgedenken besteht aus mehr als nur den Worten auf der Zunge. Es geht darum, unser Bewusstsein aktiv auf das Göttliche auszurichten, mit bewussten Worten, denen Taten folgen, welche unsere Absicht verwirklichen.

## Die Rückkehr zu Gott durch Gottesgedenken

Auf vielen spirituellen Pfaden werden in Meditations- und Gebetspraktiken wiederholte, von Herzen kommende Aussprüche eingesetzt, um das Göttliche zu erfahren und mit ihm in Verbindung zu treten. In hinduistischen und buddhistischen Traditionen werden Mantras verwendet, also heilige Formeln aus Klangschwingungen. Man glaubt, dass sie, wenn sie über einen längeren Zeitraum wiederholt werden, zum Erwecken der Seele beitragen, indem sie ein Gefühl der spirituellen Transzendenz hervorrufen. Linguistisch betrachtet setzt sich das Sanskrit-Wort *Mantra* zusammen aus der Kombination von *man-*, was »denken« heißt, und *-tra*, was

»Werkzeug, Instrument« bedeutet.[48] Anders ausgedrückt ist ein Mantra wortwörtlich ein »Werkzeug für Gedanken oder Achtsamkeit«.

Erstaunlicherweise wird das arabische Wort *Dhikr* oft mit »Gedenken« übersetzt, doch steht ebenso für Achtsamkeit. Das Wort *Dhikr* stammt von den drei Wurzelradikalen *Dhal*, *Kaf* und *Ra* ab, die auf eine Bedeutung wie »verherrlichen, loben, berücksichtigen, achtsam sein« hindeuten. In der islamischen Spiritualität geht es bei der Praxis des Gedenkens oder Ausrufens in Form von *Dhikr* jedoch nicht um Selbstbestätigung oder das Erreichen von spiritueller Ekstase. Vielmehr ist sie ein Werkzeug, um die Einheit und Majestät Allahs zu bestätigen und sie sich konstant »in Geist und Herz zu rufen«.

Das bewusste Gedenken hat die Kraft, dein Bewusstsein in den gegenwärtigen Moment zu bringen, in dem du Gott am innigsten erfährst. Beim Gedenken geht es nicht nur um die Rückkehr zu Gott, es geht um eine Rückkehr zum Wesen dessen, was du bist. Genauso wie die Dunkelheit in dem Moment verschwindet, in dem das Licht eintrifft, wird das Herz durch den Akt des Gedenkens gereinigt, da der Rost auf dem Herzen ein Resultat des Vergessens ist.

*Wie ein Optiker, der die Sehkraft korrigiert, so richtet das Gedenken und die Lobpreisung Gottes die Augen des Herzens neu aus, ergänzt sie und heilt sie, sodass man die Wahrheit sehen kann, wie sie schon immer war.*

Das Gottesgedenken (*Dhikr*) ist eine der mächtigsten Praktiken im Islam, denn es ist eine der besten Möglichkeiten, unsere Herzen dafür zu öffnen, die bedingungslose Liebe Gottes zu empfangen, die schon immer auf uns herabstrahlte. Eine wirksame Praxis des Gedenkens besteht darin, *Ya Allah* oder »O Allah« in Kombination mit einem der anderen 99 schönsten Namen Allahs zu rezitieren.[49] Es gibt verschiedene Empfehlungen darüber, wie oft diese Namen am besten rezitiert werden, doch die Kraft der Erinnerung kommt nicht nur von der Anzahl der Wiederholungen eines bestimmten göttlichen Namens. Die wahre Kraft der Erinnerung kommt daher, welche Absicht und wie viel Herz in deinen

Aussprüchen mitschwingen. Es ist wichtig, währenddessen verletzlich und ehrlich zu sein, da du Allahs göttliches Licht an die Orte einlädst, an denen du Schmerz, Wut, Trauer, Selbsthass und Zweifel empfindest.

Wenn wir eine tiefere Gotteserfahrung machen möchten, müssen wir Nähe zu Gott anstreben, indem wir Seiner intensiv gedenken, Ihn anbeten und Reue zeigen. Sei nicht darüber beschämt, mit deinen Sünden, Sehnsüchten und Scherben zu Gott zu kommen. Es sind unser Hunger, unser Durst und unsere innere Leere, die dazu führen, dass wir uns nach Seelennahrung sehnen. Wenn wir satt wären, würden wir uns nie auf die Suche begeben. Gott ruft uns zu sich, indem er uns das Gefühl von Bedürftigkeit und Armut eingibt. Allahs Namen haben eine heilende Wirkung auf die bedürftigen und verwundeten Teile unserer Herzen und Seelen. Wenn wir den Namen »Allah« oder einen beliebigen anderen göttlichen Namen aufrichtig rezitieren, öffnet der vibrierende Klang der arabischen Sakralsprache unsere Herzen, damit sie für das göttliche Licht, das die gesamte Schöpfung umschließt, empfänglich werden.

Wir beten nicht zu Gott, um Seine Liebe zu erlangen, sondern weil wir Seine Liebe bereits erfahren haben. Wie können wir uns Gottes Liebe verdienen, wenn alles, was wir Gott anbieten können, bereits Ihm gehört? Rumi veranschaulicht dies poetisch, indem er zu Gott sagt: »Es ist kaum zu glauben, wie bemüht ich nach einem Geschenk für Dich gesucht habe. Nichts schien das Richtige zu sein. Wozu sollte man der Goldmine Gold bringen oder dem Ozean Wasser schenken? Alles, was mir einfiel, war, als würde ich Gewürze in den Orient bringen. Es genügt nicht, Dir mein Herz und meine Seele zu schenken, weil Du sie bereits hast. Also habe ich Dir einen Spiegel mitgebracht. Sieh Dich selbst an und erinnere Dich an mich.«

Auf der Reise des Menschen geht es nicht darum, einer Beziehung mit Gott würdig zu werden, denn wie Rumi uns erinnert, ist nichts Gottes würdig außer Er selbst. Denn wie können wir die Liebe eines unendlichen Gottes durch unsere endlichen Taten »verdienen«? Können wir jemals genug beten, genug geben, genug lieben, um es würdig zu sein, erschaffen zu werden? Gute Taten, Demut, Freundlichkeit, Reinheit und

Gottesbewusstsein sind notwendige Mittel, um Gottes Liebe zu erfahren, aber unsere Taten allein veranlassen nicht, dass Gott uns liebt, denn Seine Liebe ist bedingungslos. Wir sind nicht auf dieser Erde, um Glauben oder Liebe zu finden, sondern um die Segnungen zu bewässern, die Gott bereits in uns gepflanzt hat.

> »Er ist es, der euch zu Nachfolgern (auf) der Erde gemacht
> und die einen von euch über die anderen um Rangstufen
> erhöht hat, damit Er euch mit dem, was Er euch gegeben
> hat, prüfe.«
>
> KORAN 6:165

Gott wird uns darüber befragen, inwieweit wir die Gaben, die Er uns gegeben hat, manifestiert und verwirklicht haben. Er wird uns fragen, ob wir unseren Intellekt zum Nutzen oder Schaden der Gesellschaft eingesetzt haben, ob wir unsere Hände benutzt haben, um Frieden zu stiften oder Krieg anzufachen. Er wird uns fragen, ob wir unsere Gaben verschwendet haben, indem wir dem Materialismus hingegeben haben, oder ob wir mit ihnen den Bedürftigen geholfen haben.

Gott hat jedem einzelnen von uns einzigartige Fähigkeiten und Talente gegeben, und auf der Grundlage dessen, was Er uns gegeben hat, wird Er uns bewerten. Gott vergleicht uns nicht untereinander, sondern jeweils mit uns selbst. Unsere Aufgabe auf Erden besteht darin, die Gaben, die Gott uns gegebenen hat, zum Nutzen der gesamten Schöpfung zu empfangen und auszubauen.

> »Der Sinn des Lebens besteht darin, deine Gabe zu finden.
> Die Lebensaufgabe ist es, sie zu verschenken.«
>
> PABLO PICASSO, KÜNSTLER

## Gott kann dich so einsetzen, wie du bist

Wir reinigen unsere Herzen, damit die Verbundenheit der Geschöpfe zum Vorschein kommt; damit wir Orte erschließen können, in denen Liebe wohnt und Barmherzigkeit sich entfaltet, und erkennen, dass wir trotz unserer äußerlichen Unterschiede alle aus einem einzigen Samen göttlichen Ursprungs stammen. Wenn wir uns Gott gänzlich zuwenden, werden wir wie ein heiliger Spiegel, der die ganze Welt in Seiner Liebe enthält. Unsere diesseitige Reise besteht ja nicht nur darin, uns im Gottesdienst mit dem Göttlichen zu verbinden, sondern auch darin, in die Schöpfung zurückzukehren, als Vertreter und Spiegelbild von Gottes unendlicher Liebe auf Erden. Du bist nicht nur Töpferware, die aus Erde und Wasser geformt wurde, du wurdest gesandt, um Gottes Augen auf Erden zu sein. Du wurdest als Spiegel der Liebe und des Mitgefühls für alle Menschen mit verletzten Herzen gesandt. Du wurdest gesandt, um Gottes Barmherzigkeit auf das gesamte Universum zu übertragen.

Wie Imam Dschunaid, der persische Mystiker des neunten Jahrhunderts, sagte: »Ein Muslim ist wie die Erde; selbst wenn man Unreinheiten auf sie wirft, wird sie zu einer grünen Weide erblühen.« Wir sind dazu berufen, wie ein Dattelbaum zu sein, der so sehr in der Liebe Gottes verwurzelt ist, dass er, wenn die Menschen ihn mit Steinen bewerfen, mit süßen Früchten antwortet. Lebe dein Leben nicht als Reaktion auf das, was Menschen *gegen* dich hervorgebracht haben, sondern in Dankbarkeit für alles, was Gott *für* dich getan hat.

> »*Die Diener des Allerbarmers sind diejenigen, die maßvoll auf der Erde umhergehen und die, wenn die Toren sie ansprechen, sagen:* ›*Frieden!*‹«
>
> KORAN 25:63

Wir sind von Gott aufgerufen, nicht auf die Unwissenheit der Menschen zu reagieren, stattdessen wird von uns verlangt, ein Leben zu führen, das die Liebe und Weisheit Gottes reflektiert. Allah zu dienen bedeutet, Seinen Geschöpfen zu dienen, denn wie kann man behaupten, den Schöpfer wahrhaftig zu lieben, wenn man nicht einmal das, was Er erschaffen hat, zutiefst verehrt und liebt? Wir sind dazu berufen, Mütter der Schöpfung zu sein, die auf Gottes Geheiß alle Geschöpfe in Schutz nehmen und für sie sorgen, als wären sie unsere eigenen Kinder. Wie Seyyed Hossein Nasr, der Gelehrte des zwanzigsten Jahrhunderts, sagt:

»Der Mensch bildet die Brücke zwischen Himmel und Erde. Einerseits soll er die Erde für den Himmel verlassen, andererseits soll er den Himmel auf die Erde zurückbringen. Er soll als Vermittler, als Kanal für die göttliche Gnade dienen.«[50]

Es gibt keine Voraussetzung dafür, die Reise beginnen zu können und Gottes Liebe im Universum widerzuspiegeln. Gott kann dich genau so gebrauchen, wie du bist. Wenn Hirten, Waisen, Gefangene und Flüchtlinge dazu berufen waren, Propheten zu sein, dann solltest du daran glauben, dass Gott dich genau in diesem Augenblick als Katalysator eines Wandels gebrauchen kann.

*Gottes Barmherzigkeit nimmt uns an, wie wir sind, aber Er liebt uns zu sehr, als dass Er uns in diesem Zustand verweilen ließe.*

So wie ein Samenkorn aufkeimt, wenn es vom Licht der Sonne geküsst wird, verwandeln auch wir uns, wenn wir einen Zustand erreichen, in dem wir für das Licht der Liebe Gottes empfänglich sind. Wenn wir uns mit unserer göttlich inspirierten Seele in Einklang bringen, erwecken wir in uns eine heilige Sehnsucht nach Gerechtigkeit, eine Leidenschaft, verwundeten Herzen Barmherzigkeit und Güte zu bringen, und einen brennenden Wunsch, die Welt in Übereinstimmung mit den Gesetzen der göttlichen Liebe zu sehen.

Wenn wir uns Gott hingeben und Ihm erlauben, durch uns zu handeln, erleben wir nicht nur eine Transformation, unsere göttliche Ausrichtung erzeugt auch eine magnetische Kraft, die die Menschen zum Pol des göttlichen Mitgefühls, der Barmherzigkeit und der Liebe zu allen Geschöpfen hinzieht, ohne einen Unterschied zu machen. Es sind nicht unsere Fähigkeiten, die großartige Dinge geschehen lassen, es ist die Gnade Gottes.

Die Arche Noah wurde von einem alten Propheten in der Wüste gebaut, und sie überlebte die Flut, die seine Welt ertränkte. Währenddessen bauten die größten Ingenieure der Welt die Titanic und erklärten: »Nicht einmal Gott kann dieses Schiff versenken«, und doch sank sie noch auf ihrer ersten Fahrt.[51] Wenn unser Bemühen und unser Streben im Glauben verwurzelt sind, bringen unsere Handlungen dauerhafte Ergebnisse, die unsere kühnsten Vorstellungen überschreiten. Unsere Aufgabe besteht nicht darin, die Welt zu verändern. Unsere Aufgabe ist es, der Welt zu dienen und sie zu lieben, und zwar in der Überzeugung, dass sie durch Gottes Barmherzigkeit zu heilen beginnt, wenn wir Ihm und Seiner Schöpfung aus Liebe dienen.

Wir leben in einem »*Uni*«versum, was bedeutet, dass es nur eines gibt. Es gibt keine Dritte Welt, es gibt nur eine. Allah spricht im Koran über unsere Verwobenheit, indem Er uns daran erinnert, dass wir alle von einer einzigen Seele abstammen. Der Aufruf des Islams, unsere Einheit zu verwirklichen, kann durch den südafrikanischen Ausdruck *Ubuntu* verstanden werden, der grob übersetzt »Ich bin, weil wir sind« bedeutet.[52]

Um die Weisheit des Wortes *Ubuntu* und seine Wichtigkeit für die Förderung des islamischen Gemeinschaftsideals besser zu verstehen, betrachten wir die folgende Erzählung:

> Ein Anthropologe berichtete einer Gruppe afrikanischer Kinder einst, er habe einen Korb mit Früchten unter einen weitentfernten Baum gestellt, und wer zuerst dort ankomme, dürfe alle Früchte essen. Die Kinder lächelten den Mann an, nahmen sich an den Händen und liefen gemeinsam zum Baum. Als sie sich freudig hinsetzten und die Früchte gemeinsam aßen, fragte der Anthropologe, warum sie als Gruppe liefen, wo sie doch wussten, dass ihre Belohnung geringer ausfallen würde, wenn sie sie teilen. Die Kinder lächelten wieder und antworteten: »*Ubuntu*, ich bin, weil wir sind.«[53]

Im Kontext des Glaubens ist ein Anhänger der Philosophie von *Ubuntu* jemand, der weiß, dass Gott Seine Liebe in der höchsten Vollkommenheit zum Ausdruck bringt, wenn wir uns in einem spirituellen Zustand befinden, in dem wir uns unserer Verbundenheit bewusst sind. So wie ein einzelner Wassertropfen scheinbar machtlos ist, viele Tropfen zusammen jedoch eine Strömung erzeugen können, die so stark ist, dass sie Steine zu Formationen wie dem prachtvollen Grand Canyon formen kann, so erinnert uns *Ubuntu* daran, dass unsere wahre menschliche Macht erst dann freigesetzt wird, wenn wir zusammenkommen und gemeinsam agieren. Wie ein Mystiker einst sagte: »Wir sind alle Engel mit nur einem Flügel. Um fliegen zu können, müssen wir einander umarmen.« Wenn wir die Erfüllung der Bedürfnisse anderer als genauso wichtig erachten wie die unserer eigenen, verwirklichen wir den wahren Glauben.

> *»Keiner von euch ist ein Gläubiger, bis er für seinen Bruder wünscht, was er für sich selbst wünscht.«*[54]
>
> PROPHET MUHAMMAD ﷺ

So wie die Sonne auf alle Menschen scheint, wenn sie scheint, und der Regen alle Menschen durchnässt, wenn er fällt, so wurden wir als göttliche Vertreter erschaffen, damit wir Gottes Herrlichkeit auf all Seine Geschöpfe übertragen. Wie der Prophet Muhammad ﷺ sagt: »Die ganze Menschheit stammt von Adam und Eva. So wie ein Araber keine Überlegenheit gegenüber einem Nichtaraber hat und ein Nichtaraber keinerlei Überlegenheit gegenüber einem Araber hat, so hat ein Weißer keine Überlegenheit gegenüber einem Schwarzen, noch hat ein Schwarzer irgendeine Überlegenheit gegenüber einem Weißen, außer im Gottesbewusstsein und guten Taten.«[55] Ein wahrer Muslim zu sein heißt, jedes Geschöpf Gottes anzusehen und dabei Folgendes auszusprechen:

> *Ich ehre die Heiligkeit deines Lebens, ganz gleich, welchem Glauben du folgst. Wenn der Schöpfer des Universums beschlossen hat, dich aus dem Geist Seiner Liebe zu erschaffen, bist du für mich allein durch deine Existenz mehr als ausreichend.*

Gott hat uns nicht erschaffen, damit wir das kostbare Geschenk unseres Lebens damit verbringen, über andere zu urteilen oder zu entscheiden, wer Barmherzigkeit und Vergebung verdient und wer nicht. Wir sind dazu aufgerufen, anderen aus echter Liebe heraus mitfühlend beizustehen, aber letztlich ist Gott der Einzige, der urteilen kann. Teil unserer Aufgabe auf der Erde ist es, alle Geschöpfe zu lieben, ohne Grenzen und Schranken. So sagt Rumi: »Im Inneren dieses großen Mysteriums, besitzen wir eigentlich gar nichts. Was hat es dann mit dieser Rivalität auf sich, die wir empfinden, ehe wir, einer nach dem anderen, durch dasselbe Tor gehen?«

Wir haben alle denselben Ursprung, und unsere Rückkehr ist zum selben Gott, der uns erschaffen hat. Da wir alle von einer einzigen Seele abstammen, wirkt sich das, was einem Menschen auf irgendeiner Ebene widerfährt, entweder positiv oder negativ auf jeden von uns aus. Die göttliche Berufung des Menschen, der Verwalter oder Vertreter Gottes auf Erden zu sein, wird im Judentum mit der Lehre von *Tikkun Olam*, zu Deutsch »Reparatur der Welt«, wunderschön zum Ausdruck gebracht. Hinter dem *Tikkun Olam* steckt der folgende Gedanke: Sobald wir erkennen, was in der Welt repariert und geheilt werden muss, haben wir erkannt, was Gott uns aufträgt, in Seinem Namen zu tun. Wenn wir jedoch nur sehen, was in der Welt schiefläuft und falsch ist, dann müssen wir erkennen, dass wir diejenigen sind, die geheilt werden müssen. Wir sind ein Teil dieser Welt, und wenn wir uns selbst verändern, verändert auch sie sich. Schließlich können wir nur das an andere weitergeben, was sich in uns befindet.

Dies wird in der folgenden Geschichte des Propheten Jesus aus den Lehren des persischen Dichters Attar, der im zwölften Jahrhundert gelebt hat, perfekt zum Ausdruck gebracht:

> Jesus und seine treuen Jünger kamen an einen Ort, in der die Dorfbewohner begannen, Jesus Schimpfwörter und falsche Anschuldigungen an den Kopf zu werfen, die seiner heiligen Gestalt, seinem freundlichen Auftreten und seinem sanften Herzen nicht angemessen waren. Jesus wandte sich ihnen zu und erwiderte jede negative Bemerkung, indem er Gott auf barmherzige Weise um Glück und Erfolg für die Menschen bat. Einer seiner Jünger wandte sich an Jesus und sagte: »O Meister, warum betest du für diese schrecklichen

Leute? Wie kann es sein, dass du keinen gerechten Zorn wegen ihrer hasserfüllten Äußerungen empfindest?« Jesus schaute seinen Jünger freundlich an und antwortete: »Mein lieber Bruder, ich kann nur das ausgeben, was ich in meinem Geldbeutel habe.«

So wie eine Orange, egal ob man sie fest oder sanft auspresst, nichts als Orangensaft hergibt, so trug Jesus keinen Hass in sich und hatte nur Liebe herzugeben, als er mit harten Worten attackiert wurde. Wie wir auf die Welt reagieren, hat nichts mit der Welt zu tun, sondern hängt allein davon ab, was wir in unseren Seelen tragen. Niemand hat die Macht, uns wütend zu machen. Die Welt kann lediglich den Zorn ans Tageslicht bringen, den wir bereits in uns tragen. Nur wenn wir zu einem Garten werden, in dem die Eigenschaften Gottes erblühen, können wir die göttlichen Früchte des Friedens, der Liebe, des Mitgefühls und der Barmherzigkeit auch anderen anbieten. Die Reise des Menschen wird in einer weiteren alten mündlichen Überlieferung aufschlussreich illustriert:

Als ein Reisender sich auf der Suche nach Hoffnung in eine Stadt begab, stieß er auf einen verkrüppelten Bettler, dann auf eine alte Frau, die gerade verprügelt wurde, und schließlich sah er die Beerdigung eines Säuglings. Bestürzt über die Verzweiflung, den Hunger und die Zerstörung, die er sah, verfiel er in einen Bann des Schmerzes. Er rannte nachts aus der Stadt in die weite Stille der Wüste und schrie zu Gott: »Warum, o Gott?! Warum gibt es so viel Leid? Warum gibt es so viel Unterdrückung, so viel Ungerechtigkeit? Warum tust Du nichts dagegen?«

Weinend schlug der Mann mit den Fäusten auf den Wüstenboden und rief immer wieder: »Warum tust Du nichts dagegen, Herr? Warum gibt es so viel Krieg und Krebs und Hass? Warum müssen so viele Menschen verhungern? Warum müssen Kinder obdachlos sein? O Gott, warum tust Du nichts dagegen? Warum löschst Du nicht die Flammen unserer Trauer? Warum bringst Du keine

Freude, wenn alle Hoffnung verloren ist? Warum tust Du nichts?
Warum tust Du nicht einfach etwas?!«

Der arme Mann grub seine Knöchel in den heißen Sand und schrie,
bis er in einen ekstatischen Zustand fiel und die göttliche Antwort
hörte: »Wahrlich, ich habe etwas getan. Ich habe dich erschaffen.«

## Entdecke deine göttliche Bestimmung

Wir wurden von Gott alle mit einem anderen Daumenabdruck erschaffen; als Erinnerung daran, dass jeder von uns einen einzigartigen
Abdruck auf dieser Welt hinterlassen kann. Im Koran heißt es: »Allah
hat die Erde für euch fürwahr zu einem Teppich gemacht, damit ihr
euch darauf auf breiten Wegen bewegen könnt.« (71:19–20) Wir alle
wurden gleichermaßen dazu aufgerufen, Gott anzubeten, aber wie wir
Ihm im Rahmen Seiner Vorschriften dienen, kann so vielfältig sein wie
die Anzahl der Geschöpfe im Universum.

> *»Es gibt tausende Wege, niederzuknien und die Erde*
> *zu küssen.«*
>
> RUMI

Vergleiche dich nicht mit anderen, denn jeder Mensch trägt ein
einzigartiges göttliches Lied in seiner Seele, eine Melodie der Liebe,
Güte, Barmherzigkeit, Gerechtigkeit, Freiheit und Einheit, die sich
danach sehnt, im Konzertsaal der Schöpfung zu spielen. Alles Existente
ist eine Symphonie des göttlichen Lobpreises. Indem wir uns dessen
bewusst sind, können wir uns dem einzigartigen Lied hingeben, das
Gott auf den Seiten unseres Herzens komponiert und verfasst hat, noch
bevor wir auf die Erde gesandt wurden. Wir können uns auf eine Reise
begeben, diese göttliche Bestimmung zu entdecken, indem wir uns die
folgende einfache, aber wichtige Frage stellen:

*Was bricht mir am meisten das Herz?*

Was dich am meisten bewegt und inspiriert, ist die Saat, die dein Ziel trägt. Wie Rumi sagt: »Lass dich im Stillen von der stärkeren Anziehungskraft dessen, was du wirklich liebst, anziehen.« Dein Herz ist der Kompass, der dich zur heiligen Arbeit führt, zu der du von Gott berufen wurdest. Deine *Fitra* – jene ursprüngliche Ausrichtung auf das Göttliche – ist der Kompass deiner Seele. Wenn du dich auf diese innere Führung einstellst, wirst du immer den Weg finden, der deinen Geist erweckt und deine Sinne anregt.

Deine Segnungen, deine Prüfungen und Erfolge, deine guten und schlechten Zeiten während dieser Reise, deine Gaben und Talente – sie sind alle miteinander verbunden. Deine wahre Berufung liegt in den Armen deiner tiefsten Wunden. Gott bricht dich nur, um dich zu erneuern, denn Zusammenbrüche kommen vor Durchbrüchen. Alle Steine, die Gott dir in den Weg gelegt hat, dienten dazu, dich auf genau diesen Moment vorzubereiten. Gott möchte, dass du so kommst, wie du bist, und nicht, wie du zu sein glaubst.

> *»Genau den Ort, an dem du dich gerade befindest, hat*
> *Gott auf einer Karte für dich eingekreist.«*
>
> HAFIZ, PERSISCHER DICHTER DES 14. JAHRHUNDERTS

Solange dein Herz schlägt, hast du eine Aufgabe zu erfüllen. Gott handelt bewusst, deshalb behält Er niemanden auf der Erde, der nicht hier sein muss. Wenn wir mit einem längeren Leben gesegnet sind als andere, dann deshalb, weil uns jemand auf der Welt braucht. Wenn wir am Leben sind, bedeutet das, dass die Mission, die uns von Gott aufgetragen wurde, noch zu vollenden ist. Wie Rabbi Nachman von Breslow einst sagte: »Der Tag, an dem du geboren wurdest, ist der Tag, an dem Gott beschloss, dass die Welt ohne dich nicht existieren kann.«

Diese Welt braucht dich. Du bist wichtiger, als man in Worte fassen kann, denn der Gott, der alles Existente erschaffen hat, hat beschlossen, auch dich zu einem Teil der Existenz zu machen. Allah sagt im Koran: »Wir erschufen die Himmel und die Erde und was zwischen beiden ist in Übereinstimmung mit der Wahrheit und für eine bestimmte Frist.«

(46:03) Einzeln betrachtet mögen wir uns alle deutlich voneinander unterscheiden, doch wie Puzzleteile haben wir alle einen einzigartigen Platz auszufüllen, um das Bild der Einheit auf der Erde zu vervollständigen.

> *»Wenn ihr bei Versammlungen gebeten werdet: ›Macht Platz!‹, dann macht Platz; dann wird euch auch Allah Platz machen.«*
>
> KORAN 58:11

Als Allah die Schöpfung erschuf, sagte Er: »Sei! Und es ist.« (36:82) Allah hat uns bereits alles gegeben, was wir brauchen. Unsere Aufgabe besteht darin, dem von Ihm geebneten Weg zu folgen, die von Ihm gegebene Führung zu beherzigen und wie die Blütenblätter einer Rose, Seinen vollkommenen Willen in uns zu entfalten, indem wir uns dem göttlichen Licht Seiner Liebe hingeben. Sobald wir dem spirituellen Weg folgen, wird unser Wille sich mehr und mehr mit Gottes Willen decken.

> *»Wenn der vergessliche Mensch morgens aufsteht, macht er sich Gedanken darüber, was er tun wird, während der intelligente Mensch erkennt, was Gott mit ihm vorhat.«*
>
> IBN ATA ALLAH AL-ISKANDARI,
> MYSTIKER DES 13. JAHRHUNDERTS

Nur wenn wir uns selbst als *Faqir* verstehen oder, wie die Buddhisten sagen, unseren Zustand der »heiligen Armut« akzeptieren, werden wir erkennen, dass wir nur dann in der Lage sind, gänzlich von der ewigen Gegenwart Gottes erfüllt zu sein, wenn wir völlig leer von Weltlichem sind. Erst wenn wir die Entscheidung treffen, alles aufzugeben, erlangen wir wahre Freiheit. Nur wenn nichts mehr in unserem Besitz ist, haben wir auch nichts zu verlieren und werden so zu Teilhabern von allem. Wie die Wolken, die frei durch den Himmel schweben, ohne die Luft für sich zu beanspruchen, oder wie die Vögel, die die ganze Erde ihr Zuhause nennen, werden wir empfänglich für alles, was Gott für uns zum Genuss bestimmt hat, wenn wir loslassen.

> »Hört gut zu: Wenn das Weizenkorn nicht in die Erde fällt
> und erstirbt, bleibt es allein; wenn es aber erstirbt, bringt es
> viel Frucht. Wer sein Leben lieb hat, der verliert es; und wer
> sein Leben auf dieser Welt hasst, der wird's bewahren zum
> ewigen Leben.«[56]

DIE BIBEL (JOHANNES 12:24–25)

In Anlehnung an die Schönheit dieses Bibelverses beschreiben die muslimischen Mystiker die transformative Energie eines demütig gott-ergebenen Herzens anhand der folgenden Geschichte:

> Als ein Regentropfen aus einer schwangeren Wolke fiel, blickte er auf
> den Ozean und sagte: »Wer bin ich im Vergleich zu diesem unendli-
> chen Meer?« Die Demut des Regentropfens inspirierte das Herz einer
> Auster, ihre Schale zu öffnen und den Regentropfen hineinzulassen,
> sodass er sich in eine wunderschöne Perle verwandelte.[57]

Wenn wir unsere Endlichkeit und menschliche Fehlbarkeit vor Gott akzeptieren, werden wir auf die Transformation durch die unendliche Liebe Gottes vorbereitet. Eines der Wörter für »Liebe« im Arabischen lautet *Muhabba* und stammt von einer Wurzel, die »auslöschen« bedeu-tet. Dies besagt, dass das Wissen um *al-Wadud*, den Liebenden, mit dem Auslöschen aller Bindungen an das Selbst beginnt. Wie Rumi sagt: »Sei wie der schmelzende Schnee. Wasche dich selbst von dir selbst ab.«

Wenn unser Wille mit dem Willen Gottes verschmilzt, löschen wir das Streben nach dem Selbst aus und ersetzen es durch das, was das Göttliche durch uns zu erschaffen trachtet. Um einen singulären Gott zu erkennen, muss jede Trennung verschwinden, denn nur wenn sich die Grenzen zwischen dem Liebenden und dem Geliebten auflösen, beginnen wir, die Welt so zu sehen, wie sie ist, und nicht, wie wir sie uns vorstellen. Wir verfallen keiner Liebe zu Gott, wir fallen hinein in die Liebe Gottes. Es ist stets Gott, der handelt, es ist stets Gott, der uns liebt. Wie Rumi sagt: »Klopfe an, und Er wird die Tür öffnen. Löse dich auf, und Er lässt dich leuchten wie die Sonne. Falle, und Er wird dich in die Himmel erheben. Werde zu Nichts, und Er wird dich in alles verwandeln.« So wie ein Schilfrohr sich entleeren muss, um zu einer Flöte zu werden, müssen wir uns unseres Egos entledigen, damit Gottes Odem durch uns fließen kann, sodass wir zu einem einzigartigen Instrument Seines Willens in der Symphonie Seiner allumfassenden Liebe und Barmherzigkeit werden.

*Mein Herr, hilf mir, in aller Treue den geraden Weg der Rückkehr in Deine liebevolle Umarmung zu gehen. »Mein Herr, weite mir meine Brust, und mache mir meine Angelegenheit leicht.« (20:25–26) Wie mein geliebter Prophet ﷺ sagt: »O Allah! Gib meinem Herz die Rechtleitung ein und rette mich vor dem Übel meiner Seele.«[58] Herr, gib meinem Herz ein, sich Dir in Furcht und Hoffnung zuzuwenden, in Misserfolg und in Erfolg, in Glück und in Kummer, und lasse mich in allen Momenten meines Lebens nach Dir suchen und nach Dir greifen. »Unser Herr, vollende für uns unser Licht und vergib uns. Gewiss, Du hast zu allem die Macht.« (66:8) In Deinem strahlenden Namen bete ich, amin.*

## Reflexion: Heile dein Herz mit den 99 Namen Gottes

Wir können Gottes Wesen niemals begreifen, aber wir können die heilende Kraft Seiner göttlichen Namen erfahren. Die folgende Übung ist eine wirksame Methode, um unsere Beziehung zu Gott zu stärken, selbst durch die Prüfungen, die Er für uns bestimmt hat.

- Wenn du das nächste Mal in einen Konflikt gerätst, stelle dir die Frage: »Was brauchte ich, habe es aber nicht bekommen?« Wenn es dir schwerfällt herauszufinden, was du brauchst, kann es helfen, deine Gedanken über den Konflikt, mit dem du konfrontiert bist, niederzuschreiben. Eine Möglichkeit, dies zu tun, ist das freie Schreiben. Stelle dir einen Timer auf 5 bis 7 Minuten und schreibe ohne Unterbrechung, bis der Alarm ertönt. Wenn du eine Blockade hast, dann schreibe darüber, dass du nicht weißt, was du schreiben sollst. Schreibe einfach weiter, ohne Unterbrechung und ohne Filter.

- Wenn du aufgeschrieben hast, wie du dich in dem Konflikt gefühlt hast, gehe zurück und kreise die Schlüsselwörter bzw. Abschnitte ein, die dir wichtig erscheinen, oder zeichne einen Stern neben sie. Nimm dir einen Moment Zeit, damit du spürst, welche deiner emotionalen, spirituellen oder körperlichen Bedürfnisse unerfüllt waren. Achte auf die Stellen, an denen du Liebe, Mitgefühl, Freundlichkeit, Vertrauen, Sicherheit, Schutz, Vergebung, Geduld, Barmherzigkeit, Stärke, Gehör, Halt oder Trost gebraucht hast.

- Sobald du dein Bedürfnis oder deine Bedürfnisse ermittelt hast, schlägst du den Abschnitt »Die 99 schönsten Namen Allahs« im Anhang auf. Suche dir nun einen Namen Allahs aus, der deinem Bedürfnis am ehesten entspricht.

  – Wenn du zum Beispiel feststellst, dass dein tiefstes Bedürfnis darin besteht, gehört oder gesehen zu werden, versuche es mit dem Namen *as-Sami'* (der Allhörende) oder *al-Basir* (der Allsehende). Wenn du dich nach Respekt sehnst, probiere es mit dem Namen *al-Mu'izz* (der Ehrende). Wenn du feststellst, dass du Mitgefühl oder Barmherzigkeit nötig hast, dann sprich *ar-Rahman* (der Barmherzige) aus. Wenn du Liebe oder Vergebung brauchst, versuche es mit den Namen *al-Wadud* (der Liebende) oder *al-Ghaffar* (der große Vergebende).

  – Es mag sein, dass das Erkennen deiner tiefsten Bedürfnisse anfangs eine Herausforderung für dich sein wird. Wenn du dir immer noch unsicher bist, welchen Namen du rezitieren sollst, kannst du diese Übung mit dem Namen »Allah«, der allumfassend ist, durchführen.

- Wenn du herausgefunden hast, welcher göttliche Name am besten zu deinem Bedürfnis passt, frage dich, an welcher Stelle deines Körpers du dieses unerfüllte Bedürfnis spürst. Fühlst du

Unbehagen in deinem Magen? Fühlst du Beklemmung oder Enge in deiner Brust? Oder eine Verengung in deinem Hals? Eine hilfreiche Methode, um herauszufinden, wo du deine Emotionen körperlich festhältst, ist das Abtasten deines Körpers in deiner Vorstellung. Beginne oben an deinem Kopf und nimm wahr, ob du Verspannungen im Kopf oder Nacken hast. Arbeite dich langsam an den Armen, der Brust, dem Bauch, den Beinen und schließlich den Zehen hinunter und erlaube deinem Körper, dir zu zeigen, wo du Spannungen oder unerfüllte Bedürfnisse hast. Lege deine Hand auf die Stelle, an der du dich eingeengt fühlst, und bringe dein Bewusstsein dorthin. Wenn dir keine bestimmte Stelle in deinem Körper auffällt, lege deine Hand auf dein Herz.

- Suche dir einen bequemen Platz, an dem du mit geradem Rücken und geerdetem Körper sitzen kannst.
- Rezitiere den göttlichen Namen, den du dir ausgesucht hast, 100-mal, während du die Schwingung jedes Buchstabens langsam in dein Herz – oder an den Ort, an dem du Enge verspürst – ziehst.
- Achte darauf, wie du dich danach fühlst.
- Wiederhole diesen Vorgang für jedes unerfüllte Bedürfnis, das du verspürst.
- Was ist anders, wenn du dich an Allah wendest, um deine Bedürfnisse zu erfüllen, anstatt an dich selbst oder andere Menschen?

## Reflexion: Dankbarkeitstagebuch

Großzügigkeit gedeiht auf dem Boden der Dankbarkeit. Je bewusster und dankbarer wir für unsere Gaben sind, desto offener und großzügiger werden unsere Herzen. Wie bereits erwähnt, zeigt uns der Koran, dass wir Gottes Großzügigkeit durch unsere Dankbarkeit erfahren: »Wenn ihr dankbar seid, werde Ich euch ganz gewiss noch mehr (Gunst) erweisen.« (14:7) Da das, worauf du dich konzentrierst oder was du für groß erachtest, sich vermehrt, wirst du mehr in deinem Leben entdecken, wofür du dankbar bist, wenn du dich auf deine Segnungen konzentrierst.

Eine der wirkungsvollsten Methoden, die Saat der Dankbarkeit und Großzügigkeit zu bewässern, ist das Führen eines sogenannten Dankbarkeitstagebuchs. Der Schlüssel zu dieser effektiven Praxis sind die drei E-Wörter: empfinden, erweitern und exerzieren. Zunächst musst du dich mit deinen *Empfindungen* und Gefühlen auseinandersetzen und dich mit ihnen verbinden, wenn du über die Dinge schreiben willst, für die du dankbar bist. Danach sollst du deine Dankbarkeit über deinen eigenen Kreis hinaus *erweitern*, indem du über die Dinge reflektierst, für die du in der größeren Gemeinschaft dankbar bist (z. B. die Bauern, die dein Essen angebaut haben, die Arbeiter, die dein Haus gebaut haben, die Sonne, die jeden Morgen aufgeht, die Wolken, die den Regen bringen usw.). Schließlich solltest du dir angewöhnen, diese Praxis in täglicher Anwendung zu *exerzieren*, denn je mehr Zeit du dir nimmst, um Dankbarkeit auszudrücken, desto mehr wirst du den reichen Segen bemerken, den Gott dir bereits zuteilwerden ließ.

- Kaufe ein Tagebuch oder bastle dein eigenes.
- Nimm dir jeden Morgen nach dem Aufwachen oder jeden Abend vor dem Einschlafen ein paar Minuten Zeit, um 3 bis 5 Dinge zu notieren, für die du dankbar bist.
- Wenn es dir schwerfällt, etwas aufzuschreiben, wofür du dankbar bist, denke an die folgenden Dinge: Du kannst lesen, du kannst schreiben, du bist gesund, du kannst laufen, du kannst denken, du hast ein warmes Bett und einen Platz zum Schlafen, du hast etwas zu essen, du bist in Sicherheit, du hast die Möglichkeit, zur Schule zu gehen, du wirst geliebt, du bist zuversichtlich, du kannst diese Buchseite sehen oder diese Worte hören.
- Achte darauf, dass du dich auf deine Gefühle einlässt und die Dankbarkeit für die notierten Punkte auch wirklich *verspürst*. Wenn du Schwierigkeiten hast, eine emotionale Verbindung zu dem herzustellen, wofür du dankbar bist, kann es hilfreich sein,

dir vorzustellen, wie es wäre, wenn du diesen Segen in deinem Leben nicht hättest. Wenn du z. B. dankbar für dein Augenlicht bist, setze dich damit auseinander, wie es wäre, wenn du nicht sehen könntest.

- Lies am Ende der Woche die Dinge, für die du dankbar bist, laut vor und mache dir dabei bewusst, wie sich die Dankbarkeit auf deine Beziehung zu dir selbst und deine Beziehung zu Allah ausgewirkt hat.

- Wie fühlt es sich an, wenn du dich täglich auf deine Segnungen konzentrierst?

»Alif, Lam, Ra. Dies ist ein Buch, das Wir zu dir hinabgesandt haben, damit du die Menschen mit der Erlaubnis ihres Herrn aus den Finsternissen hinaus ins Licht bringst, auf den Weg des Allmächtigen und Lobenswürdigen.«

**KORAN 14:1**

»Ich bitte dich, dass Du den Koran zum Frühling meines Herzens machst und zum Lichte meiner Brust und zum Heilmittel gegen meine Trauer und zum Helfer in meiner Not!«[1]

**PROPHET MUHAMMAD** ﷺ

# 3

# DIE GEHEIMNISVOLLE WELT DES KORANS

Der Koran ist ein göttlicher Liebesbrief von Allah, in dem Er uns all die Arten aufzeigt, auf die Er uns geliebt hat, bevor wir jemals die Chance hatten, Ihn zu kennen und zu lieben. Jedes Wort dieser Offenbarung ist getränkt mit göttlicher Barmherzigkeit, parfümiert mit einer bedingungslosen Liebe und einer Gnade, die keinesfalls an das menschliche Handeln gebunden ist. Der Koran soll kein Endziel und keine Mauer darstellen – er repräsentiert vielmehr ein Fenster. Er ruft uns nicht *zu sich*, er ruft uns vielmehr dazu auf, *durch ihn hindurchzuschauen* und auf das geheimnisvolle Wesen Gottes zu blicken, das alles Existente beseelt. Er erinnert uns daran, dass alles in der Schöpfung eine Manifestation der Liebe Gottes ist und dass wir dementsprechend schon aufgrund unserer bloßen Existenz niemals außerhalb des grenzenlosen Ozeans der göttlichen Liebe und Barmherzigkeit sein können.

Der Koran stellt ein einzigartiges Beispiel für ein Buch dar, in dem der Autor in den Leser verliebt und der Leser auf der Suche nach der Erfahrung dieser Liebe ist. Seit Anbeginn der Zeit sind der Menschheit Offenbarungen von Gott gesandt worden, um sie auf den göttlichen Weg des Friedens zu führen. Der Koran ist mehr als nur ein Gesetzesbuch; er ist auch als *al-Furqan* oder »das Kriterium« bekannt. Das liegt daran, dass er uns als Licht der Erkenntnis erlaubt, zu unterscheiden zwischen dem Pfad der Rückkehr zum Ursprung der Liebe (*al-Wadud*) und den Pfaden, die uns von der Verwirklichung der Essenz dessen, wer wir sind und wessen wir sind, abbringen.

## Die mysteriöse Kraft der Rezitation

Der Koran ist eine mündliche Erinnerung an die Allgegenwart Gottes, die alle Seelen in der Einheit Gottes vereint und zusammenführt. Tatsächlich stammt das Wort Koran von den drei Wurzelradikalen *Qaf*, *Ra* und *Hamza* ab, die auf eine Bedeutung wie »rezitieren, lesen, sammeln, verbinden« hindeuten. Ganzheitlich betrachtet kann behauptet werden, dass die gesamte Botschaft des Korans auf das Konzept des *Tauhid* ausgerichtet ist. *Tauhid* bedeutet wörtlich übersetzt »etwas eins machen«. Wenn Gottes Wort rezitiert wird, wirkt es wie ein Reset-Code; es unterbricht die negativen Muster unserer weltlichen Konditionierung, indem es jene Stellen erhellt, an denen wir uns der Vereinigung mit Gott widersetzen.

Es ist der Wille Gottes, dass der Koran dein Ego konfrontiert, deine subjektiven Wahrheiten in Frage stellt, sich an deinem Widerstand gegen die Hingabe an Gott reibt und deine begrenzte Wahrnehmung darüber, wer du bist und wer Gott ist, erschüttert. Es ist ganz normal, dass manche Stellen des Korans bestimmte Gefühle in dir auslösen, denn diese Offenbarung ist wie ein reiner Spiegel. Du siehst in ihr, was du ihr entgegenbringst. Wenn du dich ihr mit Hass und Vorbehalt annäherst, wirst du die Reflexion des Hasses deines eigenen Herzens sehen. Wenn du mit den göttlichen Eigenschaften der Liebe, Barmherzigkeit, Güte und Erhabenheit kommst, wirst du einen Vorgeschmack auf Gottes Schönheit erleben.

> *»Ein Regentropfen kann in den Mund einer Muschel oder einer Schlange fallen, doch in einer Muschel verwandelt er sich in eine Perle und in einer Schlange zu Gift.«*

IMAM ALI

Alles, was du in diesem Buch vorfindest, weist auf deinen eigenen Bewusstseinszustand hin. Jedes Wort des Korans ist eine Laterne, die die Dunkelheit unserer Ängste erhellt, die in die Höhlen unseres Unterbewusstseins eindringt und Licht auf die Teile unseres Selbst wirft, die wir um jeden Preis im Verbogenen behalten wollen.

Der Heilungsprozess unserer spirituellen Herzen wird durch das Buch Allahs aktiviert, indem uns ein intensives Bewusstsein über die Bereiche vermittelt wird, in denen wir uns von Gott abgewandt haben. Wie der berühmte Psychologe Carl Jung sagt: »Man erlangt nicht die Erleuchtung, indem man sich Lichtgestalten vorstellt, sondern die innere Dunkelheit ins Bewusstsein bringt.« Der Zweck der verschiedenen Glaubensgrundsätze, die im Koran offenbart werden, besteht darin, deine Dunkelheit und Sünden aus der Verborgenheit ans Tageslicht zu bringen, damit du Heilung und göttliche Vergebung erlangst. Das Glaubensbekenntnis (*Schahada*) zeigt dir, was du fälschlich in Gottes alleinige Herrschaft aufgenommen hast, das Gebet (*Salah*) bringt deine falschen Götzen ans Licht, das Fasten im Monat Ramadan stärkt deine Willenskraft und dein Gottesbewusstsein, die Entrichtung der Almosensteuer (*Zakat*) enthüllt deine innere Gier und die Pilgerfahrt (*Haddsch*) ermöglicht es dir, deine Anhaftung an diese Welt zu erkennen. Der Islam konfrontiert dich ganzheitlich mit allen Facetten deines Egos, denn nur durch das Licht des Bewusstseins kann die Saat der Veränderung aufgehen. Wie Fatima Zahra, die geliebte Tochter des Propheten ﷺ, uns lehrt: »Die Weisheit im Koran wird dich aus der Dunkelheit der Unwissenheit herausholen und zum Licht des Wissens führen.«

## Der Koran ist eigentlich kein Buch

Wenn Allah im Koran von der »Urschrift des Buches« spricht (43:4), bezieht Er sich eigentlich auf *al-Lauh al-Mahfuz*, die wohlbewahrte Tafel. Dies ist ein »Buch«, von dem es heißt, es befinde sich in den höchsten Ebenen des Himmels und trage die Dekrete Gottes, die Worte des Korans und alle anderen Offenbarungen auf seinen mysteriösen Seiten. Obwohl wir den Koran als »Buch« bezeichnen, handelt es sich in Wirklichkeit nicht um die geschriebenen Worte der Offenbarung, sondern um die *Rezitation* dieser Worte.

> *Der Koran ist ein Spiegelbild der Rede Gottes, die sich durch die Zunge des Menschen manifestiert.*

Während Worte auf Papier auf einen einzigen Schwerpunkt beschränkt sind, strahlen sie bei lautem Lesen in Form von Vibrationswellen in alle Richtungen aus. Während Worte auf Papier eine äußerst unpersönliche Verbindung zum Menschen haben können, ist für die Erfahrung des Korans eine aktive Interaktion mit ihm erforderlich – die Worte Allahs müssen zunächst in deinem Geist und Herz absorbiert und erst danach nach außen rezitiert werden. Dieser Praxis kommt auch eine wissenschaftliche Bedeutung zu. Diversen Studien zufolge erhöht sich die Wahrscheinlichkeit, das Gelesene im Langzeitgedächtnis zu speichern, deutlich, wenn wir laut lesen und uns dabei zuhören.[2]

Die Worte des Korans wurden in einem Buch, dem *Mus-haf*, niedergeschrieben und gebunden, um die heilige Botschaft Gottes zu bewahren und zu verbreiten. Seit Beginn der Offenbarung haben die Anhänger des Propheten ﷺ die Koranverse sowohl auswendig gelernt als auch auf Pergament, Stein, Tierknochen, Lederstücken und Stoff niedergeschrieben. Innerhalb von 20 Jahren nach dem Tod des Propheten ﷺ wurde eine vollständige schriftliche Version des Korans zusammengestellt, mehrmals abgeschrieben und in der ganzen muslimischen Welt verbreitet. Es ist allerdings darauf hinzuweisen, dass die Kapitel des Korans nicht in der Reihenfolge angeordnet wurden, in der sie offenbart wurden. Aus Erzählungen geht hervor, dass der Prophet Muhammad ﷺ während des

Monats Ramadan alle offenbarten Schriften mit dem Engel Gabriel durchging, wobei Gabriel diktierte, wohin jeder Vers gehört. Einige Gelehrte sind der Meinung, dass der Koran auf göttlichen Befehl hin nicht chronologisch geordnet wurde, damit er sich nicht wie ein Geschichtenbuch liest. Im tieferen Sinne erinnert uns die Reihenfolge des Korans daran, dass unsere Beziehung zu Gott nicht linear oder eindimensional ist, denn Gott ist jenseits von Zeit und Raum.

Die schriftliche Fassung des Korans wird zwar hoch angesehen und geehrt, doch nichts, was man mit den geschriebenen Worten des Korans macht, hat irgendeine Auswirkung auf seine Heiligkeit. So wie tausend Ozeane das Licht des Mondes nicht auslöschen können, weil er nicht die Quelle seines eigenen Lichts ist, kann man das Licht des Korans nicht vermindern, weil er ein Abglanz von Gottes ewiger Rede in dieser Welt ist.[3] Sich vorzustellen, man könne das irdische Abbild des Korans auslöschen, beschmutzen oder verbrennen, ist so, als würde man in den Spiegel schlagen und behaupten, dass die Person, die er reflektiert, Schaden nehmen würde. Schließlich ist der *Mus-haf* eine dreidimensionale Manifestation von Gottes Worten, die sich in himmlischen Gefilden jenseits unseres Verständnisses befinden (*al-Lauh al-Mahfuz*). Allah bekräftigt im Koran die verwirrende Natur von Gottes Worten folgendermaßen: »Wenn das Meer Tinte für die Worte meines Herrn wäre, würde das Meer wahrlich zu Ende gehen, bevor die Worte meines Herrn zu Ende gingen, auch wenn Wir als Nachschub noch einmal seinesgleichen hinzubrächten.« (18:109)

## Das erste Wort der Offenbarung: »*Iqra'!*«

Der Koran kam direkt vom majestätischen Thron des Göttlichen herab, aus den höchsten Himmeln durch die himmlische Brücke des Engels Gabriel, und strömte in das Herz des Propheten Muhammad ﷺ. Es war 610 n. Chr., als Muhammad ﷺ im Alter von 40 Jahren die ersten Worte des Korans empfing.

Er war gerade in einer Höhle auf dem Berg des Lichts (Dschabal an-Nur) mit der Meditation beschäftigt, als der Engel Gabriel ihn mit dem

Licht der Offenbarung willkommen hieß.[4] »*Iqra'!*«, wurde Muhammad ﷺ befohlen, »Lies!« Der Engel rief Muhammad ﷺ erneut und befahl: »Lies!«, wiederholte dies und sagte daraufhin: »Lies im Namen deines Herrn, der erschaffen hat; den Menschen erschaffen hat aus einem Anhängsel. Lies, und dein Herr ist der Edelste, der (das Schreiben) mit dem Schreibrohr gelehrt hat, den Menschen gelehrt hat, was er nicht wusste.« (96:1–5)

Die Schwingung göttlicher Majestät strömte in dem Moment ein, in dem sich die Augen des Herzens des Propheten ﷺ für die Realität öffneten, dass der Koran nicht aus Buchstaben bestand, sondern eine göttliche Lichtfrequenz war, die in seinen Geist eingeprägt war. So wie der menschliche Körper eine immaterielle Seele in sich trägt, beinhalten die Buchstaben des Korans den heiligen Klangcode des göttlichen Lichts. Der Koran ist ein lebender Text, der hinabgesandt wurde, um die Menschen aus den Finsternissen hinaus ins Licht zu bringen (14:1). Durch die Kraft der göttlichen Liebe ist die Botschaft des Korans in der Lage, die Samen unserer angeborenen Güte zu nähren. Einige Gelehrte haben sogar behauptet, dass der im Koran erwähnte Regen eine Metapher für das barmherzige Wort Gottes und die trockene Erde eine Metapher für das menschliche Herz ist. So wie der Regen von den Wolken am Himmel fällt und die tote Erde zum Leben erweckt, so kam der Koran vom Himmel herab und hat die toten Herzen der Menschen zum Leben erweckt.

> »*Und du siehst die Erde regungslos, doch wenn Wir Wasser auf sie herabkommen lassen, regt sie sich, schwillt und lässt von jeder entzückenden (Pflanzen-)Art wachsen.*«
>
> KORAN 22:5

## Die Botschaft des Korans

Der strenge Monotheismus stellt die Kernbotschaft des Korans dar, denn die Einheit Gottes ist das Fundament im Garten der Offenbarung, aus dem alles sprießt. Während die Propheten Gottes im Laufe der Geschichte entsandt wurden, um die göttliche Botschaft zu verbreiten und sie in ihrer Zeit für ihr Volk umzusetzen, war die Botschaft selbst auf zeitlose Weise stets gleich:

*Gott ist eins, und nur Er ist der Anbetung würdig.*

Obwohl alles im Koran auf die ultimative Erhabenheit und Singularität Gottes deutet, befasst er sich mit weiteren wichtigen Themen wie der Frage danach, wer Gott ist; der Schöpfungsgeschichte der Menschheit; der Rolle des Teufels; der unsichtbaren Welt mitsamt der Engel; dem Leben nach dem Tod; Himmel und Hölle; dem Leben der wichtigsten Propheten; der tieferen Dimension der göttlichen Offenbarung; den Glaubenssäulen; Naturphänomenen; der Art und Weise, wie man Gott anbetet; den Fragen, wie das Ego gereinigt, das Herz poliert und die Seele erweckt wird; wie man ein moralisches Leben führt und seine Familie ehrt; wie man Geschäfte auf ethische Weise führt; der Wichtigkeit, eine Glaubensgemeinschaft zu haben und der Frage, wie man ein Vertreter der Liebe Gottes auf Erden wird.

Neben Themen und Konzepten behandelt der Koran auch Geschichten aus dem alltäglichen Leben wie Verlust und Gewinn, Gebrochenheit und Heilung, Sünde und Erlösung, Unterdrückung und Gerechtigkeit, Dunkelheit und Licht; und weist immer wieder auf die Vergänglichkeit dieser Welt und die Ewigkeit des zukünftigen Lebens hin. Der Koran verkündet fortlaufend frohe Botschaften für diejenigen, die das Gute anstreben und gläubig sind, und warnt vor denen, die auf der Erde Unheil stiften und kein Beweismittel gegen Allah haben (4:165). Der Koran zeigt uns, dass wir durch die Verehrung Gottes unser volles Potenzial entfalten und somit unsere wahre Bestimmung auf der Erde zu Tage bringen können.

Die Offenbarung lehrt uns nicht nur, wie Gott erfahren werden kann, sondern auch den richtigen Umgang mit Ihm. Im Koran wird explizit über die Barmherzigkeit und Vergebung Gottes gesprochen, allerdings auch über die Gerechtigkeit Gottes, die uns dafür zur Rechenschaft ziehen wird, dass wir Mitmenschen das Herz gebrochen oder Wahrheiten wissentlich abgelehnt haben.

Der Koran veranschaulicht auch Geschichten über herausragen-de Menschen, die zu ihren Lebzeiten enorme Schwierigkeiten und Anstrengungen durch Gottvertrauen überstanden haben. Gott übermittelt uns diese Geschichten als Erinnerung daran, dass wir unabhängig von den Schwierigkeiten, mit denen wir konfrontiert werden, jeden Berg erklimmen können, wenn Gott unser Wegweiser ist. Der Koran zeigt uns, dass die Dinge nicht immer nach unseren Plänen verlaufen, Gottes Plan für uns aber immer das bestmögliche Ergebnis liefern wird.

Nehmen wir das Beispiel des Propheten Joseph, der von seinen eifersüchtigen Brüdern in einen Brunnen geworfen, in die Sklaverei verkauft, zu Unrecht beschuldigt und ins Gefängnis gesperrt wurde, um schließlich zu einem der mächtigsten Berater des Königs von Ägypten aufzusteigen. Joseph vermochte sich niemals vorzustellen, dass er über das Gefängnis in den Palast gelangen würde; doch hatte Gott einen viel besseren Plan für ihn, als er es sich jemals hätte vorstellen können (12:1–111). Oder wie wäre es mit dem Propheten Abraham, der zu Unrecht in ein tödliches Feuer geschmissen wurde, nur um festzustellen, dass Gott die Flammen kühlte und sie für ihn in einen Garten verwandelte (21:69). Oder nehmen wir das Beispiel von Moses, der zwischen dem Roten Meer und der mächtigsten Armee der Menschheitsgeschichte feststeckte; da seine Augen aber auf Gott und nicht auf die Hindernisse vor ihm gerichtet waren, teilte Gott das Rote Meer und rettete den gläubigen Moses vor dem ungerechten Pharao (26:60–68). Der Koran spricht auch von der Jungfrau Maria, deren Schwangerschaft mit Jesus ihren tadellosen Ruf und ihr Leben gefährdete. Trotz der scheinbar ausweglosen Situation hatte Maria volles Vertrauen in Gott und befolgte Seinen Befehl, ein Schweigegelübde von drei Tagen zu erfüllen. Als Jesus zur Welt kam, war er es, der auf wundersame Weise in der Wiege sprach, um seine Mutter zu verteidigen (19:26–33).

Der Koran erinnert jeden Menschen, der sich abmüht, jedes Herz, das gebrochen ist, und jede Seele, die leidet, daran, dass es bei Gott Zuflucht und Heilung gibt, auch wenn man das Gefühl hat, sich in einer hoffnungslosen Situation zu befinden.

*»Wenn Allah euch zum Sieg verhilft, so kann euch keiner besiegen. Doch wenn Er euch im Stich lässt, wer ist es denn, der euch dann, nach Ihm, noch helfen könnte? Und auf Allah sollen sich die Gläubigen verlassen.«*

**KORAN 3:160**

## X = Gottes Barmherzigkeit ist bedingungslos

Der Koran ergibt mehr Sinn, wenn wir ihn als eine algebraische Gleichung mit einem gegebenen $x$ betrachten, bevor wir uns in die Interpretation stürzen oder nach $y$ auflösen. Der Koran beginnt all seine Suren, bis auf eine, mit dem gegebenen $x$ = *Bismillahi ar-Rahman ar-Rahim*, was übersetzt »Im Namen Gottes, des Allerbarmers, des Barmherzigen«[5] heißt. Der Koran definiert zunächst $x$ = *Gottes Barmherzigkeit ist bedingungslos*; und erst dann lässt er uns mit diesem Wissen nach all unseren $y$ – oder besser gesagt unseren *Warums* – auflösen.

Jede Frage, die wir stellen, jeder Zweifel, den wir hegen, und jede Schwierigkeit, mit der wir konfrontiert werden, kann nur begriffen werden, wenn wir das gegebene $x$ akzeptieren; in diesem Fall den absoluten Glauben, dass Allah, ohne an Bedingungen gebunden zu sein, barmherzig und liebevoll ist. Dies bedeutet, dass alle Interpretationen des Korans, die nicht einem Ort der Barmherzigkeit und Liebe entspringen, den Geist der Offenbarung verletzen, abzulehnen sind und durch eine Perspektive ersetzt werden müssen, die die Herzen der Menschen ehrt und gleichzeitig die Botschaft, in der Form, wie sie offenbart wurde, wahrheitsgemäß ausspricht.[6]

Der Islam ist eine Religion der friedlichen Hingabe an *ar-Rahman*, den Allerbarmer. Wenn eine Auslegung des Korans neben Gerechtigkeit keine Barmherzigkeit predigt, entspringt sie nicht dem Islam, sondern dem Ego des Menschen. Wenn wir durch die Lektüre des Korans, sowohl uns selbst als auch anderen gegenüber, nicht barmherziger werden, können wir zwar behaupten, die Worte des Korans gelesen zu haben, aber wir haben auf jeden Fall die Realität seiner Wahrheit verfehlt. Allah fragt:

»Wollen sie denn nicht über den Koran nachdenken – oder sind ihre Herzen verriegelt?« (47:24) Der Koran ist offen; es sind unsere Herzen, die verschlossen sein und uns daran hindern können, die heilige Weisheit der Offenbarung zu erfahren.

## Warum der Koran stufenweise offenbart wurde

So wie ein Samen das Potenzial eines ganzen Baumes in sich trägt, sind viele Gelehrte der Meinung, dass der Samen der gesamten Offenbarung des Korans in der Nacht der Bestimmung (*Lailat al-Qadr*) aus den höchsten Himmeln in den ersten Himmel herabgekommen ist (97:1). So wie ein Samenkorn Zeit benötigt, um zu einem Baum heranzuwachsen, brauchten die 114 Suren und mehr als 6 200 Verse des Korans 23 Jahre, um aus dem untersten Himmel in unsere Welt herabzukommen. Doch nicht nur der Koran wurde nach und nach offenbart – alles, was Allah in dieser Welt ins Leben gerufen hat, entwickelt sich in Stufen. Der Koran spielt im folgenden Vers auf wunderschöne Weise auf diesen Gedanken an:

> *»Nein! Ich schwöre beim Abendrot und der Nacht und dem, was sie zusammentreibt, und dem Mond, wenn er voll geworden ist. Ihr werdet eine Schicht nach der anderen besteigen.«*
>
> **KORAN 84:16-19**

Da ein Großteil des Korans als Antwort auf die Fragen der Menschen und die Umstände offenbart wurde, mit denen der Prophet ﷺ konfrontiert war, war es nur logisch, dass die Offenbarung nach und nicht vor der Frage oder dem Konflikt kam. Als der Prophet ﷺ gefragt wurde, warum der Koran nicht auf einmal offenbart wurde, antwortet der Koran: »damit Wir dein Herz mit ihm festigen.« (25:32)

> *So wie Bergsteiger Zeit brauchen, um sich an die zunehmende Höhe der Gipfel zu gewöhnen, oder Taucher sich an den zunehmenden Wasserdruck anpassen müssen, wenn sie*

*tiefer in den Ozean abtauchen, so braucht das menschliche Herz Zeit, um die Offenbarung aufzunehmen, bevor es sich in die Botschaft vertieft.*

Es kann somit gesagt werden, dass die Stille oder der Abstand zwischen den Offenbarungen Teil der Offenbarung war, denn ohne diese Stille wären wir nicht in der Lage, die Botschaft vollständig aufzunehmen. So wie die Leerzeichen zwischen den Wörtern einem Satz Bedeutung verleihen oder die Stille zwischen den Noten einen Rhythmus erzeugt, sagt uns Gott, dass Seine Barmherzigkeit auch in der Stille allgegenwärtig ist.

## Die Geheimnisse von *Alif, Lam, Mim*

Alle Wörter und Schwingungen im Koran sind beabsichtigt, ob wir sie verstehen oder nicht. Einige Kapitel des Korans beginnen auf geheimnisvolle Weise mit verschiedenen Kombinationen arabischer Buchstaben wie *Alif, Lam, Mim*, was die Gelehrten seit Hunderten von Jahren verblüfft. Einige Gelehrte vermuten, dass es sich bei diesen mysteriösen Buchstaben um Symbole handelt, die Zahlenwerte enthalten und auf mystische Geheimnisse hinweisen. Andere Gelehrte meinen wiederum, die Buchstaben seien versteckte Abkürzungen oder Codes, die auf andere Wörter deuten – *Alif* sei ein Verweis auf Allah, *Mim* beziehe sich auf Muhammad ﷺ, *Nun* beziehe sich auf *Nur* oder »das göttliche Licht« und so weiter.

Obwohl die Mehrheitsmeinung besagt, dass die Bedeutung dieser Buchstaben nur Allah bekannt ist, dienen sie dazu, uns an unsere Ignoranz angesichts des allumfassenden Wissens Allahs zu erinnern.[7] Allah erinnert uns gleich zu Beginn der Offenbarung daran, dass wir unsere intellektuelle Armut und Bedürftigkeit demütig anerkennen müssen, um rechtgeleitet zu werden. Es ist daher nicht überraschend, dass Allah, wenn Er diese Buchstaben im Koran verwendet, einen Vers über die Weisheit, die Macht oder die geheimnisvolle Natur der göttlichen Offenbarung folgen lässt. Der Koran sagt: »*Alif, Lam, Mim*. Dieses Buch, an dem es keinen Zweifel gibt, ist eine Rechtleitung für die Gottesfürchtigen.« (2:1–2)

Auch sprachlich haben diese Buchstaben eine starke Wirkung nach außen. Um diese Wirkung zu verstehen, muss man wissen, dass »*Alif, Lam, Mim*« zu Beginn einer Sure im Koran denselben Effekt hat, wie einen Satz im Deutschen mit »A, B, C« zu beginnen. Einige Gelehrte vermuten, dass Allah diese einfachen Buchstaben benutzt, um die Menschen zu konfrontieren und sie darüber nachdenken zu lassen, wie Allah mit denselben einfachen Buchstaben, die ihnen als Sprachmittel dienen, ein Meisterwerk der Sprache geschaffen hat, das ihr Verständnis übersteigt.

Interessanterweise kommen diese Buchstaben neunundzwanzig Mal im Koran vor, was die neunundzwanzig Buchstaben der arabischen Sprache widerspiegelt, einschließlich des *Hamza* oder Kehlkopfverschlusslauts. Um dies besser zu verstehen, schauen wir uns die folgende Metapher genauer an:

> *Obwohl alle Elemente, die einen Menschen ausmachen, in der Erde vorhanden sind, sind wir nicht in der Lage, Leben zu erschaffen, auch wenn wir das genaue Rezept der physischen Zutaten sammeln und diese mit Wasser vermischen würden. Genauso ist es mit allen Buchstaben der arabischen Sprache, die im Koran zur Verwendung kommen; wir können nichts erschaffen, was ihm gleichkommt, denn der Koran, genau wie die Erschaffung des Lebens, enthält ein göttliches Geheimnis, das den menschlichen Verstand weit übersteigt.*[8]

Trotz der sprachlichen Perfektion des Korans verlangt Allah nicht von uns, dass wir passiv an seinen göttlichen Ursprung glauben. »Und wenn ihr im Zweifel über das seid, was Wir Unserem Diener offenbart haben, dann bringt doch eine Sure gleicher Art bei und ruft eure Zeugen außer Allah an, wenn ihr wahrhaftig seid!« Seit dieser Aufforderung, die vor mehr als 1 400 Jahren erfolgte, ist es keinem Schriftsteller gelungen, den Koran in arabischer Sprache und auf durchdachte und intellektuelle Weise zu imitieren. Die sprachliche Gestaltung des Korans ist im

Arabischen so einzigartig, dass die Rezitation des Buches für Experten des klassischen Arabisch völlig ausreichend ist, um seinen göttlichen Ursprung zu beweisen.

Aus diesem Grund sagt Allah, dass der Koran, wenn ausgesprochene Worte in der Lage wären, die Berge zu versetzen oder die Erde in Stücke zu reißen oder zu den Toten zu sprechen (13:31), die erste Rezitation wäre, die dazu in der Lage wäre. Auf die Kraft dieses heiligen Textes spielt auch Gottes Ausspruch an: »Wenn Wir diesen Koran (als Offenbarung) auf einen Berg hinabsendeten, würdest du ihn wahrlich aus Furcht vor Allah demütig werden und sich spalten sehen. Diese Gleichnisse prägen Wir den Menschen, auf dass sie nachdenken mögen.« (59:21) Die Vorstellung, dass ein majestätischer und mächtiger Berg unter dem Wort Gottes zusammenbrechen würde, ist erstaunlich, doch der Garten des menschlichen Herzens wurde von Gott geehrt und in besonderer Weise erschaffen, damit er empfänglich ist für den Regen der Offenbarung.

## Wie man den Koran mit dem Herzen liest

Wenn wir uns dem Koran nähern, haben wir es mit den heiligen Worten des Schöpfers der Existenz zu tun. Der Prophet ﷺ erinnert uns mit den folgenden Worten an die göttliche Barmherzigkeit, die den Koran begleitet: »Wer einen Buchstaben aus dem Buche Allahs liest, der bekommt eine Belohnung, und jede Belohnung wird zehnfach angerechnet. Ich sage nicht, dass ›Alif, Lam, Mim‹ ein Buchstabe ist, vielmehr ist Alif ein Buchstabe, Lam ein Buchstabe und Mim ein Buchstabe.«[9] Der Koran verfügt über solch eine Macht, dass er den Propheten ﷺ während seiner Offenbarung zum Schwitzen brachte; wenn der Prophet ﷺ unterwegs war, als die Offenbarung herabkam, ließ das Gewicht von Gottes Wort das Tier, auf dem er ritt, in die Knie gehen.[10]

Wir dürfen nicht vergessen, dass der Koran eine außerordentlich kraftvolle Offenbarung ist, die als Gnade vom Himmel auf diese Erde herabgesandt wurde. Dieses Buch ist eine Manifestation der Rede Gottes; es ist ein Bild der Ewigkeit, das auf mysteriöse Weise in unsere sterbliche

Welt reflektiert wird. Nur durch die Gnade und Barmherzigkeit Gottes werden unsere Herzen empfänglich für die Offenbarung, die den menschlichen Verstand überragt. Die Seele des Korans kann nicht gelesen werden, sie kann nur übertragen werden.

Im Koran heißt es: »Gekommen ist nunmehr zu euch von Allah ein Licht und ein deutliches Buch.« (5:15) Der Koran wurde mit einem Licht herabgesandt und kann nicht in der Dunkelheit gelesen werden. So wie das physische Licht eine Notwendigkeit für die Sicht der Augen darstellt, ist das geistige Licht für die Erfahrung der Worte Gottes unabdingbar. Der Prophet Muhammad ﷺ ist das Licht, das den Koran erhellt und den Menschen den Zugang zu dieser göttlichen Offenbarung ermöglicht. Der Prophet Muhammad ﷺ sagte, dass er neben seinen Aussprüchen und seiner Lebensweise auch das Buch Allahs sowie seine Sippe hinterlassen hat.[11] Unabhängig davon, wie man »Sippe« oder *Ahl al-Bait* definiert, ist diese kleine Gruppe von Gläubigen ein Tor zum Verständnis der tieferen Dimensionen des Buches Allahs, des Korans.[12] Deshalb besteht der erste Schritt zum Erhalt der Offenbarung darin, sich mit dem Herzen des Propheten Muhammad ﷺ und seiner Familie (*Ahl al-Bait*) zu verbinden, nachdem wir Gott gebeten haben, unsere Herzen für Seine Botschaft zu öffnen. Wir können auch eine Verbindung zu den tieferen Lehren des Korans herstellen, indem wir die Beispiele der Rechtschaffensten unter den ﷺ Anhängern (*Sahaba*) des Propheten betrachten oder in der Gesellschaft der lebenden Freunde Gottes (*Auliya*) sitzen.

Es ist wichtig, dass wir einen erfahrenen Wegweiser haben, der uns durch die Landschaft der Offenbarung führt und uns dabei unterstützt, die verborgenen Geheimnisse der Schrift zu verstehen. Jeder des Lesens kundige Mensch kann die Worte des Korans lesen, aber nicht jeder ist dazu befähigt, seine tiefsten Wahrheiten zu verinnerlichen. Der Koran ist das lebendige Wort Gottes, ein und derselbe Vers wird also nie zweimal auf dieselbe Weise erlebt. Er ist ein interaktives und hochintelligentes Buch.

*Wir lesen den Koran nicht nur, sondern wir werden auch durch den Koran gelesen. Er schaut in unsere Herzen und je nach der Reinheit unserer Absichten und der Kapazität unseres Geistes enthüllt oder verbirgt er seine innersten Geheimnisse.*

Wie Rumi sagt: »Der Koran ist wie eine schüchterne Braut« – man muss sich ihm mit Respekt und Ehrfurcht nähern, damit er sich enthüllen kann. Genau aus diesem Grund wird das Tor zur Offenbarung durch *Adab* oder »Anstand und Höflichkeit« geöffnet.

Wir müssen uns stets vor Augen führen, dass die meisten Anhänger des Propheten ﷺ weder gebildet noch des Lesens und Schreibens kundig waren. Um die tiefe Essenz des Korans zu verstehen, kommt es nicht darauf an, wie viel weltliches Wissen man erworben hat; vielmehr kommt es auf den Grad der Aufrichtigkeit und Demut im Herzen an. Deshalb rufen uns die Mystiker auf, vom »Wissen der Zunge zum Wissen des Herzens« überzugehen, denn das Licht Gottes kann nicht mit dem Verstand erfasst werden, es kann nur durch ein offenes Herz erfahren werden, das Gottes Größe bezeugt. Womöglich ist das der Grund, warum Allah den Koran als »Erinnerung für denjenigen, der gottesfürchtig ist« (20:3) beschreibt.

Um den Koran mit dem Herzen zu lesen, müssen wir uns bewusst sein, mit welchem Respekt und welcher Absicht wir dem Buch begegnen. Wenn wir uns dem Koran mit der Absicht nähern, mit anderen Menschen zu debattieren, laufen wir Gefahr, dass wir anstelle der tatsächlichen Offenbarung unsere eigene Vorstellung auf das Buch projizieren. Wenn wir nur die Stellen des Korans lesen, die Widerhall bei uns finden, und die Stellen außer Acht lassen, mit denen wir nicht einverstanden sind, besteht die Gefahr, die Schrift nach unseren Vorlieben und Abneigungen zu formen, anstatt dem Buch zu erlauben, uns zu formen.

Es sind nicht die Selbstgerechtigkeit oder das Bewusstsein über unser Ego, die die Voraussetzung für den Empfang der Offenbarung darstellen, sondern vielmehr ein erwachtes und demütiges Herz. Unser liebender Herr sagt uns, dass der Koran nicht von jedem verstanden werden kann, denn »darin ist wahrlich eine Ermahnung für jemanden, der Herz hat oder hinhört, während er (geistig) anwesend ist« (50:37). Das Lesen des Korans mit dem Herzen beginnt mit Reue, denn solange wir nicht ablassen von unseren subjektiven Meinungen und Vorurteilen, werden wir den Koran nicht in seiner wirklichen Form sehen, sondern durch die Filter unserer falschen Wahrnehmungen und Projektionen.

Es ist der Verstand, der die Offenbarung kritisch beäugt und in Frage stellt. Allah sagt: »Dieses Buch, an dem es keinen Zweifel gibt, ist eine Rechtleitung für die Gottesfürchtigen.« (2:2) Der Koran ist frei von Fehlern; es sind die Interpretationen der Menschen, die fehlerhaft sind. Deshalb fordert uns der Koran, bevor wir das Buch überhaupt aufschlagen, dazu auf, nicht nur durch die Waschung (*Wudu'*) rituell und äußerlich rein zu sein, sondern uns auch innerlich zu reinigen, indem wir alles bereuen, was uns daran hindert, Gott vollständig zu bezeugen. Der Koran sagt: »Das ist wahrlich ein ehrwürdiger Koran in einem wohlverwahrten Buch, das nur diejenigen berühren (dürfen), die vollkommen gereinigt sind.« (56:77–79)

Um sich dem Geist der göttlichen Offenbarung zu nähern, musst du geläutert, demütig und frei von deiner Anhaftung an das Selbst kommen, denn ein singulärer Gott kann nicht an einem Ort der Vielfalt erfahren werden. Allah fordert dich auf, alle anderen Ablenkungen fallen zu lassen und den Koran wohlgeordnet vorzutragen (73:4). Allah sagt uns dann, dass wir uns in einem Zustand des Gottesbewusstseins befinden müssen, wenn wir aus der Rezitation Seiner Worte Nutzen ziehen wollen: »Und wenn der Koran vorgetragen wird, dann hört ihm zu und horcht hin, auf dass ihr Erbarmen finden möget!« (7:204)

So wie Mineralien und Vitamine die Zusammensetzung des Körpers verändern, kann die medizinische Schwingung des Korans unseren geistigen Körper verwandeln und sogar heilen, wenn wir unsere Seelen den Worten des Korans aussetzen. Obwohl die korrekte Rezitation des Korans auf Arabisch viele Vorteile und Segnungen mit sich bringt, ist Gott erbarmungsvoll und ermutigend gegenüber denjenigen, die Schwierigkeiten mit der Aussprache haben.

*»Derjenige, der den Koran mit Gewandtheit liest, ist in der Gesellschaft der rechtschaffenen, edlen Engel, und derjenige, der ihn mit Mühe stotternd liest, bekommt von Allah den doppelten Lohn.«[13]*

PROPHET MUHAMMAD ﷺ

Wir müssen uns stets daran erinnern, dass unser Geist bereits mit der göttlichen Offenbarung vertraut ist, denn sowohl unser Wesen als auch der Koran stammen aus derselben Quelle – nämlich von Allah. Deshalb finden unsere wandernden und nomadischen Seelen im Lobpreis Gottes einen Ort der Ruhe und eine Heimat. Wenn wir uns der Rezitation des Korans in arabischer Sprache hingeben, umhüllt dasselbe heilige Licht, das uns erschaffen hat, unser ganzes Wesen, ob wir die rezitierten Worte nun verstehen oder nicht.

Das Herz ist stets mit Gott verbunden. Es ist der Verstand, der unwillig ist zu schweigen und uns daran hindert, uns dieser angeborenen Verbindung bewusst zu werden. So wie ein Samenkorn aufbrechen muss, um den Regentropfen aufzunehmen, müssen wir mit der Schale unseres Egos demütig werden, damit die Botschaft des Korans wirklich in den tiefsten Bereich unseres Herzens eindringen kann.

## Die transformierende Kraft der Heiligen Schrift

Auf uns bezogen hat der Koran einen Anfang und ein Ende, denn wir sind an die Zeit gebunden. Aber Allah sagt: »Wir haben den Koran hinabgesandt« (97:1), was bedeutet, dass das Wesen der Botschaft in Bezug auf Gott weder Anfang noch Ende hat, da der Koran eine Enthüllung des göttlichen Attributs Seiner Rede ist. Es drängt sich die Frage auf, wie ein begrenzter menschlicher Verstand die Rede eines unendlichen Gottes begreifen kann. Was könnte ein begrenztes Wesen über eine grenzenlose Offenbarung sagen? Was könnten unsere subjektiven Wahrnehmungen hinsichtlich einer absoluten Wahrheit (*Haqq*) enthüllen? Um die Bedeutung des Korans besser zu verstehen, müssen wir in die Geschichte eines Mannes zurückgehen, dem die Antwort auf diese Fragen nicht durch Worte, sondern durch ein unglaubliches Beispiel gegeben wurde:

Ein Mann stellte einst einem spirituellen Meister die Frage: »Was bringt es, den Koran zu lesen, wenn wir ihn ohnehin nie ganz verstehen werden? Welchen Sinn hat es, dasselbe Buch immer und immer wieder zu lesen?« Der alte Weise antwortete, indem er den jungen Mann zu einem Brunnen führte, wo er einen großen Sack mit schwarzer Kohle entleerte und dem Mann den schmutzigen Sack reichte. Der Weise wies den Mann an, den Sack mit Wasser zu füllen. Der Mann sagte: »Aber Meister, das ist ein Stoffbeutel, das Wasser wird durch den Stoff sickern.« Der Alte sagte: »Wenn du mir vertraust, dann tu, was ich dir sage«, und verließ den Ort.

In den nächsten Stunden füllte der Mann den Sack immer wieder mit Eimern, aber das Wasser sickerte immer wieder durch den Stoff. Als der Weise zurückkam, war der Mann erschöpft und niedergeschlagen. Der Weise schaute auf den leeren Beutel und lächelte. Der verwirrte junge Mann fragte: »Warum lächelst du? Es ist kein Wasser in diesem Beutel.«

Der Alte sagte daraufhin: »Deine Tasche konnte das Wasser vielleicht nicht aufnehmen, aber mit der Zeit hat das Wasser, das du hineingegossen hast, die ganze Schwärze der Kohle, die die Tasche beschmutzt hatte, weggewaschen und diese so schön gemacht, wie an dem Tag, an dem ich sie gekauft habe. Ähnlich verhält es sich mit dem Koran. Du wirst nicht in der Lage sein, die gesamte Offenbarung aufzunehmen, aber je mehr du sie rezitierst und die Schwingung durch dich fließen lässt, desto mehr wird sie dich reinigen. Die Offenbarung Gottes wurde nicht herabgesandt, um dir etwas zu geben, was du nicht besitzt, sondern um jeden Schleier zu entfernen, der daran hindert zu erkennen, dass du bereits das bist, was du zu werden anstrebst.«

Der Pfad zum Himmel befindet sich bereits in uns. Die göttliche Offenbarung ist lediglich das Licht des Bewusstseins, das uns den Zugang zu diesem inneren Wissen ermöglicht. Der Koran ist seit mehr als 1 400 Jahren derselbe, und doch wirken dieselben Worte unterschiedlich auf jeden von uns, je nachdem, in welcher Phase unseres Lebens wir uns befinden. Um dies besser zu verstehen, schauen wir uns das folgende Beispiel genauer an: Feuer kann sowohl einen Heißluftballon Tausende von Metern über dem Boden fliegen lassen als auch einen ganzen Wald niederbrennen. Es kann Weihrauch zu Asche verbrennen, Gold verflüssigen und flüssiges Wasser in Dampf umwandeln. So wie das Wesen des Feuers konstant ist, aber das, womit es reagiert, zu unterschiedlichen Ergebnissen führt, ist der Koran eine einzige Offenbarung, aber seine Erscheinungsformen sind aufgrund der unzähligen Facetten menschlicher Erfahrung unendlich.

Wir sind aufgefordert, den Koran immer wieder zu lesen, nicht weil sich die Botschaft der Offenbarung ändert, sondern weil wir uns verändern. Daher wirkt dieselbe Botschaft unterschiedlich auf unseren Geist, unser Herz und unser Ego, je nachdem, wo wir uns auf dem Weg Gottes befinden. Wie man zu sagen pflegt: »Die Schönheit des Korans liegt darin, dass du seine Botschaft nicht ändern kannst, aber seine Botschaft dich.«[14]

## Die Offenbarung trifft dich dort, wo du gerade bist

Der Koran spricht nicht nur zu Menschen einer bestimmten Zeit, er spricht zur zeitlosen Seele des Menschen. Er bezieht sich nicht nur auf Geschichten aus der Vergangenheit, sondern spricht auch die Dringlichkeit der Gegenwart an und ruft uns dazu auf, uns der Konsequenzen unserer Handlungen bewusst zu sein. Jeder Kampf zwischen Gut und Böse, zwischen Propheten und Scharlatanen, zwischen Friedensstiftern und Tyrannen veranschaulicht Archetypen, die in unserem Leben existieren.

Der Koran ist zeitlos. Durch die Sprache der Metapher und Allegorie sprechen alle Geschichten, Schlachten und Siege, die im Koran genannt werden, direkt zu dir. Lies den Koran nicht nur, sondern versetze dich in die Lage jeder Person, von der er spricht. Versuche nicht nur, den Koran zu verstehen, sondern bemühe dich, ihn mit all deinen Sinnen zu erleben.

Auf diese Weise wird der lebendige Koran erweckt und in dein Blickfeld integriert. Auf diese Weise wird das Lesen des Korans von einer passiven zu einer aktiven Handlung. Du musst das Ökosystem der Offenbarung betreten und in die Tiefe seines Ozeans eintauchen.

Lies den Koran nicht, um über diejenigen zu urteilen, die vor dir kamen; stelle dir stattdessen die Frage, warum dir diese Geschichten erzählt werden. Wenn wir den Koran lesen, ohne uns selbst als Muslim oder Nichtmuslim zu kategorisieren, haben wir eine viel bessere Chance, objektiv aus dem Text zu lernen. Wenn wir unsere Bezeichnung hinter uns lassen, können wir die Eigenschaften und Verhaltensweisen, über die gesprochen wird, objektiv betrachten und anhand unserer Handlungen erkennen, in welche Kategorie wir tatsächlich fallen. Das kann eine sehr demütigende Erfahrung sein, denn während es leicht sein mag, unseren Glauben verbal zu bekräftigen, ist es etwas völlig anderes, diesen Glauben in die Praxis umzusetzen.

Wenn du den Koran liest, solltest du wissen, dass jeder Vers direkt zu dir spricht. Höre gut zu. Dieses Buch ist deine Geschichte. Womit konfrontiert es dich? Wozu ruft es dich auf? An welche Dinge, die du einmal wusstest, aber vielleicht vergessen hast, erinnert es dich?

Der Koran spricht sowohl zu Wissenschaftlern als auch zu Hirten, zu Künstlern und Geschäftsleuten, zu Dichtern und Politikern. Seine Worte treffen jeden Suchenden genau dort, wo er sich auf seiner spirituellen Reise befindet. Es gibt Gelehrte und Mystiker, die sagen, dass jeder Vers des Korans sieben Bedeutungsebenen hat, von denen nur Gott die letzte kennt, was der Koran bestätigt, indem er sagt: »Aber niemand weiß ihre Deutung außer Allah.« (3:7)

Einige Mystiker haben den Koran als einen Fluss beschrieben, der von außen wie ein einziger Strom aussieht, doch den Reichtum und die Geheimnisses der verschiedenen Bedeutungsströme, die in seinem einheitlichen äußeren Fluss verborgen sind, offenlegt, sobald man die Offenbarung betritt. Je mehr Glauben wir kultivieren, desto tiefer können wir unter die Oberfläche des Wortsinns tauchen und die verborgenen Perlen der göttlichen Weisheit finden.[15]

## Die Macht der Metaphern und der Symbolik

Die Verse des Korans sind nicht immer direkt und eindeutig (*Muhkamat*); die Offenbarung enthält auch Verse, die allegorisch, symbolisch und metaphorisch (*Mutaschabihat*) sind (3:7). Die vagen Formulierungen oder die Bildsprache, die manchmal im Koran vorkommen, sind Teil dessen, was den Text zeitlos macht, weil er durch die Sprache der Symbolik zu Lesern aller Zeiten und intellektuellen Fähigkeiten spricht.

> *»Hätte die Religion nicht einerseits ihre Ideen in einer gemeinsamen, vertrauten Sprache ausgedrückt, wäre sie für die Menschen jener Zeit unverständlich gewesen; hätte sie aber ihre Ideen in einer gemeinsamen Sprache ausgedrückt, hätte die Religion in späteren Zeiten keinen Sinn mehr gehabt. Es war daher notwendig, dass die Religion in Bildern und Symbolen spricht, die mit der Entwicklung des menschlichen Denkens und der Wissenschaft verständlich werden.«[16]*

**ALI SCHARIATI, GELEHRTER DES 20. JAHRHUNDERTS**

Ungeachtet seiner wunderschönen Symbolik, seiner kraftvollen Prosa und der zahlreichen wissenschaftlichen Entdeckungen ist der Koran nicht etwa ein Buch der *Wissenschaft*, sondern vielmehr ein Buch der *Zeichen*. Der Koran weist uns auf die Schönheit und atemberaubende Majestät der Schöpfung hin, um uns zum Schöpfer zurückzuführen.[17]

Während irdische Bücher mit der subjektiven Realitätswahrnehmung eines menschlichen Autors verfasst werden, stellt sich der Koran als reines Wort Gottes vor und ist somit ein ungefilterter, vollkommener Abglanz der Liebe und Wahrheit.

> *»Die Überlegenheit der Rede Gottes über andere Reden gleicht der Überlegenheit Gottes über seine Geschöpfe.«[18]*

**PROPHET MUHAMMAD** ﷺ

Die Worte des Korans sind keine menschlichen Interpretationen, sondern die reine, unverfälschte Rede Gottes, die sich in einer für den Menschen verständlichen Sprache manifestiert. Jeder Vers des Korans wird als *Aya* bezeichnet, was »Zeichen« bedeutet, denn jedes Wort der Offenbarung ist ein Wegweiser, der auf Gott verweist. Obwohl wir Gott nicht direkt erleben können, können wir Ihn durch den Widerschein Seiner Namen im gesamten Kosmos erfahren. Wenn wir die Schöpfung als ein Manuskript Gottes betrachten, dann kann der Koran als der spirituelle Rosettastein angesehen werden, der uns hilft, diese subtile Sprache in göttliche Führung zu übersetzen. Deshalb werden wir aufgefordert, den Koran nicht nur zu lesen, sondern auch »über seine Zeichen nachzusinnen« (38:29), denn nur die Seelen, die bereit sind, ihn zu beherzigen, können die Essenz seiner tieferen Bedeutung wirklich erfassen.

Einzelne Koranverse können nur im Zusammenhang der Gesamtheit der Botschaft des Buches von Barmherzigkeit und Liebe verstanden werden. Genauso wie die Betrachtung des Herzens außerhalb des menschlichen Körpers ein unvollständiges Bild vom Zweck des Organs vermitteln würde, würde ein Vers, den man nicht unter Berücksichtigung des historischen Kontexts und der Gesamtbotschaft der Offenbarung studiert, eine unvollständige Interpretation ergeben.

## Die heilende Schwingung der Offenbarung

Im Koran finden sich alle Antworten auf die Fragen der Seele, wie man sich Gott nähern und Ihn erfahren kann. Der Koran ist nicht nur eine Sammlung von Regeln und Vorschriften, sondern, wie Imam Ali ihn beschreibt, »ein Ozean, dessen Tiefe nicht ergründet werden kann; eine Quelle, die nie versiegt; er ist Frieden für den, der in ihm verweilt; eine Rechtleitung für den, der ihm folgt; eine Medizin, nach der es keine Krankheit mehr gibt; eine Zuflucht für den, der Heilung sucht; ein Licht, das sich nicht mit der Dunkelheit abwechselt«.

*Der Koran ist ein Wiegenlied für den Geist und ein Weckruf für das Ego.*

Während seine Worte eine beruhigende Wirkung auf den Geist haben und ihn in einen erholsamen Zustand des Friedens und der Zufriedenheit versetzen, ist er ein Weckruf für das Ego, das durch ihn mit dem Licht der Erkenntnis konfrontiert wird. Er fungiert als spirituelle Taschenlampe, die die Dunkelheit der moralischen und geistigen Übel auslöscht. So wie ein Samenkorn erst dann zu einem Baum heranwachsen kann, wenn es seine Schale durchbricht und das Licht hereinlässt, können wir durch die heilende Kraft des Korans erst dann vollständig transformiert werden, wenn wir die Schleier loswerden, die für die Trennung unserer Herzen von Gott verantwortlich sind.

Der Koran lehrt uns, dass die Hingabe im Islam bedeutet, unsere Vorstellungen davon, wie die Dinge sein *sollten*, aufzugeben, um im Gegenzug für die Liebe Gottes empfänglich zu sein, die sich durch uns manifestiert. Er repräsentiert eine Brücke vom Diesseits in die höchsten himmlischen Gefilde; er ist eine offene Einladung Gottes, sich in Seiner Gegenwart niederzulassen. Die Worte der Offenbarung sind nicht nur Buchstaben, die eine Bedeutung festhalten, sondern vielmehr Platzhalter für die heilige Schwingung von Allahs Worten, deren göttliche Zusammensetzung den menschlichen Geist auf geheimnisvolle Weise transformiert und jedes Hindernis auf dem Weg zur Vereinigung mit dem Ursprung der Liebe (*al-Wadud*) beseitigt.

*»Wir müssen uns immer daran erinnern, dass der Heilige Koran nicht die menschliche Rede und die Gedanken des Propheten Muhammad beinhaltet, sondern das göttliche Lied der Macht und der Liebe ist, das direkt von Allah – der ursprünglichen Quelle des Universums – durch das persönliche, kulturelle und spirituelle Wesen Seines Propheten gesungen wird. Der Heilige Koran ist in seiner Tiefe eine direkte Offenbarung, unabhängig davon, welche historischen Studien an seiner Oberfläche durchgeführt werden. Kein Nachdenken über den Koran, egal wie stark die Inspiration oder wie umfassend die Gelehrsamkeit ist, könnte dem arabischen Original auch nur annähernd*

*gleichkommen, einfach weil der arabische Koran im Bereich der Offenbarung bleibt. Es handelt sich um eine lebendige Offenbarung, die jedes Mal aufs Neue entsteht, wenn der Heilige Koran gesungen oder rezitiert wird, denn diese arabischen Worte sind der tatsächliche Widerhall Allahs, des Allerhöchsten, und so übermitteln sie heilende, schützende, transformierende und erleuchtende Kraft direkt aus der Quelle.«*[19]

LEX HIXON, *THE HEART OF THE QUR'AN*

Der Gedanke, dass die Worte des Korans einen tiefgreifenden Effekt auf den Menschen haben können, wird durch die folgende Geschichte wunderbar illustriert:

Ein reicher Kaufmann lud einen berühmten Arzt und einen Scheich zum Abendessen ein, um sie zu bitten, seiner kranken Tochter zu helfen. Der Kaufmann bat den Scheich, für seine Tochter zu beten, und der Scheich sagte: »Ich werde Verse aus dem Koran für Ihre Tochter lesen und meinen geliebten Herrn bitten, sie so zu heilen, dass die Krankheit keine Spuren hinterlässt.« Der berühmte Arzt unterbrach den Scheich mit den Worten: »Sind Sie verrückt? Was ist das für ein Unsinn? Die Wissenschaft ist so weit fortgeschritten, dass wir uns schon sicher sind, dass Medizin die Menschen heilt und nicht Worte.« Daraufhin brüllte der Scheich: »Sie dummer Mensch! Was wissen Sie schon von der heilenden Kraft von Gottes Wort?« Der überraschte Arzt kochte vor Wut und begann zu schreien: »Wie können Sie es wagen, mich dumm zu nennen!«

Daraufhin sagte der kluge Scheich: »Oh, bitte verzeihen Sie mir, dass ich Sie dumm genannt habe. Aber haben Sie bemerkt, wie einfache Worte Sie wahnsinnig wütend gemacht haben? Wenn die Worte eines Fremden Ihre Augen rot werden und Ihr Herz vor Wut rasen lassen, Ihren Adrenalinspiegel in die Höhe schleudert und Ihre Blutgefäße verengt, sodass Ihr Blutdruck ansteigt, dann haben Gottes vollkommene Worte sicherlich die Kraft zu heilen.«

Da der Koran von Allah stammt, sind seine Worte geheimnisvoller und mächtiger, als wir sie uns je vorstellen können. Schließlich war es Gottes Rede, die uns und alles andere erschaffen hat, somit ist es vernünftig anzunehmen, dass Gottes Worte eine spürbare Wirkung auf uns haben können.

## »Sei! Und es ist«

Die Kraft der Offenbarung wird im Koran veranschaulicht, wenn Allah sagt, dass alles durch seinen Ausspruch *Kun fa yakun* oder »Sei! Und es ist« (36:82) erschaffen wurde. Durch ein einziges Wort, *Kun* oder »Sei«, wurde die gesamte Existenz in Bewegung gesetzt.[20] *Kun*. Wir sind hier. *Kun*. Wir sind gegangen. Immer wieder wird *Kun* gesagt – und fortlaufend entspringt alles der Umarmung Gottes, genauso wie es in ihr verdorrt. Dies ist die verborgene Kraft der Offenbarung.

*Die Worte des Korans sind wie die Strahlen der Sonne – sie transformiert alles, was sie mit ihrem Licht berührt.*

Obwohl es nützlich und notwendig ist, den Koran in vielen Sprachen zur Verfügung zu stellen, sollten wir uns stets vor Augen führen, dass der Reim, der Rhythmus, die Kadenz und die allgemeine sprachliche Schönheit des Korans deutlich reduziert werden, wenn er aus dem arabischen Original in eine andere Sprache übersetzt wird. Das ist wichtig zu verstehen, denn die Worte des Korans sind nicht einfach nur Buchstaben – sie werden als ein heiliger Klangcode aus göttlich angeordneten arabischen Buchstaben betrachtet, der für die Wunden der Seelen ein heilender Balsam ist. Die Worte der Offenbarung haben eine spirituelle Kraft, die über das menschliche Verständnis der arabischen Sprache weit hinausgeht; denn der Koran hat eine einzigartige Art, den Verstand in Staunen zu versetzen und das Herz zu erwecken.

Der Koran wurde oft durch den Engel Gabriel offenbart, der dem Propheten ﷺ in der Gestalt eines Menschen erschien, doch kam es auch gelegentlich vor, dass er durch ein geistiges Medium offenbart wurde, das der Prophet ﷺ als »eine Stimme, die dem Klang einer läutenden Glocke gleicht«[21], beschrieb. Es ist schwierig, die schwingende Natur der Resonanz einer Glocke zu ignorieren, und genau dies ist ein Beweis dafür, dass die Offenbarung mehr ist als nur Worte, die eine Bedeutung tragen.

> *»Und Wir offenbaren vom Koran, was für die Gläubigen*
> *Heilung und Barmherzigkeit ist; den Ungerechten aber*
> *mehr es nur den Verlust.«*
>
> **KORAN 17:82**

Auch Wissenschaftler haben heute die unglaubliche Kraft der Sprache in Bezug auf ihre Schwingungen und Energie entdeckt. Der berühmte Physiker Albert Einstein bewies die Kraft der Vibration durch die Gleichung $E = mc^2$, die aufzeigt, inwiefern Energie und Materie miteinander im Austausch stehen. Aufgrund der Auswirkungen dieser Theorie haben einige nahegelegt, dass die vibrierende und energetische Beschaffenheit von Worten theoretisch die Materie beeinflussen kann.[22] Revolutionäre wissenschaftliche Studien, die an der Universität von Helsinki in Finnland durchgeführt wurden, haben auch ergeben, dass Frequenzen und Vibrationen in der Lage dazu sind, DNA zu reparieren.[23]

Wenn wir unser Bewusstsein für die melodische Rezitation des Heiligen Korans öffnen, werden wichtige Signale in unser Gehirn gesendet und unsere Herzen kommen zur Ruhe, da neue Verbindungen in den Bahnen unseres Glaubens hergestellt werden. Wie Imam Ali sagte: »Allahs Worte sind die Medizin des Herzens.«

> *Unsere Herzen sind wie eine Solarzelle. Unser spirituelles*
> *Licht wird generiert, indem wir uns immer wieder dem*
> *Licht von Gottes Wort zuwenden und es aufsaugen.*

Die Worte des Korans helfen dabei, den spirituellen Code, der unter unseren physischen Formen verborgen ist, zu transkribieren. Je öfter wir in den Ozean der Offenbarung eintauchen, desto mehr werden wir von der Gegenwart und Wahrheit Gottes erfüllt sein.

## Alles ist eine Manifestation der Rede Gottes

Alte Koranmanuskripte waren oft mit Rahmen verziert, die Pfeile enthielten, die nach außen, weg vom Text, zeigten. Diese Pfeile waren wie Hinweisschilder, die den Leser von der Seite weg in die Welt führten; sie sollten die Lesenden daran erinnern, dass Gott nicht auf die Seiten der Schrift beschränkt ist. Schließlich sagte Gott »Sei!« und rief uns ins Dasein, also ist alles, was wir sehen und erleben, eine Manifestation der göttlichen Rede (36:82).

> *»Wir werden ihnen Unsere Zeichen am Horizont und*
> *in ihnen selbst zeigen, bis es ihnen klar wird, dass es die*
> *Wahrheit ist. Genügt es denn nicht, dass dein Herr über*
> *alles Zeuge ist?«*
>
> **KORAN 41:53**

Wir sind dazu aufgerufen, mehr als nur die Worte des Korans zu lesen.[24] Wir sind dazu aufgerufen, die Offenbarung zu lesen, die die Seiten der äußeren Welt ziert, und die heiligen Worte Gottes, die im Schoß unseres inneren Reiches verborgen sind.[25] Stelle dir vor, du würdest jede Meereswelle als ein Zeichen Gottes betrachten, jede Brise als eine *Aya*, jeden Menschen als eine Sure und jeden Augenblick als eine Gelegenheit, Gott durch die Schöpfung kennenzulernen, die Er ins Leben gerufen hat.[26] Stelle dir vor, wie sich dein Leben verändern würde, wenn du einem Grashalm, einem Marienkäfer oder einem anderen Menschen mit der gleichen Ehrfurcht begegnen würdest, mit der du der Offenbarung begegnest. Ist denn nicht alles Existente eine Manifestation von Gottes Rede?

## Das Auswendiglernen des Korans

Da die Einheit Allahs den Herzen der Menschen eingeprägt ist, fühlt sich das Hören der Worte des Korans für die Seele auf eine Weise vertraut an, die der Verstand nicht ergründen kann.[27] Im Koran selbst heißt es: »Wir machten den Koran gewiss leicht zum Erinnern. Gibt es denn keinen, der sich (damit) ermahnen lässt?« (54:17)

Selbst wenn wir es ganz wörtlich nehmen, machen die einzigartigen Reimschemata, der Rhythmus, die Kadenz, die Wiederholungen und die Verwendung literarischer Mittel wie Palindrome und Ringkompositionen die Offenbarung nicht nur außergewöhnlich, sondern auch leichter zu merken. Wissenschaftler haben festgestellt, dass Reimschemata bei der akustischen Codierung von Erinnerungen helfen. Da gereimte Wörter ähnliche Klangcodes aufweisen, werden sie im Gehirn leichter miteinander verknüpft.[28] Dass der Koran während der Gebete und in Moscheen laut rezitiert und oft wiederholt gehört wird, erleichtert es, ihn auswendigzulernen.[29] Dies ist möglicherweise der Grund, warum der Koran von vielen als das am meisten auswendiggelernte Buch der Welt angesehen wird, da schätzungsweise mehrere Millionen Menschen den Text heute von Anfang bis Ende auswendig kennen.[30]

Obwohl Allah sagt: »Gewiss, Wir sind es, die Wir die Ermahnung offenbart haben, und Wir werden wahrlich ihr Hüter sein« (15:9), hat das massenhafte Auswendiglernen des Korans seit der Zeit des Propheten ﷺ es zwangsläufig praktisch unmöglich gemacht, dass jemand diesen Text verändert. Alle Muslime haben Zugang zum Koran, und zwar in seiner unveränderten Form, in der er dem Propheten Muhammad ﷺ vor mehr als 1 400 Jahren offenbart wurde. Ein Teil der Schönheit des Islams besteht darin, dass seine Offenbarung nicht nur für Heilige und religiöse Gelehrte bestimmt ist, sondern für jeden einzelnen Menschen ungeachtet seines sozialen Hintergrunds und seiner Kultur. Wie der Prophet Muhammad ﷺ so schön sagte, sind in den Augen Gottes »alle Menschen gleich wie die Zähne eines Kamms.«[31] Unsere Nähe zu Gott und unsere Verbindung zum Koran werden nicht durch unseren Reichtum, unsere Schönheit oder unser Wissen definiert, sondern durch die Absichten hinter unseren Taten, den Zustand unserer Herzen und die Aufrichtigkeit unserer Liebe zu Allah und seinen Gesandten.

## Ein sprachliches Wunder und eine göttliche Erinnerung an die Einheit

Die Tatsache, dass der Koran während der Offenbarung nicht vom Propheten ﷺ selbst niedergeschrieben wurde, macht die Symmetrie und Präzision der Offenbarung noch wundersamer. Obwohl viele Quellen behaupten, dass der Prophet ﷺ Schreiber hatte, um die verschiedenen Verse des Korans schriftlich festzuhalten, während er sie rezitierte, ist die Mehrheit der Gelehrten der Ansicht, dass er selbst des Lesens unkundig war. Der Koran bestätigt diese Behauptung durch den folgenden Ausspruch: »So glaubt an Allah und Seinen Gesandten, den schriftunkundigen Propheten, der an Allah und Seine Worte glaubt, und folgt ihm, auf dass ihr rechtgeleitet sein möget!« (7:158)

Heute wäre dies ein Nachteil, doch dass der Prophet ﷺ des Lesens und Schreibens unkundig war, verdeutlicht seine völlige Abhängigkeit von der Offenbarung. Da er nicht lesen konnte, war er nicht in der Lage, sich auf der Suche nach Wissen an sich selbst oder die Außenwelt zu richten. In *Ideal und Wirklichkeit des Islam* beschreibt der Gelehrte Seyyed Hossein Nasr ausführlich die Wichtigkeit des Propheten ﷺ, der des Lesens unkundig war: »Das Wort Gottes im Islam ist der Koran, im Christentum ist es Christus. Medium der göttlichen Botschaft im Christentum ist die Jungfrau Maria, im Islam ist es die Seele des Propheten. Der Prophet muss aus demselben Grund Analphabet sein, aus dem die Jungfrau Maria jungfräulich sein muss. Der menschliche Träger einer göttlichen Botschaft muss rein und unbefleckt sein. Die göttliche Botschaft kann nur auf die reine, ›unberührte‹ Tafel der menschlichen Empfänglichkeit geschrieben werden.

Wenn das Wort die Form des Fleisches hat, wird die Reinheit durch die Jungfräulichkeit der Mutter symbolisiert, die die heilige Botschaft zur Welt bringt, und wenn es die Form eines Buches hat, wird die Reinheit durch die Leseunkundigkeit der Person symbolisiert, die auserwählt ist, die Botschaft unter den Menschen zu verkünden [...]. Die Leseunkundigkeit des Propheten zeigt, wie der menschliche Empfänger gegenüber dem Göttlichen völlig passiv ist. Gäbe es diese Reinheit und Jungfräulichkeit der Seele nicht, würde das göttliche Wort gewissermaßen mit rein menschlichem Wissen befleckt und der Menschheit nicht in seiner ursprünglichen Reinheit dargeboten werden.«[32] Der Prophet ﷺ ließ sich nicht von menschlichen Interpretationen beeinflussen, da er direkt aus der Quelle der göttlichen Weisheit trank.

Wäre der Koran von einem Menschen verfasst worden, hätten wir über einen Zeitraum von 23 Jahren natürlicherweise einen Reifungsprozess erlebt. Die Stimme des Korans bleibt jedoch gleich und zeitlos in einer Sprache, die sowohl majestätisch als auch tiefgründig ist. Zu Zeiten des Propheten ﷺ gab es keine Online-Datenbanken, keine Suchmaschinen, und doch ist der Koran mit Dutzenden von Beispielen korrelierender Wörter gefüllt, die genau gleich oft verwendet werden. Etwa werden die Wörter für »Diesseits« und »Jenseits« jeweils 115-mal verwendet, während die Wörter für »Engel« und »Teufel« jeweils 88-mal erwähnt werden. Der Koran ist so spezifisch, dass der Ausdruck »sie sagten« 332-mal verwendet wird, während das Wort »sagen« ebenfalls genau 332-mal verwendet wird.[33] Es gibt Dutzende weiterer numerischer Korrelationen in der gesamten Offenbarung, die die Durchdachtheit und Vollkommenheit von Allahs Worten brillant veranschaulichen.

Angesichts dessen, dass viele Gelehrte davon ausgehen, dass der Koran in den 23 Jahren, in denen er dem Propheten Muhammad ﷺ offenbart wurde, nicht vollständig niedergeschrieben und zusammengestellt wurde, stellt sich die Frage: Liegt es überhaupt in der Macht irgendeines Menschen, eine Offenbarung hervorzubringen, die so ausgewogen und präzise ist? Ohne göttliche Führung und Inspiration wäre dies sicher unmöglich.

So wundersam diese Offenbarung auch ist; der Koran wird nicht als neue Botschaft an die Menschheit verstanden. Vielmehr ist der Koran eine Repräsentation des Lichts, das all das erhellt, was uns bereits durch Gott zuteilwurde, um »das zu bestätigen, was vor ihm (offenbart) war. Und Er hat (auch) die Tora und das Evangelium (als Offenbarung) herabgesandt.« (3:3) So wie der Prophet Muhammad ﷺ »nur als Barmherzigkeit für die *Weltenbewohner* gesandt« wurde (21:107), ist der Koran nicht nur an Muslime adressiert, sondern generell »eine Ermahnung für die *Weltenbewohner*« (38:87).

Der Koran war nicht dafür bestimmt, die Bibel, die Tora oder andere heilige Schriften zu ersetzen; er war als Schlussstein und Bestätigung der Wahrheit gedacht, die allen göttlich auserwählten Propheten, die in diese Welt gesandt wurden, offenbart wurde.

*Die Propheten sind wie verschiedene Flüsse zu verschiedenen Zeiten, die alle in denselben Ozean der Einheit münden.*

Allah sagt selbst im Koran: »Sagt: Wir glauben an Allah und an das, was zu uns (als Offenbarung) herabgesandt worden ist, und an das, was zu Abraham, Ismael, Isaak, Jakob und den Stämmen herabgesandt wurde, und (an das,) was Moses und Jesus gegeben wurde, und (an das,) was den Propheten von ihrem Herrn gegeben wurde. Wir machen keinen Unterschied bei jemandem von ihnen, und wir sind Ihm ergeben.« (2:136) Die bedeutendsten Unterschiede zwischen den Botschaften der Wahrheit, die zu allen von Gott auserwählten Propheten herabgesandt wurden, liegen nicht im Kern der Botschaft, sondern darin, wie die Menschen die Schrift im Laufe der Zeit bewahrt und ausgelegt haben.[34] Der Koran beschreibt sich selbst niemals als Ersatz für die ursprüngliche Botschaft von Abraham, Moses oder Jesus, sondern vielmehr als eine Erinnerung an Gottes Singularität in arabischer Sprache.[35]

Aufgrund seiner unübertroffenen sprachlichen Perfektion, seiner zahlreichen wissenschaftlichen Beweise, seiner höchst präzisen historischen Vorhersagen und seiner Fähigkeit, zur menschlichen Seele zu sprechen, wird der Koran als göttliches Wunder betrachtet. Man muss sich im Klaren darüber sein, dass Gott Seinen Propheten nicht willkürlich Wunder schickt, sondern sie in Seiner göttlichen Vollkommenheit speziell auf das Publikum und den Kontext ihrer Zeit zuschneidet.

Betrachten wir zur Veranschaulichung das Beispiel Moses'. Die Ära des Pharaos war eine Ära der Extravaganz, des Hochmuts und der Magier, und so übertrafen die göttlichen Zeichen, die mit Moses herabgesandt wurden, die Magie der damaligen Zeit mit Plagen, Stäben, die sich in Schlangen verwandelten, und der Teilung des Roten Meeres bei Weitem. Die durch Jesus manifestierten Wunder hingegen bestanden darin, zu heilen, Tote aufzuerwecken, Aussätzige zu reinigen und Blinden ihr Augenlicht zurückzugeben – denn die Menschen seiner Zeit waren in der Medizin bewandert und rühmten sich des Fortschritts des menschlichen Wissens.

In der Zeit des Propheten Muhammad ﷺ lag die Expertise der Araber weder im Bereich der Magie noch im Bereich der Medizin, sondern in der Sprache. Allah sandte dem Propheten Muhammad ﷺ ein Wunder in Form eines Buches herab, das in seiner sprachlichen Schönheit ohnegleichen war und weder den Bedingungen der Poesie noch der Prosa entsprach – oder irgendeinem anderen Stil, den die Araber je gehört hatten. Während die Dichter aus einer flüchtigen Leidenschaft heraus schrieben, entstammte der Koran dem Schoß der absoluten Wahrheit (*Haqq*). Während die arabischen Schreiber versuchten, die Buchstaben so zu arrangieren, dass sie auf ein Reich jenseits der Summe der Worte selbst verwiesen, war die Struktur des Korans selbst jenseits der Form, denn sie wies auf eine göttliche Realität jenseits von Raum und Zeit. Während wir über die göttlichen Wunder, die sich in der Zeit der anderen Propheten manifestiert haben, nur lesen können, besteht die Schönheit des Wunders des Korans darin, dass wir es mit unseren eigenen Sinnen in diesem gegenwärtigen Augenblick direkt erfahren können.

## Der Koran hat die Karten neu gemischt

In den 23 Jahren, in denen sich der Koran auf der Erde offenbarte, veränderten seine Worte nicht nur die Herzen der Menschen in spiritueller Hinsicht – er konfrontierte jeden Aspekt ihres alltäglichen Lebens. Das Bemerkenswerte an dieser Revolution des Wandels war, dass sie nicht nur soziale oder religiöse Bereiche betraf, sondern auch die politischen und staatlichen Normen der arabischen Kultur.

Der Koran wandelte die Kleidungsgepflogenheiten der Menschen, ihre Essgewohnheiten und geschäftlichen Tätigkeiten, den Umgang mit

Frauen und Eltern sowie die Art und Weise, wie die Menschen kommunizierten und beteten. Durch die Offenbarung des Korans etablierte der Prophet Muhammad ﷺ die Gleichberechtigung von Menschen aller Hautfarben, beseitigte das Klassensystem und den Tribalismus, schaffte Alkoholismus ab und errichtete ein Rechtssystem, das sowohl revolutionär war als auch Menschen aus allen sozioökonomischen Schichten miteinbezog.

Eine der bahnbrechendsten Ideen war die Einführung von Frauenrechten. Durch den Koran trat Allah der sexistischen Kultur im Arabien des siebten Jahrhunderts entgegen, indem Er erklärte, dass Männer und Frauen in den Augen Gottes gleichwertig sind. In einer Kultur der Frauenfeindlichkeit, in der Männer ihre neugeborenen Mädchen lebendig begruben, gab der Koran den Frauen das Wahl- und Erbrecht sowie das Recht, Eigentum zu besitzen. Darüber hinaus erklärte der Prophet ﷺ Bildung für jedes muslimische Mädchen zur Pflicht.[36] Der Koran betont, dass die Vertretung Gottes auf Erden mehr als das Gebet in einem stillen Kämmerlein beinhaltet. Wir müssen dafür sorgen, dass die Rechte anderer gewahrt werden, Gleichheit fordern und Menschen aller Kulturen und Ethnien mit Respekt begegnen. Der Koran lehrt uns nicht nur, unsere Vorurteile zu beseitigen, er zeigt uns auch, wie wir unsere Urteile in Chancen für mehr Verständnis und Verbundenheit umwandeln können.

Der Koran ist nicht nur ein Wegweiser, er befreit uns aus den Fallen des Egos. Er hilft uns, über die Schalen unserer begrenzenden Überzeugungen hinauszuwachsen. Er konfrontiert uns nicht nur, er tröstet uns mit Gottes unendlicher Barmherzigkeit. Er erinnert uns an unsere heilige Bestimmung, daran, wie unglaublich wertvoll wir in den Augen Gottes sind, und er inspiriert uns zu einem Leben, das nicht einfach auf unseren gegenwärtigen begrenzten Fähigkeiten basiert. Er inspiriert uns, darauf zu vertrauen, dass mit der unendlichen und allumfassenden Macht Gottes alles möglich ist, wenn wir uns auf Ihn verlassen. Der Koran ist nicht dazu bestimmt, nur rezitiert zu werden, er ist dazu bestimmt, wie der Duft einer Rose in unser Inneres aufgenommen zu werden, sodass er in die tiefsten Tiefen unseres Wesens eindringt. Der Koran wurde als ein Weg der Rückkehr zu Gott herabgesandt.

>*Dieser Koran ist das Seil Allahs, er ist ein deutliches Licht und eine Heilung. Er ist ein Schutz für den, der an ihm festhält, und eine Rettung für den, der ihm folgt. Nichts ist krumm an ihm und er rückt die Dinge zurecht.*«[37]

PROPHET MUHAMMAD ﷺ

Der Koran ist wie ein göttliches GPS, wobei das Akronym nicht für *global positioning system*, sondern für *God positioning system* steht. Mit anderen Worten: Der Koran warnt uns, wenn wir in die falsche Richtung gehen, indem er uns an unser höchstes Ziel erinnert; nicht dieser Welt hinterherzujagen, sondern auf den geraden Weg zurückzukehren, Gott zu kennen, zu lieben und zu verehren.

Der Koran erinnert uns nicht nur an das göttlich inspirierte Potenzial des Menschen, sondern hilft uns auch, den Kurs zu ändern, um dieses Potenzial zu verwirklichen. So wie die dichte Atmosphäre der Erde sie vor Asteroiden und schädlicher Strahlung schützt, bilden das Licht des Korans und das Gottesgedenken zusammen eine spirituelle Atmosphäre um unsere Seele, die uns vor den ständigen Angriffen der Sünde und des Vergessens schützt.[38]

*In den dunkelsten Nächten unserer Seelen ist der Koran ein treuer Begleiter, der uns in seinen Armen hält. Für jedes Gefühl, das uns überwältigt, hat der Koran einen beruhigenden Vers, und für jeden Schmerz, den wir mit uns herumtragen, hat er ein zeitloses Heilmittel.*

Der Koran ist wie ein spirituelles Bügeleisen, das durch seine kraftvolle Übermittlung die Falten unseres Geistes glättet. Die Offenbarung hat eine geheimnisvolle Art, unser geistiges Rechenzentrum von den emotionalen Traumata und Mustern der Vergangenheit zu befreien und neu zu codieren. Gottes Worte sind eine Quelle der Medizin für das gebrochene Herz, das wieder ganz werden will. Sie sind eine Quelle der Wahrheit für das verwirrte Herz, das Klarheit und Gewissheit sucht, und eine Quelle der Führung für das verlorene und verirrte Herz, das gefunden werden will.

Wir sind dazu aufgefordert, den Koran nicht nur zu lesen, sondern seine Botschaft zu manifestieren. Wir sind dazu aufgefordert, eine Barmherzigkeit für die gesamte Schöpfung Gottes zu sein, indem wir wie ein Licht in der Dunkelheit sind, die Hungrigen speisen, denjenigen vergeben, die uns Unrecht tun, uns um die Waisen kümmern, den Bedürftigen gegenüber großzügig handeln, freundlich zu unseren Eltern sind und durch aufrichtige Anbetung ein Gefäß für Gottes bedingungslose Liebe für die ganze Welt werden. Es kommt nicht darauf an, wie viel wir vom Koran lesen oder auswendig lernen, sondern wie viel wir davon verinnerlichen. Schließlich wurde der Koran nicht herabgesandt, um unseren Verstand passiv mit Informationen zu befüllen, sondern um unsere Herzen aktiv zu transformieren.

> *O Allah! Öffne mir die Schleusentore des Korans. Lass seine Worte mich von allen Illusionen befreien, lass sein Licht alle Dunkelheit, die mich umgibt, verschlingen, und erlaube seiner heilenden Kraft, die zerbrochenen Stellen in mir zu reparieren. O Allah! Mache den Koran zu meinem treuen Begleiter auf dem geraden Weg zu Dir. »Mein Herr, gewähre mir einen wahrhaftigen Eingang, und gewähre mir einen wahrhaftigen Ausgang, und schaffe mir von Dir aus eine hilfreiche Macht.« (17:80) In Deinem mächtigen Namen bete ich, amin.*

## Reflexion: Den Koran mit Liebe betrachten

Wenn wir über Verse des Korans mit Liebe und Achtsamkeit nachsinnen, öffnet sich unser Innerstes für eine neue Erfahrung der Offenbarung. Jedes Mal, wenn du auf einen Vers des Korans stößt, der schwer zu verstehen ist, oder einen, dessen tiefere Bedeutung du gerne verstehen würdest, lege ich dir das Praktizieren der folgenden Übung sehr ans Herz.

- BeSuche dir zunächst einen Vers aus dem Koran aus, über den du weiter nachdenken möchtest. Wenn dir kein Vers einfällt, kannst du mit einem der schönen Koranverse aus der folgenden Liste beginnen:
  - »Wir sind ihm doch näher als seine Halsschlagader.« (50:16)
  - »Wohin ihr euch auch immer wendet, dort ist Allahs Angesicht.« (2:115)
  - »Wir gehören Allah, und zu Ihm kehren wir zurück.« (2:156)
  - »Allah ändert nicht den Zustand eines Volkes, bis sie das ändern, was in ihnen selbst ist.« (13:11)
  - »Aber vielleicht ist euch etwas zuwider, während es gut für euch ist, und vielleicht ist euch etwas lieb, während es schlecht für euch ist.« (2:216)
  - »O Meine Diener, die ihr gegen euch selbst maßlos gewesen seid, verliert nicht die Hoffnung auf Allahs Barmherzigkeit. Gewiss, Allah vergibt die Sünden alle. Er ist ja der Allvergebende und Barmherzige.« (39:53)
- Schreibe den Vers, den du ausgewählt hast, sowohl auf Deutsch als auch auf Arabisch auf ein Blatt Papier. Wenn du kein Arabisch lesen kannst, schreibe die deutsche Transliteration des Arabischen auf, damit du die ursprüngliche Rezitation des Verses erleben kannst.
- Sprich täglich nach dem Aufwachen das folgende Gebet, bevor du den von dir gewählten Vers aufsagst: *»O Allah, ich bitte dich, mit Deiner Großzügigkeit die Türen meines Herzens zu öffnen und mir zu helfen, die Weisheit des Korans zu verstehen. O Allah, erlaube mir, aus diesem Vers nur nützliches Wissen zu empfangen, das mich näher zu Dir bringt.«*
- Nachdem du ein Herzensgebet zu Allah gesprochen hast, lies die deutsche Übersetzung des Verses und rezitiere ihn anschließend dreimal leise und dreimal laut auf Arabisch. Deine Aussprache

muss nicht perfekt sein, achte nur darauf, dass du dein Bestes gibst.

- Nimm dir einen Moment Zeit, um dich wieder mit deinem Atem zu verbinden und über die Bedeutung des Verses nachzudenken.
- Wiederhole den Vers 3–5 Minuten lang leise auf Arabisch und beobachte dabei dein natürliches Atemmuster.
- Schreibe alle Erkenntnisse auf, die dir einfallen.
- Wiederhole diesen Vorgang eine Woche lang jeden Tag mit demselben Vers.
- Lies dir am Ende der Woche deine täglichen Erkenntnisse durch und beobachte, wie sich deine Überlegungen im Laufe der Woche vertieft oder verändert haben.
- Wie empfindest du diesen Vers jetzt?

## Reflexion: Heilung mit göttlichem Klang

Das Rezitieren des Korans auf Arabisch hat die Kraft, die Herzen derer zu erwecken und zu inspirieren, die bewusst zuhören. Um eine tiefe Verbindung mit dem Koran herzustellen, kann es hilfreich sein, die folgenden Schritte zu befolgen:

- Beginne damit, einige Augenblicke der Stille einzulegen und dich wieder mit deinem Atem zu verbinden.
- Nimm nun fünf tiefe Atemzüge; atme langsam durch die Nase ein und durch den Mund aus.
- Richte deine Aufmerksamkeit auf den Bereich deiner Wirbelsäule, der sich hinter deinem Herzen befindet. Beobachte, wie sich die Empfindungen in diesem Bereich beim tiefen Einatmen verändern.
- Wähle eine Sure aus dem Koran, zu der du dich hingezogen fühlst, und spiele eine Audioaufnahme davon ab.[39]
- Während du dir die Sure anhörst, achte auf den Klang der Worte, die Schwingungen, die Pausen und die Betonung bestimmter Buchstaben.

- Atme die Schwingung jedes Buchstabens, den du hörst, bewusst in dein Herz ein.
- Achte auf alle Erkenntnisse und Empfindungen, die dir während oder nach deiner Erfahrung in den Sinn kommen.
- Notice and observe any insights or sensations that come up during or after your experience.

»Der Islam kann in drei Sätzen
zusammengefasst werden: Sei
mit dem Schöpfer, aber ohne
die Schöpfung. Sei mit der
Schöpfung, aber ohne das Ego.
Wünsche für andere, was du
dir für dich selbst wünschst.«

SCHEICH ZAKARIYA
AL-SIDDIQUI

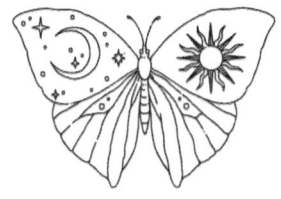

# 4

# DIE SPIRITUELLEN DIMENSIONEN DES ISLAMS

Der Islam ist nicht nur eine Religion, sondern eine Lebensweise, die den Gläubigen körperlich, geistig und spirituell transformieren kann. Gott hat den Propheten Muhammad ﷺ nicht gesandt, um eine neue Religion zu gründen, sondern um unsere Beziehung zum Göttlichen neu zu beleben. Der Koran thematisiert jedoch nicht nur unsere Beziehung zu Gott, er gibt uns auch Ratschläge für unsere Beziehung zu allem, was Gott erschaffen hat. Der Koran fordert uns auf, barmherziger mit uns selbst umzugehen, gütiger zu anderen zu sein, mehr Mitgefühl für alle Geschöpfe Allahs zu zeigen und bewusst und wissentlich mit den irdischen Ressourcen umzugehen.

*»Und tu Gutes, so wie Allah dir Gutes getan hat.«*

KORAN 28:77

Der Islam ist eine Reise, auf der wir Gott voller Liebe für den Segen des Lebens dienen, das uns zuteilwurde, ohne dass wir es uns je mit unseren eigenen Leistungen verdient hätten. Unser Leben ist eine Leihgabe Gottes, weshalb das Wort *Din*, das oft mit »Religion« übersetzt wird, ursprünglich einer Wortwurzel mit der Bedeutung »Schulden« entstammt. Wenn wir also den Weg des Islams beschreiten, versuchen wir im Grunde auch, unsere Schulden bei Gott zu begleichen, der uns dieses Leben gegeben hat.[1] Gott fordert uns jedoch nicht dazu auf, zu Ihm zu beten, weil Ihm etwas fehlt; vielmehr fordert Er uns dazu auf, uns in das Gottesbewusstsein einzuklinken, um die Batterie unserer eigenen Seele wieder aufzuladen.

Es ist ein Fehler zu denken, dass Religion ein Mittel sei, mit dem man Gott sucht. In Wahrheit ist der Islam eine Reise, auf der das Geheimnis gelüftet wird, dass Gott stets mit uns ist und es schon immer war. Wir können Gott vielleicht nicht direkt wahrnehmen, doch Er spiegelt sich in allem wider.

Der Islam ist kein Weg, auf dem es darum geht, Gottes Liebe zu erlangen; er ist ein Weg, der dir Anstrengung und Durchhaltevermögen beibringt und das enthüllt, was dir bereits zuteilwurde. Der Islam ist nicht nur die Ausübung einer Reihe von Praktiken und Handlungen; er ist ein Licht, das uns hilft, die Samen unseres authentischen Selbst zu entwickeln. Der Islam besteht nicht nur aus äußerlichem Gehorsam gegenüber dem göttlichen Gesetz; er ist eine Kultivierung des inneren Glaubens. Es geht nicht nur darum, das Richtige zu zelebrieren und das Falsche zu bekämpfen; es geht darum, Barmherzigkeit, Schönheit und Exzellenz in unsere Worte, Gedanken, Handlungen und Taten zu integrieren. Der Islam ist der Weg, der dir zeigt, wie du zu dem wirst, was du bereits bist.

*Wir werden alle mit spirituellen Flügeln geboren – der Islam erinnert uns lediglich daran, wie man fliegt.*

## Du bist von Natur aus gut

Der Islam beschränkt sich nicht nur auf die äußere Verehrung Gottes, sondern er enthüllt, dass du in vielerlei Hinsicht ein Abglanz von Gottes Schönheit und Majestät bist. Im Koran heißt es, dass Gott in alle Menschen einen Samen der angeborenen Gutheit gepflanzt hat, der im Arabischen als *Fitra*² bekannt ist. Diese ursprüngliche Natur der Gutheit, die in unsere Herzen eingepflanzt wurde, veranlasst uns zu Handlungen, die rechtschaffen und schön sind und in perfekter Übereinstimmung mit dem Göttlichen stehen. Auf der Ebene der Seele steht die gesamte Menschheit in einer vollkommenen Beziehung zu Gott, unabhängig davon, was sie nach außen hin glauben möchte. So wie ein Samen sich danach sehnt, die vielen Blüten zu entfalten, die in seinem unsichtbaren Potenzial verborgen sind, sehnt sich auch die ursprüngliche Gutheit in der Seele jedes einzelnen Menschen danach, sich zu manifestieren. Der Weg des Islams lehrt jeden Suchenden, wie man den spirituellen Garten der Seele bewässert, der bereits von Gottes überfließender Liebe kultiviert und besät wurde.

Eines der Hauptanliegen des Islams besteht darin, diese angeborene Gutheit zu offenbaren. Alle Propheten wurden von Gott gesandt, um uns daran zu erinnern, dass wir in diesem Moment bereits alles sind, was wir werden wollen. Auf dem Weg zu Gott ist jeder Schritt das Ziel. Die göttlich inspirierte Version unserer selbst ist nicht in der Welt zu finden, sondern existiert unterhalb der falschen Vorstellungen, die wir von uns selbst haben. Genau deshalb heißt es im Koran: »Die Religion ist bei Gott die Hingabe« (3:19), denn nur, wenn wir unsere subjektive Wahrnehmung der Realität aufgeben, werden wir empfänglich für das, was Gott im gegenwärtigen Moment durch uns manifestieren will.

In einer bekannten Geschichte im Koran fordert Gott den Propheten Moses dazu auf, zuerst seine Anhaftungen aufzugeben, um die göttliche Offenbarung erhalten zu können. Allah sagt: »O Moses! Gewiss, Ich bin dein Herr, so ziehe deine Sandalen aus. Du befindest dich im geheiligten Tal Tuwa. Und Ich habe dich erwählt. So höre auf das, was (als Offenbarung) eingegeben wird.« (20:11–13) Die spirituellen Weisen

sind der Auffassung, dass der Befehl an Moses, seine Sandalen auszu-
ziehen, nicht nur als Metapher dafür steht, seine Bindung an diese Welt
aufzugeben, sondern auch seine Anhaftung an den spirituellen Weg
selbst aufzugeben.[3] Schließlich sind wir nicht dazu berufen, »Anbeter
des Islams« zu sein, sondern einzig und allein Allah anzubeten. Unsere
Religion ist nicht unser Ziel, doch die Praktiken, Prinzipien und Lehren
des Islams sind notwendige Voraussetzungen auf dem Weg zu Allah.

## *Islam:* Sich in Frieden hingeben

Im Islam gibt es auf dem Pfad der Selbsthingabe drei Stationen:
*Islam, Iman* und *Ihsan.* Bei der ersten Station, dem Islam, geht es in
erster Linie darum, die Handlungen der Gliedmaßen mit dem göttlichen
Gesetz (*Scharia*) in Einklang zu bringen. Da der Islam auf der *Scharia*
basiert, wird das Wort *Scharia* oft im Sinne des »göttlichen Gesetzes«
verwendet. Wörtlich übersetzt bedeutet *Scharia* allerdings eher »Weg
zur Wasserstelle«, was darauf hindeutet, dass der Zweck der göttlichen
Führung darin besteht, die Menschen durch die Wüste der Unwissenheit
zur Oase des Glaubens zu führen.

Im Wesentlichen lässt sich die *Scharia* in zwei Kategorien unterteilen:
Gesetze, die die Ausübung der Säulen des Islams betreffen, und Gesetze,
die alle anderen Angelegenheiten im Leben eines Muslims betreffen.
Obwohl es unzählige verschiedene Sichtweisen auf das göttliche Gesetz
(*Scharia*) gibt, sind einige der Kernprinzipien der *Scharia* die folgenden:
Bewahrung der Religion, Schutz der Heiligkeit des Lebens, Förderung
und Ehrung des Verstandes, Erhaltung der Heiligkeit der Familie und
Schutz des Eigentums.

Es ist wichtig, darauf hinzuweisen, dass die *Scharia* auf dem Koran
oder den Aussprüchen des Propheten ﷺ beruht, jedoch auch die im
Laufe der Zeit entstandenen Auslegungen der Gelehrten enthält, die
sich natürlicherweise voneinander unterscheiden. Daher kann es große Meinungsunterschiede hinsichtlich dessen geben, wie Menschen
bestimmte Fragen und Feinheiten wahrnehmen. Das Hauptziel, das

die verschiedenen Auslegungen der Gelehrten verbindet, ist jedoch die Aufforderung, »in allen unseren Angelegenheiten das Gute zu gebieten und das Schlechte zu verbieten und davor zu schützen«. Die *Scharia* ist wie eine Taschenlampe, die uns durch die Dunkelheit der Verwirrung und Ungewissheit auf den geraden Weg begleiten soll. So wie wir Landkarten folgen, sie aber nicht anbeten, sollen wir auch nicht die Offenbarung oder die *Scharia* anbeten, sondern uns der Führung Gottes hingeben und dem Weg folgen, den Er für uns ebnet.

Der Islam beginnt als äußerliche Hingabe des Körpers an die klar formulierten Verbote und Gebote Gottes.

> *»Der Islam wurde auf fünf (Säulen) gebaut: dem Zeugnis, dass es keinen zu Recht anbetungswürdigen Gott außer Allah gibt und dass Muhammad der Gesandte Allahs ist, dem Verrichten des Gebets, dem Entrichten der sozialen Pflichtabgabe (Zakat), der Pilgerfahrt (Haddsch), wenn du dazu in der Lage bist, und dem Fasten im (Monat) Ramadan.«*[4]

PROPHET MUHAMMAD

Das Wort *Islam* bedeutet »sich hingeben, unterwerfen« und stammt von den drei Wurzelbuchstaben *Sin, Lam, Mim*, die auch »Wohlbefinden, Vollendung, Freiheit, Frieden« bedeuten können. Linguistisch betrachtet bedeutet das Wort *Islam* also »sich in Frieden ergeben«, denn nur wenn wir uns Gott als Diener unterwerfen, werden wir von der Versklavung durch unser Ego befreit. Ähnlich wie die Schwerkraft unseres Mondes die Erde stabilisiert, während sie sich um ihre Achse dreht, helfen uns die Praktiken des Islams, uns zu erden, und verhindern, dass wir in Versuchungen geraten, die uns daran hindern würden, unser wahres Potenzial zu entfalten.[5]

Dich zu ergeben, bedeutet nicht aufzugeben, nachzugeben oder zu verlieren. Vielmehr bedeutet es, mit dem zu leben, was Allah für dich bestimmt hat, indem du im Glauben, in Dankbarkeit und mit vollem Vertrauen akzeptierst, dass Allah »der beste Planer« ist (3:54). Die

Unterwerfung unter Allah beginnt damit, dass wir anerkennen, dass jeder Augenblick, der uns zuteilwurde, ein Geschenk Allahs ist, das wir weder ignorieren noch verändern können.

> *»Was für dich bestimmt ist, wird seinen Weg zu dir finden, auch wenn es unter zwei Gebirgen versteckt ist. Und was nicht für dich bestimmt ist, wird nicht seinen Weg zu dir finden, selbst wenn es zwischen deinen beiden Lippen liegt.«*

IMAM AL-GHAZALI,
MYSTIKER DES 11. JAHRHUNDERTS

Die Hingabe an Allah und der Glaube an die Erhabenheit Seiner Entscheidung bedeutet nicht, dass wir aufhören, unsere Besserung anzustreben. Der Prophet ﷺ sagte: »Vertraue auf Allah, aber binde dein Kamel an«[6], was bedeutet, dass wir dazu aufgerufen sind, immer auf Gott zu vertrauen, aber dennoch unseren gesunden Menschenverstand einsetzen müssen; wir müssen immer noch mit der Gesamtheit unserer Seele kämpfen, um Frieden auf der Erde herzustellen. Der Prophet Muhammad ﷺ betont die Wichtigkeit, sich zu erheben und tatkräftig gegen Unterdrückung zu wehren, mit den folgenden Worten: »Wer von euch ein Übel sieht und es mit seiner Hand ändern kann, der soll es mit seiner Hand ändern. Kann er das nicht, so soll er es mit seiner Zunge ändern. Wenn er auch das nicht kann, so soll er es mit seinem Herzen ablehnen (indem er es ablehnt und fühlt, wie falsch es ist). Und das ist der schwächste Glaube.«[7]

Dem Willen Gottes zu vertrauen bedeutet nicht, dass wir aufhören, aktiv das Gute zu fördern und uns gegen Ungerechtigkeit zu wehren. Sich Gott zu ergeben, bedeutet nicht, dass wir mit unseren Bemühungen aufhören; es bedeutet, dass wir fest daran glauben sollen, dass das Ergebnis unserer Entscheidungen nicht in unserer Kontrolle liegt. Mit der Unterwerfung beginnen wir aufzuhören, uns über unsere Erwartungen an die Geschehnisse den Kopf zu zerbrechen und beginnen nun flexibel zu sein, sodass wir uns endlich mit der Brise von Allahs göttlichem Beschluss bewegen können.

*Wie die Mystiker sagen: »Selig sind die Biegsamen, denn sie*
*werden sich nicht verbiegen lassen.«[8]*

Wenn wir uns Gott hingeben, verändern sich gleichzeitig die Absicht
und die Energie, die hinter unserem Handeln versteckt sind. Wir handeln
nicht aus Verlustangst oder Armut, sondern aus Gottvertrauen. Das
Konzept der Hingabe wird im Taoismus wunderschön als *Wei Wu Wei*
beschrieben, was so viel bedeutet wie »Handeln durch Nichthandeln«[9].
Wenn wir uns Gott hingeben, sind wir wie ein Sandkorn, das sich hingibt,
um ein Berg zu werden, oder wie ein Regentropfen, der sich hingibt, um
ein ganzer Ozean zu werden. Wenn wir Widerstand spüren, sobald wir
uns Gott hingeben und Ihm vertrauen möchten, ist es wichtig, dass wir
uns nicht selbst verurteilen. Vielmehr ist diese Erkenntnis ein Segen, denn
sie macht uns auf unsere Schwachstellen aufmerksam, die uns davon abhalten, uns auf Gott zu verlassen. Dieses Bewusstsein öffnet die Tür zur
Reue und zur Erinnerung an Gott und bietet uns die Möglichkeit, uns von
der Abhängigkeit von uns selbst zur Abhängigkeit von Gott zu wenden.

Die Einhaltung der äußeren Gesetze schafft eine einheitliche moralische Struktur, die ein Gefäß zur Förderung der Treue formt und
bereitstellt. So wie alles Existierende eine Form (einen Körper) und eine
Essenz (einen Geist) hat und der Zweck dieser Form darin besteht, die
Essenz zu tragen, so besteht der Zweck unseres Gehorsams gegenüber
dem göttlichen Gesetz durch den *Islam* darin, den Boden zu schaffen, der
für die Kultivierung der Saat des Glaubens, des *Iman*, notwendig ist.

## *Iman:* Im Glauben wandeln

Während sich der *Islam* auf den Bereich der Handlungen bezieht,
bezieht sich der *Iman* auf das intellektuelle Verständnis des Glaubens
und auf unsere Wahrnehmung Gottes, des Unsichtbaren und des Jenseits.
Während der *Islam* eine offensichtliche, äußere und sichtbare Station
ist, ist der *Iman* eine verborgene, innere und auf die unsichtbare Realität
des Herzens und der Seele bezogene. *Iman* ist, wenn wir die Oberfläche
durchbrechen und den Geist der Offenbarung betreten. *Iman* ist die innere

Realität der Anbetung. Er ist die Kultivierung der göttlichen Gegenwart und des göttlichen Wissens im menschlichen Herzen, die unseren äußeren Handlungen Wert und Bedeutung verleiht. *Iman* ist der Zustand, in dem wir der Liebe Gottes erlauben, unsere Herzen für das Licht empfänglich zu machen, das zwischen jedem Wort der Heiligen Schrift hindurchströmt, so wie sich die Blütenblätter einer Frühlingsblume für die warme Sonne öffnen.

> *»Iman ist, an Allah zu glauben, Seine Engel, Seine Bücher,*
> *Seine Gesandten, den Jüngsten Tag und an die Vorhersehung*
> *(Qadr) des Guten und des Schlechten.«*[10]

PROPHET MUHAMMAD ﷺ

*Iman* bedeutet, an das Unsichtbare zu glauben und darauf zu vertrauen, dass Gott stets das Beste für uns vorhat. Beim Glauben geht es um *Tawakkul* oder aufrichtiges Vertrauen darauf, dass alles, was Allah für uns bestimmt hat, sei es eine Segnung oder eine Prüfung, letztlich dazu dient, dass wir Ihn tiefer bezeugen können. Da der Glaube in direkter Beziehung zu unserem Gottvertrauen erblüht, können wir die Samen unseres Glaubens durch Aussprüche und Meditation bewässern. Zum Beispiel können wir den Koranvers *»Hasbuna Allah wa ni'ma al-Wakil«* rezitieren oder wiederholen, der »Unsere Genüge ist Allah, und wie trefflich ist der Sachwalter!« (3:173) bedeutet. Wenn wir diesen mächtigen Ausspruch des Gedenkens oder *Dhikr* praktizieren, während wir Angst oder Zweifel erleben, erhöht sich unsere Empfänglichkeit für die Liebe und das Licht Gottes, was die Samen des Glaubens in uns weiter nährt.

Im Kern ist die Hingabe im Glauben die Anerkennung der Tatsache, dass wir zwar keine Macht über die Ergebnisse unseres Lebens haben, allerdings immer die Freiheit haben, den Zustand unseres Geistes während der Prüfungen und Segnungen, die für uns vorgesehen sind, zu steuern. Manche irren sich in der Annahme, dass der Glaube ein Gefühl sei, obwohl er in vielerlei Hinsicht eine Entscheidung ist, offen für alles zu sein, was uns durch Allah bereits zuteilwurde. Im Grunde genommen bedeutet Glaube, das Vertrauen und die Geduld zu haben, an der Beziehung zu

Gott festzuhalten, auch in den Zeiten der wechselnden Winde der Gefühle und Umstände.

Die islamischen Gelehrten sagten: »Der Glaube besteht aus zwei Dingen: Geduld ist die Hälfte des Glaubens und Dankbarkeit ist die andere Hälfte.«[11] Geduld ist ein notwendiges Element zur Stärkung des Glaubens, denn manchmal braucht es Zeit, um die göttliche Absicht hinter Gottes Willen zu erkennen. Geduld und wahrhaftiges Vertrauen auf Allah führen zu Dankbarkeit, denn wenn wir verstehen, dass Gott immer etwas Besseres für uns vorhat, als wir es uns jemals vorstellen könnten, neigen wir automatisch dazu, dankbar zu sein. *Iman* ist der Glaube daran, dass selbst wenn die Zukunft auch unbekannt ist, unser Gott stets bekannt und für immer treu ist. Glauben heißt zu verkünden, dass wir zwar nicht wissen, wie der morgige Tag aussehen wird, Gott aber bereits anwesend ist und unsere Seelen empfängt und beschützt.

> *»Würdet ihr auf Allah vertrauen, so wie ihr auf Ihn vertrauen solltet, so würde Er euch versorgen, wie Er den Vogel versorgt: Er fliegt morgens mit leerem Magen hinaus und kehrt abends mit vollem zurück.«[12]*

**PROPHET MUHAMMAD** ﷺ

Allah sagt im Koran: »Und Er leitet dazu, wer sich (Ihm) reuig zuwendet.« (42:13) Die Kultivierung des Glaubens beginnt mit der Anbetung Gottes, woraufhin Er unsere Herzen öffnet, damit wir Seine Liebe erfahren. In Seiner Weisheit leitet Gott, wen Er will, und diejenigen, die sich leiten lassen wollen. Es ist nicht Gott, sondern unser Ego, das uns daran hindert zu glauben. Es fällt uns schwer, Gott zu vertrauen, weil wir uns auf uns selbst und nicht auf Gott verlassen.

Um den Glauben an Gott zu stärken, ist es hilfreich, über die Tatsache nachzudenken, dass alle Entscheidungen, die wir treffen, auf einer verzerrten Wahrnehmung der Vergangenheit, einem unvollständigen Eindruck von der Gegenwart und einer unbekannten Zukunft beruhen. Während der Koran uns sagt: »Euch aber ist vom Wissen gewiss nur wenig gegeben« (17:85), hat Gott einen vollständigen Blick auf die Vergangenheit, die Gegenwart und die Zukunft, da Seine Weisheit über Raum und Zeit hinweg vollkommen ist. Wenn wir erkennen, wie begrenzt unser Wissen ist, neigen wir natürlicherweise dazu, auf Gottes vollkommene Weisheit anstelle unserer unvollständigen Sicht zu vertrauen. Der Glaube erblüht automatisch, wenn wir die Mauern des Egos entfernen, denn der Glaube ist nicht etwas, das wir finden, sondern etwas, das von innen heraus erblüht.

Unser *Iman* wächst oftmals, wenn wir all das Gute erkennen, das Gott bereits für uns getan hat. Die Gläubigen unterwerfen sich dem Willen Gottes voll und ganz und sagen: »Meine Genüge ist Allah. Es gibt keinen Gott außer Ihm. Auf Ihn verlasse ich mich, und Er ist der Herr des gewaltigen Thrones.« (9:129)

Der *Iman* wächst in uns, wenn wir anfangen, Gott aus tiefstem Herzen zu vertrauen. Im Koran weist Allah eine Gruppe von Beduinen zurecht, die behaupteten, sie hätten Iman: »Die Wüstenaraber sagen: ›Wir glauben.‹ Sag: Ihr glaubt nicht (wirklich), sondern sagt: ›Wir sind Muslime geworden‹, denn der *Glaube* ist noch nicht in eure Herzen eingezogen.« (49:14) Dieser Vers weist darauf hin, dass *Iman* nicht durch roboterhafte Unterwerfung erlangt wird, sondern dass er durch aufrichtigen Glauben und Gehorsam aus tiefstem Herzen entsteht.[13] Wenn wir Gottes Gebot ohne Aufrichtigkeit und Liebe gehorchen, führt das ins Leere, während es ein Zeichen von innerer Zerrissenheit und Heuchelei ist, wenn wir sagen, dass wir Gott lieben, uns jedoch weigern, uns an Seine Gebote und Verbote zu halten.

Unsere äußeren Handlungen sind ein guter Prüfstein für die Realität unseres inneren Zustands und umgekehrt. Es ist wichtig zu verstehen, dass wir während unserer spirituellen Reise Höhen und Tiefen erleben werden; so wie du ein- und ausatmest und die Wellen des Ozeans auf- und absteigen, durchläuft auch unser Glaube unterschiedliche Zyklen. Jeder Berg hat sowohl eine Basis als auch einen Gipfel, und solange du lebst, wird dein Glaube Gipfel und Täler haben. Wäre dein Glaube unveränderlich, dann hättest du keinen Grund, dich an Gott zu wenden. Im Koran sagt Allah ganz klar, dass unser Glaube geprüft werden wird.

*»Meinen die Menschen, dass sie in Ruhe gelassen werden, (nur) weil sie sagen: ›Wir glauben‹, ohne dass sie geprüft werden?«*

KORAN 29:2

Der erste Schritt des Muslimseins besteht darin, Glauben zu bekennen, doch solange du deine Überzeugungen nicht in die Tat umsetzt, besitzt du keinen wahrhaftigen Glauben.[14] Glaube ist nichts, das wir zur Bank bringen und wegschließen können. Er stagniert nicht, sondern ist etwas Lebendiges, das wie ein Fluss ständig fließt. Da Gott unendlich ist, ist die Reise des Glaubens endlos.

*Die Mystiker sagen, dass es auf dem Weg zu Gott nur zwei Regeln gibt: beginnen und weitermachen.*

Solange wir uns auf dieser Erde befinden, gibt es für uns keine erreichbare Ziellinie, an der wir aufhören können, nach Fortschritt zu streben. So wie ein Bodybuilder seine Muskelmasse, die er im Laufe der Zeit aufgebaut hat, verliert, wenn er aufhört zu trainieren, wird auch unser Glaube schwächer, wenn wir aufhören, Gott zu gehorchen. Wir müssen erkennen, dass es kein Wundermittel gibt, um den gewünschten Körper zu bekommen, und auch keine Abkürzungen, um in spiritueller Hinsicht stark zu werden.

Das Geheimnis, den Weg des Islams zu gehen, liegt nicht darin, Perfektion vorzutäuschen, sondern darin, dich vor Gott zu deinen Schwächen zu bekennen. Wenn du verstehst, dass es deine Unzulänglichkeit ist, die den Raum schafft, um Gottes Großzügigkeit zu erfahren, erkennst du, dass Gott dich durch deine Menschlichkeit und Fehlbarkeit zu Ihm ruft. Manchmal müssen wir erst auf den Rücken fallen, bevor wir uns dem Himmel zuwenden können. Manchmal müssen unsere Herzen erst gebrochen werden, bevor wir Gott bitten können, sie zu reparieren. Manchmal müssen wir erst krank werden, bevor wir uns an den Heiler wenden können. Gott verlässt dich nicht, Gott hat dich nicht vergessen – vielmehr ruft dich dein Herr durch deinen Schmerz und deinen Kampf dazu auf, dich voll und ganz auf Ihn zu verlassen.

*»Der Glaube ist der Vogel, der das Licht fühlt und singt,*
*während die Morgendämmerung noch dunkel ist.«*

**RABINDRANATH TAGORE,**
**INDISCHER DICHTER DES 20. JAHRHUNDERTS**

Linguistisch betrachtet wird das Wort *Iman* oft mit »Glaube« über-setzt, aber es stammt vom Wurzelwort *Amana*, das so viel bedeutet wie »Sicherheit und Geborgenheit geben«. Das impliziert, dass der Glaube einen in der Sicherheit und dem Schutz Gottes verankert.

Imam Ali sagt: »*Iman* ist das Bekenntnis der Zunge, die Bestätigung mit dem Herzen und das Handeln mit dem Körper.« Es handelt sich nicht um eine passive Glaubenserklärung, sondern um einen Glauben, der in die Tat umgesetzt wird. Wahrer *Iman* zeichnet sich dadurch aus, dass er sich nicht nur auf den Umgang mit dem Schöpfer, sondern auf den Umgang mit der gesamten Schöpfung auswirkt.

*»Der beste von euch ist derjenige, der dem Rest der*
*Menschheit am nützlichsten ist.«*[15]

**PROPHET MUHAMMAD** ﷺ

Je engagierter wir sind, Gottes Gesetze zu befolgen und ein Abglanz der göttlichen Liebe auf der Erde zu werden, desto größer wird unser Behältnis für den *Iman*. Ohne *Islam* kann *Iman* nicht beinhaltet werden, und ohne *Iman* ist *Islam* wie ein Körper ohne Seele; er ist leblos und unflexibel. Äußerer Gehorsam und aktiver innerer Glaube verstärken sich gegenseitig wie Fäden, die sich zu einem Seil verbinden.

### *Ihsan:* Gott überall sehen

Wenn wir die äußere Praxis (*Islam*) und den inneren Glauben (*Iman*) mit dem Bewusstsein für Gottes Allgegenwart verbinden, betre-ten wir das geheimnisvolle Reich des Ihsan. Die Stufe des *Ihsan* – oder der »spirituellen Vervollkommnung«, wie er manchmal genannt wird – wird erreicht, wenn wir die Dualität des Äußeren und Inneren über-winden und in die singuläre Gegenwart Gottes eintreten.

Erst wenn die Sonne des Egos untergeht, können das wahre ewige Licht der Seele und die angeborene Schönheit im Menschen aufgehen. Diese Verfeinerung der Seele mit dem Zweck, eine pure Verbindung mit Gott einzugehen, bildet den Kern der Stufe des *Ihsan*. Hinsichtlich der Definition von *Ihsan* sagte der Prophet ﷺ bekanntermaßen:

> *»Ihsan ist, wenn du Allah dienst, als würdest du Ihn sehen. Denn auch wenn du Ihn nicht siehst, so sieht Er doch dich!«*[16]

**PROPHET MUHAMMAD** ﷺ

Selbst wenn wir uns auf tieferen spirituellen Bewusstseinsebenen befinden, wird es durchaus vorkommen, dass unsere Sicht schwankt. Jedoch besteht unsere Zuflucht vor unserer Fehlbarkeit und unserem Schwanken darin, darauf zu vertrauen, dass Gott in Seinem Zeugnis von uns niemals schwanken wird. *Ihsan* ist, wenn du dir stets bewusst bist, dass die allumfassende Liebe Allahs dich umgibt. Wenn wir verstehen, dass Gott uns auch dann sieht, wenn wir Ihn nicht sehen, werden wir daran erinnert, dass Seine Barmherzigkeit und Liebe nicht auf unserer schwachen Sicht auf Ihn beruhen, sondern auf Seiner allumfassenden Sicht (*al-Basir*).

Suchende, die sich im Zustand von *Ihsan* befinden, sind wie Diener eines liebenden Königs, die sich jedes Schrittes und jedes Wortes bewusst sind und ihre Handlungen aus Dankbarkeit dafür verschönern, dass sie im königlichen Palast der Güte willkommen sind. *Ihsan* bedeutet linguistisch betrachtet »etwas schön machen«, denn wenn wir uns der allumfassenden Güte Gottes wirklich bewusst sind, können wir nicht anders, als die Schönheit Seiner Gegenwart widerzuspiegeln. In diesem transzendenten Zustand manifestieren wir »spirituelle Vervollkommnung« – nicht aus dem Ego heraus oder um gelobt zu werden, sondern aus der Liebe zu Gott.

*Ihsan* ein Zustand der Gutheit, der völlig unabhängig von der Schöpfung ist und keinesfalls Gegenleistung oder Beifall sucht. Wenn jemand in einem Zustand von *Ihsan* lebt, ist die Schöpfung in seinen Augen nur ein Abglanz des Schöpfers. In gewissem Sinne hat *Ihsan* also zwei

Hauptdimensionen: in der Gegenwart zu leben und Gottesbewusstsein in all unsere Zustände zu integrieren. Ein *Muhsin*, oder jemand, der *Ihsan* hat, bemüht sich stets, dem jeweiligen Antlitz Gottes, mit dem er sich konfrontiert sieht, Präsenz entgegenzubringen. Ein *Muhsin* wendet sich nicht nur ständig an Gott, um durch Gebet und Gedenken rechtgeleitet zu werden, sondern sucht auch ständig nach Möglichkeiten, im Dienste der Schöpfung Gottes zu sein. Derjenige, der im Zustand des *Ihsan* ist, ist sich dessen bewusst, dass Gott durch Sein Wissen überall ist, dass Er sich in allem durch Seine Namen widerspiegelt und dass Seine Liebe der Atem hinter allem Existenten ist.

Imam Dscha'far as-Sadiq, der spirituelle Meister des achten Jahrhunderts und Nachfahre des Propheten ﷺ, lehrte seine Schüler, dass es drei verschiedene Arten der Anbetung Gottes gibt: die Anbetung des Sklaven, welcher Gott aus Angst vor Seiner Strafe anbetet; die Anbetung des Händlers, der Gott anbetet, um eine Belohnung zu erhalten; und die Anbetung des Freien, der Gott aus Liebe und Dankbarkeit anbetet, was die beste Form der Anbetung ist.[17] Nur wenn wir das Göttliche aus Liebe heraus anbeten, transformiert unsere Anbetung unser ganzes Wesen. Und genau das ist die Stufe des *Ihsan*.

Wenn die gesamte Existenz Gott widerspiegelt, wird jeder Ort heilig, jede Stimme zur Offenbarung, jedes Gesicht zu einem Abbild Gottes und jeder Moment zu einer Chance, das Göttliche zu bezeugen und vom Göttlichen bezeugt zu werden. Während der Fokus des *Islam* auf den äußeren Handlungen liegt und der *Iman* die innere Gewissheit in den Mittelpunkt stellt, repräsentiert Ihsan die Welt der Intentionen, in der all unsere Handlungen allein Gott zuliebe geschehen. Wie der Prophet ﷺ sagte: »Die Taten werden nach ihren Absichten bewertet«,[18] was bedeutet, dass unsere Taten der Unterwerfung unter den Willen Gottes umso wertvoller werden, je aufrichtiger unsere Absichten sind.

Im Koran heißt es: »Wer sich Allah völlig hingibt und dabei Gutes tut, dessen Lohn steht für ihn bei seinem Herrn. Und sie soll keine Furcht überkommen, noch sollen sie traurig sein.« (2:112) Ein Großteil unseres Kummers und unserer Angst in diesem Leben rührt von unserem Wunsch her, die Vergangenheit zu ändern oder die Kontrolle über die Zukunft zu haben. Der Suchende auf der Stufe des *Ihsan* wird keinerlei Angst oder Kummer verspüren, wenn er Gott im nächsten Leben begegnet, da er seinen Willen dem Willen Gottes untergeordnet hat und Ihm vollkommenvertraut.

Auf der Stufe des *Ihsan* löst sich unsere Bindung an das getrennte Selbst zur Gänze auf, da wir in der Realität der Einzigartigkeit Gottes erwachen.[19] Während sich *Islam* auf das Physische und *Iman* auf das Intellektuelle bezieht, geht es beim *Ihsan* um die spirituelle Dimension. Tiefgehender betrachtet ist *Islam* das, was mit den Augen gesehen werden kann. *Iman* ist der Glaube, der unsichtbar, aber in der Tiefe des Herzens verankert ist, während *Ihsan* über die Dualität von Innen und Außen weit hinausgeht, um allein in der Gegenwart Gottes zu sein. Der umfassende und vereinigende Zustand von *Ihsan* wird im folgenden Gedicht poetisch dargestellt:

> »*Jenseits von Islam und Unglaube gibt es eine Wüste. Für uns befindet sich eine* ›*Leidenschaft*‹ *inmitten dieser Weite. Der Kenner Gottes, der dorthin gelangt, wird sich im Gebet niederwerfen, denn an diesem Ort gibt es weder Islam noch Unglaube noch ein* ›*Wo*‹.«
>
> RUMI

In diesem tiefgründigen Gedicht erinnert uns Rumi daran, dass es in der Einheit der göttlichen Gegenwart kein Selbst und kein Gegenüber gibt, sondern nur Gott, sodass die Vielfalt der Worte immer zu kurz greifen wird, um die Erfahrung des *Muhsin* im Geheimnis der göttlichen Einheit auszudrücken.

## Die ekstatische Liebe und ihre Stufen

Die Stufen des Islams bestehen aus drei verschiedenen Tiefen im Ozean der göttlichen Liebe. Die Mystiker beschreiben den Zusammenhang zwischen der Liebe und den Stufen des *Islam*, des *Iman* und des *Ihsan* poetisch mit der Analogie dreier Schmetterlinge vor der Flamme einer Kerze.

Der erste Schmetterling sieht von weitem den Rauch einer Flamme aufsteigen und sagt: »Ich kenne die Liebe.« Dieser Schmetterling befindet sich auf der Stufe des *Islam*, denn er nutzt seinen rationalen Verstand, um aus dem Rauch auf die Anwesenheit von Licht zu schließen. Dieser Bereich des Wissens ist bekannt als *'Ilm al-Yaqin* oder »Wissen der Gewissheit«.

Der zweite Schmetterling sieht das Licht und spürt die Hitze der Flamme tatsächlich und sagt: »Ich weiß, wie das Feuer der Liebe brennen kann.« Dieser Schmetterling befindet sich auf einer Stufe des *Iman*, denn er glaubt nicht nur intellektuell an die Präsenz von Licht, sondern hat die Flamme auch direkt erlebt. Dieser Bereich des Wissens ist bekannt als *'Ain al-Yaqin* oder die »Vision der Gewissheit«.

Der dritte Schmetterling fliegt direkt in die Flamme und löst sich im Licht auf. Dieser Schmetterling wird von der Liebe verzehrt und hat daher keine Worte zu sagen. Er befindet sich auf der Stufe des *Ihsan*, denn er ist verschwunden und ganz vom Licht seiner Liebe umschlossen worden. Dieser Bereich des Wissens ist bekannt als *Haqq al-Yaqin*, oder die »absolute Gewissheit«.

Jene Stellen in uns, an denen wir uns vor den Flammen der Wahrheit fürchten, sind auch jene Stellen, an denen sich unser Ego weigert, die Kontrolle abzugeben und sich auf Gott zu verlassen. Wir kennen die Wahrheit nur in dem Maße, in dem wir unsere Trennungen und Grenzen aufgeben, um von der Wahrheit Gottes eingeschlossen zu werden. Schließlich besteht eine der Hauptaufgaben des islamischen Weges darin, den Suchenden über das Wissen *über* Gott hinaus zur Erfahrung und zum Wissen *von* Gott zu führen.[20]

Nur wenn das Äußere mit dem Inneren verschmilzt, öffnet sich die Tür zu einer innigen Beziehung zu Gott. Wenn wir es versäumen, die äußeren Praktiken der Religion auf harmonische Weise mit der inneren Reinigung des Herzens zu verbinden, wird sich unser Glaube chaotisch und unausgewogen anfühlen. Wenn wir die äußeren Regeln und moralischen Gesetze der

Religion ignorieren, werden wir ohne Bodenhaftung sein, wie eine Feder, die von den vorbeiziehenden Winden unserer flüchtigen Begierden beherrscht wird. Wenn wir die spirituellen Dimensionen des Weges vernachlässigen, wird es unserer Anbetung an Leidenschaft und Liebe mangeln und wir werden unweigerlich starr und sogar fanatisch in unserer Annäherung an Gott.

Nur wenn wir uns Gott in unserem ganzen Wesen hingeben, können wir die Botschaft des Friedens manifestieren, die den Kern des Islams ausmacht. Wir sind nicht dazu aufgerufen, dem Islam zu folgen, sondern ihn zu *manifestieren*. Wir sind dazu aufgerufen, uns wie Salzkörner in den unendlichen Ozean von Gottes Gnade und Fülle zu begeben. Wenn wir unseren Willen, unseren Verstand, unser Herz und unsere Seele auf diese Weise hingeben, verlieren wir nicht uns selbst, sondern werden empfänglich für alles, was Gott durch uns erschaffen will. Das ist der Zweck unserer Schöpfung: alles Vergängliche loszulassen und mit Gottes ewiger Liebe im Einklang zu sein.

*O Allah! Ich bete Dich nicht aus Angst vor Schmerzen oder aus Sehnsucht nach Vergnügen an, sondern ich bete Dich um Deiner selbst willen an. Mein Herr! Hilf mir, meinen Willen Deinem Willen zu unterwerfen. Hilf mir, mich ohne Widerstand auf den Flüssen Deines Willens zu bewegen. O Allah! Hilf mir, mich Dir zu ergeben wie die Meere, der Mond, die Sterne, die Berge und die Galaxien. Bitte hilf mir, mich Dir hinzugeben wie die Blätter im Wind. Erlaube mir, Dir alles von mir zu geben, indem ich die Schleier des Zweifels und der Angst beseitige. Allah, führe mich auf den Weg der Wahrheit und hilf mir, mein Leben nur Dir zu widmen. Ich bete, dass Du mein Herz auf den fruchtbaren Boden des Glaubens stellst. Allah, bitte erinnere mich stets daran, dass ich nur bei Dir Frieden, Leichtigkeit und die Schlüssel zu den innersten Geheimnissen finden werde, die Du in mir verborgen hast. Mein Herr! Hilf mir, demütig, ehrlich, freundlich und treu zu sein, während ich diesen Weg gehe, den Du von Dir zu Dir geebnet hast. In Deinem erhabenen Namen bete ich, amin.*

## Reflexion: Jede Handlung zu einem Gottesdienst machen

Je mehr wir unseren Tag mit dem Lobpreis Gottes füllen, desto lebendiger werden sich unsere Seelen fühlen, denn der Gottesdienst ist für den Geist so wichtig wie Sauerstoff für den Körper. Es stellt sich unweigerlich die Frage, wie wir in einem ständigen Zustand des Gebets sein können, wenn wir weltliche Verpflichtungen haben. Das Geheimnis liegt in der Absicht! Alles kann zu einer gottesdienstlichen Handlung werden, wenn du die Absicht fasst, Allah durch diese Handlung näher zu kommen. Um den Zustand des *Ihsan* zu erreichen – um in einem ewigen Zustand des Bewusstseins, der Anbetung und des Bezeugens von Gott zu sein –, müssen wir beginnen, Gottesbewusstsein in alles, was wir tun, einzubringen. Um dies besser zu veranschaulichen, wollen wir eine Liste von täglichen Aktivitäten und Gebeten durchgehen, mit denen wir unser Bewusstsein für Allah schärfen können.

- Wenn du morgens aufwachst, nimm ein paar tiefe Atemzüge und richte deine Aufmerksamkeit auf dein Herz. Bevor du dein Bett verlässt, versuche Folgendes auszusprechen: »O Allah, Du bist *al-Ba'ith*, der Erwecker. Danke, dass Du mir eine weitere Chance gibst, Dich zu lieben, anzubeten und mich Dir noch vollständiger hinzugeben. Wenn ich heute Morgen aus dem Bett steige, hilf mir, tiefer in meinen Glauben einzutauchen und den Frieden zu spüren, der Deiner Nähe entspringt.«

- Bevor du dir die Zähne putzt, kannst du Folgendes sagen: »O Allah, Du bist *al-Karim*, der Großzügigste. Wenn ich mir die Zähne putze, lass die Worte meines Mundes Deiner Quelle der Liebe, des Friedens und der Freundlichkeit entspringen. Allah, hilf mir, meine Zunge von der Erinnerung an etwas anderes als Dich zu reinigen.«

- Wenn du duschst, versuche Folgendes auszusprechen: »O Allah, Du bist *al-Quddus*, der Allerreinste. Wenn ich meinen Körper wasche, mögen auch die Fehler des Tages und meine Unachtsamkeit Dir gegenüber weggespült werden. Möge der Segen des Wassers die Reinheit meiner Seele enthüllen und mir erlauben, das Licht Deiner Barmherzigkeit zu empfangen.«

- Wenn du dich bekleidest, kannst du Folgendes sagen: »O Allah, Du bist *ar-Razzaq*, der Versorger. So wie ich meinen Körper mit Kleidung verhülle, die Du mir gegeben hast, mögest Du meinen Geist mit dem Mantel der Heiligkeit und des Lichts bekleiden.«

- Versuche vor dem Essen zu sagen: »O Allah, Du bist *al-Muqit*, der Ernährer. Ich danke Dir für dieses Essen. Möge dieses Essen dazu dienen, meinen Körper zu stärken und mich gesund und energiegeladen zu halten, damit meine Anbetung Deiner leidenschaftlich und von Liebe durchdrungen wird.«

- Bevor du Auto fährst oder ein öffentliches Verkehrsmittel betrittst, kannst du Folgendes sagen: »O Allah, Du bist al-Muhaimin, der Verleiher von Sicherheit. Möge ich in Sicherheit meinen Bestimmungsort erreichen, sowohl im Diesseits als auch im Jenseits.«

- Vor der Arbeit kannst du das Folgende aussprechen: »O Allah, Du bist *al-Chaliq*, der Schöpfer. Hilf mir bei diesem Projekt, Deine Eigenschaften der Kreativität, der Stärke und des Friedens in meiner Arbeit widerzuspiegeln. O Allah, benutze mich als Mittel, andere in Deine Nähe zu bringen.«

- Bevor du dich mit Freunden triffst, versuche zu sagen: »O Allah, Du bist *ar-Rahman*, der Barmherzigste. Möge ich mit anderen so umgehen, dass Deine Eigenschaften der Güte, Barmherzigkeit, Liebe und des Mitgefühls zum Ausdruck kommen.«

- Bevor du einschläfst, kannst du Folgendes sagen: »O Allah, Du bist *al-Chabir*, der Allwissende. Halte mein Herz in Erinnerung an Dich wach, während ich schlafe.«

- Nimm dir einen Moment Zeit, um dir zwei bis drei andere Aktivitäten aufzuschreiben, die du täglich durchführst. Achte darauf, dass du zu jeder Tätigkeit ein Gebet hinzufügst.

- Beobachte, inwiefern sich deine täglichen Aktivitäten anders anfühlen, wenn du die Gegenwart Allahs in sie integrierst.

*»Und bittet euren Herrn um Vergebung und hierauf bereut vor Ihm! Gewiss, mein Herr ist barmherzig und liebevoll.«*

**KORAN 11:90**

*»O Sohn Adams, solange du Mich anrufst und Mich bittest, werde Ich dir vergeben, was du getan hast und Ich werde es nicht beachten! O Sohn Adams, würden deine Sünden die Wolken des Himmels erreichen und würdest du Mich dann um Vergebung bitten, würde Ich dir vergeben! O Sohn Adams, würdest du mit Sünden so groß wie die Erde zu Mir kommen und würdest du Mir dann begegnen und Mir keinen Partner zuschreiben, würde Ich dir Vergebung so groß wie die Erde entgegenbringen!«[1]*

**ALLAH**

# 5

# *TAUBA:* REUE UND RÜCKKEHR ZUR EINHEIT

Egal wie weit wir vom rechten Weg abgeirrt sind, egal wie weit wir uns von Gott entfernt haben, wie viele Sünden wir begangen oder was wir getan oder gesagt haben, es kann niemals einen Ort geben, den Gottes unendliche Vergebung und Barmherzigkeit nicht erreichen kann. Eine der größten Gaben, die Gott uns gegeben hat, ist die Praxis der *Tauba*. Eines der am häufigsten mit dem arabischen Wort *Tauba* assoziierten Wörter ist »Reue«, doch wörtlich bedeutet *Tauba* eigentlich »umkehren«. *Tauba* ist eine hoffnungsvolle Erinnerung daran, dass unser ewiger Geist nicht durch unsere sterblichen Taten oder Worte unwiderruflich befleckt werden kann.

Wenn wir uns an Allah wenden und Ihn um Vergebung bitten, kehren wir im Grunde zu dem zurück, was wir wirklich sind, indem wir die Schleier der Sünde entfernen, die unsere wahre Sicht behindert haben. Allah sagt: »Denn nicht die Blicke sind blind, sondern blind sind die Herzen, die in den Brüsten sind.« (22:46) *Tauba* reinigt unser Herz, damit Allahs Licht in unsere Seele vordringen und uns göttliche Einsicht geben kann. Auf diese Weise lenkt die Reue unseren inneren Blick von einem Ort des Egobewusstseins zu einem Ort des Gottesbewusstseins und bringt unsere Herzen von dieser sterblichen Welt und ihren vergänglichen Wünschen zurück zu Allah und Seinem ewigen Frieden.

Bei der aufrichtigen *Tauba* geht es darum, dass wir uns an Allah wenden und Ihn bitten, unsere Sünden mit dem Mantel Seiner Barmherzigkeit zu bedecken. Im Wesentlichen besteht der Zweck der Tauba darin, sich darauf einzustellen und sich damit zu verbinden, wie sehr wir von Gott geliebt werden. Wir müssen nicht jede Ursache und Wirkung unserer Fehler begreifen, um zu bereuen, denn Tauba bedeutet, die gesamte Angelegenheit in die Hände Allahs zu legen.

## Gottes Rechtleitung beginnt und endet mit Vergebung

Das erste Gebet, das die Menschheit sprach, war für Vergebung und stammte von Adam und Eva, die vom verbotenen Baum gegessen hatten und daraufhin sagten: »Unser Herr, wir haben uns selbst Unrecht zugefügt. Wenn Du uns nicht vergibst und Dich unser erbarmst, werden wir ganz gewiss zu den Verlorenen gehören.« (7:23) Auf dieses Bittgebet antwortete Allah mit Vergebung, wie es im Koran heißt: »Da empfing Adam von seinem Herrn Worte, und darauf nahm Er seine Reue an. Er ist ja der Reue-Annehmende und Barmherzige.« (2:37) Die allererste Anweisung, die Gott uns gegeben hat, ist, Seine Vergebung zu ersuchen, und eines der letzten Bittgebete, die wir Menschen am Tag des Gerichts sprechen werden, wird ein Gebet sein, in dem wir Gott um Vergebung bitten. Es wurde überliefert, dass wir, wenn wir uns den Toren des Himmels nähern, das folgende Bittgebet sprechen werden: »Unser Herr, vollende für uns unser Licht und vergib uns. Gewiss, Du hast zu allem die Macht.« (66:8) Um Vergebung zu bitten ist nichts, worüber wir beschämt sein sollten, sondern etwas, das Gott von uns erwartet und verlangt.

> *»Eine schlechte Tat, die du in deinem Herzen bereust, ist tausendmal besser als eine gute Tat, die dich hochmütig macht.«*
>
> IMAM ALI

Das arabische Wort für »um Vergebung bitten« lautet *Istighfar* und ist verwandt mit dem arabischen Wort *al-Mighfar*, welches bedeutet »den Kopf vor etwas Schädlichem bedecken«. Mit anderen Worten: *Istighfar* bedeckt nicht nur unsere Sünden mit der Barmherzigkeit Gottes, sondern schützt uns auch vor dem Schaden, den wir unserer eigenen Seele zufügen.[2]

Wenn wir Gott um Vergebung bitten, werden wir vor den Folgen unseres eigenen Handelns geschützt. Bei *Istighfar* geht es nicht nur darum, Vergebung für unsere Sünden zu erbitten, sondern auch darum, Vergebung dafür zu suchen, dass wir Gott nicht in ausreichendem Maße gedient haben. Da wir als Menschen immer versagen werden, wenn es darum geht, Gott so zu verehren und zu dienen, wie Er es verdient, bitten wir selbst für unsere guten Taten um Vergebung und vertrauen darauf, dass Gottes Barmherzigkeit die Lücken unserer Unzulänglichkeiten schließt. Ganz gleich, ob wir uns beim Beten ablenken lassen oder weltliches Lob für unsere guten Taten erwarten, wir sind dringend darauf angewiesen, dass Gott sowohl unsere Sünden als auch unsere guten Taten ständig mit dem Gewand Seiner liebevollen Vergebung umhüllt.

> *»Warum bittet ihr nicht Allah um Verzeihung? Vielleicht fändet ihr Barmherzigkeit.«*
>
> **KORAN 27:46**

Wenn wir Gott um Vergebung bitten, erhöht Er unseren Rang sogar. Wie der Prophet Noah im Koran sagt: »Und, o mein Volk, bittet euren Herrn um Vergebung, hierauf bereut vor Ihm, so wird Er den Regen auf euch ergiebig (herab)senden und euch (noch mehr) Kraft zu eurer Kraft hinzufügen. Und kehrt euch nicht als Übeltäter ab!« (11:52) Wenn wir auf unser Menschsein reagieren, indem wir Vergebung suchen und zu Gott zurückkehren, beginnt Er, Seinen Segen der Gnade auf uns regnen zu lassen. Nicht durch unser perfektes Handeln haben wir Zugang zu Gottes Barmherzigkeit, sondern durch *Tauba* und das Erbitten von Vergebung.

## Rückkehr zur Einheit

Reue ist der Akt der Entleerung und der Zerstörung aller Götzen und Gottheiten, die wir in das Heiligtum unseres Herzens vor den einen wahren Gott gestellt haben. Wir suchen Vergebung dafür, dass wir unsere Wünsche, unseren Ruf, Ruhm und Neid, unser Geld oder die Meinung anderer Menschen zu Göttern gemacht haben.

Im Grunde ist jede Sünde, die wir begehen, ein Greifen nach der Welt, um zu erhalten, was uns nur von Allah gegeben werden kann. So wie ein Schatten auf das Licht deutet, deutet die Sünde auf die Stellen in uns, die von der Welt abhängig sind und unsere Bedürfnisse erfüllen sollen, obwohl in Wahrheit alles von Allah abhängig ist.

Wenn Allah uns eine unserer begangenen Sünden bewusst macht, bedeutet das nicht, dass Er uns straft, sondern dass wir eine Einladung in Seine Gegenwart erhalten haben. Sobald wir uns von aufrichtiger Reue angezogen fühlen, enthüllen wir die Vergebung, die Allah bereits für uns vorgesehen hat. Jemand fragte einst die große Mystikerin des achten Jahrhunderts, Rabiʻa al-ʻAdawiyya: »Ich habe viel gesündigt. Wenn ich Buße tue, wird Allah mir dann vergeben?« Sie antwortete treffend: »Das Gegenteil ist der Fall: Wenn Allah dir vergibt, dann bist du imstande, zu bereuen.«

Wie es im Koran heißt, ist Allah derjenige, »der euch ruft, um euch (etwas) von euren Sünden zu vergeben« (14:10). Es ist nicht unsere Reue, die zur Vergebung führt, sondern Allahs unendliche Barmherzigkeit und vergebende Natur, die wie eine göttliche Schwerkraft wirkt und uns zu dem zurückbringt, was wir unter dem Staub des Vergessens und der Sünde immer waren.[3] Die Tatsache, dass *Tauba* »Umkehr« bedeutet, impliziert, dass wir in jedem Moment alles haben, was wir brauchen, um auf Allah zuzugehen. Im Grunde schafft *Tauba* Platz für die Segnungen, die Allah bereits für uns vorgesehen hat, damit wir diese erfahren können.

# Beginne sofort

Unser Weg der Rückkehr zu Gott beginnt genau dort, wo wir uns befinden. Wir müssen Gottes nicht würdig sein, bevor wir uns dem Glauben zuwenden, sondern werden erst durch Gottes allumfassende Barmherzigkeit (*ar-Rahman*) würdig gemacht. Mit anderen Worten: Es gibt nichts, was zu schlecht, zu verloren oder zu kaputt wäre, als dass es nicht von einem Gott repariert und wiederhergestellt werden könnte, der alles erschaffen hat. Rumi sagt: »Das Wasser sagte zum Schmutzigen: ›Komm.‹ Der Schmutzige antwortete: ›Ich schäme mich zu sehr.‹ Das Wasser entgegnete: ›Wie willst du ohne mich deine Sünde abwaschen?‹« Auch wenn wir immer wieder den gleichen Fehler begehen oder auf die gleiche Versuchung hereinfallen, ruft Gott uns auf, immer wieder das reinigende Wasser Seiner Barmherzigkeit aufzusuchen.

Hör nicht auf die Stimmen, die sagen, dass du zu unvollkommen für einen perfekten Gott bist, dass du zu schmutzig bist, um gereinigt zu werden, oder zu schrecklich, um erlöst zu werden – egal, wie dein Leben verlaufen ist, deine Fehler oder Sünden können nie größer sein als Gottes Barmherzigkeit.

> »*O Meine Diener, die ihr gegen euch selbst maßlos*
> *gewesen seid, verliert nicht die Hoffnung auf Allahs*
> *Barmherzigkeit. Gewiss, Allah vergibt die Sünden alle.*
> *Er ist ja der Allvergebende und Barmherzige.*«
>
> **KORAN 39:53**

Der Prophet Muhammad ﷺ sagte: »Der Satan sagte: ›Bei Deiner Macht, o Herr, ich werde die Kinder Adams ganz gewiss auf den Irrweg führen, solange ihre Seelen ihre Körper nicht verlassen haben.‹ Der Herr sagte: ›Bei Meiner Macht und Majestät, Ich werde ihnen weiterhin vergeben, solange sie Mich um Vergebung bitten.‹«[4] Es ist ein großer Verlust, ein Leben zu führen, in dem keine Reue und Buße stattfinden. Allah ist *al-'Afuww*, »der Verzeihende«, dessen Vergebung wie eine göttliche Begnadigung ist: Er wischt die Spuren unserer Sünde vollständig weg und beseitigt alle negativen Folgen unserer Entscheidungen. Gottes Barmherzigkeit ist der Grund, warum wir im Koran dazu aufgefordert werden, um Vergebung zu bitten.

> *»Dann lobpreise deinen Herrn und bitte Ihn um Vergebung;*
> *gewiss, Er ist Reue annehmend.«*
>
> **KORAN 110:03**

Sei nicht entmutigt, wenn du mit einem beseitigt geglaubten Problem oder einer Versuchung konfrontiert wirst. Spiritueller Fortschritt folgt der Form einer Spirale: Selbst wenn es so aussieht, als würdest du zu deinem Ausgangspunkt zurückkehren, kannst du in Wirklichkeit auf eine tiefgreifendere Weise aufsteigen. Die Praxis der *Tauba* ist eine spirituelle Kurskorrektur, bei der wir unser Herz und unsere Absicht auf Allah ausrichten.

Ein modernes Beispiel für die Bedeutung von Überprüfung und Ausgleich ist der Flugverkehr. Ein Flugzeug weicht 90–95 Prozent seiner Zeit aufgrund von Wetter und menschlichem Versagen vom Kurs ab; nur durch ständige Korrekturen auf den richtigen Kurs erreicht es das gewünschte Ziel.[5] Ganz gleich, wie sehr wir vom geraden Weg abkommen, solange wir uns bemühen, ist es immer möglich, das Ziel der göttlichen ewigen Liebe zu erreichen.

## Deine Versuchungen in Bittgebete verwandeln

Spiritueller und gottesbewusster zu werden, bedeutet nicht, dass wir nicht mehr mit den Stimmen und Gedanken der Versuchung konfrontiert werden, die unser Ego heraufbeschwört; es bedeutet vielmehr, dass wir uns der Stimmen bewusstwerden, die uns hin zu Dunkelheit, Schande und Trennung rufen. So wie die Sterne immer am Himmel stehen, aber nur in der Dunkelheit der Nacht sichtbar werden, können die Stimmen des Egos und des Teufels in uns präsent bleiben. Der Unterschied zwischen jemandem, der Gott nahe ist, und jemandem, der sich von Gott abwendet, liegt nicht darin, ob er in Versuchung ist oder nicht, sondern darin, worauf seine Aufmerksamkeit gerichtet ist.

Je mehr wir uns dem Licht Gottes zuwenden, desto heller scheint die Sonne unseres Geistes und desto dunkler werden die Sterne des Egos und des Teufels im Vergleich dazu. Anstatt uns auf uns selbst zu verlassen, um die Versuchung zu überwinden, sind wir aufgerufen, uns auf Gott zu stützen. Der Teufel ist ein Experte darin, unsere Unvollkommenheit auszunutzen und uns das Gefühl zu geben, dass wir einer Beziehung zu Gott unwürdig sind. Wir werden immer die Verlierer sein, wenn wir versuchen, den Teufel allein zu bekämpfen. Nur durch die Hilfe Gottes können wir ihn also überwinden.

> *»Diejenigen, die gottesfürchtig sind, – wenn ihnen eine*
> *Anwandlung vom Satan widerfährt, bedenken sie, und*
> *da werden sie sogleich einsichtig.«*
>
> KORAN 7:201

Egal mit welchen Mitteln der Teufel dich zu attackieren versucht; wende dich immer zuerst an Allah, anstatt die Versuchung allein zu bekämpfen oder nach einer Lösung zu suchen. Eine wirkungsvolle Methode, dies in der Praxis umzusetzen, ist, jede Versuchung mit einem Bittgebet zu kontern. Nimm dir einen Moment Zeit und sei dir der Ablenkungen oder Versuchungen bewusst, die du gerade erlebst. Wann immer du von deinem Herzen weggezogen wirst und dich zu etwas hingezogen fühlst, das gegen eines der Gebote Gottes verstößt und dir das Gefühl gibt, als würde es der Heiligkeit deines Herzens nicht dienen, heißt das, dass du vom Teufel in Versuchung gebracht wirst.

Die Stimmen des Teufels hören sich vielleicht folgendermaßen an: »Du bist nicht gut genug, du wirst immer versagen… Du wirst diese Sucht nie überwinden… Deine Sünden sind zu groß für Gott… Das ist keine große Sache, tu es nur noch einmal und danach hörst du auf… Gott ist es egal… Gott wird jemanden, der so schlecht ist wie du, sowieso nicht akzeptieren, also kannst du genau so gut tun, was dir gefällt…« Vielleicht fällt dir sogar auf, wie sehr der Teufel von Hoffnungslosigkeit und Verzweiflung lebt. Der Teufel nutzt deine Unzulänglichkeiten, um dir Angst und Scham einzuflößen und dir das Gefühl zu geben, dass du es nicht wert bist, eine Beziehung zu Gott zu haben.

Sobald du dir der Stimme des Teufels bewusst bist, gib dir keine Mühe, sie alleine zu bekämpfen, und lass dich nicht von ihr verführen. Übergib diese schwere Aufgabe stattdessen in Gottes Hände, indem du die Angelegenheit in ein Bittgebet umwandelst. Wenn der Teufel dich beispielsweise mit Begierden lockt, dann bitte Allah, dir zu helfen, indem Er dein Verlangen stattdessen auf sich lenkt. Wenn der Teufel versucht, dich vom Beten abzuhalten, bitte Allah darum, dass du beim Beten konzentrierter wirst. Wenn der Teufel versucht, dich durch Unzulänglichkeiten in deinem Glauben zu beschämen, dann bitte Allah darum, dass Er deine Absichten läutert. Wenn du dir der Tatsache bewusstwirst, dass der Teufel die schwächsten Stellen deines Glaubens angreift, werden seine Einflüsterungen der Versuchungen zu Türen, die dir zeigen, wie du deinen Glauben stärken und Gott näherkommen kannst.

Wenn wir uns von Allahs Licht abwenden wie die Erde, wenn sie ihr Gesicht von der Sonne abwendet, fallen wir in einen Zustand spiritueller Dunkelheit; nicht weil Allah uns bestraft hat, sondern weil wir aus freiem Willen beschlossen haben, unser Bewusstsein vom Licht der Wahrheit abzuwenden. Die Dunkelheit der Trennung ist jedoch eine Illusion; Allah ist uns näher als die Luft in unserer Lunge. Reue bedeutet, dass wir unser Bewusstsein auf die göttliche Verbindung lenken, die wir bereits haben, indem wir aus der Illusion der Trennung von Gott erwachen. Wenn wir durch Reue zu Allah zurückkehren, vergibt Allah uns nicht nur unsere Sünden, sondern die Sünden selbst werden zu Erinnerungen an Allahs Barmherzigkeit und Vergebung. Auf diese Weise werden unsere Sünden zu Symbolen für Allahs Liebe und dienen dem Zweck, unseren Blick wieder auf das Antlitz des Göttlichen zu richten.

Im Koran heißt es: »Außer denen, die bereuen und glauben und gute Werke tun; denn deren Böses wird Allah in Gutes umwandeln. Und Allah ist verzeihend und barmherzig.« (25:70) Allah segnet uns über das hinaus, was wir verdient haben, und gibt uns ohne Rechenschaft aus den

Vorräten Seiner Gnade. Gott ist ständig gewillt, uns zu vergeben; Reue ist nur eine der vielen Möglichkeiten, durch die wir Zugang zum Tor Seiner ewigen und überfließenden Barmherzigkeit erhalten können.

> *»Unser Herr steigt im letzten Drittel jeder Nacht in den untersten Himmel hinab und spricht: ›Wer ruft Mich, sodass Ich seinen Ruf erhöre? Wer bittet Mich, sodass Ich seine Bitte erfülle? Wer bittet Mich um Vergebung, sodass Ich ihm vergebe?‹«*[6]
>
> PROPHET MUHAMMAD ﷺ

## Die Hinwendung zu Gott

In der Buße kehren wir uns gleichzeitig von sündigen Handlungen ab und wenden uns Gott zu, sodass wir wieder auf den geraden Weg der Wahrheit gelangen. Es ist wichtig, Gott stets um Hilfe zu bitten, doch wir müssen uns auch Mühe geben, nach den Prinzipien Allahs zu leben und sie in uns zu pflegen.

> *»Allah ändert nicht den Zustand eines Volkes, bis sie das ändern, was in ihnen selbst ist.«*
>
> KORAN 13:11

Wenn wir uns von unseren Sünden abwenden und uns aktiv und bewusst dem Licht Gottes zuwenden, beginnt sich alles zu ändern. Albert Einstein sagte bekanntermaßen: »Kein Problem kann auf derselben Bewusstseinsebene gelöst werden, auf der es entstanden ist.« Mit anderen Worten: Reue hilft uns, den Zustand unseres Geistes und unseres Herzens zu ändern und unsere Frequenz vom Egobewusstsein auf das Gottesbewusstsein zu verlagern, wodurch wir uns auf den Kanal der göttlichen Liebe einstellen können, der in jedem einzelnen Moment kontinuierlich ausgestrahlt wird. Im Koran heißt es: »Allah liebt die Reumütigen, und Er liebt die, die sich rein halten« (2:222), denn Reue entfernt die Schleier der Illusion und der Sünde und erlaubt es uns somit, die Liebe Gottes zu erfahren.

Gottes Liebe zu uns ändert sich nicht mit den Gezeiten, sie wird nicht stärker und schwächer wie der zunehmende oder abnehmende Mond; sie ist beständig und bedingungslos, denn »Allah ist der Weltenbewohner unbedürftig« (3:97). Es ist nicht die Liebe Allahs zu uns, die sich ändert, nur unser Bewusstsein für Seine Liebe kann verschleiert werden. Deshalb kann unser Handeln einen tiefgreifenden Einfluss darauf haben, welche Art von Realität wir erfahren. Im Koran heißt es: »Was nun jemanden angeht, dessen Waagschalen schwer sind, so wird er in einem zufriedenen Leben sein.« (101:6–7) Durch Reue und gute Taten gibt Gott uns die Fähigkeit, die von der Sünde geschaffenen Jalousien zu öffnen und das Licht der Liebe Gottes in unsere Herzen eindringen zu lassen, welches endlose Wellen des Friedens und der Zufriedenheit mit sich bringt.

Durch die Erkenntnis, dass Reue nichts ist, das wir zeigen *müssen*, sondern etwas, das wir zeigen *dürfen*, beginnt sich unser ganzes Leben zu verändern. Dadurch wird uns allmählich bewusst, dass Allah uns nicht beschämt, wenn Er uns wissen lässt, dass wir gesündigt haben, sondern uns vielmehr in die Arme Seiner Liebe zurückruft. Wie Rumi sagte: »Die Wunde ist der Ort, an dem das Licht in dich eintritt«, denn in unseren Schwächen schmecken wir Gottes Stärke, in unseren Unzulänglichkeiten erfahren wir Gottes Vollkommenheit und in unserer Gebrochenheit spüren wir Gottes Erbarmen.

Eine perfekte Metapher dafür findet sich in einer altertümlichen Praxis der japanischen Kunst, die sich *Kintosukuroi*, zu Deutsch »Goldreparatur«, nennt. Im Zuge von *Kintosukuroi* werden zerbrochene Töpferwaren mit Gold- oder Silberlack repariert, um die Schönheit des Bruchs zu begrüßen und zu feiern.[7] Das Schöne an unseren Unvollkommenheiten ist, dass sich unsere Narben durch Buße von Momenten des Bedauerns in Erinnerungen an Gottes Barmherzigkeit und Mitgefühl verwandeln. Es fühlt sich befreiend an, zu wissen, dass die Wege, auf denen wir versagen, in Wirklichkeit Eingangstore sind, die uns zurück in die göttliche Gegenwart der Vollkommenheit führen. Ein Mystiker äußerte sich folgendermaßen: »O mein Herr! Ich bin meine Schwäche, doch Du bist meine Stärke.«

# Die unendliche Macht der Vergebung Gottes

Der Prophet ﷺ drückte die unbegreifliche Barmherzigkeit Gottes für seine Gefährten durch eine tiefgründige Geschichte aus, die von einem Mann handelt, der zu Unrecht viele Menschen getötet hat:

Es war einmal ein Mann, der plötzlich Reue empfand, nachdem er 99 Menschen umgebracht hatte, und wissen wollte, ob es eine Chance gäbe, dass Gott ihm verzeiht. Er suchte einen heiligen Mönch auf und fragte ihn, ob Gott ihm vergeben würde, wenn er Buße täte. Der Mönch machte den Fehler zu sagen, dass ihm nicht vergeben würde, woraufhin der Mann wütend wurde und den Mönch tötete. Daraufhin suchte der Mann einen berühmten Gelehrten auf und erzählte ihm, dass er 100 Menschen getötet hatte und wissen wollte, ob es eine Chance gäbe, dass ihm vergeben würde. Der Gelehrte wusste, dass der Mann sich nur dann ändern konnte, wenn sich sein Umfeld änderte, und antwortete: »Wer steht zwischen dir und der Reue? Begib dich in ein anderes Land; dort wirst du fromme Menschen finden, die sich dem Gebet und der Anbetung Gottes widmen; schließe dich ihnen an, und kehre nicht in dein Land zurück, denn es ist eine schlimme Gegend.

Der Mann tat aufrichtig Buße und begab sich auf eine Reise in ein heiliges Land gläubiger Menschen. Doch bevor er sein Ziel erreichte, verstarb er. Mit seinem Tod begannen die Engel der Barmherzigkeit und die Engel der Qual darüber zu streiten, wer die Verwahrung seiner Seele übernehmen würde. Die Engel der Barmherzigkeit sagten: »Dieser Mann hat sich reumütig Allah zugewendet.« Die Engel der Bestrafung sagten: »Er hat in seinem Leben nie eine tugendhafte Tat begangen.« Da schickte Gott einen dritten Engel in Menschengestalt, der zwischen den beiden Seiten als Schiedsrichter agieren sollte. Der Schiedsrichter sagte: »Messt die Entfernung zwischen den beiden Ländern. Er soll dem Land zugewiesen werden, dem er näher ist.« Die Engel maßen das Land aus und stellten fest, dass der Mann dem

Land der Frömmigkeit näher war, sodass den Gnadenengeln be-fohlen wurde, seine Seele zu übernehmen.[8]

Einige Kommentatoren sagen, dass die gemessene Entfernung zunächst gegen den Mann sprach, aber Allah die Erde durch Seine Barmherzigkeit zu seinen Gunsten ausdehnte.

Wir müssen verstehen, dass am Tag des Jüngsten Gerichts diejeni-gen, die anderen Unrecht getan, sie verletzt oder getötet haben, für ihre Taten auf eine perfekte und gerechte Weise zur Rechenschaft gezogen werden. Diese Geschichte besagt nicht, dass wir unseren Handlungen freien Lauf lassen und dann passiv um Vergebung bitten können, son-dern sie erinnert uns daran, dass wir Erlösung finden können, wenn wir uns Gott aufrichtig zuwenden. Sie erinnert uns daran, dass das Licht der göttlichen Barmherzigkeit selbst die härtesten Herzen zu ver-wandeln vermag. Barmherzigkeit schafft keinen Raum für das Böse, für Hoffnungslosigkeit oder das Gefühl, dass wir nicht erlösbar oder von Natur aus schlecht wären. Ein altertümliches Sprichwort besagt: »Das Kind, das vom Dorf nicht angenommen wird, wird es niederbrennen, um seine Wärme zu spüren.« Wir müssen weniger wie der urteilende Mönch und mehr wie der weise Gelehrte sein. Wir können die Welt nicht durch Angst oder Scham verändern. Veränderung geschieht, wenn wir den Menschen den Weg leicht machen, wenn wir sie durch Hoffnung und Liebe zu ihrem größten Potenzial inspirieren. Wie der große Gelehrte Imam al-Ghazali sagte: »Die Hälfte der Schuld an der Ausbreitung des Unglaubens auf der Welt tragen religiöse Menschen, die Gott durch ihr schreckliches Verhalten und ihre schrecklichen Äußerungen für Seine Schöpfung abstoßend gemacht haben.« Unsere Aufgabe ist es nicht, über Menschen zu urteilen, sondern sie durch Liebe zu ihrem größten Potenzial zu inspirieren.

> *»Behandelt die Menschen mit Sanftmut und seid nicht*
> *streng mit ihnen; verkündet ihnen frohe Botschaft und*
> *schürt keine Abneigung in ihnen.«[9]*

**PROPHET MUHAMMAD** ﷺ

## Vergib, um frei zu sein

Bei der *Tauba* geht es nicht nur um die Rückkehr zu Gott, sondern auch um die Rückkehr zur Schöpfung als Spiegel der Barmherzigkeit, des Mitgefühls und der versöhnlichen Natur Gottes. Wenn du anderen verzeihst, ist es, als würdest du mit einer Taschenlampe in den Spiegel leuchten: Die Gnade, die du gegeben hast, kommt zu dir zurück.

> *»Nicht gleich sind die gute Tat und die schlechte Tat. Wehre mit einer Tat, die besser ist, (die schlechte) ab, dann wird derjenige, zwischen dem und dir Feindschaft besteht, so, als wäre er ein warmherziger Freund.«*
>
> KORAN 41:34

Vergebung ist, wenn du dich dafür entscheidest, eine Person in ihrer angeborenen Gutheit zu sehen und nicht in ihrem manifestierten Bösen – sie also so zu sehen, wie Gott sie geschaffen hat, anstatt sie durch ihre schlimmsten Taten zu definieren. Auf Unrecht mit Unrecht zu reagieren wäre so, als würdest du versuchen, einen Flächenbrand zu löschen, indem du Öl darauf gießt. Wie der Menschenrechtler Martin Luther King Jr. einst sagte: »Dunkelheit kann die Dunkelheit nicht vertreiben; nur das Licht kann das tun. Hass kann Hass nicht vertreiben, das kann nur die Liebe.«[10] Bei der Vergebung geht es nicht nur darum, eine andere Seele aus dem Käfig ihrer Fehler zu befreien, sondern auch darum, uns selbst aus dem Gefängnis der Schuldzuweisungen und Urteile zu erlösen.

> *Wenn wir anderen vergeben, befreien wir uns von der Last der Übertretungen eines anderen.*

Der Prophet Muhammad ﷺ sagte: »Vergeltet nicht Böses mit Bösem, sondern behandelt Menschen, die euch Unrecht tun, mit Vergebung und Güte.«[11] Wir sind aufgerufen, auch denen zu vergeben, die ihre Tat nicht bereuen oder deren Entschuldigung nicht von Herzen kommt; nicht etwa weil sie es verdient hätten, sondern weil unser Herz es verdient, Frieden zu finden. Wenn wir an unserem Ärger festhalten, um andere zu bestrafen, verletzen wir uns selbst mehr als alle anderen. Wie der Buddha sagte: »Wut festhalten ist wie Gift trinken und darauf warten, dass der andere stirbt.« Anderen zu vergeben, befreit uns von den Ketten unserer eigenen Wut. Auf dem spirituellen Weg ist die Barmherzigkeit gegenüber anderen einer der schnellsten Wege, um in die Gegenwart der göttlichen Barmherzigkeit zurückzukehren.

> *»Die Barmherzigen werden Barmherzigkeit beim*
> *Allerbarmer finden.«[12]*
>
> PROPHET MUHAMMAD ﷺ

Gelegenheiten zur Reue sind göttliche Geschenke, da Allah uns durch die Verkörperung Seiner Eigenschaften der Vergebung, der Geduld, des Mitgefühls und der Barmherzigkeit in solchen Momenten in Seine Nähe ruft. Wir lernen nicht nur Gott besser kennen, indem wir Ihm nacheifern, sondern Allah vergibt uns im Gegenzug und reinigt uns von unseren vergangenen Sünden, wenn wir anderen vergeben. Wie Allah im Koran sagt: »Wer sein Vergeltungsrecht aber als Almosen erlässt, für den ist es eine Sühne. Wer nicht nach dem waltet, was Allah (als Offenbarung) herabgesandt hat, das sind die Ungerechten.« (5:45) Wenn wir anderen um Allahs willen vergeben, befreit Er uns von unseren Sünden, die schwer auf unseren Herzen lasten. Allah sagt im Koran: »Sie sollen verzeihen und nachsichtig sein. Liebt ihr es (selbst) nicht, dass Allah euch vergibt? Allah ist allvergebend und barmherzig.« (24:22)

Es ist wichtig zu betonen, dass uns von Allah das Recht gegeben wurde, nach Gerechtigkeit zu streben. Wenn uns jedoch Unrecht widerfährt, sollten wir uns die Frage stellen: Ist meine Entscheidung, dieser Person nicht zu vergeben, es wert, die Vergebung Gottes zu verpassen? Gott ruft uns auf, anderen das Unverzeihliche zu verzeihen, denn Gott verzeiht uns immer wieder das Unverzeihliche.

> *Ein Mystiker sagte einst: »Sei wie die Blume, die ihren Duft*
> *sogar der Hand gibt, die sie zerdrückt.«[13]*

Selbst wenn uns Unrecht widerfährt, dürfen wir nicht mit Unrecht antworten. Als Gottesliebende sind wir dazu aufgerufen, die liebevollen

Eigenschaften des Göttlichen ohne zu unterscheiden auf alle Menschen zu übertragen. Vergebung bedeutet nicht, dass wir die Menschen nicht für ihre Taten zur Rechenschaft ziehen, sondern dass wir dies mit Mitgefühl und Barmherzigkeit tun.

## Sich selbst verzeihen

Wir neigen dazu, unsere innere Realität mit der äußeren Illusion der Perfektion anderer zu vergleichen, was es uns schwerer macht, uns selbst zu vergeben als anderen. Gottes Barmherzigkeit wird gegenüber unseren Sünden immer überwiegen, doch die Waagschale des Selbsthasses wiegt oft schwerer als unsere Gefühle der Selbstliebe. Wir müssen lernen, uns selbst für die Dinge zu vergeben, die wir nicht wussten, bevor wir die Gelegenheit hatten, sie zu lernen. Jeder hat den perfekten Durchblick, wenn er im Nachhinein auf sein Leben zurückschaut, aber wenn wir vorwärtskommen wollen, müssen wir uns von unserer Vergangenheit lösen und aus ihr lernen.

Die folgende Geschichte veranschaulicht auf wunderbare Weise, wie wir nicht nur uns selbst verletzen, sondern auch die Menschen um uns herum, wenn wir uns weigern, uns selbst zu vergeben.

> Einige Menschen saßen auf einem kleinen Boot inmitten des Meers, als einer der Passagiere eine Axt zückte und anfing, auf den Holzboden unter seinen Füßen einzuhacken. Die anderen Passagiere schrien entsetzt: »Was machst du da?« Der Mann erwiderte: »Das geht euch nichts an! Ich mache das mit meinem eigenen Teil des Bootes!«

Wir befinden uns alle auf einem Schiff – was einem von uns passiert, wirkt sich auf das kollektive Bewusstsein der ganzen Welt aus. Wenn du dir selbst nicht vergibst und dich selbst bestrafst oder verletzt, leidet die gesamte Menschheit. Bei der *Tauba* geht es nicht nur darum, Gott um Vergebung zu bitten, sondern auch darum, uns selbst als würdig genug zu erachten, Seine Gnade zu empfangen. Der erste Schritt zur

Selbstvergebung beginnt also damit, dass wir uns selbst durch die Augen Gottes ansehen, anstatt uns durch unsere Sünden zu definieren.

Wenn wir sündigen und uns Gott in Demut zuwenden, wächst unser Vertrauen in Gott. Wie Rumi sagt: »Wo es Ruinen gibt, gibt es Hoffnung auf einen Schatz.« Das Bewusstsein, dass wir gesündigt haben, ist ein Grund, dankbar zu sein, denn es schafft einen Weg der Rückkehr zu Ihm. Unsere Neigung zur Reue ist ein Zeichen dafür, dass Gott uns zu sich ruft. Der Teufel möchte, dass wir mit unseren Fehlern beschäftigt sind, denn solange wir auf unsere menschliche Fehlbarkeit fokussiert sind, sind unsere Augen von der göttlichen Vollkommenheit Gottes abgewandt und verlieren dadurch die Gelegenheit, Gottes Vergebung zu erleben.

Es ist wichtig, dass wir uns stets daran erinnern, dass unsere Fehlbarkeit nicht dazu führt, dass die Liebe eines unveränderlichen Gottes uns gegenüber abnimmt. Wenn du also das nächste Mal einen Fehler begehst, lasse nicht zu, dass du in Scham ertrinkst, sondern bringe dein Herz bewusst zurück zu Allah, denn nur in Seinem Gedenken kannst du wahren Frieden finden. Die Türen Gottes sind immer offen für diejenigen, die aufrichtig danach streben, in Seiner Gegenwart zu sein. Jeden Tag gibt Gott uns eine neue Chance, in die Arme Seiner Gnade aufgenommen zu werden.

> »Und wer Allah fürchtet, dem schafft Er einen Ausweg.«
>
> KORAN 65:02

Unser Gott ist treu, und Seine Barmherzigkeit umschließt uns noch fester als die Arme einer liebenden Mutter, die ihren Säugling umarmt. Das Licht Seiner Liebe, Vergebung und Barmherzigkeit umgibt uns stets; wir müssen nur unsere Augen öffnen und Seine göttlichen Eigenschaften empfangen, die sich bereits in und um uns herum manifestieren.

## Wie man bereut: Der Weg zur liebenden Vergebung

Eine schöne Art, die Schritte der *Tauba* zu verstehen, ist die alte hawaiianische *Hoʻoponopono*-Praxis. In der hawaiianischen Heiltradition bedeutet dieser wirksame Reue- und Versöhnungsgesang: »Es tut mir leid, bitte verzeih mir, ich danke dir, ich liebe dich.« Dieser Ausspruch ist womöglich eine der prägnantesten Darstellungen des Wesens der *Tauba*. Wenn wir eine Sünde begehen, wenden wir uns zunächst an Allah, um unsere Sünden zu bedauern (»Es tut mir leid«), dann bitten wir sowohl Allah als auch diejenigen, die wir verletzt haben, um Vergebung und Reinigung von den Folgen unserer Sünde (»bitte vergib mir«). Dann danken wir Allah für die Einladung, in Seine Umarmung der Liebe und Akzeptanz zurückzukehren (»ich danke dir«), und schließlich nehmen wir uns vor, ein Leben zu führen, das auf die vereinigende Liebe Allahs ausgerichtet und in ihr verwurzelt ist, damit wir denselben Fehler nicht wiederholen (»ich liebe dich«).

Bei der *Tauba* bitten wir Gott nicht nur um Vergebung, sondern auch darum, dass wir zu Ihm zurückgeführt werden. Der erste Schritt dieser Rückkehr beginnt, indem wir uns eingestehen, wo und wie sich unser Herz von Ihm abgewandt hat. Wir müssen es zulassen, die Schuld und Reue zu spüren, die aus der Abwendung von Gott resultieren. Wir sind nicht dazu aufgerufen, uns selbst zu bestrafen, sondern die aufrichtige Trauer darüber zuzulassen, dass wir uns von Gott abgewandt haben.

Sobald wir eine Verbindung zu unserem Bedauern und unserer Schuld hergestellt haben, wollen wir einen Blick dafür entwickeln, wo wir diese Gefühle in unserem Körper festhalten. Wenn wir spüren, wo wir Widerstand, Angst, Schuldgefühle, Enttäuschung oder andere aufkommende Gefühle in uns tragen, sind wir bereit, mit der Heilbehandlung der *Tauba* zu beginnen.

Wir beginnen damit, dass wir unsere Hände dort platzieren, wo wir das Gefühl haben, die Last der Sünde zu tragen, und wir bitten Allah darum, Sein heilendes Licht an diesen Ort des Schmerzes zu bringen. Sobald wir Allah unsere Absicht mitgeteilt haben, atmen wir tief ein, und beim Ausatmen rezitieren wir *Astaghfirullah*, was »Ich bitte Allah um Vergebung« bedeutet. Wenn wir diese Rezitation bewusst wiederholen und diesen heiligen Ausspruch an die Orte bringen, an denen wir uns eingeengt fühlen, spüren wir allmählich einen blühenden Frieden in uns.

*»Derjenige, der stets Allah um Vergebung bittet, dem zeigt Allah bei jeder Bedrängnis einen Ausweg auf, erspart ihm jegliche Sorge und beschert ihm Versorgung in der Weise, mit der er nie gerechnet hätte.«*[14]

PROPHET MUHAMMAD ﷺ

Obwohl *Astaghfirullah* eines der gebräuchlichsten Bittgebete für Vergebung ist, ist eines der tiefgründigsten und bekanntesten Bußgebete auf Arabisch *Astaghfirullah al-'Adhim al-ladhi la Ilaha illa Hu al-Hayy al-Qayyum wa atubu ilaih*, was übersetzt bedeutet: »Ich suche Vergebung bei Allah, dem Mächtigen, neben dem niemand anbetungswürdig ist, dem Lebendigen, dem Ewigen, und ich wende mich Ihm in Reue zu.«

Der Prophet ﷺ sagte, dass uns, wenn wir uns an die Rezitation dieses Bittgebets gewöhnen, durch die unendliche Gnade Gottes vergeben wird, selbst wenn unsere Sünden so umfassend wären wie der Schaum auf den gewaltigen Ozeanen der Erde.[15]

## Rückkehr auf den Pfad der Liebe

Bei der Reue geht es nicht um Bestrafung, sondern um die Rückkehr auf den Pfad der Liebe. Wir sind aufgerufen, im Feuer der Reue zu sitzen, um uns von der Neigung zu erlösen, zu derselben Sünde zurückzukehren.

*»Aufrichtige Reue bedeutet, dass wir im Herzen Trauer empfinden, mit der Zunge um Vergebung bitten und die Absicht haben, es nie wieder zu tun.«*

IMAM ALI

Jeder Augenblick bietet die Gelegenheit, sich Gott zuzuwenden. Reue und Gewissensbisse sind nicht dazu da, um sich selbst zu bestrafen, sondern um die Sehnsucht unseres Egos nach weltlichen Begierden durch Demut und das Bedürfnis nach Allah zu verringern. Verstärkte Gewissensbisse oder Schuldgefühle sind nicht dasselbe wie Scham, denn aufrichtige Schuld ist ein Produkt unseres reinen Gewissens, das uns daran erinnert, wer wir sind, indem es uns von der Sünde abwendet und uns zu unserer innewohnenden Gutheit zurückführt. Während die Schuld uns sagt, dass etwas, was wir *getan* haben, falsch ist, sagt uns die Scham, dass *wir* falsch sind. Wenn wir auf Sünde mit Scham reagieren, laufen wir Gefahr, uns in unseren Fehlern zu suhlen, anstatt unsere Bedürftigkeit anzuerkennen und Gott um Hilfe zu bitten.

Zwar können Sünden die angeborene Gutheit unserer Seele verschleiern, doch sie können sie nicht verändern. Wenn unser Selbst wirklich schlecht wäre, würde Buße gar keinem Zweck dienen, denn dann hätten wir in uns kein authentisches gutes Selbst, das zu Gott zurückkehren könnte. So wie das Polieren nur dann einem Zweck dient, wenn sich unter dem Schmutz ein Diamant verbirgt, bringt auch die Reue nur dann etwas, wenn sich unter dem Staub des Vergessens und der Sünde von Natur aus eine gute Seele befindet. Wie Rumi einst sagte: »Wenn sie dich fragen: ›Wie lange willst du im Feuer kochen?‹, dann sage: ›Bis ich rein bin.‹«

Reue ist der Schlüssel, mit dem wir das Gefängnis unserer begrenzten Selbstwahrnehmung aufsperren und ihm entkommen können, sodass wir sehen können, was hinter der Oberfläche dessen, was uns widerfahren ist, liegt; was die Welt von uns hält; dass sich hinter unseren Taten und Worten eine reine Seele befindet, die heilig und vollkommen schön ist. Vielleicht hat der Prophet Muhammad ﷺ genau aus diesem Grund gesagt: »Bei Allah, ich bitte Allah um Vergebung und wende mich Ihm reumütig zu, mehr als siebzigmal am Tag.«[16]

Reue und Gottesgedenken helfen, den Rost vom Spiegel unseres Herzens wegzupolieren, sodass wir die Schönheit Allahs sehen können, die sich ständig in uns widerspiegelt. Wenn wir uns daran erinnern, wer Gott ist, wenn wir Ihn lobpreisen, wenn wir uns bedürftig und verzweifelt nach Seiner Vergebung sehnen, wird uns bewusst, wer wir jenseits der Last unserer Sünden wirklich sind. Reue bedeutet, unseren Ballast abzuwerfen, weil wir nun einsehen, dass Allah uns in Seiner Gnade nicht durch unsere vergangenen Taten definiert. Wie die Mystiker sagen: »Der Ozean lehnt keinen Fluss ab«, wie könnte also ein unendlich barmherziger Gott einen Sünder ablehnen? Wir sind der Vergebung Gottes nicht aufgrund unserer Reue würdig, sondern weil Gottes Barmherzigkeit alles umschließt, auch unsere Sünden. Deshalb sagen die Mystikerinnen und Mystiker in ihrer Reue zu Allah: »O Allah, lege Du Fürsprache für mich bei Dir selbst ein, und tu, was Deiner würdig ist, nicht was meiner würdig ist!«

> »Mein Herr, vergib und erbarme Dich, denn Du bist der Beste der Barmherzigen.« (23:118) Mein Herr, bringe mein Herz zu Dir zurück, wenn ich mich abwende. Erinnere mich an Dich, wenn ich vergesslich bin, und führe mich mit jedem Schritt, den ich mache, auf Deinen Pfad der Gnade. O Allah, lenke meinen Blick von meinen Fehlern auf Deine Barmherzigkeit. Mein Herr, hilf mir, in meiner Fehlerhaftigkeit eine Möglichkeit zu sehen, zu Dir zurückzukehren, und hilf mir, in meiner Gebrochenheit Deine heilende Kraft zu entdecken. O Allah, reinige meine Schändlichkeit mit dem Wasser Deiner Liebe und bedecke meine Sünden mit dem Mantel Deiner Vollkommenheit! In Deinem vergebenden Namen bete ich, amin.

## Reflexion: Die tieferen Dimensionen der *Tauba*

In jedem Augenblick unseres Lebens sind wir durch unsere Handlungen und Absichten entweder mit unserer Seele verbunden oder von ihr getrennt. Um sicherzustellen, dass wir uns nicht unbewusst dafür entscheiden, uns selbst zu unterdrücken, ist es hilfreich, täglich Rechenschaft abzulegen. Die folgende Übung ist eine einfache, aber wirkungsvolle Methode, die dir dabei hilft, ein bewusstes anstatt eines gewohnheitsmäßigen Lebens zu führen. Nimm dir dafür kommende Woche jeden Abend vor dem Schlafengehen fünf Minuten Zeit, um über deine Gedanken und Handlungen des Tages intensiv nachzudenken.

- Werde dir der Momente bewusst, in denen du Gott bezeugt, dein Herz geehrt und göttlichen Eigenschaften wie Liebe, Güte, Vergebung, Frieden und Einheit nachgeeifert hast.
- Feiere diese Momente und bedanke dich bei Allah dafür, dass Er dich durch Seine Eigenschaften näher zu sich gebracht hat.

- Wenn du die spirituellen Erfolge des Tages vollständig gewürdigt hast, mache dir deine Taten bewusst, in denen du kein Gottesbewusstsein gefühlt hast.

- Anstatt über dich zu urteilen oder dich zu beschämen, solltest du Allah dafür danken, dass Er dir deine Schwächen gezeigt hat, sodass du die Möglichkeit hast, deinen Kurs zu korrigieren.

- Nimm dir einen Moment Zeit, um die aufkommenden Gefühle der Reue zu erleben und zu verarbeiten, und nutze den Treibstoff des Bedauerns, um dich reumütig an Gott zu wenden, indem du sagst: »*Astaghfirullah al-'Adhim wa atubu ilaih*«, also »Ich suche Vergebung bei Allah, dem Mächtigen, und wende mich Ihm in Reue zu«.

- Wiederhole diese Rezitation 33- bis 100-mal.

- Sei dir der Situationen bewusst, in denen du vielleicht streng zu dir selbst bist. Erinnere dich daran, dass Allahs Barmherzigkeit größer ist und immer größer sein wird als deine schlimmsten Sünden. Lege deine rechte Hand auf die Mitte deiner Brust und nimm dir vor, dein Herz für Allahs liebevolle und barmherzige Vergebung zu öffnen.

- Erlaube dir, einen Moment der Dankbarkeit zu erleben, indem du sagst: »*Alhamdulillah*, ich danke Dir, mein Herr, dass Du mich zu Dir zurückgerufen hast, indem Du mich mit dem Bewusstsein gesegnet hast, dass ich mich abgewandt habe.«

- Nimm dir vor, die Aktivitäten, die dich Gott nähergebracht haben, öfter durchzuführen und die Handlungen, die dein Herz von Gott abgewandt haben, zu reduzieren.

- Das kann anfangs schwierig sein, deswegen wende dich immer wieder an Allah und bitte Ihn um Hilfe, sodass du im Einklang mit Ihm bleibst.

- Reflektiere und beobachte, wie sich dein Zustand im Laufe der Woche verändert. Führe ein Tagebuch und schreibe die Veränderungen, die du in dir siehst, auf.

*Asch-hadu an la Ilaha illa Allah*

ICH BEZEUGE, DASS ES KEINEN GOTT
AUSSER GOTT SELBST GIBT,

*wa asch-hadu anna Muhammadan Rasul Allah*

UND ICH BEZEUGE, DASS MUHAMMAD
DER GESANDTE GOTTES IST.

# 6

# SCHAHADA: DIE
# EKSTASE DER
# EINHEIT

Ein Suchender wird zum Muslim, indem er das Glaubensbekenntnis, bekannt als *Schahada*, verkündet. Die *Schahada* ist unser erstes Tor zum göttlichen Ozean des Islams. Sie schafft den Rahmen dafür, den Prozess der Hingabe an das Göttliche zu vertiefen, sowohl äußerlich als auch innerlich. Die *Schahada* beginnt mit der Absicht, das Herz von allen falschen Göttern zu befreien, seien es unsere Anhaftungen, Gelüste oder Überzeugungen, schon bevor wir die Existenz des einen wahren, erhabenen Gottes bezeugen. Der zweite Teil der *Schahada* besteht darin, das Prophetentum Muhammads ﷺ zu bezeugen, also die Absicht zu bekunden, in seine Fußstapfen zu treten. Wenn jemand aus dem Herzen heraus auf Arabisch erklärt: »*Asch-hadu an la Ilaha illa Allah; wa asch-hadu anna Muhammadan Rasul Allah*« – zu Deutsch: »Ich bezeuge, dass es keinen Gott außer Gott selbst gibt; und ich bezeuge, dass Muhammad der Prophet Gottes ist« –, so gilt er als Muslim.

Es ist wichtig, darauf hinzuweisen, dass der Glaube nichts ist, das wir erlangen oder verdienen müssen, sondern vielmehr die Reise, auf der wir enthüllen, was uns von Gott bereits zuteilwurde. Während der Unglaube zur Verdeckung des Selbst durch Illusionen und falsche Vorstellungen führt, die auf den Grübeleien des Egos beruhen, umfasst der Glaube die Reise der Enthüllung und Entdeckung des höheren Selbst. Das Wort »Unglaube« wird oft mit dem arabischen Wort *Kafir* gleichgesetzt, das wörtlich »derjenige, der die Wahrheit verdeckt« bedeutet. Wenn ein Bauer einen Samen in die Erde pflanzt und ihn mit Erde bedeckt, würde man auf Arabisch sagen, dass er *Kufr* begeht. In einem spirituellen Kontext ist ein *Kafir* jemand, der das unschätzbare Juwel des Glaubens in seinem eigenen Herzen verdeckt. Im Koran wird das Wort *Kufr* als Gegenteil von *Schukr* oder »Dankbarkeit« verwendet, denn das Verbergen der Wahrheit ist der größte Akt der Undankbarkeit. Im Koran heißt es: »Und wahrlich Wir gaben Luqman Weisheit: ›Sei Allah dankbar; denn wer dankbar ist, der ist nur zu seinem eigenen Besten dankbar. Und wer undankbar ist [*kafara*] – siehe, Allah ist unabhängig und rühmenswert.‹« (31:12) Für den Muslim ist ein wahrer Ungläubiger nicht jemand, der wirklich nach der Wahrheit sucht, sondern jemand, der sich der Existenz Gottes bewusst ist, sich aber aus Arroganz oder Undankbarkeit weigert, Ihm zu gehorchen. Mit anderen Worten: Ein *Kafir* zu sein könnte als Zustand des Widerstands gegen den natürlichen Zustand des Menschseins verstanden werden.

Dennoch ist es wichtig, darauf hinzuweisen, dass man nie jemanden dazu zwingen kann, zu konvertieren oder die Botschaft des Islams anzunehmen. Das Verdienst und der Wert des Glaubens liegen in der Freiheit des Menschen, zu entscheiden, ob er das annimmt, was Gott ihm bereits gegeben hat oder nicht. Aus diesem Grund sagt Allah im Koran sehr deutlich: »Es gibt keinen Zwang im Glauben.« (2:256) Jeder einzelne Mensch auf der Erde trägt das Saatgut des Glaubens bereits in sich; wie dieses Saatgut aufgeht, hängt davon ab, was Gott für ihn vorgesehen hat und in welchem Maße er sich spirituell anstrengt.

*»Und wer an Allah glaubt, dessen Herz leitet Er recht.«*

**KORAN 64:11**

Wenn Gott möchte, dass der Mensch das Unkraut der Falschheit und die Schleier der Täuschung entfernt (*La Ilaha*), wird die göttlich gesäte Saat des Glaubens in der Allgegenwart Seines Lichts ganz natürlich aufblühen (*illa Allah*). Es gibt eine lustige und tiefgreifende Geschichte des witzigen Mullah Nasruddin, in der auf wunderbare Weise der Gedanke beschrieben wird, dass wir Menschen eine Schatztruhe sind und die Edelsteine des Glaubens sich in uns befinden und nicht außerhalb.

Eines Nachts befand sich Mullah Nasruddin auf Händen und Knien unter einer Straßenlaterne vor seinem Haus, als ein paar seiner Nachbarn zu ihm kamen und ihn fragten, was er da mache. Der Mullah antwortete: »Ich habe meine Schlüssel verloren!« Seine Nachbarn beschlossen, dem Mullah bei der Suche nach seinen Schlüsseln zu helfen. Nach etwa 20 Minuten fragte einer seiner Nachbarn: »O Mullah, weißt du noch, wann du deine Schlüssel zuletzt hattest?« Der Mullah antwortete sehr selbstbewusst: »Ja! Ich war in meinem Haus.« Die Nachbarn sahen sich alle verwirrt an, bis einer von ihnen fragte: »Warum suchen wir sie dann hier draußen auf der Straße?«

Gelassen erwiderte der Mullah: »Weil das Licht hier besser ist. Mein Haus ist um diese Uhrzeit düster.« Dann stand der Mullah auf, schaute jedem verwirrten Nachbarn ins Gesicht und sagte dann: »Wie oft suchst du draußen in der Welt nach den Schlüsseln, die sich in dir befinden? Bereise nicht die Welt auf der Suche nach Antworten, die bereits in der Schatztruhe deines Herzens liegen. Die Frage und die Antwort kommen vom selben Ort. Habe den Mut, in dich einzutauchen, denn dort gibt es viele Schlüssel und Perlen, die darauf warten, entdeckt zu werden.«

Was wir suchen, befindet sich bereits in uns selbst und kann nicht in der äußeren Welt gefunden werden. Wie Rumi sagt: »Warum klopfst du an jede Tür? Geh und klopfe an die Tür zu deinem eigenen Herzen.«

## *Schahada*, Teil 1: »Ich bezeuge, dass es keinen Gott außer Gott gibt«

OUnsere Aufgabe auf der Erde besteht nicht darin, in der äußeren Welt nach Gott zu suchen, sondern in unser Inneres zu schauen und uns daran zu erinnern, wie nahe Er uns bereits ist. In der Tat bedeutet das Wort *Schahada* nicht nur »bezeugen«, sondern bezieht sich außerdem auf etwas, das sichtbar bezeugt wird; nämlich das Zeugnis der Seele über die Herrschaft und die Einheit Allahs während des Bundes von Alast.[1] Wenn wir im gegenwärtigen Moment die Einheit Gottes bezeugen, bekräftigen wir damit unser Zeugnis über Gott in einer subtilen Welt jenseits unserer Vorstellung von Raum und Zeit. Wenn wir *La Ilaha illa Allah* sagen, sagen wir nicht nur: »Es gibt keinen Gott außer Gott selbst«, sondern auch, dass es nichts Wirkliches in der Existenz gibt außer Gott, denn Er ist sowohl der Ursprung aller Existenz als auch das einzige Ziel der Rückkehr.

So wie jede Zahl, die durch unendlich geteilt wird, gegen Null geht, geht im Verhältnis zu Gottes unendlicher, ewiger Natur jede endliche Form gegen das Nichts.

> »Alle, die auf der Welt sind, werden vergehen; bleiben wird (nur) das Angesicht deines Herrn, Besitzer der Erhabenheit und Ehre.«
>
> KORAN 55:26-27

In ein anderes Ziel, ein anderes Ergebnis oder einen anderen Bestimmungsort als Gott zu investieren, ist wie in der Wüste in Eis zu investieren; mit verstreichender Zeit ist man zur Niederlage verdammt. Wenn wir unsere Wünsche zu unseren Göttern machen, befinden wir uns in einem ständigen Zustand der Unruhe und Instabilität, da unsere Gefühle ständig schwanken und sich wandeln werden. Wenn wir mehrere Formen zu unserem Gott machen, erleben wir einen ständigen Zustand des Chaos, denn die Koexistenz mehrerer Willen resultiert in Reibungen, die zu einer Disharmonie führen (21:22). Wo es eine Trennung gibt, gibt es Meinungsunterschiede, die Konflikte und Widerstand verursachen. Deshalb heißt es im Koran: »Allah prägt als Gleichnis dasjenige von einem Mann, in dem sich (mehrere) Herren (als Eigentümer) teilen, die sich miteinander nicht vertragen, und einem Mann, der nur einem Herrn gehört. Sind die beiden im Gleichnis etwa gleich?« (39:29) Wenn man diese Welt als seinen Gott annimmt, wird man zum Diener alles Erschaffenen; wenn man allerdings Allah als seinen einzigen Herrn annimmt, dann wird einem alles auf dieser Erde in der Mission dienen, göttliche Liebe und Güte zu verbreiten.

Alle Propheten Gottes wurden mit derselben Botschaft gesandt, um die Menschen an die Singularität und die Herrschaft Gottes zu erinnern. Im Koran heißt es: »Und Wir haben ja bereits in jeder Gemeinschaft einen Gesandten erweckt: ›Dient Allah und meidet die falschen Götter.‹« (16:36) Nur wenn wir unseren Willen dem Willen eines einzigen, erhabenen Gottes unterordnen und jede Trennung in der Umarmung des Göttlichen auflösen, kann unser Herz endlich den himmlischen Frieden schmecken, den es so verzweifelt sucht. Der Prophet ﷺ bestätigt dies mit den Worten: »Wer in der Überzeugung gestorben ist, dass es keinen Gott außer Gott selbst gibt, wird ins Paradies eintreten.«[2]

Um die Kraft von *La Ilaha illa Allah* besser zu verstehen, hilft es, den Satz in zwei Teile zu zerlegen: *La Ilaha* (»Es gibt keinen Gott«) und *illa Allah* (»außer Gott«). Wenn wir den Satz auf diese Weise zerlegen, können wir erkennen, dass von uns nicht nur die Erklärung der Existenz Gottes verlangt wird, sondern auch die Erklärung der Nichtexistenz von allem anderen in der Schöpfung. Wenn wir Einsamkeit oder Hoffnungslosigkeit verspüren und uns fragen, warum Menschen uns immer verlassen müssen, warum nichts ewig währt, warum sich alles um uns herum wie eine Illusion anfühlt, dann befinden wir uns in einem Zustand von *La Ilaha*, der ein heiliger Teil des Prozesses ist, solange wir mit *illa Allah* fortfahren. Das Gefühl, dass diese flüchtige Welt uns im Stich lassen wird, enthält Wahrheit, doch wenn wir an diesem Ort der Verneinung verharren, werden wir von Gottes Liebe und Fürsorge abgeschirmt.

*Setze keinen Punkt an eine Stelle, wo Gott ein Komma
gesetzt hat, denn Gottes Plan geht weit über deinen Zweifel
und deine Angst hinaus.*

Wenn du deine Emotionen als Bahnhöfe betrachtest, durch die du fährst – und nicht als dein endgültiges Ziel –, werden deine Gefühle nicht deinem Glauben (*Iman*) entgegenstehen, sondern können sogar dazu beitragen, dass dein Glaube stärker wird. Wir müssen lernen, uns Gott in Gänze zu übergeben, und darauf vertrauen, dass Er die Situation im Griff hat. Solange wir unbeirrt auf dem Weg zu Gott weitergehen, werden unsere Einsamkeit, Trauer und Isolation perfekte Wegbereiter für den Glauben sein.

Das Schlimmste, was wir tun können, ist zu denken, dass etwas, das wir fühlen, so falsch und schrecklich ist, dass wir uns infolgedessen von Gott isolieren und glauben, wir seien nicht würdig, in Seiner Gegenwart zu sein. Wir müssen bedenken, dass Allah keine Vollkommenheit von uns erwartet; schließlich hängt unser Selbstwertgefühl nicht von uns ab, sondern von Gott. Wenn wir unsere Armut, unsere Bedürftigkeit und unsere Nichtigkeit zu Gott bringen, begegnet Er uns mit Seiner Großzügigkeit (*al-Karim*), Seiner Fähigkeit, alle Bedürfnisse zu erfüllen (*as-Samad*), und Seinem Reichtum (*al-Ghaniyy*). So wie du die Jalousien öffnen musst, wenn du möchtest, dass Licht in dein Zimmer eindringt, so musst du dein Herz für das Licht Allahs öffnen, wenn du möchtest, dass sich die Schatten und Finsternisse in deinem Wesen auflösen. Im Kern ist die gesamte Existenz nur ein Abglanz des Lichts der Gnade Gottes, das sich in verschiedenen Formen manifestiert.

*»Es gibt nur ein Licht, und ›du‹ und ›ich‹ sind Löcher im
Lampenschirm.«*

**MAHMUD SCHABESTARI,
PERSISCHER DICHTER DES 14. JAHRHUNDERTS**

Die Trennung von Gott, die wir empfinden, besteht nur aus einer Illusion, denn ganz gleich, wo wir uns befinden, Er ist mit uns. Die »Entfernung« zwischen Gott und uns resultiert aus unserer Unachtsamkeit.

Deshalb hilft es uns in Situationen der Unsicherheit, des Zweifels oder der Trennung von Gott, uns zu setzen und den Ausspruch *La Ilaha illa Allah* zu wiederholen. Diese Praxis des Gedenkens lässt das Licht Gottes durch unsere Schleier des Vergessens scheinen und erinnert uns an unsere Nähe zum Göttlichen. Bei der Rezitation dieser heiligen Worte ist es hilfreich, sich vorzustellen, dass die Leidenschaft, die uns zur Suche nach Gott inspiriert, eine Blume ist, die aus den Samen des Glaubens erblüht und die Gott selbst in unsere Seelen gepflanzt hat. Wie Rumi sagt: »Wir klopfen alle von innen an« – in der Sehnsucht nach dem, was wir bereits sind, doch noch erkennen müssen.

*La Ilaha illa Allah* ist der Akt, die Schleier der Schöpfung abzulegen, nur um festzustellen, dass sich hinter allem Erschaffenen der Duft eines unerschaffenen Schöpfers verbirgt. Es bedeutet, das Endliche zu entfernen, um das Unendliche zu finden; die Vielheit zu entfernen, um Einheit zu finden. Das Herz, das *La Ilaha illa Allah* verwirklicht, wird zum metaphorischen Thron Gottes, denn wenn wir unser Herz von allem Erschaffenen leeren, bleibt nichts anderes übrig als ein polierter Spiegel, der den ewigen Schöpfer reflektiert. Wie Rumi sagt: »Du musst deine Hand öffnen, um gehalten zu werden.« Du musst zuerst deinen Kelch von allen Illusionen leeren, damit er mit dem Licht Allahs gefüllt werden kann. Du musst loslassen, was vergänglich ist, um in der Gegenwart des Ewigen zu sein.

Das, was wir in unseren Herzen tragen, ist auch das, was wir bewusst und unbewusst bezeugen. Deshalb beginnt die *Schahada* mit der Entleerung von allen falschen Götzen, an denen wir bewusst oder unbewusst festgehalten haben. Eine Möglichkeit, den Wert dieser Leere in Bezug zu *La Ilaha illa Allah* zu verstehen, besteht in der Betrachtung des Buchstaben *Alif*. Im Hebräischen ist *Alif* oft ein stummer Buchstabe, der die Struktur eines Wortes zusammenhält. In der Kabbala oder jüdischen Mystik heißt es, *Alif* sei das Nichts, das die gesamte Existenz zusammenhält.

Da wir im Zustand der Leere den Raum für alles schaffen, muss die Verneinung *La Ilaha* vorangehen, bevor *illa Allah* diese Leere füllen kann.

Wenn wir sagen: »Es gibt keinen Gott außer Gott selbst«, bezieht sich das erstgenannte »Gott« direkt auf falsche Götzen wie materiellen Reichtum, Menschen, unsere Begierden und alles, was wir neben Allah verehren. So wie man, wenn man eine neue Software herunterlädt, zuerst die alte Version deinstallieren muss, müssen wir, bevor wir die Einheit Gottes erklären, alle Götzen, die wir in uns tragen, verneinen. Der spirituelle Wert dieser Verneinung wird in der folgenden Geschichte auf humorvolle Weise zum Ausdruck gebracht:

> Eine mystische Meisterin namens Radiyya war einst von der göttlichen Liebe so überwältigt, dass sie laut verkündete: »O Allah, ich bin nichts, ich bin ein Niemand, ich bin weniger wert als der Morgentau, der sich in der Gegenwart Deines Lichts auflöst!«
>
> Einer von Radiyyas Schülern ließ sich von den Worten seiner Lehrerin inspirieren und beschloss, auch seine Nichtigkeit vor der Majestät Allahs zu erklären. Als Radiyya die Äußerungen ihres Schülers hörte, wandte sie sich an ihn und sagte: »Für wen hältst du dich denn, dass du erklärst, du seist nichts?«

Radiyya erinnert uns mit dieser Geschichte daran, dass das Nichts oder die Vernichtung der Bindung an das Ego vor Allah eine hohe Stufe ist. Schließlich ist das Nichts oder die Leere (*La Ilaha*) die Vorstufe zur wahren Verkörperung des Glaubens (*illa Allah*).

Wenn wir *La Ilaha illa Allah* zwischen uns und der Welt platzieren, wird der nötige Raum geschaffen, damit wir auf eine gesunde Weise mit der Welt interagieren können. Ein *Schahid* oder Zeuge des Egos zu sein, stellt psychologisch betrachtet eine Tür zu geistiger und emotionaler Befreiung dar, denn der erste Schritt zur Veränderung ist die Schaffung des Raums, um sich der Notwendigkeit einer Veränderung bewusst zu werden. Wenn wir zu sehr in unsere Gefühle oder die Prüfungen, denen wir ausgesetzt werden, verstrickt sind, ist es, als würden wir versuchen, eine Zeitung zu lesen, indem wir unser Gesicht in die Seiten pressen. Kontemplation und Meditation über *La Ilaha illa Allah* als Mittel zur Loslösung von der Welt und unserem Ego schaffen den nötigen Raum, um die Ereignisse in unserem Leben betrachten zu können, anstatt von ihnen getriggert und beherrscht zu werden.

Wenn wir die Bedeutung von *La Ilaha illa Allah* in Gänze verinnerlicht haben, wird uns bewusst, dass wir, wohin wir uns zwischen Osten und Westen auch wenden, nur das Antlitz Gottes sehen. Nichts existiert ohne Gottes Gnade und ohne Seine ständige Erhaltung. Aus diesem Grund weisen alle Dinge auf Gott zurück, und zwar aufgrund ihrer bloßen Existenz. In der folgenden Geschichte wird dies veranschaulicht:

> Ein großer Mystiker sah einst einen Jungen mit einer angezündeten Kerze und wollte ihn etwas über das Geheimnis des Lebens lehren. Er zeigte auf die Flamme und stellte ihm die folgende Frage: »Woher kommt denn dieses Licht?« Der Junge schaute verwirrt auf das Licht und wandte sich schließlich zum Mystiker. Plötzlich blies der Junge die Kerze aus und sprach: »Aber wo ist es hin?« Der Mystiker war sprachlos. Das Kind hatte eine tiefe Wahrheit enthüllt: Der Ort, von dem das Licht stammte, war derselbe Ort, an den es schließlich zurückkehren würde.

Dieser Abschnitt veranschaulicht den Vers *Inna lillahi wa inna ilaihi radschi'un*, »Wir gehören Allah, und zu Ihm kehren wir zurück« (2:156). In der Einzigartigkeit Allahs sind Anfang und Ende, Vergangenheit und Gegenwart, Form und Essenz auf eine Weise integriert und vereint, dass sie den Verstand erschüttern. *La Ilaha illa Allah* wahrhaftig zu verwirklichen, bedeutet zu begreifen, dass wir vollständig von Gott abhängig sind. Jede Trennung verschwindet im Angesicht des Göttlichen; es gibt keinen Mann, keine Frau, kein Äußeres oder Inneres, denn in der Umarmung Seiner allumfassenden Liebe vereinigen sich die Flüsse der Vielheit im Ozean Seiner Einheit.

## *Schahada,* Teil 2: »Ich bezeuge, dass Muhammad der Prophet Gottes ist«

Sobald ein Suchender das der Seele innewohnende Wissen um die Existenz Gottes und das dringende Bedürfnis nach göttlicher Fürsorge verwirklicht hat, stellt sich unweigerlich die Frage, was er mit diesem Wissen anfangen soll. Für den Muslim ist der Prophet Muhammad ﷺ die Antwort auf diese Frage. Während des 23-jährigen Zeitraums, in dem der Koran offenbart wurde, wurden seine Worte nicht in einem Format niedergeschrieben, das für die breite Masse zugänglich war. Wenn die Anhänger des Propheten ﷺ an den Koran dachten, dachten sie höchstwahrscheinlich an das Gesicht des Propheten ﷺ sowie seine Stimme, die die Worte der Offenbarung vortrug. In gewissem Sinne waren die von Gott herabgesandte Botschaft und der Gesandte untrennbar miteinander verbunden. Der Prophet Muhammad ﷺ ist für das islamische Glaubensbekenntnis von grundlegender Bedeutung, denn er ist Repräsentant dessen, wie der Glaube an die Singularität Gottes in die Tat umgesetzt aussieht. Er wird als eine »Barmherzigkeit für alle Welten« und als »erleuchtende Lampe« der Rechtleitung und Einsicht auf dem Weg der Rückkehr zu Gott beschrieben (21:107, 33:46).

Er ist nicht nur ein Gesandter, sondern eine Verkörperung der Botschaft – ein »wandelnder Koran«, ein Vollmond, der die Sonne der göttlichen Einheit widerspiegelt.[3] Er ist der Inbegriff dessen, was es bedeutet, die menschliche Bestimmung zu verwirklichen, welche darin besteht, zugleich der demütige Diener Gottes und Sein auserwählter heiliger Vertreter auf Erden zu sein. Indem wir seinem Beispiel folgen, können wir die Wahrheit von der Illusion unterscheiden.

Die Wichtigkeit dessen, in die Fußstapfen des Propheten Muhammad ﷺ zu treten, lässt sich sehr schön an einem Phänomen aus dem Radsport, dem sogenannten Windschattenfahren, veranschaulichen. Wenn Radfahrer in einer Gruppe fahren, bricht der Anführer der Gruppe den Wind, wodurch ein Luftzug entsteht, durch den die ihm folgenden Radfahrer mit weniger Anstrengung deutlich schneller fahren können. Im Grunde genommen fahren alle Muslime im Windschatten des Propheten ﷺ auf dem Weg zu Gott. Er durchbricht die Winde des Zweifels, der Hoffnungslosigkeit und der Angst durch seine Führung und ermöglicht es uns, mit dem geringsten Widerstand auf dem geraden Weg der Liebe zu fahren.

Im Koran wird der Prophet Muhammad ﷺ zwar als »das Siegel der Propheten« (33:40) bezeichnet, doch er ist nicht nur das letzte Kapitel des Prophetentums, er ist die Bindung des Buches der Prophetie. Die Botschaft, mit der er gesandt wurde, umfasst die Essenz aller göttlich herabgesandten Offenbarungen, die vor ihm kamen. Wie ein geometrisches Gebilde, das im Teil dasselbe Bild trägt wie im Ganzen, trug die wahre Offenbarung, die allen Propheten Gottes gesandt wurde, dieselbe Botschaft der Einheit Gottes, die mit dem Propheten Muhammad ﷺ gesandt wurde. Im Koran werden die Muslime aufgefordert, das Folgende auszusprechen: »Wir machen keinen Unterschied bei jemandem von Seinen Gesandten.« (2:285) Wenn jeder Prophet Gottes einen Teil im Puzzlebild der Offenbarung darstellt, wird Muhammad ﷺ als das letzte Stück gesehen, das zur Vollendung der göttlichen Botschaft führte. Er wird weder als göttlich noch als engelhaft, sondern als normalsterbliches menschliches Wesen angesehen, das in die heilige Gegenwart Gottes eingebettet war (18:110). Es wird gesagt, dass er sich beim Beten so sehr seiner selbst entledigt hat, dass in ihm nur noch Gott präsent war. Er verzichtete in seinem Fasten nicht nur auf Nahrung und Wasser, sondern auf alles, was sich zwischen seiner Seele und seinem Herrn befand. Er widmete nicht nur sein Geld und seine Zeit den Bedürftigen, sondern opferte vor Allah sein ganzes Wesen als Almosen.

Der Prophet ﷺ verwirklichte die wahre Bedeutung von *La Ilaha illa Allah*, indem sein Wille vollständig mit dem Willen Gottes eins wurde. Aus diesem Grund waren die Taten des Propheten ﷺ ein Abglanz der auf der Erde manifestierten Eigenschaften Gottes. Über das Wesen dieser Rangstufe spricht Allah folgendermaßen:

> *»Ich bin sein Gehör, mit dem er hört, sein Augenlicht, mit dem er sieht, seine Hände, mit denen er festhält, und seine Füße, mit denen er läuft. Und wenn er Mich bittet, dann werde Ich es ihm gewiss geben, und wenn er bei Mir Zuflucht sucht, dann werde Ich sie ihm gewiss gewähren.«*[4]

**ALLAH**

Der Prophet Muhammad ﷺ ist nicht nur derjenige, der die Landkarte der Rechtleitung enthüllt, sondern er selbst ist eine lebendige Version dieser Karte. Deshalb sagt Allah im Koran: »Wer dem Gesandten gehorcht, der gehorcht Allah.« (4:80) Der Prophet ﷺ ist ein reiner Spiegel des Göttlichen, ein vollkommenes Instrument des göttlichen Willens im Dienst der gesamten Menschheit.[5] Genauso wie die vorigen Propheten hat Allah den Propheten Muhammad ﷺ als »Frohbote« von Gottes Barmherzigkeit und Vergebung, als »Warner« vor Gottes Gerechtigkeit und als Mahner gesandt, der uns daran erinnert, dass unsere Taten Konsequenzen haben (2:119).

Der Prophet ﷺ wurde nicht als König gesandt, damit er die Welt regiert, sondern damit er wie die demütige Erde ist – ein sicherer Ort für diejenigen, die Angst haben; ein Wegweiser für diejenigen, die sich verirrt haben; im Dienst der Armen und eine Inspiration für alle, die ihre Hoffnung verloren haben. Er wurde nicht gesandt, um aus schlechten Menschen gute zu machen, sondern, wie es im Frühling der Fall ist, um die toten Samenkörner des Glaubens durch göttliche Barmherzigkeit und Licht wieder zum Leben zu erwecken.

## Wer war der Prophet ﷺ?

Die Abstammung des Propheten Muhammad ﷺ wird auf den Propheten Abraham zurückgeführt, der von vielen Juden, Christen und Muslimen als der Vater des Monotheismus angesehen wird.[6] Der Prophet Muhammad ﷺ wurde 570 n. Chr. in Mekka geboren und verstarb im Jahr 632 im Alter von 62 Jahren in Medina. Als er 40 Jahre alt war, sandte Gott ihm den Engel Gabriel, um ihm die ersten Worte des Korans zu offenbaren.

Nachdem er einige Zeit damit verbracht hatte, den Menschen um sich herum im Privaten zu predigen, befahl Gott dem Propheten Muhammad ﷺ schließlich, die polytheistischen Araber öffentlich zum Monotheismus aufzurufen. Bevor der Prophet ﷺ dem Stamm der Quraisch in Mekka verkündete, dass er von Gott als Prophet auserwählt wurde, um den Koran zu offenbaren, sagte er: »O Quraisch! Wenn ich euch berichten würde, dass sich hinter diesem Berg eine Armee befindet, die euch angreifen will, würdet ihr mir glauben?« Sie antworteten: »Ja sicher, wir haben von dir noch nie eine Lüge gehört und kennen dich als jemanden, der immer die Wahrheit spricht.«[7]

Die Menschen in Mekka vertrauten Muhammad ﷺ so sehr, dass sie ihn *as-Sadiq*, den Wahrhaftigen, und *al-Amin*, den Vertrauenswürdigen, nannten. Trotz seines tadellosen Rufs der Ehrlichkeit lehnte die überwältigende Mehrheit der Mekkaner ihn als Propheten Gottes ab. Nichtsdestotrotz predigte der Prophet Muhammad ﷺ weiterhin die Botschaft des Islams, obwohl er auf starken Widerstand stieß, sowohl von vielen Mitgliedern seiner erweiterten Familie als auch von den mächtigsten Stammesführern Mekkas.

Nachdem der Prophet ﷺ mehrere Jahre lang ständige emotionale und körperliche Übergriffe durch die Mekkaner ertragen hatte, verließ er Mekka und fand Zuflucht in der Stadt Yathrib, dem heutigen Medina in Saudi-Arabien. Die Führung durch den Propheten ﷺ und die wachsende Popularität des Monotheismus bedrohten die Wirtschaft der Mekkaner unmittelbar, da Mekka als Zentrum der Götzenanbetung bekannt war.

Um einen großen Krieg zu vermeiden, schlossen die Muslime und die Mekkaner den Vertrag von Hudaibiyya. Oberflächlich betrachtet schien dieser Vertrag die Mekkaner zu begünstigen, aber da er den Muslimen eine viel freiere Religionsausübung ermöglichte, führte er dazu, dass immer mehr Menschen zum Islam fanden. In Bezug auf diesen Vertrag sagt Allah im Koran: »Gewiss, wir haben euch einen deutlichen Sieg verliehen.« (48:1)

Fast zwei Jahre nach der Unterzeichnung des Vertrags von Hudaibiyya verstießen die Mekkaner gegen seine Bedingungen und machten ihn damit zunichte. Daraufhin kehrte der Prophet Muhammad ﷺ mit 10 000 seiner Anhänger nach Mekka zurück und nahm die Stadt kampflos ein. In einem Akt unvergleichlicher Barmherzigkeit vergab der Prophet ﷺ all jenen, die ihn und seine Anhänger mehrere Jahre lang misshandelt hatten.

In den letzten Jahren seines Lebens legte der Prophet ﷺ seinen Fokus auf den Schutz der muslimischen Grenzen vor Invasionen und das Schließen von Friedensbündnissen mit den verschiedenen kriegerischen Stämmen Arabiens. Erst im letzten Jahr seines Lebens, im Jahr 632, begab sich der Prophet ﷺ auf seine erste und einzige *Haddsch* nach Mekka.[8] Barmherzigkeit, Nachsicht, Glaube und Geduld waren jene Eigenschaften, die den Propheten ﷺ während der wechselnden Gezeiten seines Lebens stets begleiteten; heute, mehr als 1 400 Jahre nach seinem Tod, prägen sie immer noch die Art und Weise, wie der Islam auf der ganzen Welt praktiziert wird.

## Inspirierende Geschichten aus dem Leben des Propheten ﷺ

Einer der vielen Gründe, warum der Prophet Muhammad ﷺ von Muslimen und Nichtmuslimen auf der ganzen Welt respektiert und verehrt wurde, lag in seiner Ehrlichkeit und der einzigartigen Fähigkeit, eine friedliche Lösung für Konflikte zu finden, mit denen seine Gemeinschaft konfrontiert war. Es gibt zahlreiche Geschichten, die die edlen Eigenschaften des Propheten ﷺ belegen. Die folgende allgemein bekannte Geschichte unterstreicht auf wunderbare Weise die Fähigkeit des Propheten ﷺ, Probleme auf eine friedliche Weise zu lösen, die auch den Zusammenhalt zwischen Menschen gestärkt hat:

Eines Tages, als die Kaaba noch ein Bauwerk war, das Hunderte von Götzenbildern von verschiedenen Stammesangehörigen beherbergte, die zu Pilgerfahrten und zum Handel nach Mekka reisten, wurde sie durch ein Feuer beschädigt.[9] Während der Renovierung der Kaaba beschlossen die Anführer der verschiedenen Stämme Mekkas, den heiligen Schwarzen Stein (*al-Hadscharu al-Aswad*), der sich in der Nähe der Mauern der Kaaba befand, zu entfernen, bis die Bauarbeiten abgeschlossen waren.[10] Als die Mauern der Kaaba fertiggestellt waren, begannen die Stammesführer von Mekka, darüber zu streiten, wem die Ehre gewährt werden sollte, den Schwarzen Stein an seinen heiligen Platz zurückzuführen.

Bevor der Stolz und die Egos der Anführer zur Eskalation des Konflikts führten, schlug ein Ältester vor, die Entscheidung des Mannes zu akzeptieren, der als nächstes den Bezirk der Kaaba betreten würde. Wie Allah es bestimmt hatte, war Muhammad ﷺ, der damals noch nicht zur Prophetie berufen wurde, der erste Mann, der die Tore durchquerte.

Nachdem Muhammad ﷺ den Grund ihres Konflikts in Erfahrung gebracht hatte, nahm er ein Stück Stoff, legte den Schwarzen Stein darauf und bat jeden Stammesführer, eine Ecke des Tuchs festzuhalten, damit sich jeder Stamm gleichermaßen geehrt fühlte. Alle Stammesgenossen vereinigten sich und brachten den Stein zur Kaaba. Dann platzierte Muhammad ﷺ den Stein an seinem rechtmäßigen Platz.

Schon einige Jahre, bevor er öffentlich zum Propheten wurde, demonstrierte Muhammad ﷺ seine angeborene Fähigkeit, Probleme auf kreative Art und Weise zu lösen und Zusammenhalt in der Gemeinschaft zu schaffen, ohne einen Beteiligten unzufrieden zu stimmen.[11] Von Beginn seines Lebens an suchte der Prophet Muhammad ﷺ nach Wegen, um Frieden und Einigkeit unter den Geschöpfen seines Herrn zu schaffen.

Wenn du das Leben des Propheten ﷺ studierst, wirst du bemerken, dass es ihm nicht darum ging, Macht, Geld oder Ruhm zu erlangen, sondern dass sein einziges Ziel darin bestand, das Gefallen seines liebenden Herrn zu gewinnen. Als einer der Gefährten des Propheten ﷺ seine Wohnräume sah, brach er in Tränen aus. Als der Prophet ﷺ fragte, warum er weinte, sagte er, dass er es nicht ertragen konnte, dass der Prophet Gottes ﷺ auf einer Matte schlief, die so rau war, dass sie Spuren auf seinem Körper hinterließ, während die Könige von Persien und Rom in Luxus und Komfort lebten. Der Prophet ﷺ erinnerte seinen Gefährten daran, dass ihm die Annehmlichkeiten dieses Lebens nichts bedeuteten.

Vielleicht lag dies daran, dass seine Augen auf das Jenseits gerichtet waren, wo die Annehmlichkeiten niemals enden, wo die Schönheit unvergleichlich ist und wo er vor allem seinem Herrn ganz nahe sein kann.[12]

Obwohl der Prophet ﷺ die gesamte Schatzkammer des Islams unter seiner Verfügungsmacht hatte, weigerte er sich, davon etwas zu nehmen, um auch nur seine grundlegendsten Bedürfnisse zu erfüllen. Er war ein ruhiger und bescheidener Mann, der sich trotz der Berufung, die Gott ihm gegeben hatte, nie für besser hielt als andere. Auch wenn Muhammad ﷺ der hochgeschätzte letzte Prophet Gottes war, ein Anführer der Muslime und ein Richter, melkte er immer noch seine eigene Ziege,[13] stopfte die Löcher in seiner Kleidung und half seiner Familie bei den Hausarbeiten.[14]

Im Koran heißt es: »Ihr habt ja im Gesandten Allahs ein schönes Vorbild, (und zwar) für einen jeden, der auf Allah und den Jüngsten Tag hofft und Allahs viel gedenkt.« (33:21) Durch das Leben des Propheten ﷺ lernen wir, wie wir die Lehren des Korans in die Praxis umsetzen können. Viele Muslime lesen die Geschichten des Propheten ﷺ und folgen seiner Sunna oder Tradition, um anhand des Beispiels zu lernen, wie man barmherzig, vergebend und gütig sein kann, selbst wenn die Menschen harsch, hasserfüllt und verletzend zu einem sind.

> Eines der deutlichsten Beispiele für das Mitgefühl des Propheten ﷺ wird in der Geschichte einer alten Frau veranschaulicht, die in seiner Nachbarschaft lebte und ihn jeden Tag mit Müll bewarf, weil sie seinen religiösen Ansichten vehement widersprach. Eines Tages bemerkte der Prophet ﷺ, dass seine Nachbarin nicht wie üblich draußen war, um ihn zu belästigen. Als er sich nach ihrem Aufenthaltsort erkundigte und daraufhin erfuhr, dass sie krank war, ging er zu ihr, um zu sehen, ob sie etwas brauchte. Als sie ihn sah, war sie gedemütigt von seinem Mitgefühl und erstaunt über seine sanftmütige Art, die sie dazu bewegte, Muslimin zu werden.[15]

Ein anderes Mal, als seine Gefährten ihn darum baten, die Götzendiener von Mekka zu verfluchen, die die Muslime belästigten und körperlich misshandelten, antwortete der Prophet ﷺ folgendermaßen:

»Wahrlich, ich bin nicht gesandt worden, um zu verdammen, sondern nur als eine Barmherzigkeit.«[16] Auch als der Prophet ﷺ in die Stadt Taif ging und dort mit einem Steinregen und Schimpfwörtern empfangen wurde, betete er nicht gegen sie, sondern betete in der Hoffnung, dass ihre Nachkommen vielleicht im Glauben an die Botschaft der göttlichen Liebe heranwachsen würden.[17]

Der Prophet ﷺ war dazu geneigt anzunehmen, dass das Gute, das sich im Herzen aller Menschen befindet, jeden Moment aufblühen kann, wenn Gott es will. Seine Augen waren wie spirituelle Röntgenstrahlen, die hinter die Oberfläche der Geschehnisse blickten. Er sah die Blume im Samenkorn, die Morgendämmerung in der Nacht und den Vollmond in der Mondsichel. Er sah das Beste im Menschen, er sah ihr größtes Potenzial und bewässerte diese Realität in ihnen mit der Aufrichtigkeit seiner Worte und dem Licht seiner Liebe.

Die Macht der Präsenz des Propheten Muhammad ﷺ wird im Koran widergespiegelt; das Wort, das im Koran verwendet wird, um das Sonnenlicht zu beschreiben, ist dasselbe Wort, das verwendet wird, um das erleuchtende Wesen des Propheten ﷺ zu beschreiben. In Bezug auf die Sonne sagt Allah im Koran: »Segensreich ist derjenige, der im Himmel Türme gesetzt und darin einen Lichtkörper [*siradschan*] und einen leuchtenden Mond gesetzt hat!« (25:61) Und den Propheten ﷺ beschreibt Allah im Koran als »einen, der zu Allah mit Seiner Erlaubnis ruft, und als eine lichtspendende Leuchte [*siradschan*]« (33:46). So wie die Sonne untergeht, aber nicht verschwindet, mag der Prophet Muhammad ﷺ gestorben sein, aber das Licht der Botschaft, die er in diese Welt zu bringen berufen war, spiegelt sich weiterhin in den mondähnlichen Herzen seiner aufrichtigsten Anhänger.

Da der Prophet ﷺ als ein menschliches Wesen und nicht als Gott gesehen wird, schafft seine Menschlichkeit eine Brücke des Verständnisses zwischen seinem Leben und dem Leben aller anderen Menschen. Wenn du jemals ein Außenseiter, ein Flüchtling oder ein Fremder in einem Land fernab deiner Heimat warst, dann wisse, dass der Prophet ﷺ genau weiß, wie sich das anfühlt, denn er wurde aufgrund seines Glaubens an den einen Gott aus seiner Heimat vertrieben. Wenn du jemals jemanden verloren hast, den du liebst, und die Trauer dir dein Herz bricht, dann wisse, dass der Prophet ﷺ weiß, wie du dich fühlst, denn er verlor die Liebe seines Lebens, Chadidscha, und alle seine Söhne in jungen Jahren. Wenn du früh in der Kindheit oder auch später im Leben deine Eltern verloren hast, dann wisse, dass der Prophet ﷺ die stille Last gespürt hat, die du trägst, denn er verlor seinen Vater vor seiner Geburt, und seine Mutter verstarb, als er sechs Jahre alt war. Wenn du dich jemals von deinen Freunden oder deiner Familie abgelehnt gefühlt hast, dann wisse, dass der Prophet ﷺ von seinen Nachbarn und nahen Verwandten verbal und körperlich schikaniert wurde. Wenn du jemals im Herzen deiner Seele gespürt hast, dass du zu einem Zweck auf diese Erde geschickt wurdest, den die Menschen um dich herum nicht verstehen oder unterstützen, dann wisse, dass auch der Prophet ﷺ viele Jahre lang zu kämpfen hatte, bevor die Botschaft der göttlichen Barmherzigkeit angenommen wurde.

Der Prophet ﷺ weiß, wie es sich anfühlt, dort zu sein, wo du bist, und er hat die Gipfel erreicht, nach denen du dich sehnst. Nimm den Propheten Muhammad ﷺ in deinen größten Erfolgen und verheerendsten Misserfolgen als deinen Wegweiser, denn das Beispiel seines Lebens ist ein Kompass, der dich in ein Paradies der Zufriedenheit führen wird.

## Der Prophet ﷺ erinnert uns daran, wer wir sind

Im Koran ehrt Allah den Propheten Muhammad ﷺ mit den Worten: »Und du bist fürwahr von edler Natur.« (68:4) In esoterischen Kommentaren haben Gelehrte darauf hingewiesen, dass Allah oft, wenn er »du« sagt und liebevoll den Propheten Muhammad ﷺ anspricht, gleichzeitig die innere Reinheit der gesamten Menschheit adressiert. Jeder Mensch ist aus einem einzigen Wesen erschaffen worden (7:189). Wenn wir also über die schönen Eigenschaften des Propheten Muhammad ﷺ sowie der Propheten, die vor ihm gesandt wurden, nachdenken und sie miterleben, beginnen wir, Einblicke in die angeborene Schönheit unserer eigenen Seele zu gewinnen. So wie du dich nicht nach etwas sehnen kannst, das du noch nie probiert hast, kannst du auch nicht in einem anderen Menschen eine Eigenschaft sehen, die du in dir selbst noch nie gekostet hast. Der Prophet Muhammad ﷺ bringt die verschiedenen Geschmacksrichtungen der göttlichen Namen zum Vorschein, die im Rezept jeder menschlichen Seele verborgen sind.

*Wie die Mystiker sagen: »Der Lehrer entzündet das Licht; das Öl befindet sich bereits in der Lampe.«*

Allah sagt im Koran: »Und Wir haben ja bereits in jeder Gemeinschaft einen Gesandten erweckt« (16:36), denn nur durch einen Propheten, der das göttliche Wort in die Tat umsetzt, können wir wirklich erfahren, was es heißt, ein Leben in Hingabe an Gott zu führen. So wie wir die Leistung eines Sportwagens nicht anhand eines schlechten Fahrers beurteilen würden, können wir den Islam nicht durch die Handlungen eines vermeintlichen Muslims verstehen, der die Gesetze der Liebe, die den Kern der Religion bilden, nicht beachtet. Der Weg des Islams lässt sich am besten durch das Beispiel eines vollkommenen Muslims verstehen, und das ist niemand anderes als der Prophet Muhammad ﷺ. Das Leben der von Gott auserwählten Propheten ist für die Menschheit der perfekte Kommentar zu den Offenbarungen. Die Propheten sind wie ein Platzhalter für eine höhere Frequenz des Seins.

Wenn wir uns an den Propheten ﷺ wenden und ihn segnen, ziehen wir uns spirituell selbst in eine höhere Schwingung, die es uns ermöglicht, das zu sehen, was wir in der Dunkelheit der Unwissenheit nicht sehen konnten. Die Segenswünsche für den Propheten ﷺ sind ein Akt der Anbetung, denn wir folgen während der Segnung einem Gebot Gottes. Im Koran heißt es: »Siehe, Allah und Seine Engel segnen den Propheten. O ihr, die ihr glaubt! Sprecht den Segenswunsch für ihn und begrüßt ihn mit dem Friedensgruß.« (33:56) Wenn wir uns an die Reinheit des prophetischen Lichts (*Nur Muhammadi*) erinnern und uns diesem zuwenden, öffnet sich das Gute, das sich in der Seele jedes Menschen befindet, und blüht auf. Wenn wir Segenswünsche an den Propheten ﷺ

senden, senden wir auch uns selbst die Wünsche des Friedens, denn der Prophet ﷺ ist ein Abglanz der reinsten und am besten ausgerichteten Aspekte unseres eigenen Wesens. Schließlich werden wir nicht durch Kritik oder die Beschämung unserer Sündhaftigkeit dazu motiviert, uns zu bessern, sondern durch das Erleben unseres größtmöglichen menschlichen Potenzials.

Je mehr wir über die menschliche Psychologie erfahren, desto mehr erkennen wir die Wichtigkeit der Propheten in unserem Leben, denn durch sie wird unsere begrenzte Sichtweise der Realität erweitert. Das folgende Beispiel des Läufers Roger Bannister veranschaulicht dies perfekt:

> Im Jahr 1954 war Roger Bannister der erste verzeichnete Läufer der Geschichte, der eine Meile in weniger als vier Minuten rannte. Faszinierenderweise wurden nur wenige Jahre nach Bannisters historischem Lauf mehr als ein Dutzend Läuferinnen und Läufer registriert, die eine Meile in weniger als vier Minuten liefen. Bannister brach nicht nur einen Rekord, er durchbrach auch die psychische Hürde der Menschen und zeigte somit, was physisch möglich war.[18] In ähnlicher Weise sandte Gott Propheten auf die Erde, um die mentalen Hürden des konventionellen Denkens zu überwinden, indem er die Möglichkeiten des menschlichen Potenzials durch göttlichen Beistand und Gnade aufzeigte.

Der Prophet Muhammad ﷺ wird nicht nur mit der Sonne verglichen, sondern steht auch symbolisch für den Vollmond, weil er der göttlichen Sonne der Wahrheit gänzlich ins Angesicht blickte und gesandt wurde, um die dunklen Nächte unserer Seelen zu erhellen. Er verkörperte die göttliche Botschaft durch seine Sanftmut, seine Barmherzigkeit, seine liebevolle Güte und sein versöhnliches Wesen. Seine Taten enthüllten den Geist der Schrift, seine Worte klärten falsche Wahrnehmungen im Verständnis der Offenbarung, sein Charakter verkörperte das Musterbeispiel der Anbetung und er wurde zu einem menschlichen Beispiel dafür, was es bedeutet, die Wahrheit von Gottes Einheit in die Tat umzusetzen. Der Prophet ﷺ wurde gesandt, um uns zu lehren, wie man das Herz durch die Praxis der Reue (*Tauba*) und des Gedenkens (*Dhikr*) von den niederen Eigenschaften des Egos wie Eifersucht, Neid, Habgier, Lust und Hochmut reinigen kann. Der Prophet ﷺ hat uns gelehrt, dass das, was wir in der Welt sehen, ein Spiegelbild dessen ist, was wir in uns tragen, und dass wir unser Herz verändern müssen, um unser Leben verändern zu können.

> *Wenn wir Gutes tun, aber ein verdorbenes Herz haben, befinden uns im Zustand der Heuchelei. Wenn wir ein gutes Herz haben, aber keine guten Taten vollbringen, befinden wir uns im Zustand der Illusion.*

Der Prophet Muhammad ﷺ wurde gesandt, um uns zu lehren, wie wir die innere Läuterung mit dem äußeren Gehorsam in Einklang bringen können, damit wir auf unserer spirituellen Reise einen Zustand der Vollendung erreichen können. Wie der Prophet ﷺ selbst sagte: »Ich bin gekommen, um die edlen Charaktereigenschaften zu vervollkommnen.«[19] Der Prophet ﷺ hat uns gezeigt, dass es bei der Führung nicht nur um Autorität geht, sondern dass es vielmehr darum geht, die Herzen durch Liebe zu beeinflussen und ein Leben zu führen, das der Nachahmung wert ist.

## Das prophetische Licht der Weisheit

Die prophetische Aufgabe, Einheit und Frieden durch das Licht der Weisheit zu inspirieren, wird in der folgenden von Rumi erzählten Geschichte auf wunderschöne Weise illustriert:

Ein wohlhabender Mann gab vier Fremden eine einzige Goldmünze und erteilte die Anweisung, diese solle unter ihnen geteilt werden. Der erste Fremde war Perser und sagte: »Ich will *Angur*!« Die zweite war Araberin und sagte: »Ich möchte *'Inab* kaufen!« Der dritte war Türke und sagte: »Ich möchte weder *Angur* noch *'Inab*, ich will *Üzüm*!« Die vierte war eine Griechin, die sagte: »Ich will nichts von diesen Dingen, ich will *Stafil*!« Da keiner der vier Fremden die Sprache des anderen sprach, begannen sie zu streiten.

Ein weiser Mann, der viele Sprachen beherrschte, traf auf die vier streitenden Menschen und fragte, ob er helfen könne. Als die vier Fremden ihm in ihren verschiedenen Sprachen erzählten, was passiert war, lächelte der weise Mann und sagte: »Ah, nun, ich kann die Wünsche von euch allen mit einer einzigen Münze erfüllen. Vertraut mir, und ich werde eure Münze erscheinen lassen, als wären es vier, und eure vier Wünsche werden sich vereinen.« Rumi sagt uns daraufhin: »Nur ein Mensch mit solcher Weisheit könnte wissen, dass jeder in seiner Sprache dasselbe wollte: Trauben. Viele Kulturen, Ideen und Religionen haben viele Gemeinsamkeiten, doch sie sind sich dessen nicht bewusst.«[20]

Die Propheten sind wie die Weisen; sie wurden von Gott auserwählt, um die tiefe Wahrheit weiterzugeben, dass wir alle, ganz gleich wie wir das Objekt unserer Suche nennen, in Wirklichkeit nach dem Einen streben: Allah. Manche nennen es Gerechtigkeit (*al-'Adl*), Liebe (*al-Wadud*) oder Einssein (*al-Ahad*). Andere nennen es Reichtum (*al-Ghaniyy*), Bewusstheit (*al-Chabir*), Größe (*al-Kabir*) oder Gott (*Allah*). Letztlich verweisen diese Namen jedoch auf denselben singulären Gott, der sich durch das Antlitz Seiner unendlichen Eigenschaften offenbart. Alle Propheten seit der Zeit Adams wurden allein aus dem Grund gesandt, um offenzulegen, dass hinter der Illusion der äußeren Formen nichts als der Widerschein von Allahs Namen existiert. Weil der Prophet Muhammad ﷺ zu den himmlischen Zielen gereist ist, die wir zu erreichen anstreben, hat er sich als der perfekte Wegweiser erwiesen, um uns Gott, dem Erhabenen (*al-'Aliyy*), näher zu bringen.

Der Prophet Muhammad ﷺ kam, um die göttliche Botschaft des reinen Monotheismus in ihrer Gesamtheit zu verkünden, weshalb du, wenn du sein Prophetentum bestätigst, gleichzeitig jeden göttlich gesandten Propheten bestätigst, der vor ihm kam. Auf dem Weg zu Gott brauchen wir Wegweisung, denn als endliche Wesen können wir einen unendlichen und ewigen Schöpfer nicht verstehen, wenn Er uns nicht sagt, wer Er ist. Obwohl wir nicht genau wissen können, wer Gott ist, denn »Nichts ist Ihm gleich« (42:11), wird uns durch das Beispiel des Propheten Muhammad ﷺ und der Propheten vor ihm gezeigt, wie wir unser Leben in Beziehung zu

Gott leben können. Die Propheten sind Wegweiser, die uns zeigen, wie wir durch die Erfahrung der göttlichen Namen *von* Allah *zu* Allah gelangen. Diese manifestieren sich sowohl in uns als auch äußerlich durch seine glorreiche Schöpfung.

Während der erste Teil der *Schahada* die Singularität Gottes erklärt, bestätigt der zweite Teil die Gültigkeit des Glaubens, indem wir in unseren Handlungen der Wegweisung des letzten Propheten ﷺ folgen, der zu den Menschen gesandt wurde. Wenn wir dem Propheten ﷺ folgen, folgen wir nicht einem sterblichen Menschen, sondern lassen uns vom Licht Gottes leiten, das durch die Lampe der Gegenwart des Propheten ﷺ scheint. Wir beten nicht den Boten an, sondern denjenigen, der die Botschaft gesandt hat, denn während alle Menschen eines Tages sterben werden, bleibt das Licht der Botschaft Gottes ewig. Wir sind aufgerufen, unsere Seelen tief im Meeresgrund des göttlichen Lichts zu verankern, denn wenn die Sonne der Liebe Gottes aufgeht, schmilzt die dunkle Nacht der Verzweiflung dahin. Wenn Gott die Illusion der Trennung aufdeckt und Sein Gesicht zeigt, wird nichts anderes als die Symphonie des Friedens durch die Saiten der Existenz erklingen.

> *O Allah, lass uns nie vergessen: »Es gibt keinen Gott außer Dir! Preis sei Dir!« (21:87). Mein Herr, hilf uns, dass wir uns nur an Dich wenden, um Hilfe und Führung zu erhalten. O Allah, hilf uns, nur Dich anzubeten und keine Unterschiede zwischen Deinen Gesandten zu machen. »Asch-hadu an la Ilaha illa Allah wa asch-hadu anna Muhammadan Rasul Allah.« Ich bezeuge, dass es keinen Gott außer Gott selbst gibt. Und ich bezeuge, dass Muhammad ﷺ der Gesandte Gottes ist.« Mein geliebter Herr, lass das Licht Deines Propheten ﷺ auf dem Weg der Wahrheit leuchten, so wie die Gesandten vor ihm den Weg der Wahrheit für ihre Gefolgschaft erleuchtet haben. »Unser Herr, wir glauben an das, was Du (als Offenbarung) herabgesandt hast, und folgen dem Gesandten. So schreibe uns auf unter die Zeugnis Ablegenden!« (3:53) In Deinem vereinigenden Namen bete ich, amin.*

## Reflexion: *La Ilaha illa Allah*

*La Ilaha illa Allah* ist einer der mächtigsten sakralen Sätze im Islam. Die folgende Übung ist eine einfache, aber tiefgreifende Methode, um für die Segnungen dieser heiligen Rezitation empfänglich zu werden:

- Suche dir einen bequemen Sitzplatz und stelle deine Füße auf den Boden.
- Verbinde dich mit deinem Atem. Nimm dein natürliches Atemmuster wahr.
- Nimm dir vor, dich von allem anderen als Allah abzuwenden.
- Sprich *La Ilaha illa Allah* 33- bis 100-mal aus.
- Sobald du dich beim Rezitieren wohlfühlst, versuche, die Worte zu dehnen, um die wahre Wirkung jedes Buchstabens zu spüren.
- Dehne das *La* und *ha* in *La Ilaha* und betone das *Il*.
- Betone das *ill* in *illa Allah*, während du das *ah* in *Allah* dehnst.
- Alles zusammen wird dann als *Laaaaa ILahaaaaa ILLa Allahhhhhhh* ausgesprochen.
- Wiederhole diese Übung fünf Minuten lang.
- Achte darauf, wie du dich vor und nach dieser Übung fühlst.

## Reflexion: Die Verbindung mit dem Licht des Propheten Muhammad ﷺ herstellen

Der Prophet Muhammad ﷺ ist mehr als ein Gesandter – denn er trägt das Licht der Botschaft. Wenn wir dem Propheten ﷺ Segenswünsche zukommen lassen, schließen wir uns den Engeln an, die seine schöne Seele loben, steigen in den Fluss seines Lichts und werden durch die Nachahmung seiner Vortrefflichkeit von unseren Unreinheiten gereinigt. Die folgende Übung führt direkt zur Erfahrung dieses mächtigen Prophetischen Lichts oder *Nur Muhammadi*:

- Suche dir einen bequemen Sitzplatz und stelle deine Füße auf den Boden.

- Verbinde dich mit deinem Atem. Beobachte dein natürliches Atemmuster.
- Sobald du dich energiegeladen und ruhig fühlst, bitte Allah: »O Allah, hilf mir, mein Herz zu öffnen und meiner Seele zu erlauben, vom heiligen Licht Deines Propheten ﷺ zu trinken.«
- Nimm noch ein paar Atemzüge und öffne dich mehr für das Prophetische Licht.
- Wenn du dich bereit fühlst, beginne *Allahumma salli 'ala Sayyidina Muhammadin wa Aalihi wa Sahbihi wa sallim*, zu wiederholen, also »O Allah! Sende Deinen Segen über unseren Meister Muhammad und seine Familie und seine treuen Gefährten und schenke Frieden.«
- Wiederhole diesen Satz sowohl leise als auch laut und beobachte den Unterschied.
- Denke darüber nach, dass du, wenn du dem Propheten ﷺ die Segenswünsche schickst, auch dich selbst segnest, denn er ist wie ein polierter Spiegel – was immer du auf den Propheten ﷺ scheinen lässt, reflektiert zu dir zurück.
- Lege deine Hand auf deine Brust und bringe dein Bewusstsein zu deinem Herzen, wiederhole dann Allahumma salli 'ala Sayyidina Muhammadin wa Aalihi wa Sahbihi wa sallim mindestens 33-mal.
- Nimm dir zwei bis drei Minuten Zeit, um alle Erkenntnisse und Gefühle aufzuschreiben, die du währenddessen in dir spürst.
- Wiederhole diese Übung immer wieder, wenn du das Gefühl hast, von deiner wahren Essenz getrennt zu sein.

»O die ihr glaubt, gedenkt Allahs in häufigem Gedenken und preist Ihn morgens und abends.«

KORAN 33:41-42

»Allah preist (alles), was in den Himmeln und was auf der Erde ist, (Ihn), den König, den Heiligen, den Allmächtigen und Allweisen.«

KORAN 62:1

»Und sucht Hilfe in der Standhaftigkeit und im Gebet! Es ist freilich schwer, nur nicht für die Demütigen.«

KORAN 2:45

# 7

# *SALAH:* WIE WIR UNS AUF DIE GÖTTLICHE LIEBE EINSTIMMEN

D as arabische Wort für das rituelle Gebet ist *Salah* und stammt von den drei Wurzelbuchstaben *Sad, Lam, Wau,* die auf eine Bedeutung wie »Bittgebet, eng folgen, verbinden, befestigen und zusammenbinden« hindeuten.[1] Wenn wir beten, lösen wir uns von der Matrix dieser Welt und verbinden uns mit der göttlichen Realität der Wahrheit (*al-Haqq*). Das *Salah* ist ein tägliches körperliches Gebet, bei dem sanfte, yogaähnliche Bewegungen mit speziellen Rezitationen aus dem Koran kombiniert werden, um Körper, Geist und Seele in der Anbetung Allahs zu vereinen. Es ist eine Ladestation, an der wir aufgefordert werden, uns fünfmal am Tag mit der Quelle zu verbinden und die Batterie unseres spirituellen Herzens durch die elektrische Liebe Gottes erneut aufzuladen.

Allah sagt: »Und Ich habe die Dschinn und die Menschen nur (dazu) erschaffen, damit sie Mir dienen.« (51:56) Der Zweck unserer Schöpfung besteht darin, unseren Herrn zu kennen, zu lieben und schließlich anzubeten, indem wir ein Instrument Seiner bedingungslosen Liebe werden. Das *Salah* ist wie eine Antenne, die unser Bewusstsein auf den Sender der göttlichen Liebe ausrichtet, der ständig in unser Universum ausgestrahlt wird.

Allah sagt im Koran: »Und Er ist mit euch, wo immer ihr auch seid« (57:04), und dass Er euch näher ist als eure Halsschlagader (50:16). Das Gebet ist also kein Mittel, um Gott näher zu kommen, sondern eine Möglichkeit, uns daran zu erinnern, wie nahe wir Seiner allumfassenden Gegenwart bereits sind.

> *»Und wenn dich Meine Diener nach Mir fragen, so bin Ich*
> *nahe; Ich erhöre den Ruf des Bittenden, wenn er Mich anruft.*
> *So sollen sie nun auf Mich hören und an Mich glauben, auf*
> *dass sie besonnen handeln mögen.«*

**KORAN 2:186**

Wenn wir Gott aufrichtig bitten, antwortet Er auf unseren Ruf und offenbart uns Seine Nähe. Wenn wir uns Gott zuwenden und unser Selbstbild hinter uns lassen, erkennen wir, dass wir nicht von diesem Universum getrennt sind, dass Gott nicht in einem weit entfernten zukünftigen Himmel ist, sondern dass alles in dieser Schöpfung hier und jetzt nach Gott greift und Ihn widerspiegelt.

> *»Deine Aufgabe besteht nicht darin, nach Liebe zu suchen,*
> *sondern lediglich darin, alle Barrieren in dir selbst zu suchen*
> *und zu finden, die du gegen die Liebe errichtet hast.«*

**RUMI**

So wie Wasserräder das Wasser aus einem strömenden Fluss in einen fruchtbaren Garten heben, so zieht das Gebet unser Bewusstsein aus dem Fluss unserer flüchtigen Gedanken in den Garten der ewigen Seele. Das Gebet besteht aus mehr als nur körperlichen Bewegungen; es besteht aus mehr als nur lobenden Worten und Demutsgesten. Wenn wir beten, schließen wir uns der Umlaufbahn der Liebe an: Wir fließen mit den Flüssen, schwanken mit den Bäumen im Wind, tanzen mit dem Mond und singen mit den Vögeln. Wenn wir beten, verbinden wir uns mit dem, was ist und was immer war, im ständigen Lobpreis des Göttlichen.

> »Siehst du nicht, dass sich vor Allah (jeder) niederwirft, wer
> in den Himmeln und wer auf der Erde ist, und (auch) die
> Sonne, der Mond und die Sterne, die Berge, die Bäume und
> die Tiere und viele von den Menschen?«
>
> KORAN 22:18

Beim Gebet geht es nicht um Bestrafung oder Belohnung, sondern darum, eine innige Verbindung zu Gott zu pflegen. Das eigentliche Ziel des Gebets besteht nicht darin, ein bestimmtes Ergebnis zu erreichen, sondern ein intimes Gespräch mit deinem Herrn zu führen.

## Das Gebet ist für *dich*

Gott braucht unsere Anbetung nicht, deshalb ist unser Gebet nicht für Gott, sondern für den Schutz unserer eigenen Seelen (45:15). Wenn wir mit dem Beten aufhören würden, wenn wir eine Sünde begehen, gäbe es keinen einzigen Betenden mehr auf dieser Erde. Es ist menschlich, Sünden zu begehen; aus diesem Grund sind nicht diejenigen gläubig, die perfekt sind, sondern diejenigen, die zu Gott zurückkehren, nachdem sie vom Weg abgekommen sind.

> »Komm, komm, wer immer du bist, Wanderer,
> Götzenanbeter, du, der du den Abschied liebst, es spielt keine
> Rolle. Dies ist keine Karawane der Verzweiflung. Komm,
> auch wenn du deinen Schwur tausendfach gebrochen hast.
> Komm, komm, und noch einmal, komm!«
>
> RUMI

Beim *Salah* geht es nicht darum, ein bestimmtes Resultat zu erreichen, sondern darum, unter den Wasserfall der Barmherzigkeit Allahs zu treten, der sich immer über uns ergossen hat und dies auch weiterhin tun wird. Wir sollten niemals zögern, zu Gott zu beten, weil wir uns zu unvollkommen, unwürdig oder sündig fühlen, denn obwohl unsere

Ehrerbietung gegenüber Gott durch unsere fehlbare sterbliche Natur begrenzt ist, ist Gottes Barmherzigkeit für uns endlos und hört niemals auf.

*Wir beten Gott nicht an und verkünden seine Größe, weil*
*Er vergisst, wie groß Er ist, sondern weil wir vergessen, wie*
*klein wir sind und wie sehr wir Seiner Gnade bedürfen.*

Das Gebet ist ein göttlicher Segen, weil es von Natur aus die Schleier zwischen Gott und uns entfernt und uns in unseren natürlichen Zustand der Liebe zurückbringt. Im Koran heißt es: »Das Gebet hält davon ab, das Schändliche und das Verwerfliche (zu tun)« (29:45), weil es uns immer wieder daran erinnert, wer wir sind und warum wir hier sind; das Gebet kann unsere Seele von den Lasten dieser Welt befreien, indem es unsere Aufmerksamkeit ständig von der Schöpfung auf den Schöpfer lenkt.

Oft betrachten die Menschen das Gebet mit der Frage, welchen Nutzen sie daraus ziehen können. Aber beim Gebet geht es weniger um Gewinn, sondern vielmehr darum, alles loszulassen, was dich daran hindert, deine angeborene Ausrichtung auf Gott zu erleben. Das *Salah* wirft ein Licht auf die mentalen Götzen, die wir mit uns herumtragen und die uns daran hindern, uns Gott hinzugeben: Ob wir uns darüber Gedanken machen, was die Leute über uns denken; ob wir versuchen, unseren Plan für den Tag zu regeln; ob wir darüber nachdenken, wie wir unsere Rechnungen bezahlen oder wie wir erfolgreicher sein können – all die Ablenkungen, die wir während des Gebets erleben, sind Aspekte unseres Lebens, in denen Gott uns auffordert, uns Ihm hinzugeben. Hingabe bedeutet nicht, dass wir uns nicht mehr anstrengen, um die verschiedenen Probleme in unserem Leben zu lösen; Hingabe bedeutet vielmehr, dass wir nicht die Verantwortung für die Ergebnisse übernehmen. Erst wenn wir uns bewusst machen, was uns davon abhält, bei Gott zu sein, und unser Bewusstsein langsam zu Ihm zurückbringen, können wir Zufriedenheit spüren.

*Wenn wir nur beten, wenn uns danach ist, dann beten*
*wir nicht für Gott, sondern für bestimmte Empfindungen*
*unseres Egos.*

Das Gebet sollte nicht als Mittel zum Zweck benutzt werden, denn die Verbindung und das Gespräch mit Gott sind der alleinige Sinn des Lebens. Das *Salah* kann eine der besten Möglichkeiten sein, um Geduld und Dankbarkeit zu üben, denn wir sind aufgerufen, zu Gott zu beten, unabhängig davon, wie wir uns fühlen oder was wir gerade durchmachen. Wir sind dazu aufgerufen, beständig zu beten, auch an Tagen, an denen wir uns von Gott getrennt fühlen, denn Er ist nicht von uns getrennt. Wenn wir im Boden des Gebets verwurzelt sind, können wir in Zeiten des Segens dankbar und in Zeiten der Schwierigkeiten und Verzweiflung anmutig sein.

Manchmal denken wir so intensiv daran, was uns das Gebet bringt, dass wir es versäumen, für all das Unheil und die negativen Dinge dankbar zu sein, die das Gebet schützend von uns fernhält. Der Prophet ﷺ fragte seine Gefährten: »Sagt mir, wenn einer von euch einen Fluss vor seiner Tür hätte, in dem er fünfmal täglich badet, würde dann noch etwas von seinem Schmutz zurückbleiben?« Seine Gefährten sagten, dass kein Schmutz zurückbleiben würde. Der Prophet ﷺ sagte daraufhin: »Dies ist das Gleichnis des Gebets, mit dem Allah die Fehler auslöscht.«[2]

Das *Salah* ist der »zentrale Stab« des Glaubenszeltes, denn es enthüllt unsere inneren Götzen und verbindet uns mit dem Göttlichen.[3] Das Gebet ist wie eine spirituelle Dusche, die den Schmutz des Vergessens aus unserem Geist wäscht. Es ist wie eine Taschenlampe, die all die verborgenen Götzen und Barrieren ans Licht bringt, die wir vor Gott errichtet haben und die uns davon abhalten, voll und ganz in der Sonne Seiner ewigen Gegenwart zu baden, sodass wir uns reinigen können.

*Ablenkungen während des Gebets – etwa flüchtige Gedanken, Reue über Vergangenes und die Angst vor der Zukunft – sind Teil der Weisheit des Gebets.*

Folgendes ist wichtig zu verstehen: So wie unser Schatten wächst, wenn wir uns einer Lichtquelle nähern, so können der Teufel und die Stimmen der Finsternis erstarken und sich noch mehr anstrengen, uns vom Göttlichen abzubringen, wenn wir uns dem Licht Gottes nähern.

Wenn Allah jedoch ein Götzenbild oder eine Barriere aufdeckt, die wir zwischen Ihm und uns errichtet haben, geschieht dies nicht, um uns zu bestrafen oder zu beschämen, sondern als Ausdruck Seines tiefen Erbarmens, denn nur wenn wir uns eines Götzenbildes bewusstwerden, können wir mit dem Prozess der Beseitigung beginnen.

Das Gebet ist kein Mittel zur Vermeidung oder Unterdrückung unserer Gefühle; vielmehr sind wir im Gebet dazu aufgerufen, in der Gebrochenheit unserer Erfahrung zu stehen und uns an diesem Ort an Gott zu wenden. Gott möchte, dass wir mit unseren Problemen, Kämpfen und sogar unseren Götzen zu Ihm kommen. Gott möchte, dass wir uns Ihm hingeben, damit Er uns in unseren Urzustand zurückführen kann, den wir aufgrund von Sünden aus den Augen verloren haben. Der Prophet ﷺ sagte: »Das Gebet ist der Schlüssel zum Paradies«,[4] denn das Gebet verbindet uns mit Gott, läutert die Augen des Herzens und bringt uns auf den Weg der himmlischen Gärten zurück, die wir einst unser Zuhause nannten. In gewissem Sinne ist das Gebet keine Landkarte, die uns an einen unbekannten Ort führt, sondern eine Enthüllung dessen, was wir bereits sind.

## Gott gab das *Salah* dem Propheten ﷺ

Das *Salah* ist die einzige Säule des Islams, die dem Propheten ﷺ ohne die Vermittlung des Engels Gabriel direkt von Allah offenbart wurde. Durch die göttliche Offenbarung und die prophetische Inspiration spricht Gott direkt zu den Menschen. Es ist das Gebet, das uns ermöglicht, sowohl in unserem Namen als auch im Namen aller anderen Geschöpfe auf der Erde zu Gott zu sprechen und mit Ihm in Beziehung zu treten. Genau aus diesem Grund sagen wir, wenn wir in der Einsamkeit beten: »Dir allein dienen *wir*, und zu Dir allein flehen *wir* um Hilfe.« (1:5) In jedem Moment und durch alles, was Allah erschaffen hat, spricht Er zu uns, und das Gebet ist unsere Antwort darauf und ein Zeichen unserer Dankbarkeit.

*Wie die Mystiker sagen: »Wenn du keine Zeit hast, dich
dreißig Minuten lang an Gott zu erinnern, dann erinnere
dich eine Stunde lang an Ihn.«*[5]

Mit anderen Worten: Wenn du keine Zeit für den Schöpfer hast, dann
brauchst du das Gebet mehr, als du denkst. Das Gebet ist für die Seele
das, was ein erholsamer Nachtschlaf für den Körper ist. Was die meisten
Menschen nicht verstehen, ist, dass wir beim Beten die Herrschaft der
Zeit über uns zurückerobern. Um zu verstehen, wie das funktioniert,
sollte Folgendes bedacht werden: Der berühmte Physiker Albert Einstein
bewies mit seiner Relativitätstheorie, dass die Zeit relativ ist. Einsteins
Theorie besagt, dass sich die Zeit für ein Objekt verlangsamt, wenn es
sich der Lichtgeschwindigkeit nähert.[6] Ein einzelner Lichtstrahl, der sich
durch den Raum bewegt, befindet sich in einem ewig gegenwärtigen
Moment, ohne Vergangenheit und ohne Zukunft. Wenn wir es schaffen
würden, in eine Lichtwelle einzudringen, würde die Zeit stehen bleiben.
Deshalb beginnt sich die Zeit auszudehnen, wenn wir uns aufrichtig mit
der Gegenwart Allahs verbinden, der als »das Licht der Himmel und der
Erde« bekannt ist (24:35).

Im Koran heißt es: »ein Tag bei deinem Herrn ist wie tausend Jahre
nach eurer Berechnung« (22:47), denn je näher wir an die Schwerkraft
von Allahs unendlichem Licht herantreten, desto langsamer wird die Zeit.
Der Schlüssel, mehr Zeit zu haben, besteht nicht darin, sich zu beeilen,
sondern im achtsamen Gebet langsamer zu werden und dem Licht Gottes
zu erlauben, dich in Seine zeitlose Gegenwart zu ziehen. Die Engel wurden aus Licht erschaffen, das heißt, sie befinden sich mit ihrer Anbetung
und ihrem Lobpreis Gottes im gegenwärtigen Moment. Wenn wir achtsam mit unserem Körper und unserer Stimme beten, spiegeln wir den
Lobpreis der Engel in den höchsten himmlischen Gefilden wider.

Je mehr wir unser Ego demütigen und uns von der Illusion der
Trennung abwenden, desto näher kommen wir der Enthüllung der all-
umfassenden Einheit Allahs. Wenn wir die chaotischen Stimmen des
Verstandes ausschalten und uns stattdessen auf die sanfte Gegenwart

Gottes im Herzen einstellen, sind wir besser in der Lage, den kontinu-
ierlichen Strom von Gottes Führung zu hören. Aus diesem Grund wird
überliefert, dass die Seele des Gebets in der Niederwerfungsposition
ist, weil dies die einzige Position ist, in der das Herz über den Verstand
erhoben ist und als bewusster König des Körpers regiert. Wenn wir uns
niederwerfen, liegt der Kopf tiefer als das Herz, sodass Blut und Sauerstoff
leichter zum Gehirn fließen, was Studien zufolge dazu beitragen kann,
Stress und Depressionen abzubauen.[7]

Wenn wir in direktem Kontakt mit der Erde beten – so wie es die
Propheten taten – werden wir geistig, emotional und körperlich geheilt.
Dutzende von wissenschaftlichen Studien haben den Nutzen der »Erdung«
oder der körperlichen Verbindung mit der Erde nachgewiesen. Durch den
Kontakt unserer nackten Füße, Hände und Stirn mit der Erde können wir
schädliche elektrostatische Ladungen freisetzen, mit denen wir den ganzen Tag über bombardiert werden, und gleichzeitig heilende Elektronen
aus der Erde aufnehmen.[8] Diese Elektronen sind starke Antioxidantien,
die dabei helfen, freie Radikale, die Krankheiten und Entzündungen in
unserem Körper verursachen, zu neutralisieren und zu eliminieren.[9] Der
weltbekannte Kardiologe Dr. Stephen Sinatra sagte: »Erdung kann die bio-
elektrischen Schaltkreise, die deine Physiologie und deine Organe steuern,
wiederherstellen und stabilisieren, deine grundlegenden biologischen
Rhythmen harmonisieren, die Selbstheilungsmechanismen ankurbeln,
Entzündungen und Schmerzen reduzieren sowie deinen Schlaf und dein
Ruhegefühl verbessern.«[10]

Über das Potenzial der körperlichen Heilung hinaus dient die
Niederwerfung als Erinnerung an die Größe Allahs und unsere Demut
Ihm gegenüber. Der Prophet Muhammad ﷺ sagte: »Ein Diener kommt
seinem Herrn näher, wenn er sich niederwirft, also flehe Ihn an (in diesem
Zustand).«[11]

Der Prophet ﷺ warf sich manchmal so lange nieder, dass 50
Koranverse in dieser Zeitspanne rezitiert werden konnten.[12] Gleich einer
Welle, die in den Ozean zurückkehrt, fallen während der Niederwerfung

alle Sorgen der Welt von uns ab und es lösen sich alle Unterschiede auf, wenn wir in die Einheit Gottes eintreten.

> *»Wahrlich, wenn ein Diener zum Gebet aufsteht, werden seine Sünden auf seinen Kopf und seine Schultern gelegt. Jedes Mal, wenn er sich verbeugt oder niederwirft, fallen sie hinab.«*[13]

PROPHET MUHAMMAD ﷺ

Wie die Mystiker sagten: »Ein Gebet zu Gott befreit dich von tausend Niederwerfungen vor deinem Ego.« So wie Wasser ins Tiefland fließt, ist die demütige Haltung in der Niederwerfung ein Zustand, in dem wir die unendlichen Gaben empfangen können, die Allah für unser Erleben vorgesehen hat. Im Kern ist das Gebet das Öffnen und Entleeren unserer Hände, damit wir empfangen und erfahren können, wie Gott uns durch Seine Barmherzigkeit hält und durch Seine Großzügigkeit segnet. Wenn wir unser Ego Gott überlassen, offenbart sich die tiefe Verbindung, die wir mit unserem Herrn haben, abseits der Ablenkungen des Lebens. Die folgende Geschichte verdeutlicht unsere Verbundenheit mit der Gegenwart Allahs:

> Ein Pfeil durchbohrte einst das Bein des Imam Ali und aufgrund der unerträglichen Schmerzen war niemand in der Lage, den Pfeil zu entfernen. Jemand schlug vor, mit dem Entfernen des Pfeils zu warten, bis Imam Ali zu beten begann. Als er in das *Salah* vertieft war, betrat Imam Ali eine andere Wirklichkeit und löste sich in der Gegenwart Allahs so sehr von seinem Körper, dass seine Gefährten den Pfeil mit Leichtigkeit entfernen konnten.[14]

Imam Ali beherrschte *Chuschuʿ*, ein Gefühl der Scheu, Ehrfurcht und Demut vor der Größe Allahs. Der Koran fordert uns auf, mit *Chuschuʿ* und in voller Hingabe zu beten, indem Er sagt: »Den Gläubigen wird es ja wohl ergehen, denjenigen, die in ihrem Gebet demütig sind.« (23:1–2) Wie die Mystiker sagen: »Das Gebet ohne die Gegenwart des Herrn im Herzen ist kein Gebet.«

Die vorgeschriebenen fünf täglichen rituellen Gebete sollen eine Manifestation des inneren Gebets des Herzens sein, das kontinuierlich und unendlich ist. Aus den Aussagen des Propheten ﷺ geht hervor, dass ursprünglich 50 tägliche Gebete vorgeschrieben waren, die Anzahl durch Gottes Barmherzigkeit aber auf fünf reduziert wurde.[15] Hätte Gott die ursprüngliche Anordnung nicht reduziert, müssten wir etwa alle 20 Minuten unseres wachen Lebens beten, sodass fast keine Zeit für etwas anderes als das Gebet geblieben wäre! Die Weisheit hinter der ursprünglichen Anordnung – und der anschließenden Reduzierung – besteht darin, dass das Gedenken Gottes konstant und unaufhörlich sein soll, ganz gleich ob wir uns in einem Zustand des rituellen Gebets befinden oder mit weltlichen Dingen beschäftigt sind. Unsere Beziehung zu Gott ist nicht auf unsere Gebetsteppiche beschränkt, denn Er kommuniziert ständig mit uns. Wie Rumi sagt: »Was redest du da? Deinen Lebensunterhalt verdienen zu müssen soll dich nicht davon abhalten, nach dem Schatz zu graben. Gib dein tägliches Leben nicht auf. Denn dort ist der Schatz versteckt.«

> *Die Erinnerung an Gott ist für den Geist das, was der Sauerstoff für den Körper ist, und so wie wir zum Überleben ständig atmen müssen, gedeihen unsere Herzen nur in einem ständigen Zustand der Anbetung.*

Da wir Menschen vergesslich sind, können wir uns nur dann vor Allahs Größe niederwerfen und Ihm nahe sein (96:19), wenn wir die vom Ego verursachte Trennung ständig aufgeben und die Tore der Demut durchqueren. Wenn das Bewusstsein unseres Selbst mit dem allumfassenden Bewusstsein von Allah verschmilzt, beginnen wir das wahre Gebet zu erleben. Derjenige, der das Gebet verrichtet, verschwindet aus den Gedanken, und was bleibt, ist das Gedenken und derjenige, dessen man gedenkt. Die Wichtigkeit der Erinnerung an das Göttliche und der Präsenz im Gebet wird in der folgenden Geschichte wunderbar illustriert:

Ein König betete einst tief in den Wäldern Indiens, als eine junge Frau, die im Dschungel tagträumte, ohne es zu merken genau vor ihm vorbeilief. Nachdem er seine letzten Niederwerfungen beendet hatte, blickte der König über die Schulter und schrie die Frau an, weil sie so unvorsichtig war, dass sie ihn während des Gebets ablenkte.

Völlig unschuldig antwortete sie, dass sie sich so sehr in den leidenschaftlichen Gedanken an ihren Mann verloren hatte, dass sie ihre Umgebung nicht mehr wahrnahm. Sie fragte sich, wie jemand wie sie den König ablenken konnte, wenn er in der liebevollen Anbetung seines Geliebten versunken war. Der König war erstaunt über ihre Antwort und anstatt sie zu bestrafen, gab er ihr einen Beutel mit Goldmünzen, weil sie ihm eine so tiefgreifende Lektion erteilt hatte.

Wenn Allah im Koran sagt: »Sag zu den gläubigen Männern, sie sollen ihre Blicke senken und ihre Scham hüten. Das ist lauterer für sie. Gewiss, Allah ist kundig dessen, was sie machen« (24:30), bezieht sich das nicht nur auf das körperliche, sondern auch auf das innere und geistige Wegsehen von allem anderen als Allah. Beim Gebet wollen wir so sehr in Allahs Schönheit eintauchen, dass wir nichts anderes als unseren Herrn sehen und uns Seiner bewusst werden. Wenn wir uns in diesem Zustand der reinen, hingebungsvollen Niederwerfung befinden, wird das leise Flüstern, das wir in die Ohren der demütigen Erde unter unserer Stirn sprechen, von Allah verstärkt und in den höchsten Himmeln gehört.

## Die Geheimnisse der Rituale vor dem Gebet: *Adhan* und *Wudu'*

Fünfmal am Tag werden wir durch den Gebetsruf, den sogenannten *Adhan*, dazu aufgerufen, unseren Blick auf unseren himmlischen Herrn des Friedens zu richten. Der *Adhan* wird in den Häusern oder über Lautsprecher in den Moscheen laut rezitiert, um die Gemeinschaft daran zu erinnern, den Blick von der äußeren Welt der vergehenden Formen auf das Antlitz der ewigen Wirklichkeit Gottes zu richten. Wie der indische Dichter Kabir sagt: »Gott hört die Fußringe der Insekten«, so ist der laute Gebetsruf nicht für Allah, sondern dient als Wecker, der das schlafende menschliche Herz aus dem Griff des Weltlichen in den Wachzustand zurückzuholen. Ganz gleich, womit wir gerade beschäftigt sind oder wie wichtig es für uns ist – der Gebetsruf erinnert den Gläubigen daran, dass es etwas gibt, das viel wichtiger ist als jeder Traum, jeder Wunsch und jeder flüchtige Gedanke in uns. Fünfmal am Tag werden wir für unsere Taten zur Rechenschaft gezogen und haben so die Möglichkeit, uns immer wieder auf den geraden Weg der Liebe, der Barmherzigkeit und des Glaubens zu begeben.

Der *Adhan* richtet unseren Blick von weltlichen Wünschen auf eine gottzentrierte Realität und erinnert uns daran, dass wahres Glück nicht im Materiellen oder weltlichen Errungenschaften zu finden ist, sondern im Gebet und in der inneren Verbindung mit Allah. Der *Adhan* erinnert uns daran, dass das *Salah* »die höchste spirituelle Verwirklichung des Erfolgs« (*Hayya 'ala-l-Falah*) ist. Das Wort *Falah* im *Adhan* wird oft mit »Erfolg« oder »Erlösung« übersetzt, jedoch stammt es von den drei Wurzelbuchstaben, die auch »anbauen« oder »ernten« bedeuten.[16] Der Wortstamm impliziert, dass der Nutzen und der Erfolg des Tages durch die Verrichtung des Gebets verwirklicht wird, so wie der Wert der Aussaat bei der Ernte verwirklicht wird. Deshalb heißt es, dass das Gebet selbst die Belohnung ist: Fünfmal am Tag lädt Gott uns zu einem spirituellen Festmahl ein, und wenn wir nicht dabei sind, verpassen wir die Seelennahrung.

Bevor wir zum heiligen Festmahl Gottes gehen, müssen wir einen göttlichen Bewusstseinszustand durch einen rituellen Akt der Reinigung oder Waschung erreichen, der als *Wudu'* bekannt ist. Allah bezieht sich im Koran mit den folgenden Worten auf die Gebetswaschung: »O die ihr glaubt, wenn ihr euch zum Gebet aufstellt, dann wascht euch das Gesicht und die Hände bis zu den Ellbogen und streicht euch über den Kopf und (wascht euch) die Füße bis zu den Knöcheln.« (5:6) Beim *Wudu'* verwenden wir Wasser, um unseren Körper symbolisch von all den Sünden zu reinigen, die er begangen hat, und von den Götzen, die wir Gott durch ebenjene Segnungen vorangestellt haben, die Er selbst uns gegeben hat. Der Prophet Muhammad ﷺ bestätigt diese Behauptung, indem er sagt, dass wenn ein Gläubiger die Gebetswaschung vollzieht, die Sünden seiner Glieder bis zum letzten Tropfen Wasser weggewaschen werden, »bis er ohne Sünde herauskommt«.[17] Im Koran heißt es, dass alles aus Wasser erschaffen wurde (21:30). Wenn wir also den *Wudu'* vollziehen, waschen wir unsere Existenz symbolisch mit dem Wasser der Wahrheit fort.

Der Akt, den Körper vom Kopf bis zu den Füßen mit Wasser zu befeuchten, dient außerdem dazu, uns physisch zu erden. Dies geschieht, indem Licht, Präsenz und Verbindung unseren Körper befüllen. Das Wort *Wudu'* ist eng mit dem arabischen Wort *Wadu'a* verwandt, das »Helligkeit« und »Erleuchtung« bedeutet. Das bedeutet, dass unsere Gliedmaßen erhellt und unsere Sinne für die göttliche Gegenwart geschärft werden, die sich überall widerspiegelt, wenn wir den *Wudu'* vollziehen.[18] Der Prophet Muhammad ﷺ sagte: »Der Schlüssel zum Gebet ist der *Wudu'*.«[19] *Wudu'* ist nicht nur ein Akt der körperlichen Reinigung, sondern auch eine spirituelle Reinigung und Parfümierung der Seele als Vorbereitung für den Eintritt in den Hof des Königs. Der *Wudu'* ist wie eine Meditation vor dem Gebet, die unser Bewusstsein schrittweise von der äußeren Welt in die inneren Bereiche der Seele verlagert und unseren Geist und unser Herz von allem anderen als Allah reinigt.

## Die Hinwendung zur Kaaba

Sobald unsere Sinne und unser Geist auf Gott ausgerichtet sind, wenden wir unser Gesicht in Richtung (*Qibla*) des Zentrums des Monotheismus auf Erden, das in der muslimischen Welt als Kaaba bekannt ist. Die Kaaba, auch bekannt als »Haus Gottes«, ist ein würfelförmiges Gebäude in der heiligen Stadt Mekka, das mit einem schwarzen Tuch bedeckt ist. Es wird angenommen, dass sie der allererste Ort der Anbetung auf der Erde war, von Adam und Eva begründet und später im Namen Allahs vom Vater des Monotheismus, dem Propheten Abraham, wiedererrichtet wurde.[20] Die Kaaba wird jedoch nicht als das tatsächliche physische Haus Gottes angesehen, denn Allah hat keine

Form und ist jenseits von Raum und Zeit. Wir sind dazu aufgerufen, uns im Gebet an einen einzigen geografischen Punkt zu wenden, um die Gemeinschaft der Gläubigen zu vereinen. Wenn alle Muslime auf der Erde aus allen Kontinenten und Ländern zu einem einzigen Punkt beten, verwandelt sich die gesamte Erde in einen großen Gebetsteppich.

> *»Die Kaaba befindet sich in der Mitte der Welt. Alle*
> *Gesichter wenden sich ihr zu. Nimm sie weg und sieh!*
> *Jeder verehrt die Seele des anderen.«*
>
> SCHAMS-E TABRIZI, RUMIS SPIRITUELLER MEISTER

So wie den Engeln befohlen wurde, sich zu den Füßen Adams zu verneigen, verneigen wir uns nicht vor der physischen Form, sondern vor der Signatur Gottes, den göttlichen Fingerabdrücken, die auf jedem menschlichen Geist hinterlassen wurden. Wir verneigen uns vor dem Duft von Allahs Odem, der alles, was er berührt, zum Leben erweckt. Die Kaaba symbolisiert das menschliche Herz. Wenn wir aus dem Herzen heraus beten, verliert jede Richtung an Bedeutung, denn wohin wir uns auch wenden, sehen wir das Gesicht Gottes. Die Mystikerin Rabiʿa al-ʿAdawiyya spricht von diesem Ort der inneren Einheit folgendermaßen: »Ich knie im universellen Tempel meines Herzens und bete am Altar, wo keine Mauern und Namen existieren.« Wir verneigen uns vor dem Licht und der Liebe Gottes, die sich in der gesamten Schöpfung manifestieren.

Sobald wir die äußere Form des Gebets mit unserer inneren Präsenz vereinen, beginnen wir unsere Reise in die Umarmung Gottes durch die Formulierung unserer Absicht (*Niyya*). Die Klarheit unserer Absicht hilft uns, Geist, Körper und Seele in der Anbetung in Einklang zu bringen. Sobald wir unsere Absicht geäußert haben, unseren Blick auf das Göttliche auszurichten, beginnen wir das Gebet mit den Worten *Allahu akbar*, »Gott ist der Größte«. Während wir diese Worte aussprechen, heben wir unsere Hände mit einer streichenden Bewegung nach hinten zu den Ohren, als symbolische Geste dafür, dass wir alles in der Welt hinter uns lassen, während wir die Gegenwart unseres Herrn betreten.

## Warum hat das *Salah* eine feste Form?

Gott muss uns mitteilen, wie wir uns Ihm nähern sollen, denn unser Intellekt allein ist nicht in der Lage zu verstehen, wie man sich einem Gott nähert, der Raum und Zeit übersteigt. Wie können wir als sterbliche Wesen unsere Worte benutzen, um die Heiligkeit eines Gottes zu ehren, der jenseits von Sprache, Form und Zeit ist? Gott hat uns den Koran und den Propheten Muhammad ﷺ gesandt, um uns zu lehren, wie wir beten müssen, um Gottes Gnade und Liebe auf vollkommenste Weise zu erleben. Die im Koran dargelegten und vom Propheten ﷺ vorgelebten Anweisungen dienen als Anleitung dafür, wie das Wachstum des Geistes gefördert werden kann.

> *"»Allah hat den Gläubigen wirklich eine Wohltat erwiesen, als Er unter ihnen einen Gesandten von ihnen selbst geschickt hat, der ihnen Seine Zeichen verliest, und sie läutert und sie das Buch und die Weisheit lehrt, obgleich sie sich zuvor wahrlich in deutlichem Irrtum befanden.«*
>
> **KORAN 3:164**

Jede erschaffene Sache hat bestimmte und notwendige Bedingungen, um ordnungsgemäß funktionieren zu können. Ein Flugzeug braucht einen Motor zum Fliegen, ein Apfelbaum braucht Sonne und Wasser, um zu blühen, und die menschliche Seele braucht die Erinnerung an Gott, um voll zu gedeihen. Nur derjenige, der uns erschaffen hat, kann uns sagen, wie wir die Zeit, die uns auf der Erde zur Verfügung steht, optimal nutzen können. So wie ein Laptop ein auf ihn abgestimmtes Ladegerät benötigt, brauchen unsere Seelen die Präzision des Gebets, um unseren Geist zu beleben und uns dabei zu helfen, unser volles Potenzial zu entfalten.

Im Gebet begleiten ausgesprochene Koranverse bestimmte körperliche Bewegungen, denn in der islamischen Weltanschauung sind Geist, Körper und Seele nicht getrennt, sondern miteinander verbunden. Wissenschaftliche Studien haben bewiesen, dass die Handlungen des

Körpers eine Auswirkung auf die Gefühlslage haben. So trägt zum Beispiel das Lächeln dazu bei, dass wir uns glücklicher fühlen.[21] Was der Körper tut, wirkt sich auf die Seele aus, und umgekehrt; was wir auf seelischer Ebene tun, wirkt sich auf den Körper aus.

Das Zusammenführen der verschiedenen Elemente des Gebets, wie es uns der Prophet ﷺ gelehrt hat, schafft eine Synergie der Kraft, die einen größeren spirituellen Wert hat als die Summe der Teile. Aus diesem Grund folgen Muslime jeder Bewegung, die der Prophet ﷺ ausgeführt hat: Stehen, Verbeugen, Niederwerfen und Knien, während sie zu jeder Haltung in jedem Zyklus (Rak'a) des Gebets bestimmte Bittgebete rezitieren.

Um in einem modernen Kontext besser zu verstehen, warum das Salah eine bestimmte physische Form hat, die mit spezifischen Gebeten verbunden ist, solltest du Folgendes bedenken: Medikamente werden aus ganz bestimmten Zutaten in exakten Mengen hergestellt. Wenn die Zutaten einer medizinischen Mischung im falschen Verhältnis stehen oder eine Zutat fehlt, verliert die Formel deutlich an Heilwirkung. Ähnlich verhält es sich beim Salah: Die Körperhaltungen und die Gebete verbinden sich wie präzise spirituelle Zutaten, die in ihrer Gesamtheit eine kraftvolle medizinische Mischung für die Seele ergeben.[22]

## Die Symbolik der Gebetshaltungen

Wenn wir tiefer in die symbolische Bedeutung der Gebetshaltungen eintauchen, können wir besser verstehen, wie das Gebet den Betenden sowohl konfrontiert als auch erweckt. Trotz der spirituellen Wichtigkeit der Niederwerfung beginnt man das Salah nicht in der Haltung der Niederwerfung, sondern im Stehen. Diese Haltung ist eine Erinnerung daran, dass wir alle eines Tages vor Gott stehen werden und als Menschen dazu neigen, arrogant zu sein und uns über diejenigen zu stellen, die kleiner sind und einen geringeren Status haben. Allah hat uns nicht erschaffen, damit wir über dem Rest der Schöpfung stehen, sondern damit wir allen Lebewesen um Allahs willen in Demut dienen.

Wenn wir stehen und die heiligen Verse aus dem Koran rezitieren, zieht uns das Gewicht der Offenbarung ganz natürlich in eine Verbeugungshaltung. Wir verbeugen uns mit den Händen auf den Knien und geradem Rücken und starren auf die Lücke zwischen unseren Füßen. Während unser Blick im Stehen bis zum Horizont reichen konnte, werden wir bei der Verbeugung demütig daran erinnert, dass wir, so groß die Erde auch sein mag, nur den kleinen Raum unter unseren Füßen einnehmen. Wir werden daran erinnert, dass die Erde nicht uns gehört und unsere Zeit auf ihr von kurzer Dauer und vergänglich ist. Wenn wir uns verbeugen, erinnern wir uns daran, dass der spirituelle Weg genau dort beginnt, wo wir uns befinden, dass jedes spirituelle Wachstum damit beginnt, dass wir zuerst unseren eigenen Stolz, unsere Fehler und unsere Urteile anerkennen und angehen. Wenn wir uns verbeugen, fallen unsere irdischen Kronen des Reichtums und Einflusses und erinnern uns daran, dass alles, was wir haben, nur eine Leihgabe von Allah ist. Sobald wir erkennen, wie verletzlich und bedürftig wir sind, stehen wir wieder auf, mit einer neu gewonnenen Demut und Wertschätzung für unseren Platz im Universum.

Nun haben wir unseren Hochmut hinter uns gelassen und stehen da als Diener Allahs. Aus dieser Position der Dienerschaft steigen wir dann in die heilige Station der Niederwerfung hinab. Wenn wir uns das erste Mal niederwerfen und unseren Kopf auf die Erde legen, werden wir demütig daran erinnert, dass wir aus dem Schmutz kommen, auf dem wir gehen. Wenn wir unseren Kopf auf die Erde drücken, werden wir daran erinnert, dass wir nichts als tote Erde gewesen wären, wenn Allah uns nicht seinen Odem eingehaucht hätte – ohne Leben und Bewusstsein. Von hier aus, aus unseren tiefsten Tiefen, aus dem Boden unserer bescheidenen Schöpfung, beginnen die Samen der wahren Aufrichtigkeit und des Glaubens zu erblühen.

Wenn wir uns aus der Embryonalstellung der Niederwerfung in die sitzende Position erheben, werden wir daran erinnert, wie Allah uns aus der Erde gezogen und uns Leben gegeben hat. Wie ein Samen, der zu einer Blume heranwächst, sitzen wir über der Erde und schätzen das Leben, das uns geschenkt wurde. Und so wie jede Blume irgendwann verwelkt und ihre Blütenblätter an die Erde zurückgibt, die sie einst genährt hat, kehren wir für unsere zweite Niederwerfung zur Erde zurück.

Während die erste Niederwerfung unsere Erschaffung durch die Erde symbolisiert, repräsentiert die zweite Niederwerfung unsere Rückkehr zur Erde durch den Tod. Obwohl die zweite Niederwerfung das Ende unseres irdischen Lebens darstellt, ist sie nicht das Ende des *Salahs*. Nach dieser Niederwerfung erheben wir uns zum zweiten Zyklus (*Rak'a*) des Gebets, indem wir wieder aufstehen. Wir stehen wieder auf, um uns daran zu erinnern, dass der Tod nicht unser Ende ist, sondern dass wir alle eines Tages aus unseren Gräbern auferstehen und vor Gott stehen werden, um uns für die Entscheidungen, die wir getroffen haben, zu verantworten.

Auch wenn auf der Erde Ungerechtigkeit herrscht, wird am Tag des Jüngsten Gerichts jedes Unrecht wiedergutgemacht werden. Das *Salah* stellt sich aktiv gegen jede Illusion, die uns diese Welt als Wahrheit verkaufen will. Wenn wir das Gebet verrichten und uns Gott zuwenden, wenden wir uns gleichzeitig gegen Rassismus, Sexismus und Fanatismus. Für Gott aufzustehen bedeutet, gegen alles aufzustehen, was den unschätzbaren Wert des menschlichen Lebens und die Heiligkeit des menschlichen Geistes nicht ehrt. Der Geist des Gebets soll nicht auf die Dimensionen unserer Gebetsteppiche beschränkt sein. Das *Salah* soll uns dazu ermutigen, fürsorglicher zu sein, uns mit unseren Worten und Taten gegen Unterdrückung zu wehren und allen Menschen, die danach suchen, den Weg zur göttlichen Liebe zu öffnen.

## *Al-Fatiha:* Die Öffnerin des Herzens

Jedes *Salah* beginnt mit der Rezitation der ersten Sure des Korans, die als *al-Fatiha* oder »die Eröffnende« bekannt ist. Die *Fatiha* öffnet das Herz für das Licht der Rechtleitung und der Heilung. Ihre sieben Verse werden oft als »Mutter des Koran« bezeichnet und sind die Zusammenfassung der gesamten Offenbarung;[23] die Verse der

*Fatiha* sind Tore zum Göttlichen, denn sie lehren uns nicht nur, wie wir Rechtleitung suchen, sondern auch, wie wir eine Beziehung zu Gott führen können.[24]

Nach der Rezitation von *Bismillahi ar-Rahman ar-Rahim*, also der Erklärung von Gottes unendlicher Barmherzigkeit, beginnt die *Fatiha* mit *Alhamdulillah*, was »Alles Lob und alle Ehre gebührt Allah« bedeutet. Der Koran beginnt mit Dankbarkeit und der Lobpreisung Gottes, denn Dankbarkeit ist eine Vorstufe zur Gotteserfahrung. Wenn wir dankbar sind, ist unsere Aufmerksamkeit auf den gegenwärtigen Moment gerichtet, sodass wir die Liebe empfangen können, die Gott ständig über uns ausgießt. Die *Fatiha* ist nicht nur ein fester Bestandteil jedes *Salahs*, sondern lehrt uns auch das richtige Benehmen bei der Anbetung Gottes.

Die Übersetzung der *Fatiha* lautet:

»*Im Namen Allahs,*
*des Allerbarmers, des Barmherzigen.*
*(Alles) Lob gehört Allah, dem Herrn der Welten,*
*dem Allerbarmer, dem Barmherzigen,*
*dem Herrscher am Tag des Gerichts.*
*Dir allein dienen wir, und zu Dir allein flehen wir um Hilfe.*
*Leite uns den geraden Weg,*
*den Weg derjenigen, denen Du Gunst erwiesen hast,*
*nicht derjenigen, die (Deinen) Zorn erregt haben, und nicht*
*der Irregehenden!*«

**KORAN 1:1-7**

Die *Fatiha* fordert uns zunächst auf, die Größe Gottes zu bezeugen. Die ersten Verse der *Fatiha* beginnen mit der Gotteserkenntnis, während der folgende Vers uns lehrt, wie wir dieses Wissen in die Tat umsetzen können: »Dir allein dienen wir, und zu Dir allein flehen wir um Hilfe.« (1:5) Wenn wir verstehen, dass Gott allein der Herr sowohl des Diesseits als auch des Jenseits ist, sind wir natürlich dazu geneigt, uns an Ihn zu wenden, weil wir wissen, dass Er allein die Macht über den Ausgang unseres Lebens hat.

Erst wenn wir unsere Dankbarkeit zum Ausdruck gebracht und uns Gott allein anvertraut haben, können wir Ihn um das bitten, was wir ersuchen: »Leite uns den geraden Weg, den Weg derjenigen, denen Du Gunst erwiesen hast, nicht derjenigen, die (Deinen) Zorn erregt haben, und nicht der Irregehenden!« (1:6–7). Die *Fatiha* lehrt uns, dass der Weg des spirituell Suchenden immer damit beginnt, bei Allah zu sein. Denn erst wenn wir mit dem Göttlichen zusammen sind und über Allahs unzählige Segnungen nachdenken, werden wir dazu inspiriert, Ihn anzubeten. Erst wenn wir uns Allah allein anvertrauen, sind wir empfänglich für die göttliche Führung.

## Die himmlische Kraft der Gebetszeiten

Als Symbol für die Vereinigung des Äußeren mit dem Inneren werden auch die Zeiten für das tägliche Gebet durch den himmlischen Tanz zwischen Erde und Sonne bestimmt. Die Erde dreht sich um ihre Achse, während sie die Sonne umkreist, was dazu führt, dass sich das Licht der Sonne in unserer Atmosphäre in fünf verschiedenen Phasen manifestiert, die die fünf Gebetszeiten darstellen. Einige Gelehrte sagen, dass das erste Gebet des Tages das Morgengebet (*Fadschr*) ist, während andere sagen, dass das erste Gebet des Tages mit dem Untergang der Sonne, dem Abendgebet (*Maghrib*) beginnt. Da nach dem islamischen Kalender jeder neue Tag mit dem Sonnenuntergang beginnt, folgen wir der Meinung, dass das erste Gebet des Tages technisch gesehen das Abend- oder *Maghrib*-Gebet ist.[25] Unabhängig davon, welcher Meinung du folgst, ist die Tatsache, dass Allah ausdrücklich verschiedene Zeiten für das Gebet festgelegt hat, ein Beweis dafür, dass diese festgelegten Zeiten in spiritueller Hinsicht bedeutsam sind.

Die täglichen Etappen symbolisieren die körperlichen und geistigen Stationen, die wir im Laufe unseres Lebens durchlaufen. Der Tag beginnt, wenn die Sonne am Horizont untergeht. Weiter steigt sie in die Dunkelheit hinab, geht in der Morgendämmerung auf, steigt zum Zenit und fällt in einer Niederwerfung schließlich zum selben Horizont hinab, an dem ihre Reise begann. Da die Zeiten der fünf täglichen Gebete genau mit den

Bewegungen der Himmelswelt übereinstimmen, dient das *Salah* dazu, das Äußere und das Innere in Einklang zu bringen, indem wir unser Bewusstsein bei jeder Veränderung und jedem Wandel, den wir körperlich und geistig erleben, auf Allah richten.

Das Abend- oder *Maghrib*-Gebet findet statt, nachdem die Sonne untergegangen ist und die Wolken frei von rot-orangen Tönen sind. Es ist ein Symbol für unsere Reise vom Licht des Himmels in die Dunkelheit dieser Welt. So wie sich die Sonne am Horizont niederwirft und untergeht, werfen sich unsere Seelen vor Gott nieder, während unsere Egos untergehen. Nur wenn wir uns in der Dunkelheit des Todes niederwerfen, können wir zum ewigen Leben aufbrechen; erst müssen wir sterben, bevor wir wiedergeboren werden können. Deshalb beginnt der spirituelle Weg mit dem Tod der Anhaftung an das Ego. Zuerst müssen wir uns in Hingabe vor Gott verbeugen, bevor wir als Vertreter Seiner Liebe auf der Erde agieren können.

Das Nacht- oder *'Ischa*-Gebet beginnt, wenn die bunten Farben des Abendhimmels in der Dunkelheit der Nacht verschwinden. Sich zu dieser Stunde dem Gebet zuzuwenden, symbolisiert, dass der Körper sein Ego vollständig vor Gott aufgibt. Wenn wir zu dieser Stunde beten, wenden wir unser Bewusstsein von der Sterblichkeit zur Unsterblichkeit, vom Irrealen zum Realen, vom Vergänglichen zum Ewigen. Dieses Gebet symbolisiert die Zeit des Todes und der anschließenden Erneuerung zu einer neuen Geburt im Licht der Gegenwart Gottes.

Das Morgen- oder *Fadschr*-Gebet wird in der tiefen Dunkelheit der Morgendämmerung verrichtet, einer Zeit der Stille und des Schweigens, wie sie zu keinem anderen Zeitpunkt des Tages herrscht. Obwohl das Wort *Fadschr* Morgengrauen bedeutet, stammt es vom arabischen Wortstamm *Infidschar* ab, der »hervorbrechen« bedeutet. So wie die Morgendämmerung die Nacht zum Tag umwandelt, durchbricht das *Fadschr*-Gebet die Finsternis des Vergessens mit dem Licht des Bewusstseins. Die Schwäche des Körpers zu dieser Stunde ermöglicht es der Seele, ein größeres Zeugnis abzulegen und einen klaren Gesprächskanal zwischen den subtilen göttlichen Sphären und unserer dichten Welt zu schaffen. Das Gebet zu dieser Tageszeit hilft uns, uns an unser höheres Ziel zu erinnern und uns in der Erinnerung an Gott zu verankern, während die Morgendämmerung die Dunkelheit vertreibt (81:18) und der Tag sich enthüllt. Unser spiritueller Weg mag in der Nacht beginnen, aber *Fadschr* steht für das Aufgehen des Lichts der Seele an einem neuen spirituellen Horizont.

Das Mittags- oder *Zuhr*-Gebet wird verrichtet, wenn die Sonne direkt über uns steht. Das ist die geschäftigste Zeit des Tages, die den größten Teil unseres Lebens auf der Erde repräsentiert und in der wir am ehesten dazu neigen, Allah zu vergessen. Sie steht für die anfängliche Hingabe und den anschließenden Ausbruch ins Licht des Glaubens. Dies ist eine Zeit des pulsierenden Wachstums und der energetischen Fülle, in der das Feuer unseres weltlichen Verlangens hell brennt, während wir unseren Träumen mit Laserschärfe hinterherjagen. Wenn wir das Feld des Wettbewerbs betreten, werden unser Ärger, unsere Arroganz und unsere Ängste größer, denn die Wahrscheinlichkeit ist groß, dass wir im Prozess des Suchens und Strebens ungeduldig werden. Äußerlich drängen wir uns dazu, alle anderen zu übertreffen, was zu einer Trennung führt. Im Inneren kämpft unser Geist – der eng mit Gott verbunden ist – darum, die Anhaftung an das Selbst zu zerstören und sich mit der Einheit zu verbinden.

Wenn wir uns Gott in diesem erhöhten Zustand des Bewusstseins und der Bewegung zuwenden, lenken wir die mächtigen Energien, die um die Mittagszeit präsent sind, auf geistigen Fortschritt anstatt körperlicher Vorteile. Das Gebet zu diesem Zeitpunkt des Tages erinnert uns daran, dass alles, wonach wir greifen, letztlich ein Greifen nach Allah ist. Das Gebet erinnert uns daran, dass wir vor dem Handeln nachdenken sollen, was dazu führt, dass wir in unserem Alltag tief über unsere Intentionen zu reflektieren beginnen. Dies hilft uns dabei, uns in der Gegenwart Gottes zu erden und verhindert, dass die Brise unserer vorübergehenden Wünsche uns vom geraden Weg abbringt.

Das Nachmittag- oder *'Asr*-Gebet findet statt, wenn sich die Sonne dem Horizont genähert hat und dein Schatten doppelt so lang ist wie deine Körpergröße. Der Tag nähert sich dem Ende, der Puls des Alltags wird langsamer; doch wo wir uns dem Sonnenuntergang nähern, neigen wir dazu, schlummernde Begierden wie Lust, Gier und Eifersucht zu wecken, da wir von müßigen Ablenkungen angezogen werden, die uns entgleisen lassen können. Die Hinwendung zu Allah inmitten unserer flüchtigen Gedanken hilft uns, uns daran zu erinnern, dass unsere Mission auf dieser Erde über materiellen Gewinn hinausgeht. Unsere Herzen auf das Göttliche auszurichten, hilft uns, die Feuer unserer egoistischen Wünsche zu löschen, bevor sie die Gärten unseres Glaubens gefährden. In spiritueller Hinsicht steht diese Tageszeit für einen Zustand der Reife und eine ständige Annäherung an das letzte Kapitel des irdischen Lebens. Wenn der Körper schwächer wird, kann sich die Liste der zu erledigenden Dinge endlos anfühlen, sodass sich unsere Gedanken immer noch wie ein Wasserrad in unserem Geist drehen. Wenn wir uns in diesen letzten Momenten des Tages niederwerfen, fallen unsere Sorgen von unseren Schultern, während wir uns der allumfassenden Barmherzigkeit und Liebe Gottes hingeben. Das Gebet während dieser Zeit hilft uns, inmitten der Wellen unserer endlosen Ängste in die göttliche Arche der Sicherheit zurückzukehren. Wenn unsere Angst vor dem Tod und dem Unbekannten das Boot unseres Friedens ins Wanken bringt, gibt uns das Gebet ein Gefühl der Stabilität und Sicherheit, indem es uns zu Gott zurückführt, in dessen Gegenwart alle Herzen Ruhe finden (13:28).

Da es zahlreiche Muslime gibt, die in so vielen verschiedenen Ländern mit unterschiedlichen Zeitzonen leben, gibt es zu jeder Sekunde eines jeden Tages irgendwo auf der Welt jemanden, der sich im *Salah* niederwirft. Zusätzlich zu den heiligen Zeiten, die dem rituellen Gebet gewidmet sind, können Muslime zu jeder Zeit, in jeder Sprache oder Form auch ein *Du'a* oder Bittgebet sprechen, das ihr Herz öffnet und die Heiligkeit Gottes ehrt. Die Mystiker fordern uns dazu auf, großzügiger mit unseren Gebeten umzugehen, indem sie uns die Frage stellen: »Wenn Gott all deine Gebete erhören würde, würde das nur dein Leben verändern oder auch die ganze Welt?«[26] Mit anderen Worten: Wir werden ermutigt, nicht nur für uns selbst zu beten, sondern für die gesamte Schöpfung.

Im Koran werden wir daran erinnert, dass diejenigen, die Gott aufrichtig lieben, nicht nur rituell fünfmal am Tag in einer festgelegten Form beten, sondern »Allahs stehend, sitzend und auf der Seite (liegend) gedenken und über die Schöpfung der Himmel und der Erde nachdenken« (3:191). Da Gott uns ständig mit Leben segnet, sind wir dazu aufgerufen, uns in jedem einzelnen Moment unseres Lebens liebevoll und dankbar an Ihn zu erinnern.

## Das Geheimnis des Wiederholens und des Gedenkens

So wie die Wellen des Ozeans im Laufe der Zeit riesige Felsen in Sandpartikel zerlegen können, dient das Wiederholen des *Salahs* dazu, den Berg unseres Egos zu zerstören. Wenn wir unser Gebet von Herzen wiederholen, ist es, als würden wir unsere Seele in einen Ozean des Gottesbewusstseins eintauchen. So wie Leder immer wieder in eine Wanne mit Farbe getaucht werden muss, um die Farbe zu behalten, wird unser Geist in Allahs farbenfrohe Qualitäten gehüllt, wenn wir uns immer wieder an Gott wenden und dauerhaft mit der Schönheit der göttlichen Gnade färben (2:138).

Fünfmal am Tag zu beten ist keine einfache Angelegenheit; für den aufrichtigen Gläubigen ist es jedoch mehr als nur Gehorsam. Beim Beten geht es darum, im Strom von Gottes Großzügigkeit zu schwimmen und jedes Atom unserer Seele in Dankbarkeit für den Segen zu hüllen, dass uns ein weiterer Tag zuteilwurde, an dem wir dem Willen Gottes auf Erden dienen können. Wir sind dazu aufgerufen, in unserer völligen Hilflosigkeit zu versinken, uns bewusst zu machen, wie schwach und wie sehr wir mit jedem Atemzug und jedem Herzschlag von Gott abhängig sind. Je mehr wir in Gottes Liebe eintauchen, desto mehr werden wir das Gebet als göttlichen Segen und nicht als Pflicht betrachten.

*Der Gottesverehrer ist nicht derjenige, der sich Zeit zum Beten nimmt, sondern derjenige, der sich aus seiner Zeit für Gottesdienste etwas Zeit zum Arbeiten nimmt.*

Beim Gebet geht es um die Verbindung und das Gespräch mit demjenigen, der dich erschaffen hat. Wir sind nicht nur zum Beten aufgerufen, weil wir etwas von Gott wollen oder brauchen, sondern weil wir dankbar sind für alles, was uns bereits zuteilwurde. Wisse, dass Gott unsere Gebete immer erhört, ganz unabhängig davon, ob uns Seine Antwort gefällt oder nicht. Wie Imam Ali sagt: »Manchmal werden deine Gebete abgelehnt, weil du oft unwissentlich um Dinge bittest, die dir in Wirklichkeit schaden würden.« Selbstverständlich fordert uns Gott dazu auf, für die Dinge zu beten, die wir haben möchten, doch wir müssen uns der Tatsache bewusst sein, dass Gott uns die Dinge, die wir benötigen, zum richtigen Zeitpunkt geben wird.

Im Koran sagt Allah: »Gedenkt Meiner, so gedenke Ich eurer« (2:152), nicht weil Allah uns vergisst, wenn wir Ihn vergessen, sondern weil wir, wenn wir Allah preisen, damit auch uns selbst als Allahs Geschöpfe preisen und ehren.

> Wie die Mystiker sagen: »Wenn wir Gott preisen, wird nicht Gott heilig, sondern wir sind es, die heilig werden!«

Es sind nicht unser Gebet und unsere Anbetung Gottes, die Gott dazu bringen, uns zu lieben; vielmehr ist es Gottes bedingungslose Liebe zu uns, die dazu führt, dass wir Ihn anbeten. Wir beten nicht *für* die Liebe Gottes, sondern *aus* Liebe zu Gott. Gottes Macht inspiriert und ermöglicht uns zu beten, und es ist dieselbe göttliche Macht, die wir im Gebet anrufen. Wie Rumi sagt: »Ich bin ein Berg. Du rufst, ich halle zurück.«

Gott verfolgt uns durch Seine Liebe und Barmherzigkeit, die alles umfasst. Wie ein Mystiker einst sagte: »Dreißig Jahre lang war ich auf der Suche nach Gott. Doch als ich genau hinsah, stellte ich fest, dass in Wirklichkeit Gott der Suchende war und ich der Gesuchte.« Du kannst Gott nicht finden, denn Gott kann nicht verloren werden. Wir sind es, die verloren sind und gefunden werden müssen. Das Gebet ist Gottes Einladung zu Seinen unendlichen Segnungen, die immer da waren, die wir aber aufgrund mangelnden Bewusstseins nicht erfahren können.

*»Wenn Allah deine Zunge mit einer Bitte gelöst hat, wisse,*
*dass Er geben will.«*

IBN ATA ALLAH AL-ISKANDARI,
MYSTIKER DES 13. JAHRHUNDERTS

Unsere Verehrung für Gott geschieht aus Gottes Gnade. Wie können wir demjenigen etwas geben, der nichts nötig hat, uns aber alles gegeben hat? Gott ist es, der unsere Zunge bewegt, und Er ist es, der uns dazu inspiriert, Ihn zu loben. Unsere Dankbarkeit Gott gegenüber erfordert erneut Dankbarkeit, denn Er ist es, der sie anregt. So wie die Sonne die Erde in ihre Umlaufbahn zieht, zieht uns Allah durch die Schwerkraft Seiner Liebe in die Anbetung.

Wenn wir Gott von Herzen anbeten, erkennen wir, dass Allah uns geliebt hat, bevor wir Ihn je lieben konnten; dass Er für uns gebetet hat, bevor wir zu Ihm beten konnten; dass Er uns das Leben geschenkt hat, bevor Er von uns forderte, Ihm unser Leben zu widmen.

Wenn wir beten, geben wir alles auf, was wir zu sein glauben, legen jede Maske ab, hinter der wir uns verstecken, lassen von unserem Greifen nach dieser flüchtigen Welt ab und öffnen unsere Herzen, um von der göttlichen Liebe geheilt zu werden, die alles und jeden umgibt. Das Gebet hilft der Seele zu erkennen, dass ihre Sehnsucht nach allen irdischen Erscheinungen in Wirklichkeit eine tiefe Sehnsucht nach Gott ist. Lass daher niemals zu, dass deine Vergangenheit, deine Situation oder deine Sünden dir das Gefühl geben, einer Beziehung zu Gott unwürdig zu sein.

*Gott liebt dich nicht, nur weil du so bist, wie du bist; Er liebt*
*dich, weil Er selbst die Liebe ist.*

Hör also nie auf zu beten. Selbst wenn der Schmerz so groß ist, dass er unerträglich ist; selbst wenn du tausend Versprechen gebrochen hast; selbst wenn alles, was herauskommt, ein leises Flüstern ist, das nur Gott hören kann. Egal, welchen Stürmen du ausgesetzt bist; egal, wie weit du auch verfehlst; egal, wie schmerzhaft das Leben wird, die Tür zum Gebet steht dir immer offen. Denn wie Imam Ali sagte: »Wenn die Welt dich in die Knie zwingt, bist du in der perfekten Position zum Beten.«

*Mein Herr, hilf mir, die Heiligkeit des Gebets zu ehren und mich in meinen größten Erfolgen, meinen schmerzlichsten Misserfolgen und jedem Moment dazwischen an Dich zu wenden. O Allah, ob ich mich im tiefsten Tal oder auf dem höchsten Gipfel befinde: »Mein Herr, ich bin dessen bedürftig, was Du auch immer an Gutem zu mir herabsendest.« (28:24) O Allah, hilf mir, Deine Liebe nie aus den Augen zu verlieren und nie aufzuhören, Deine Führung und Hilfe zu suchen. Mit den Worten Deines geliebten Propheten ﷺ: »O Allah, hilf mir, Deiner zu gedenken, dankbar Dir gegenüber zu sein und Dir auf beste Art zu dienen.«[27] Mein geliebter Herr, bitte hilf mir, mein Herz ständig auf Dich auszurichten. O Allah, bitte hilf mir, vor, während und nach jedem meiner Gebete Deiner zu gedenken. O Allah, bitte sei geduldig mit mir; bitte rufe mich immer wieder zu Dir zurück; bitte öffne mir immer wieder die Türen zu Deiner Barmherzigkeit und stelle meine Ohren auf die Rufe Deiner Führung ein. In Deinem heiligen Namen bete ich, amin.*

## Reflexion: Ablenkungen während des Gebets überwinden

Für die meisten Menschen ist es ein ständiger Kampf, im Gebet achtsam und konzentriert zu bleiben. Die *Mihrab*, die halbrunde Nische, die du in den meisten Moscheen findest und die in Richtung der Kaaba zeigt, hat ihren Namen von der arabischen Wortwurzel *Harb*, was »Kampf« bedeutet. Wenn wir beim *Salah* mit Blick in Richtung Mekka (*Qibla*) stehen, befinden wir uns in einem Kampf zwischen unserer Seele und den flüchtigen Begierden des Egos. Einerseits gibt uns das *Salah* fünfmal am Tag die Möglichkeit, ein intimes Gespräch mit unserem Herrn zu führen, und andererseits ist es ein Schlachtfeld, auf dem wir gegen die Ablenkungen der Außenwelt kämpfen. Achtsamkeit und Aufrichtigkeit im Gebet erreicht man jedoch nicht nur, indem man sich mehr anstrengt, sondern indem man sich Allah tiefer hingibt. Die folgende Übung hilft uns, unseren Fokus vom Kampf gegen unsere Ablenkungen hin zum Erbitten von Allahs Hilfe zu wenden.

- Halte ein Tagebuch und einen Stift neben deinem Gebetsteppich bereit.
- Schreibe jeden Tag nach dem Gebet zwei bis drei Dinge auf, die dich im Gebet abgelenkt haben. Das kann alles Mögliche sein, z. B. das Nachdenken über die Aufgaben des Tages; das Grübeln über Dinge, die andere zu dir oder du zu anderen gesagt hast; das Grübeln über Fehler, die du in der Vergangenheit begangen hast; der Stress um ein Projekt oder eine Aufgabe, die du für die Arbeit oder Schule erledigen musst, usw.
- Lies dir am Ende eines jeden Tages diese Liste durch und überprüfe, ob du einen roten Faden findest. Notiere dir die Muster, die dir auffallen.
- Wähle jeden Tag bewusst ein oder zwei Dinge aus dieser Liste aus, lege vor jedem Gebet deine Hand auf dein Herz und bitte Allah: »O Allah, Deine Barmherzigkeit umfasst alle Dinge, Du bist der Eigentümer aller Ergebnisse und der beste Planer. O Allah, bitte hilf mir, diesen Gedanken oder diese Sorge beiseitezulassen, während ich Deine Gegenwart betrete.«
- Oft kann es hilfreich sein, an dieser Stelle die Praxis der *Tauba* einzubauen.[28]
- Nimm dir einen Moment Zeit und schreibe kurz auf, wie du dich vor und nach dieser Übung fühlst.
- Führe diese Übung immer durch, wenn du merkst, dass du dich während des Gebets wiederholt ablenken lässt.

*»Das Gleichnis jener aber, die ihren Besitz im Trachten nach Allahs Zufriedenheit und aus ihrer Gewissheit ausgeben, ist das eines Gartens auf einer Anhöhe, den ein heftiger Regenguss trifft, und da bringt er seinen Ernteertrag zweifach (hervor). Und wenn ihn kein heftiger Regenguss trifft, so doch Sprühregen. Und was ihr tut, sieht Allah wohl.«*

**KORAN 2:265**

*»Niemand von euch ist ein Gläubiger, bevor er auch für seinen Bruder ersehnt, was er sich wünscht.«[1]*

**PROPHET MUHAMMAD** ﷺ

*»Wenn du mehr besitzt, als du brauchst, baue einen längeren Tisch und nicht einen höheren Zaun.«*

**ANONYM**

# 8

# *Zakat*: Geben als Werkzeug Gottes

Wenn du in deinen Händen das hältst, was die Seele eines anderen Menschen braucht, erhört Allah das Gebet dieses Menschen durch dich. Wenn du ja sagst zur Möglichkeit, jemandem in Not zu helfen, sagst du ja dazu, ein Instrument der Liebe, des Mitgefühls, der Großzügigkeit und der Fülle Gottes zu sein. Im Koran wirst du dazu aufgefordert, von dem auszugeben, was dir lieb ist (3:92), denn die Liebe zur Schöpfung ist ein Ausdruck unserer Liebe zum Schöpfer. Wie der Prophet ﷺ sagte: »Wer den Menschen nicht dankbar ist, ist Gott nicht dankbar.«[2]

Unsere Dankbarkeit gegenüber Allah wird nicht nur in lobenden Worten ausgedrückt, sondern kommt auch in Form von wohltätigen Taten für Seine Schöpfung zum Ausdruck. Wenn im Koran von Almosen und Wohltätigkeit die Rede ist, werden die beiden folgenden Formen verwendet: Die *Sadaqa* ist eine empfohlene Spende, während es sich bei der *Zakat* um eine göttlich vorgeschriebene Pflichtabgabe handelt. Das Wort *Sadaqa* kommt von der Wortwurzel *Sidq*, die »die Wahrheit sagen, aufrichtig sein, Almosen geben« bedeutet. Im Grunde genommen ist *Sadaqa* die Vergabe eines Geschenks, das uns rechtmäßig zusteht, mit der aufrichtigen Absicht, anderen zu helfen und Allah allein zu dienen. Anders als die *Zakat* ist die *Sadaqa* keine Pflicht oder Säule des Islams und hat keine anderen Voraussetzungen als das Bestreben, Allah durch den Dienst an Seiner Schöpfung zu dienen.

> *»Ein Gläubiger, der einen Baum pflanzt oder ein Feld sät,*
> *von dem Menschen, Vögel und Tiere essen können, begeht*
> *einen Akt der Wohltätigkeit.«*[3]

PROPHET MUHAMMAD ﷺ

Bei der *Sadaqa* geht es nicht nur darum, Geld zu spenden, sondern auch darum, alle guten Taten zu inspirieren und zu zelebrieren, während man das Schändliche verbietet. Dazu gehört es, schädliche Hindernisse von der Straße zu entfernen, geduldig mit den Älteren zu sein, die Blinden zu führen und denen zuzuhören, die kein Gehör finden. Der Prophet Muhammad ﷺ sagte in Bezug auf die *Sadaqa*: »Deinem Bruder ein Lächeln zu schenken ist ein Akt der Wohltätigkeit.«[4] Es ist eine *Sadaqa*, den Verzweifelten Hoffnung zu geben, den Verletzten Mitgefühl zu schenken, die Schwachen zu unterstützen, eine Stimme für die Unterdrückten zu sein und jedem Herzen, dem man begegnet, ein Lächeln zu schenken und Freude zu bereiten.

## *Sadaqa* mit Worten

Der Prophet ﷺ sagte: »Ein nettes Wort ist eine Form der Wohltätigkeit.«[5] Die Fähigkeit, zu sprechen, ist ein Geschenk Gottes, deshalb ist es wichtig, dass wir unsere Zunge vor Dingen, die Gott entgegengesetzt sind, wie Klatsch und Tratsch, vulgärer Sprache und dem verletzenden Gebrauch unserer Worte schützen. Wie die Mystiker sagen: »Lass deine Worte vor dem Sprechen durch drei Tore gehen. An der ersten Pforte stelle dir die Frage: ›Ist es wahr?‹, an der zweiten: ›Ist es notwendig?‹ und an der dritten: ›Ist es freundlich?‹«

Wir sollten die Gabe unserer Rede nutzen, um andere zu erheben, zu inspirieren, zu ermutigen und zu leiten. In der folgenden Geschichte wird die unglaubliche Macht der Worte veranschaulicht:

> Zwei Frösche fielen in ein Loch im Boden, als sie durch den Wald hüpften. Das Loch war so tief, dass eine Gruppe anderer Frösche, als sie sah, wie die beiden Frösche versuchten herauszukommen, rief: »Leute, es ist zu tief! Ihr kommt da nicht mehr raus! Gebt auf, damit ihr wenigstens in Ruhe sterben könnt!«

> Nach diesem Ruf setzte sich einer der beiden Frösche hin und starb vor Hoffnungslosigkeit. Der andere sprang hingegen weiter und gab sein Bestes, um herauszukommen. Die anderen Frösche begannen lauter zu schreien: »Gib auf, mein Freund! Es hat keinen Sinn mehr! Gib auf!« Aber der Frosch versuchte es noch entschlossener, bis ihn plötzlich ein gewaltiger Energieschub durchfuhr und er aus dem Loch sprang. Alle Frösche des Waldes waren erstaunt. Sie hüpften zu dem entkommenen Frosch und fragten ihn, was ihn dazu bewogen hatte, aus dem Loch zu kommen, obwohl sie ihm zuriefen, dass er aufgeben solle. Der Frosch sagte: »Oh, ich bin schwerhörig, und auf diese Entfernung konnte ich eure Lippen nicht lesen, also dachte ich, ihr würdet mich ermutigen, herauszukommen!«

Worte besitzen Macht, deshalb sagt Imam Ali: »Sprich nur, wenn das, was du sagen willst, schöner ist als die Stille.« Schließlich entsprang alles Existente der Schwingung des göttlich ausgesprochenen Wortes »Sei!« (36:82). Daher bedenke Folgendes: Deine Zunge ist wie ein Messer; sie kann entweder töten wie das Schwert eines Samurai oder retten wie das Skalpell eines Chirurgen.

## Gib, ohne zu urteilen

Wenn Gott uns einen Bedürftigen vor die Nase setzt oder uns auffordert, Almosen zu geben, steht es uns nicht zu, darüber zu urteilen, wer ihrer würdig ist. Die menschliche Neigung, nach äußeren Bedingungen zu urteilen, wird in der folgenden Geschichte deutlich:

> Der Mystiker Abu Dscha'far erhielt die göttliche Weisung, der ersten Person, der er nach dem Morgengebet auf der Straße begegnet, eine große Geldsumme zu spenden. Am nächsten Tag verließ Abu Dscha'far die Moschee nach dem Morgengebet und gab dem ersten Mann, den er sah, einen Geldbetrag. Daraufhin packte ihn sein Freund am Arm und sagte: »Warum hast du diesem Mann Geld gegeben? Weißt du nicht, dass er ein Dieb ist?« Der verwirrte Weise ging zurück in die Moschee und betete zu Gott, um Führung zu erhalten.

> Nachdem er einige Stunden gebetet hatte, erhielt er die erneute Anweisung, nach dem Mittagsgebet nach draußen gehen und der ersten Person, die er sah, Almosen zu geben. Nach dem Mittagsgebet verließ Abu Dscha'far die Moschee. Diesmal war die erste Person, die er sah, eine Frau, der er mit Respekt seine Almosen gab, bevor er sich auf den Weg zurück nach Hause machte. Da hielt ihn ein Mann auf und sagte: »Bruder, warum hast du dieser Frau Geld gegeben? Sie ist eine Prostituierte!«

> Der Heilige war verzweifelt und eilte zurück in die Moschee, um Buße zu tun und Gott erneut um Führung zu bitten. Diesmal erhielt er die Weisung, nach dem Abendgebet hinauszugehen und das gesamte Geld, das er in der Tasche hatte, der ersten Person zu geben, die er sah. Obwohl der heilige Mann Zweifel an der Richtigkeit dieser Anweisung hatte, verrichtete er aufrichtig seine Gebete, ging hinaus in die Nacht und gab der ersten Person, der er begegnete, sein gesamtes Geld. Als er sich umdrehte, um nach Hause zu gehen, kam wieder jemand auf ihn zu und sagte: »Warum hast du diesem Mann Geld gegeben? Er ist doch reich!«

Diesmal rannte der alte Weise zurück in die Moschee, weil er befürchtete, dass sein spiritueller Kompass nicht mehr funktionierte. Er weinte, betete stundenlang zu Gott und fiel dann in einen Zustand zwischen Wachsein und Schlaf. Der Engel Gabriel kam im Traum zu ihm und fragte ihn: »Was beunruhigt dein Herz, o treuer Freund Gottes?« Nachdem der Mann Gabriel sein Dilemma erklärt hatte, lächelte der Engel und sagte: »Urteile nicht über diejenigen, denen du geben sollst. Dein Herr würde dich nie ohne Grund um etwas bitten. Vielleicht wurde der Dieb durch deine Herzensgüte dazu inspiriert, das Stehlen aufzugeben; vielleicht gab deine Güte der Prostituierten Hoffnung, dass es einen anderen Weg gibt, um über die Runden zu kommen; und vielleicht öffnete deine Großzügigkeit gegenüber dem reichen Mann sein Herz und machte ihn seinerseits großzügiger.«

Wir können nie wissen, wie unsere Handlungen die Menschen um uns herum inspirieren können. Manchmal ist ein kleines bisschen Licht alles, was eine Blume braucht, um aufzublühen. Unterschätze nicht die Kraft deiner Güte.

## *Zakat*: Eine göttliche Vermögenssteuer

Neben der bedarfsabhängigen Spende werden Muslime, die finanziell dazu in der Lage sind, aufgefordert, jährlich mindestens 2,5 Prozent ihres Vermögens, bekannt als *Zakat*, an die Armen zu spenden, um so weitverbreiteter Armut vorzubeugen. Im Gegensatz zur *Sadaqa* muss die *Zakat* an eine der folgenden acht Personengruppen gespendet werden: die Armen; diejenigen, die sich in einer Notlage befinden; diejenigen, die für die Verteilung der *Zakat* zuständig sind; diejenigen, deren Herzen der Versöhnung bedürfen; Menschen, die aus der Gefangenschaft befreit werden müssen; Verschuldete; diejenigen, die sich um den Frieden im Namen Gottes bemühen; diejenigen, die auf der Reise in fremden Ländern mit Schwierigkeiten konfrontiert sind.

Wenn du *Zakat* oder sogar *Sadaqa* gibst, muss das gespendete Geld auf religiös zulässige Weise (*halal*) verdient worden sein. Einkünfte, die durch den Verkauf von Alkohol, durch Zinsen für geliehenes Geld, durch Glücksspiel oder durch andere unzulässige Mittel erzielt wurden, werden nicht auf die *Zakat*-Pflicht angerechnet. Es sollte auch daran gedacht werden, dass die *Zakat* erst dann verpflichtend wird, wenn du deine Familie versorgt und deine Grundbedürfnisse gedeckt hast. Sie ist nicht einfach nur eine Spende, sondern eine Steuer auf unsere materiellen Segnungen, die wir denen geben, die nicht in der Lage sind, für sich selbst zu sorgen. Die *Zakat* ist wie ein spirituelles Pfand, das wir für unseren Platz hier auf der Erde bezahlen.[6]

Abgesehen davon, dass es sich um eine Pflichtabgabe handelt, wird das Wort *Zakat* oft mit »das, was reinigt« übersetzt. So wie der Körper seine Abfallprodukte ausscheiden muss, um gesund zu bleiben, reinigt uns die *Zakat* vom Materialismus, indem sie unsere Anhaftungen an den Reichtum ausscheidet.

> »*Gebt Gutes für euch selbst aus. Und diejenigen, die vor ihrer eigenen Habsucht bewahrt bleiben, das sind diejenigen, denen es wohl ergeht.*«
>
> KORAN 64:16

Gier ist ein Feind der Dankbarkeit und des Glaubens. Deshalb sagte der Prophet ﷺ: »Ich fürchte nicht, dass ihr nach meinem Tod neben Allah auch andere Götter anbeten werdet, aber ich fürchte, dass ihr euch untereinander um weltliche Dinge streiten werdet.«[7] Unsere Anhaftung an diese materielle Welt wird schwächer, wenn wir anderen in aufrichtiger Absicht etwas geben.

Im Idealfall trägt die *Zakat* dazu bei, ein Gleichgewicht – einen natürlichen Strom des Gebens und Nehmens – in der Gesellschaft herzustellen. So wie wir ersticken würden, wenn wir nur einatmen und nicht ausatmen würden, ist die *Zakat* ein Ausatmen in Form von Wohltätigkeit, um Platz für das Einatmen von Segnungen zu schaffen. In den Upanischaden, einer der uralten Schriften Indiens, heißt es: »Die

Welt hat genug für jedermanns Bedürfnisse, aber nicht für jedermanns Gier.« Wir würden geistig ersticken, wenn wir nicht geben würden. Ein Wort, das in der englischen Sprache oft für Geld verwendet wird, ist *currency*, das vom lateinischen Wort *currere* stammt, welches »auf der Rennstrecke laufen« oder »in Bewegung fließen« bedeutet. Mit anderen Worten: zirkuliert das Geld nicht, führt es zu einer Stagnation in unserem Leben. Wie ein Fluss oder eine Strömung muss das Geld in und aus unseren Händen fließen, sonst erstickt es die Lebendigkeit unseres Geistes.

Die *Zakat* ist ein Segen von Allah, denn durch die Beseitigung unserer weltlichen Anhaftungen können wir spirituelles Wachstum in unserem Leben erfahren. Je weniger wir unsere Egos füttern, desto mehr gedeiht unser Geist. Gottesnähe erreichen wir nicht durch das, was wir besitzen, sondern durch das, was wir geben. Da unser gesamter Besitz vergänglich ist, behalten wir im Grunde nur das, was wir für das Wohlgefallen Gottes geben.

Dies wird durch das folgende Gespräch zwischen dem Propheten ﷺ und seiner Frau auf wundervolle Weise zum Ausdruck gebracht: Nachdem die Frau des Propheten ﷺ das Fleisch eines geschlachteten Schafes für wohltätige Zwecke verteilt hatte, fragte der Prophet ﷺ: »Was ist davon übrig geblieben?« Sie antwortete: »Nur eine Schulter ist übrig geblieben.« Der Prophet ﷺ sagte daraufhin: »Alles ist geblieben (im Buch Allahs) außer der Schulter.«[8] Mit anderen Worten: Der Prophet ﷺ verdeutlichte, dass nur das wirklich Bestand hat, was wir als Spende für Allahs Wohlgefallen geben.

> »Wenn du alles verschenken würdest, denkst du, Gott
> wäre geizig? Die Scheune bleibt leer, wenn du Samen säst,
> doch der Boden wird fruchtbar. Wenn du das Saatgut in
> der Scheune lässt, ist alles, was du hast, ein verrottendes
> Festmahl für die Mäuse und Käfer.«
>
> **RUMI**

Die guten Taten, die wir im Diesseits vollbringen, gehen nicht verloren, sondern erblühen im ewigen Reich des Jenseits. Wie es im Koran heißt: »Was immer euch gegeben worden ist, ist Nießbrauch des diesseitigen Lebens. Was aber bei Allah ist, ist besser und beständiger für diejenigen, die glauben und sich auf ihren Herrn verlassen.« (42:36)

Wenn wir sterben, nehmen wir nicht unser erspartes Geld mit ins Grab, sondern die Währung der Gnade, die dem Geld entspringt, das wir gespendet haben.

> »Der Wohlstand verringert sich nicht durch
> das Spenden.«[9]

**PROPHET MUHAMMAD** ﷺ

In der Wurzel des Wortes *Zakat* finden wir die Bedeutung »Wachstum, Segen, Vermehrung«. Wenn wir für Allahs Wohlgefallen spenden, öffnen wir die Türen für Allahs Großzügigkeit und werden empfänglich für weiteres Wachstum und die Vermehrung unseres materiellen und geistigen Reichtums. Allah bekräftigt diesen Gedanken mit den folgenden Worten: »Und was immer ihr auch ausgebt, so wird Er es euch ersetzen.« (34:39) Ähnlich wie Landwirte Pflanzen beschneiden, damit sie schneller wachsen, beschneiden wir unseren Reichtum auf beste Art, wenn wir Almosen geben, um so ein größeres Wachstum zu ermöglichen (2:245).

## Deine *Zakat* gehört nicht dir

Um die Würde der Armen zu wahren, wird die *Zakat* nicht als der Besitz des Schenkenden angesehen, sondern als der Besitz dessen, der sie empfangen darf. Die *Zakat* ist keine Wohltätigkeit, sondern die Rückzahlung unserer Schulden an die Bedürftigen. Sie ist eine Erinnerung daran, dass alles, was wir erworben und verdient haben, nicht uns gehört, sondern ein Darlehen von Allah ist. Wenn wir Almosen geben, sind es nicht wir, die sie an eine andere Person weitergeben, sondern es ist Allah, der uns als Mittler nutzt, um sie an die

Armen zu geben. Wir sind nicht die Eigentümer unseres Reichtums, sondern nur die göttlich auserwählten Verwalter desselben. Wenn wir in einem Zustand des wahren Gebens sind, gibt es keinen Geber und keinen Empfänger mehr, sondern nur noch die universelle Liebe Gottes, die sich durch unsere Hände und Taten manifestiert.

Wie die Mystiker sagen: »Der Islam hat vier Dimensionen: (1) Was mein ist, ist mein, und was dein ist, ist dein. (2) Was mein ist, ist dein, und was dein ist, ist auch dein. (3) Es gibt weder ›mein‹ noch ›dein‹. (4) Es gibt kein ›ich‹ und kein ›du‹ mehr, sondern nur noch ein ›wir‹.«[10] Wenn du mir daher Almosen gibst, gibst in Wirklichkeit nicht du mir, sondern Gott gibt *uns*. Wenn ich Almosen erhalte, kann ich Gottes Namen des Versorgers (*ar-Razzaq*) erfahren, und als Spender kannst du Gottes Namen des Großzügigen (*al-Karim*) schmecken, der sich durch dich als Antwort auf meine Bedürftigkeit manifestiert. Wir sind nichts als Spiegel, die Gott selbst reflektieren.

Es gibt einen großen Unterschied zwischen einer guten Tat, hinter der wir uns selbst sehen, und einer guten Tat, hinter der wir nur Allah sehen. Für denjenigen, der aufrichtig zu Gott schaut, wird die Wohltätigkeit zu einem *Wudu'* oder einer Reinigung von der Tendenz des Egos, Besitzansprüche auf die Segnungen zu erheben, die uns von Allah zuteilwurden.

> »*Macht nicht eure Almosen durch Vorhaltungen*
> *und Beleidigungen zunichte, wie derjenige, der*
> *seinen Besitz aus Augendienerei vor den*
> *Menschen ausgibt.*«
>
> KORAN 2:264

Betrachte dich selbst nicht als Eigentümer deiner Großzügigkeit; unsere Großzügigkeit ist eigentlich ein Ausdruck von Allahs Großzügigkeit, denn Er ist es, der uns die Mittel gibt, um zu dienen. Khalil Gibran, der libanesische Dichter des zwanzigsten Jahrhunderts, sagte: »Es gibt jene, die mit Freude geben, und die Freude ist ihr Lohn. Es gibt jene, die mit Schmerzen geben, und der Schmerz ist ihre Taufe.

Und es gibt jene, die geben und keinen Schmerz beim Geben kennen; weder suchen sie Freude dabei, noch geben sie um der Tugend willen; sie geben, wie im Tal dort drüben die Myrte ihren Duft verströmt. Durch ihre Hände spricht das Gute, und aus ihren Augen lächelt es auf die Erde.«[11] Allah gibt uns die Möglichkeit, der Welt zu dienen, nicht weil Er uns braucht, sondern weil unsere Seele aufblüht, wenn wir sie mit Dienst tränken.

Im Koran heißt es: »Wenn ihr Almosen offen zeigt, so ist es trefflich. Wenn ihr sie aber verbergt und den Armen gebt, so ist es besser für euch, und Er (Allah) wird etwas von euren bösen Taten tilgen. Allah ist dessen, was ihr tut, kundig.« (2:271) Almosen im Verborgenen zu geben, schützt den Ruf des Empfängers und bewahrt uns davor, im Gegenzug Lob und Dankbarkeit anzustreben. Wenn wir von Allah dazu aufgefordert werden, den Armen zu geben, sollten wir für die Gelegenheit, zu geben, dankbar sein. Denn ohne die Bedürftigkeit eines anderen oder den Überschuss an Reichtum, mit dem Allah uns gesegnet hat, wären wir nicht in der Lage, Gottes Eigenschaften der Großzügigkeit, des Mitgefühls und der Liebe zu widerspiegeln und zu erfahren.

Unsere Dankbarkeit für all die Segnungen von Allah zeigen wir, indem wir im Dienst anderer sind. Wenn wir anderen dienen, bewässern wir unsere Samen des Mitgefühls und der Freundlichkeit und erkennen dabei, dass wir selbst aufblühen, wenn wir anderen etwas geben. Allah sagt im Koran: »Wenn ihr Gutes tut, tut ihr Gutes für euch selbst.« (17:7) Wenn wir anderen wirklich etwas geben, geben wir auch uns selbst etwas und erhöhen so unser Ansehen in den Augen Gottes. Wie Allah sagt: »O Sohn Adams! Gib, und Ich werde dir geben.«[12]

Die wahre Manifestation der *Zakat* wird durch eine außergewöhnliche Geschichte am Hochzeitstag der geliebten Tochter des Propheten ﷺ, Fatima Zahra, illustriert:

> Als die sanftmütige Fatima sich auf eine der unvergesslichsten Nächte ihres Lebens vorbereitete, klopfte eine Bettlerin an ihre Tür und bat sie um ein Kleid. Fatima wollte der Bettlerin ihr älteres Kleid

geben, doch dann erinnerte sie sich an den Vers aus dem Koran, der besagt: »Ihr werdet die Güte nicht erreichen, bevor ihr nicht von dem ausgebt, was euch lieb ist.« (3:92) Daher behielt Fatima stattdessen das ältere Kleid für sich und schenkte der Bettlerin ihr neues Hochzeitsgewand, noch bevor sie heiratete. Das ist ein Beispiel dafür, wie man Gottes Liebe und Großzügigkeit ohne Bedingungen oder Anhaftungen an das irdische Leben vertritt.

Fatima Zahra wusste, dass ihr Kleid wie alles andere in ihrem Leben dem Schöpfer gehörte. Als ihr Herr sie dazu aufforderte, von ihrem Besitz zu geben, gab sie freudig und ohne zu hinterfragen.[13] Allah verspricht denen, die frei von dem geben, was sie lieben, ewige Belohnung und »einen Handel, der nicht zu Fall kommen wird« (35:29).

## Jedes Atom des Gebens zählt

Manchmal haben wir das Gefühl, dass unsere Kapazitäten, zu geben, so begrenzt und die Bedürfnisse der Welt so groß sind, dass wir uns entmutigen lassen, überhaupt einen Versuch zu unternehmen. Wenn wir uns zu überfordert fühlen, um einen Versuch zu starten, die großen Schmerzen der Welt zu heilen, sollten wir uns daran erinnern, dass alles, was erschaffen wurde, einen bescheidenen Anfang hatte. Sandkörner schaffen im Laufe der Zeit Berge, ein mikroskopisch kleines Spermium und eine Eizelle formen sich zu einem Menschen, und selbst der Urknall, der zum Zustandekommen des gesamten Universums geführt haben könnte, begann in einem erbsengroßen Raum. Unterschätze daher nicht, welche Wirkung ein aufrichtiges Herz und eine aufrichtige Absicht bei Allah haben können, egal wie klein die Geste auch sein mag. Wie Imam Ali bekanntermaßen sagte: »Betreibe Handel mit Allah, und du wirst profitieren.«

Im Koran wird diese Behauptung folgendermaßen bestätigt: »Das Gleichnis derjenigen, die ihren Besitz auf Allahs Weg ausgeben, ist das eines Saatkorns, das sieben Ähren wachsen lässt, (und) in jeder

Ähre hundert Körner. Allah vervielfacht, wem Er will. Und Allah ist allumfassend und allwissend.« (2:261)

Im Koran werden wir auch daran erinnert, dass wir nur so viel von dem ausgeben sollen, was Allah uns gegeben hat, wie unsere Kapazitäten es zulassen: »Der Wohlhabende soll entsprechend seinem Wohlstand (die Aufwendungen) ausgeben. Und wem seine Versorgung bemessen (zugeteilt) wurde, der soll (eben) von dem ausgeben, was Allah ihm gegeben hat. Allah erlegt keiner Seele mehr auf als das, was Er ihr gegeben hat. Allah wird nach Schwierigkeit Erleichterung schaffen.« (65:07) Es sind die kleinen Schritte von heute, die morgen zu Meilen werden; Handlungen, die konsequent und mit Liebe durchgeführt werden, schaffen so viel Güte und Licht, dass sie die Mächte der Dunkelheit besiegen.

Gib dein Geld, gib deine Zeit, gib alles, was du zu geben hast, denn in deiner Leere und deiner Unzulänglichkeit erfährst du Allahs unendliche Großzügigkeit. Im Koran heißt es: »Und Er gewährte euch von allem, worum ihr batet. Wenn ihr die Gunst(erweise) Allahs aufzählen wolltet, könntet ihr sie nicht erfassen.« (14:34) Schließlich geben wir Allah von dem, was vergänglich und endlich ist, und Er belohnt uns mit dem, was ewig und unendlich ist.

> »Höre, o Tropfen, gib dich auf, ohne zu bereuen und erhalte im Tausch den Ozean. Höre, o Tropfen, schenke dir diese Ehre und sei in den Armen des Meeres sicher. Wer hat schon so viel Glück? Ein Ozean, der um einen Tropfen wirbt! In Allahs Namen, in Allahs Namen, verkaufe und kaufe zugleich! Gib einen Tropfen und nimm dieses Meer voller Perlen.«
>
> RUMI

Wenn wir die Segnungen, die uns zuteilwurden, an Ihn zurückgeben, gewinnen wir am Ende mehr, als wir gegeben haben. Egal wie klein unsere Geste der Freundlichkeit auch sein mag, Allah umschließt sie mit Seiner Großzügigkeit wie ein Regentropfen sich im Ozean auflöst.

Im Koran sagt Allah: »Wer nun im Gewicht eines Stäubchens Gutes tut, wird es sehen. Und wer im Gewicht eines Stäubchens Böses tut, wird es sehen.« (99:7–8) Es gibt also keine gute Tat, die zu klein ist, um einen Unterschied zu machen. Imam Ali sagte: »Schämt euch nicht, wenn ihr nur wenig spendet, denn den Bedürftigen etwas vorzuenthalten ist eine noch größere Schande.« Dieser Gedanke wird durch die folgende Geschichte wunderbar veranschaulicht:

> Ein alter Mann ging am Morgen zum Strand, um vor der Arbeit einen Spaziergang zu machen. Als er am Ufer ankam, fand er den gesamten Strand, vom Ufer bis zu den Rändern der Klippen in der Nähe der Häuser, mit Seesternen bedeckt. Während er sich bemühte, sie zu umgehen, sah er in der Ferne einen Jungen, der die Seesterne vom Boden nahm und ins Meer warf. Als der Mann sich dem Jungen näherte, fragte er ihn, was er da tue. Der Junge antwortete: »Letzte Nacht gab es einen großen Sturm, deshalb wurden diese Seesterne an den Strand gespült, und sie schaffen es nicht zurück ins Meer. Ich werfe sie zurück ins Wasser, denn wenn die Sonne aufgeht, wird es sehr heiß und sie würden womöglich sterben.«

> Der alte Mann lächelte den Jungen mitleidig an und sagte: »Mein lieber Junge, es gibt wahrscheinlich hunderttausend Seesterne an diesem Strand. Es ist schwer vorzustellen, dass das, was du tust, irgendetwas bewirken wird.« Der Junge hockte sich hin und hob einen weiteren Seestern auf, streichelte ihn sanft und warf ihn anschließend ins Meer. Dann wandte er sich zu dem alten Mann und erwiderte: »Nun, bei diesem einen hat es auf jeden Fall etwas bewirkt!«

Keine gute Tat ist zu klein vor Allah. Wie der Prophet Muhammad ﷺ sagte: »Es gibt Belohnung für Güte gegenüber jedem Lebewesen.«[14] Erst wenn wir jemandem etwas geben, der es uns niemals vergelten kann, haben wir den Zustand des vollständigen Gebens erreicht. Wir mögen die Welt nicht mit einer kleinen Freundlichkeit verändern, aber je mehr Liebe wir beständig pflanzen, desto duftender wird unsere Erde durch die schönen Blüten von Allahs Eigenschaften des Mitgefühls, der Schönheit, der Heiligkeit und der Barmherzigkeit. Wie der Prophet ﷺ sagte: »Die beliebtesten Taten bei Allah sind solche, die regelmäßig verrichtet werden, und seien sie auch gering.«[15]

## Die Wissenschaft des Gebens

Anderen etwas zu geben, weckt und heilt nicht nur den Geist, aufrichtige Großzügigkeit hat außerdem nachweislich die Kraft, uns emotional und körperlich zu transformieren. Forscher der US-amerikanischen Gesundheitsbehörde, den National Institutes of Health, haben herausgefunden, dass das Spenden das Belohnungszentrum des Gehirns, die sogenannten mesolimbischen Hirnareale, stimuliert. Beim Helfen schüttet unser Gehirn Dopamin und Endorphine aus, die zur Unterdrückung von Schmerzsignalen beitragen und ein »Helfer-Hoch« erzeugen. Geben führt zu Gelassenheit und einem Gefühl tiefer Befriedigung.[16]

Die Forschung belegt, dass das Geben für wohltätige Zwecke im Gegensatz zu anderen Hochgefühlen dazu beiträgt, länger zu leben, unsere Stimmung aufzuhellen, mehr soziale Kontakte zu pflegen und Stress abzubauen; und dass Geben ansteckend sein kann, da es oft einen positiven Dominoeffekt in unserer Gemeinschaft auslöst.[17] Deshalb sind wir dazu aufgerufen, anderen vor allem immer dann zu helfen, wenn wir uns orientierungslos oder uninspiriert fühlen oder keinen Sinn in unserem Leben finden.

> »Diejenigen, die ihren Besitz bei Nacht und Tag, heimlich oder öffentlich ausgeben, haben ihren Lohn bei ihrem Herrn, und keine Furcht soll sie überkommen, noch werden sie traurig sein.«
>
> KORAN 2:274

Die meisten unserer Ängste im Leben sind in der Überbetonung des eigenen Ichs begründet. Es heißt: »Demut bedeutet nicht, weniger von sich selbst zu halten, sondern weniger an sich selbst zu denken.«[18] Wenn wir unser Blickfeld auf das große Ganze erweitern, kann sich das, was sich einst wie eine große Last anfühlte, auflösen.[19] Deshalb geben viele Muslime *Sadaqa*, wenn sie das Gefühl haben, festzustecken, oder Führung brauchen. Wenn wir Großzügigkeit, Freundlichkeit und Liebe auf die Welt reflektieren, werden wir uns Allahs entsprechender allgegenwärtiger göttlicher Qualitäten wie Seiner endlosen Großzügigkeit (*al-Karim*), überreichlichen Güte (*ar-Ra'uf*) und ewigen Liebe (*al-Wadud*) bewusster.

Es kommt jedoch auf unsere Absichten an, denn Studien zufolge profitieren wir nur dann von dem gesundheitlichen Nutzen, wenn wir selbstlos geben und mit aufrichtigem Wunsch, anderen helfen und mit ihnen in Kontakt treten zu wollen. Obwohl die menschliche Zivilisation sich weiterentwickelt und vom Wettbewerb profitiert, hängt unsere Existenz nicht so sehr vom »Überleben des Stärkeren« ab, sondern vielmehr vom »Überleben des Gütigsten«.[20]

TUm zu verstehen, wie wichtig es ist, sich mit Menschen zu verbinden und eine engmaschige Gemeinschaft zu schaffen, solltest du Folgendes bedenken: Obwohl die Wurzeln von Mammutbäumen nur anderthalb oder zwei Meter tief sind, sind Mammutbäume die höchsten Bäume der Welt und erreichen Größen von bis zu 106 Metern.[21] Sie wachsen mit relativ flachen Wurzeln sehr hoch, weil sich ihre Wurzeln mit denen der Nachbarbäume verflechten und ein dichtes Gehölz bilden, das hunderte Meter von der Basis eines Baumes entfernt sein kann.[22] Mammutbäume teilen nicht nur Nährstoffe; ihre verflochtenen Wurzeln bilden auch einen starken Schutz gegen Überschwemmungen und starke Winde, sodass die Bäume über hunderte Jahre und jahreszeitliche Veränderungen hinweg weiterwachsen können. So wie die Mammutbäume sind auch wir Menschen miteinander verbunden. Wenn wir unseren Segen mit anderen teilen und in unsere Gemeinschaft investieren, investieren wir gleichzeitig auch in unser eigenes Wohlergehen. Ein altes Sprichwort besagt: »Wenn du schnell gehen willst, geh allein; aber wenn du weit gehen willst, geh gemeinsam.«

# Gib für Gottes Gnade, nicht für das Lob der Menschen

*»Lebe in dieser Welt, lass jedoch nicht zu, dass die Welt in
dir lebt, denn wenn ein Boot auf dem Wasser sitzt, segelt
es perfekt; dringt Wasser in das Boot ein, sinkt es.«*

IMAM ALI

*Zakat* und *Sadaqa* sind Mittel, um das Schiff unseres Herzens von
der Last der Gier, der Anhaftung und des Geizes zu befreien. Derjenige,
der seinen Reichtum nicht für Ehre oder Lob ausgibt, sondern um sich
vor Gott zu läutern, ist derjenige, dessen Glaubensschiff über Wasser
bleiben wird. Allah sagt: »[Derjenige,] der seinen Besitz hingibt, um
sich zu läutern und niemand hat bei ihm eine Gunst (anzurechnen),
die vergolten werden müsste, sondern (er handelt) im Trachten nach
dem Angesicht seines höchsten Herrn. Und er wird wahrlich zufrieden
sein.« (92:18–21)

Im Koran werden wir nur deshalb dazu aufgefordert zu geben, um
ein Spiegelbild der Liebe Gottes auf der Erde zu sein. Wir sollen nicht
in der Erwartung geben, gelobt zu werden, sondern sagen: »Wir speisen euch nur um Allahs Angesicht willen. Wir wollen von euch weder
Belohnung noch Dank.« (76:9) Wenn wir unseren Blick auf unsere
ständigen Segnungen von Gott richten, wenden wir uns von dem ab,
was andere uns angetan haben. Wir erkennen: Wenn wir nur geben,
um eine direkte Gegenleistung dafür zu erhalten, so macht dies die unzähligen Segnungen, die Allah uns zuteilwerden ließ, zunichte. Dieser
Gedanke wird in der folgenden Geschichte wunderbar veranschaulicht:

> Eines Tages ging ein König durch eine Plantage und sah einen alten
> Mann mit weißem Bart, der kniend einige Samen pflanzte. Er ging
> auf den Mann zu und fragte ihn: »Mein lieber Vater, was macht
> ihr da?« Der alte Mann lächelte unschuldig und sagte: »Hallo,
> eure liebe Majestät, ich pflanze kleine Dattelpalmensetzlinge.«
> Völlig überrascht erwiderte der König: »Aber Vater, brauchen
> Dattelpalmen nicht zwanzig bis fünfzig Jahre, bis sie Früchte

tragen?« Der alte Mann antwortete daraufhin lächelnd: »Ja, eure Majestät, das ist richtig.« Der verwirrte König fragte: »Werdet ihr denn je die Datteln von den Bäumen essen können, die ihr da pflanzt?« Der alte Mann antwortete liebevoll: »Ich werde sicher nie das Alter erreichen, in dem ich diese Früchte genießen kann, eure Majestät. Aber ich habe Datteln von Bäumen gegessen, die meine Väter gepflanzt, jedoch nie gekostet haben, und deshalb pflanze ich durch Gottes Gnade ebenfalls für jene, die nach mir kommen werden, damit sie sie eines Tages genießen können.«

Der König war von den Worten des alten Mannes so gerührt, dass er ihm einen Beutel mit Goldmünzen schenkte. Der alte Mann erwiderte: »Nun habe ich diese Setzlinge noch nicht einmal gepflanzt, und schon haben sie reiche Früchte getragen. Was im Namen Gottes getan wird, ist jenseits von Jahreszeiten und Zeit, Er antwortet gewiss sofort!«

## Gib, wie die Sonne der Erde gibt

Die *Zakat* dient als Erinnerung daran, dass Allah der Erhalter und der Versorger ist, denn »Allah gehört, was in den Himmeln und auf der Erde ist.« (24:64) Wenn alles von Gott erschaffen wurde und alles zu Ihm zurückkehrt, was gehört uns dann wirklich von dieser Welt? Wir sind nichts anderes als Hüter dieser Erde; wir sind hier, um die Segnungen, die Allah allen Menschen ohne Unterscheidung gewährt hat, mit Dankbarkeit zu genießen und großzügig zu teilen.

Wenn jemand in den Augen Gottes würdig ist, erschaffen worden zu sein, wie können wir dann behaupten, er hätte unsere Hilfe nicht verdient? Wie der Prophet Muhammad ﷺ sagte: »Wer sich satt isst, während sein Nachbar hungert, der ist kein Gläubiger.«[23] Als Muslime sind wir dazu aufgerufen, so zu geben, wie die Sonne der Erde gibt, bereitwillig und ohne Bedingungen.

*»Selbst nach all dieser Zeit sagt die Sonne nie zur Erde:*
*›Du schuldest mir etwas.‹ Schau, was mit einer derartigen*
*Liebe passiert. Sie erleuchtet den ganzen Himmel.«*

**HAFIZ, PERSISCHER DICHTER DES 14. JAHRHUNDERTS**

Alle Menschen und Geschöpfe Allahs sind wie Zellen in einem einzigen Körper. Wie der Prophet Muhammad ﷺ sagte: »Die Gläubigen
sind in ihrer gegenseitigen Liebe, Güte und Zuneigung wie der menschliche Körper; wenn ein Körperteil Schmerzen erleidet, fühlt der ganze
Körper den Schmerz, sowohl in Schlaflosigkeit als auch in Fieber.«[24]
Deshalb heißt es im Koran: Wenn jemand unrechtmäßig ein Leben
nimmt, ist es, als hätte diese Person die gesamte Menschheit getötet,
und »wer es am Leben erhält, so ist es, als ob er alle Menschen am
Leben erhält« (5:32).

So wie ein Stein, der irgendwo in einen See geworfen wird, Wellen
erzeugt, die sich über das gesamte Gewässer ausbreiten, so verteilt
sich der Schmerz eines leidenden Menschen auf die gesamte Existenz.
Wie Rumi sagte: »Die Unterschiede sind nur Illusion und Einbildung.
Sonnenlicht sieht auf dieser Wand etwas anders aus als auf jener Wand
und auf der anderen wiederum ganz anders. Dennoch ist und bleibt
es ein einziges Licht.« Wir sind Samen, die in den Boden unserer gemeinsamen Menschlichkeit gepflanzt wurden. Je gesünder unsere
Gesellschaft und unsere Umwelt werden, desto schneller wachsen wir
auf dem Weg zu Gott.

*»When ›I‹ is replaced with ›we‹ even illness*
*becomes wellness.«*

**MALCOLM X, MENSCHENRECHTSAKTIVIST**

Mögen wir niemals auf eine andere Person hinabblicken, es sei
denn, um ihr unsere Hand zu reichen und aufzuhelfen. *Zakat* bedeutet,
dass du das Geld auf deiner Bank als Ausdruck von Gottes Reichtum
betrachtest und den Bedürftigen als eine Gelegenheit siehst, Gott allein
zu dienen. Der Prophet Muhammad ﷺ bekräftigt diese Behauptung,

indem er berichtet: »Am Tag der Auferstehung wird Gott sprechen: ›O Sohn Adams, Ich bin krank gewesen und du hast Mich nicht besucht.‹ Der Mann wird fragen: ›O mein Herr, wie hätte ich Dich besuchen können, wenn Du doch der Herr der Welten bist?‹ Gott wird erwidern: ›Wusstest du denn nicht, dass der Soundso, Mein Diener, krank gewesen ist? Und doch hast du ihn nicht besucht. Und warst du dir nicht bewusst, dass du, wenn du ihn besucht hättest, Mich bei ihm angetroffen hättest? O Sohn Adams! Ich hatte Hunger und du hast Mich nicht genährt!‹ Die Person wird antworten: ›Wie hätte ich Dich nähren können, wo Du doch der Herr aller Wesen im Universum bist?‹ Gott wird erwidern: ›Wusstest du denn nicht, dass der Soundso, Mein Diener, dich um Nahrung gebeten hat? Und doch hast du ihn nicht genährt. Und weißt du nicht, dass, hättest du ihn genährt, du diese gute Tat in Meiner Nähe vollbracht hättest? O Sohn Adams! Ich habe gebeten, Meinen Durst zu stillen, und du hast Mir nicht zu trinken gegeben.‹ Die Person wird antworten: ›O mein Herr, wie könnte ich Dir Wasser geben, wenn Du doch der Herr der Welten bist?‹ Er wird sagen: ›Der Soundso, Mein Diener, hat dich um Wasser gebeten, und du hast es ihm nicht gegeben. Weißt du nicht, dass du es bei Mir gefunden hättest, wenn du ihm Wasser gegeben hättest?‹«[25] Allah erinnert uns daran, dass wir dem Schöpfer dienen, wenn wir im Dienst der Schöpfung sind.

> »Gott braucht dein Geld nicht, doch die Armen schon. Du spendest den Armen und Gott erhält es.«

ST. AUGUSTINUS, THEOLOGE DES 4. JAHRHUNDERTS

Als Hommage an Gottes bedingungslose, allumfassende Barmherzigkeit sagen die Mystiker symbolisch: »Nur wenn wir alles umarmen, können wir zu den Armen Gottes werden.« Das Leben ist eine Reihe von Wellen: Manchmal surfen wir auf den Gipfeln des Segens und ein anderes Mal stürzen wir an den Klippen von Armut und Verzweiflung ab. In den dunkelsten Nächten – wenn wir uns niedergeschlagen und hilflos fühlen, wenn ein Unglück zuschlägt und sich die Arztrechnungen stapeln, wenn wir unseren Job verlieren, wenn wir die Miete nicht zahlen können, wenn wir die Leasingraten für unsere Autos nicht bezahlen können, wenn wir kurz vor einer Zwangsräumung stehen – werden *Zakat* und *Sadaqa* zu unserem Sicherheitsnetz. Der Segen unserer Brüder und Schwestern fängt uns vor dem Absturz auf und verschafft uns Zeit, einen neuen Job zu finden, die Rechnungen zu begleichen und die Miete zu bezahlen. *Zakat* und *Sadaqa* bewahren unsere Würde und verhindern, dass wir an den Tagen gedemütigt werden, an denen die Wellen zu groß sind, um sie aus eigener Kraft zu bewältigen.

*Zakat* ist ein Boot im Sturm, eine Krücke, die dich bis zur Heilung begleitet, eine Barmherzigkeit Gottes, die sich durch die Hände der Menschen manifestiert. Sie bringt Liebe in ein gebrochenes Herz, die Morgenröte in jemandes dunkelste Nacht, einen Regenbogen in jemandes regnerischen Tag.

> *»Welche der Taten sind Allah am liebsten? Den Herzen der Menschen Freude zu bereiten, die Hungrigen zu speisen, denen, die in der Bedrängnis sind, zu helfen, den Kummer der Traurigen zu lindern und die Leiden der Verletzten zu beseitigen.«*[26]
>
> **PROPHET MUHAMMAD** ﷺ

Möge Allah uns dazu inspirieren, mehr zu geben, als wir es uns zutrauen, und uns dabei helfen, darauf zu vertrauen, dass Seine Großzügigkeit und Sein Reichtum die Lücken füllen werden. Wir haben vielleicht nicht die Mittel oder die Möglichkeit, die Welt zu verändern, aber wenn wir ein Leben retten, eine Person speisen oder einem einzigen Herzen Freude bereiten können, dann haben wir zumindest das gelebt, was es bedeutet, Mensch zu sein. Wie Rumi sagt: »Sei eine Lampe, ein Rettungsboot oder eine Leiter. Hilf jemandem, seine Seele zu heilen. Verlasse dein Haus wie ein Hirte.«

> *O Allah, hilf mir, in diese Welt hinauszugehen und ein Spiegel zu sein, der die Gesichter Deiner großzügigen Liebe reflektiert. Mein geliebter Herr, erinnere mich daran, dass die Ergebnisse nicht von mir abhängen, aber dass ich für*

*meine Handlungen verantwortlich bin; hilf mir also, meine*
*Zeit auf der Erde nur dafür zu nutzen, um Deinem Willen*
*zu dienen.* »*Gott, gib mir die Gelassenheit, die Dinge*
*hinzunehmen, die ich nicht ändern kann, den Mut, Dinge*
*zu ändern, die ich ändern kann, und die Weisheit, das eine*
*vom anderen zu unterscheiden.*«[27] *Mein Herr, hilf mir, ein*
*Vertreter Deiner Güte zu sein, in der Art, wie ich bete, wie*
*ich spreche, wie ich liebe und wie ich lebe, in allen Momenten*
*meines Lebens. In Deinem schönen Namen bete ich, amin.*

## Reflexion: Das göttliche Licht widerspiegeln

Wenn wir aus uns selbst heraus geben, können uns die Liebe, die Barmherzigkeit und das Mitgefühl ausgehen, weil wir endliche Wesen sind. Wenn wir uns jedoch mit Allah verbinden und als Kanal für Seine Liebe fungieren, wird uns nie die Leidenschaft ausgehen, der Schöpfung zu dienen. Wir können allen Menschen zu jeder Zeit Güte und Liebe entgegenbringen, indem wir unser Herz bewusst mit dem Göttlichen verbinden und uns von Seinem Licht führen lassen. Die folgende Übung wird dir dabei helfen, das Licht Gottes zu stärken und auf die gesamte Existenz zu reflektieren.

- Lege deine Hand auf deine Brust und richte deine Aufmerksamkeit auf dein Herz.
- Beobachte die sanften Bewegungen deines Brustkorbs mit jedem Atemzug.
- Stell dir vor, dass göttliches Licht von oben einfällt und durch deinen Kopf in dein Herz eindringt.
- Beobachte, wie sich das Empfangen von Gottes Licht anfühlt, während es dein Herz füllt. Atme die Energie des Lichts ein und stelle dir vor, wie die Zellen und Atome deines Körpers von der Lichtquelle trinken, bis du dich völlig gesättigt fühlst. Beobachte, wie sich das Licht in deinem Körper ausbreitet und

nimm gleichzeitig das Summen, das Vibrieren oder das wellenartige Gefühl wahr, das sich in dir ausbreitet.

- Stell dir vor, dass Abzweigungen des Lichts aus deinem Herzen in die Erde austreiben. Erlaube diesem göttlich inspirierten inneren Licht, sich tiefer in die Erde und zu den Menschen um dich herum auszubreiten.

- Sende dieses Licht bewusst an deine Freunde, Eltern, Kollegen, Brüder oder Schwestern, an einen Fremden, der an dir vorbeigeht, an einen Kellner, der dich in einem Restaurant bedient, und sogar an diejenigen, die dich verletzt oder beleidigt haben. Sende dein Licht zu den Pflanzen, den Tieren und allen Lebewesen. Erlaube deinem inneren Licht, sich wie die Morgensonne über und in die Herzen aller Menschen auszubreiten, denen du begegnest.

- Während du das göttliche Licht deines Herzens bewusst mit den Herzen der anderen verbindest, sprich für sie ein einfaches und aufrichtiges Gebet zu Gott. Sprich: »O Allah, ich bete, dass Du das Herz dieser Person oder dieses Lebewesens mit Deinem Licht füllst und ihr einen freudigen und erfüllten Tag bescherst.«

- Schreibe auf, wie es sich anfühlt, sich mit dem Licht Allahs zu verbinden und es mit anderen zu teilen.

»Der Monat Ramadan (ist es), in dem der Koran als Rechtleitung für die Menschen herabgesandt worden ist.«

KORAN 2:185


»Fasten lässt den Körper erblinden, damit sich die Augen der Seele öffnen.«

RUMI

# 9

# Ramadan:
# Der heilige
# Fastenmonat

Der Koran wurde dem Propheten Muhammad ﷺ im Mondmonat Ramadan in der geheimnisvollen Nacht der Bestimmung (*Lailat al-Qadr*) offenbart, über die es heißt, dass sie »besser als tausend Monate« (97:3) ist. Um das Wunder des Korans zu zelebrieren, verbringen Muslime den gesamten Monat Ramadan in einem Zustand der Selbstläuterung und verzichten von Sonnenaufgang bis Sonnenuntergang auf Essen, Trinken, das Rauchen und Geschlechtsverkehr. Das Wort Ramadan stammt vom arabischen Wortstamm *ramad* ab, der »von der Intensität der Sonne erhitzt« oder »brennen« bedeutet und uns daran erinnert, dass der Zweck des Ramadans darin besteht, die Sünden zu verbrennen, die uns von der Allgegenwart Gottes trennen.[1]

> *Beim Fasten geht es nicht darum, Körpergewicht zu verlieren; es geht darum, das Gewicht deiner Sünden zu reduzieren und zu lernen, dich von deinem belastenden Ego zu lösen.*

Das arabische Wort für Fasten lautet *Saum* und stammt von einer Wurzel, die »Selbstbeherrschung« bedeutet. Im Kern geht es beim Fasten um die Kontrolle über das Selbst. Wenn wir dazu aufgefordert werden, unser Ego zu zügeln, kommen unsere Süchte ans Tageslicht und geben uns das nötige Bewusstsein, uns von ihnen loszureißen. Wenn wir den Schmerz unserer Leere nicht mehr mit äußeren Formen betäuben können, sind wir gezwungen, nach der Wurzel unserer Sehnsucht zu suchen.

Beim Fasten entziehen wir unseren körperlichen Sinnen die Energieressourcen und lenken unseren Fokus auf das spirituelle Erwachen. Wie Rumi sagt: »Es gibt verborgene Süße in der Leere des Magens [...], wenn der Schallkörper vollgestopft ist«, kann die Musik unserer Seele nicht in die Welt hinausschwingen.

Im Monat Ramadan sind wir dazu aufgerufen, mit der Politur des Gebets, dem Meißel des Fastens und dem Reinigungsmittel der Almosen die Schleier der Trennung zwischen uns und Allah zu zerreißen. Das Ziel des Fastens besteht darin, alles, was zwischen dir und Gott steht, durch eine körperliche, emotionale und geistige Entgiftung zu beseitigen.

> *»O die ihr glaubt, vorgeschrieben ist euch das Fasten, so wie es denjenigen vor euch vorgeschrieben war, auf dass ihr gottesfürchtig werden möget.«*
>
> **KORAN 2:183**

## Der Monat der endlosen Barmherzigkeit

Der Monat Ramadan ist bekannt als der Monat der Barmherzigkeit und Liebe, in dem Allahs Vergebung auf die gesamte Erde herabkommt und die Seelen aus dem Feuer der Trennung in die Umarmung des Göttlichen führt.

> *»Allah will für euch Erleichterung; Er will für euch nicht Erschwernis, – damit ihr die Anzahl [der Fastentage] vollendet und Allah als den Größten preist, dafür, dass Er euch rechtgeleitet hat, auf dass ihr dankbar sein möget.«*
>
> **KORAN 2:185**

Das Fasten während des Monats Ramadan ist nicht als Erschwernis gedacht, sondern soll im Herzen des Gläubigen Dankbarkeit dafür wecken, dass den Menschen durch den Koran göttliche Führung zuteilwurde. Man geht davon aus, dass Gott den Monat Ramadan zu unseren Gunsten gestaltet und die Hinwendung von der Schöpfung zum Schöpfer erleichtert, indem Er die Schleier zwischen Himmel und Erde lichtet. Es heißt, dass in diesem Monat die Engel auf die Erde gesandt werden und der Geist Gottes in unser Universum herabsteigt, um die Welt mit einer göttlichen Barmherzigkeit zu umarmen, die alles eng umschließt.

> *»Wenn der Monat Ramadan beginnt, werden die Tore des Himmels geöffnet, die Tore des Höllenfeuers geschlossen und die Satane in Ketten gefesselt.«²*
>
> PROPHET MUHAMMAD ﷺ

Der Ramadan gilt nicht nur als Zeit des Rückzugs – er ist auch ein Krafttraining für die Seele. Der wahre Test für einen erfolgreichen Ramadan besteht nicht nur darin, jeden Tag zu fasten, Almosen zu geben und den Koran zu rezitieren, – der wahre Erfolg wird nach der Person gemessen, die wir in der ersten Woche nach Ende des Ramadans sind. Wir sollen uns nicht nur vorübergehend von Sünden fernhalten, sondern das Unkraut der Sünde ausreißen und die schlechten Gewohnheiten, die uns von Allah entfernen, dauerhaft überwinden. Es ist die Zeit, in der wir unsere Herzen trainieren, unsere Willenskraft stärken und Gott durch unseren Körper, unseren Geist und unsere Seele bezeugen.

Beim Fasten geht es nicht nur um Hunger und Durst; es geht darum, Gott in jedem Moment an erste Stelle zu setzen. Wie Imam al-Ghazali sagt: »Der Wert des Fastens liegt nicht in seinem Hunger, so wie der Wert des Medikaments nicht in seiner Bitterkeit liegt.«

> *Der Ramadan wurde von Allah nicht geschickt, um dich einzusperren und anzuketten; er ist ein göttliches Geschenk, das dich inspirieren und verändern soll.*

TIm Ramadan haben wir die Möglichkeit, unseren Glauben zu stärken und unsere schlechten Gewohnheiten zu ändern, damit wir aus einem höheren Bewusstsein heraus leben können – nicht nur für einen einzigen Monat, sondern ein ganzes Leben lang. Wenn wir einzig Allah zuliebe fasten, zeigen wir Ihm, dass unsere Liebe zu Ihm größer ist, auch wenn wir die Vergnügungen dieser Welt gernhaben. Wenn wir in vollem Bewusstsein darüber sind, dass wir für Ihn allein fasten, werden unser Hunger und unser Durst zu Taten des Gedenkens und der Anbetung Allahs.

Der Prophet ﷺ sagte: »Das Bittgebet, das der Fastende während des Fastenbrechens spricht, wird angenommen und niemals zurückgewiesen.«[3] Vielleicht liegt das daran, dass wir nicht etwa alles aufgeben, was wir besitzen, wenn wir uns gänzlich dem Göttlichen hingeben, sondern dadurch erst recht für die grenzenlosen Segnungen Allahs empfänglich werden. Der Ramadan lehrt uns, dass Disziplin und Grenzen unsere Freiheit nicht einschränken, sondern in der Tat die Voraussetzungen für wahre Freiheit schaffen.

Unsere Süchte machen uns zu Sklaven. Unsere Anhaftung an unsere Wünsche ebenso. Allah ruft uns lediglich dazu auf, von den Dingen abzulassen, die schlecht für uns sind und uns daran hindern, wahrhaftig frei zu sein. Die folgende Geschichte zeigt auf schönste Weise, wie das Loslassen und die Loslösung von unseren Begierden uns Freiheit gewähren:

> Um in bestimmten asiatischen Dörfern Affen zu fangen, schnitzen Jäger ein Loch in eine Kokosnussschale und füllen es mit Erdnüssen. Das Loch ist gerade groß genug, dass die Hand des Affen hineinpasst, aber klein genug, dass sie stecken bleibt, wenn der Affe die Hand schließt, um nach den Erdnüssen zu greifen. Der Affe müsste lediglich die Erdnüsse loslassen, um seine Hand herausziehen und entkommen zu können. Doch auch wenn die Jäger sich den feststeckenden Affen nähern, lassen sie die Erdnüsse nicht los und werden somit gefangen.

Wenn wir die niederen Begierden des Selbst loslassen, entdecken wir, dass der Schlüssel zum Ausbruch aus unserem eigens geschaffenen

Gefängnis schon immer in unserer Hand lag. Der Ramadan lehrt uns, dass es auf dem spirituellen Weg weniger um das *Tun* als um das *Nichttun* geht. Wenn wir uns hingeben und von den Begierden ablassen, die uns keinen Nutzen bringen, erkennen wir, dass wir friedlich auf dem Fluss der göttlichen Vorsehung treiben.

## Für die göttliche Rechtleitung empfänglich werden

Der Koran wurde offenbart, als Muhammad ﷺ sich auf den Berg des Lichts (Dschabal an-Nur) zurückgezogen hatte, um sich der Welt und ihren Versuchungen zu entziehen, und höchst empfänglich war für die ersten Worte der Offenbarung.[4] An diesem frühen Beispiel des Propheten ﷺ sehen wir, dass das Fasten durch den Verzicht auf die Welt, mit dem Ziel, Gottesbewusstsein zu kultivieren, die Grundlage für das Empfangen und Verstehen der göttlichen Offenbarung ist. So wie eine Schüssel erst durch ihre Leere als Gefäß taugt, können wir, wenn wir uns von uns selbst und der Welt leeren, mit Allah gefüllt werden.

Allah gießt Seine liebevolle Rechtleitung ständig auf unsere Glaubenssaat. Das Fasten dient dazu, all unsere Bindungen an diese Welt zu entfernen und alles, was uns daran hindert, aus dem Brunnen von Allahs Barmherzigkeit zu trinken, aus unserem Herzen zu verbannen. Die »bestimmten Tage« (2:184), die Allah für uns als Fastenzeit erkoren hat, sind eine göttliche Vorschrift, die uns hilft, unsere Sünden auszulöschen und Gott näherzukommen.

> *So wie ein Baby im Bauch seiner Mutter neun Monate braucht, um sich zu entwickeln, der Mond viele Nächte benötigt, um voll zu werden, und eine Raupe Wochen in einem Kokon verbringt, um ein Schmetterling zu werden, so verwandelt sich auch unser Glaube, wenn wir in den Leib des Ramadans eintreten und den ganzen Monat fasten.*

Das Fasten ermöglicht es uns Menschen, die Eigenschaften Gottes widerzuspiegeln, denn wenn wir uns jeglichem Essen, Trinken oder sexuellen Kontakt entziehen, überwinden wir unsere niederen menschlichen Eigenschaften. Allah verdeutlicht den hohen Stellenwert des Fastens, indem Er sagt: »Das Fasten ist für Mich, und Ich belohne es.«[5] Das Fasten geht weit über den Verzicht auf körperliche Begierden hinaus – zu fasten bedeutet, das eigene Ich völlig zu überwinden, sodass der Suchende vor einem singulären Gott stehen kann. Der Prophet Muhammad ﷺ stellt den Zusammenhang zwischen dem Fasten und dem Zusammensein mit Allah mit den folgenden Worten her: »Dem Fastenden stehen zwei Freuden bevor: Wenn er sein Fasten bricht, ist er voller Freude, und wenn er seinem Herrn begegnet, freut er sich über das von ihm geleistete Fasten!«[6]

> Der spirituelle Pfad ist keiner, auf dem wir unseren Weg zu Gott finden, sondern einer, auf dem wir alles beseitigen, was uns daran hindert, zu sehen, dass wir uns bereits im göttlichen Hof befinden.

Hinter dem Lärm unserer Begierden und den negativen Einflüsterungen verbirgt sich ein von Geburt an gutes essenzielles Selbst (Fitra).[7] Im Kern sind alle Menschen von Natur aus gut, doch unsere falschen Vorstellungen von der Vergangenheit, unsere falschen Überzeugungen und unser Ego können uns daran hindern, im vollen Einklang mit Gott zu sein. Wenn wir fasten, müssen wir uns unseren Schwächen, den Stimmen der Versuchung und unseren Süchten nach dieser Welt stellen. Durch eine vorübergehende Periode der Askese hilft das Fasten, den Einfluss des Egos zu schwächen und so die rechtleitende Stimme unseres Geistes zu stärken. Das folgende tiefgründige Gleichnis der Cherokee veranschaulicht den inneren Kampf zwischen Ego und Geist, den das Fasten zu schlichten versucht:

> Ein Ältester der Cherokee erklärte seinem Enkel: »Jeder Mensch hat zwei Wölfe in seinem Herzen, die im Krieg miteinander sind. Der erste Wolf ist böse und stiftet Konflikte, indem er Gier, Neid, Lust, Arroganz, Hochmut, Hass und Angst durch die Überbetonung des Egos anregt. Der zweite Wolf ist gut und fördert Frieden und

Einigkeit durch Gottesbewusstsein.« Mit großen Augen antwortete der Enkel: »Und welcher Wolf gewinnt diesen Kampf, Opa?« Der weise Älteste antwortete: »Der, den du fütterst.«

Wenn wir in einer Art und Weise denken und handeln, die unser Ego nährt, wird unser Ego unseren hungernden Geist überwältigen, doch wenn wir unseren Geist mit göttlichen Qualitäten wie Liebe und Barmherzigkeit nähren, wird unser Geist unser Ego überwinden. Das Ego kann nur in der Umarmung von Liebe und Disziplin wahrlich transformiert werden. Wenn wir uns nach innen wenden und den fleischlichen Gelüsten entsagen, um den Geist zu nähren, dann dämmert das spirituelle Licht in uns, durchbricht die Dunkelheit der Illusion und befreit uns aus unseren eigens errichteten Gefängnissen.

## Die spirituellen Stufen des Fastens

Von außen mag das Fasten im Ramadan für alle Muslime identisch erscheinen, doch es hat eine innere Dimension und durchläuft die folgenden drei spirituellen Phasen: ein äußeres Fasten, ein inneres Fasten und ein herzzentriertes Fasten. Der Ramadan spricht Körper, Geist und Seele ganzheitlich an, denn im Islam sind die physischen und spirituellen Bereiche eng miteinander verbunden.

Die drei Phasen des Fastens sind nicht voneinander getrennt, sondern drei Dimensionen innerhalb der einzigen Absicht, Gott näher zu kommen, indem wir die niederen Begierden des Selbst durch Askese disziplinieren. Nur wenn unsere äußeren Handlungen, die Gedanken in unserem Geist und der Zustand unseres Herzens ganzheitlich im Einklang mit Gott sind, erleben wir Frieden und Harmonie in unserem Leben.

## Das äußere Fasten – das Fasten der Gliedmaßen

Das äußere Fasten bildet die Grundlage und bereitet das Gefäß für das innere Fasten, das Fasten des Herzens, vor, indem es die körperliche Kraft des Egos schwächt. Beim äußeren, körperlichen Fasten halten wir uns an die Mindestanforderungen des Fastens: von der Morgendämmerung bis zum Sonnenuntergang nicht zu essen, zu trinken, zu rauchen oder sexuelle Intimität auszuüben. Im Koran heißt es: »Esst und trinkt, bis sich für euch der weiße vom schwarzen Faden der Morgendämmerung klar unterscheidet! Hierauf vollzieht das Fasten bis zur Nacht! Und verkehrt nicht mit ihnen, während ihr euch (zur Andacht) in die Gebetsstätten zurückgezogen habt! Dies sind Allahs Grenzen, so kommt ihnen nicht zu nahe! So macht Allah den Menschen Seine Zeichen klar, auf dass sie gottesfürchtig werden mögen.« (2:187)

Um zu verstehen, warum diese physischen Beschränkungen notwendig sind, sollten wir uns der Tatsache bewusstwerden, dass das Ego mit dem Körper verbunden ist. So wie ein Regenbogen nur existiert, wenn Licht und Wasser aufeinandertreffen, ist das Ego ein Produkt der Begegnung von Körper und Geist. Da das Ego vom Körper abhängt, dient die Schwächung des Körpers dazu, den Einfluss der egoistischen Begierden auf uns zu schwächen.

> »Der Sohn Adams füllt kein Gefäß, das schlimmer ist
> als sein Magen.«[8]

**PROPHET MUHAMMAD** ﷺ

Der Magen ist der Treibstofftank des Körpers: Ist er vollgetankt, bekommt das Ego alle Ressourcen, die für die Befriedigung von Begierden wie Neid, Lust, Gier und Hochmut notwendig sind. Wenn das Ego das Sagen hat, ist Gotteshingabe nicht möglich. Beim Fasten verlangsamt sich der gesamte Körper, das Ego wird durch Erschöpfung und Hunger geschwächt und wir erlauben unserem Geist, die Kontrolle über das Selbst (*Nafs*) wiederzuerlangen. Das Fasten verwandelt das Ego von einem unbeugsamen Tyrannen in einen ergebenen Diener Gottes.

Es ist wissenschaftlich erwiesen, dass wir unsere Impulse besser kontrollieren können, wenn wir uns darin üben, unsere Freude hinauszuzögern, indem wir eine Belohnung auf einen späteren Zeitpunkt verschieben.[9] Wenn wir unserem Ego nicht erlauben, mit schnellen Lösungen auf unsere Emotionen zu antworten, sind wir gezwungen, uns mit der

Ursache unserer emotionalen Instabilität auseinanderzusetzen. Fasten hilft uns, unsere Willenskraft angesichts von Versuchungen neu zu kalibrieren und zu stärken, weshalb es Suchtverhalten nachweislich reduziert. Wissenschaftliche Studien belegen, dass das Fasten die Organe entgiftet, Entzündungen reduziert, geistige Klarheit schafft, unseren Zellen hilft, sich schneller zu reinigen und zu reparieren, und vor Krebs, Herzkrankheiten, Diabetes, Depressionen und vielen anderen Krankheiten schützt.[10] Fasten fördert einen körperlichen Gleichgewichtszustand, sodass der Gläubige ein stärkeres und effektiveres Werkzeug von Gottes liebendem Willen auf Erden sein kann.

Wenn wir unser Ego zähmen, schaffen wir die Voraussetzung für die Stärkung unseres Geistes. Laozi, der chinesische Philosoph des sechsten Jahrhunderts vor Christus, erinnert uns an Folgendes: »Wer andere kontrolliert, mag mächtig sein, doch wer sich selbst beherrscht, ist noch mächtiger.« Im Ramadan geht es nicht nur darum, dass wir unsere Begierden zügeln, sondern vielmehr darum, dass wir lernen, sie zu disziplinieren. Deshalb müssen wir beim Fastenbrechen auf unsere Neigung zum Überessen achten und gegen den Wunsch unseres Egos ankämpfen, in alte Muster zurückzufallen.

> *»Ein Fasten zu brechen, erfordert mehr Vorsicht und Zurückhaltung als es fortzusetzen.«*
>
> MAHATMA GANDHI

Es liegt eine tiefgreifende Heilung und Weisheit in der Kunst der Selbstbeherrschung. Die Okinawa-Studie, durchgeführt auf der gleichnamigen Insel in Japan – der »gesündesten Nation der Welt« – hat gezeigt, dass der Schlüssel für die Langlebigkeit der oft hundertjährigen Okinawaner vor allem in dem Konzept *hara hachi bun me* liegt, was übersetzt etwa »Iss, bis dein Magen zu 80 Prozent gefüllt ist« bedeutet.[11] Diese japanische Redewendung spiegelt in schönster Weise die Worte des Propheten ﷺ wider, in denen er sagt, dass der Mensch ein Drittel seines Bauches mit Essen, ein Drittel mit Wasser und ein Drittel mit Atemluft befüllen soll.[12]

Der Zweck des Ramadans besteht darin, uns das Gleichgewicht zu lehren, das der Prophet ﷺ und die Okinawaner verwirklicht haben, indem wir über unsere Muster des übermäßigen Genusses nachdenken. Im Ramadan werden wir daran erinnert, wie unser Verhältnis zum Essen aussehen sollte. Das Essen sollte nicht primär der Befriedigung unserer egoistischen Bedürfnisse dienen, sondern vielmehr der Ehrung unseres Körpers und seiner Versorgung mit Energie, die wir benötigen, um Gott anzubeten und Gefäße Seiner Liebe und Seines Friedens zu werden.

## Das innere Fasten – das Fasten der Sinne und des Geistes

Das äußere Fasten ist vorgeschrieben, um den Weg zum inneren Fasten zu ebnen, bei dem du anfängst, »die Eigenschaften Gottes in dir zu kultivieren«[13]. Der Prophet ﷺ fordert uns dazu auf, über die Mindestanforderungen des Fastens hinauszugehen: »Wie viele Fastende haben von ihrem Fasten nichts als Hunger und Durst.«[14]

> *So wie wir unseren Magen von Nahrung leeren, sind wir*
> *auch dazu aufgerufen, unsere Sinne von allem zu leeren,*
> *was uns Allah nicht näherbringt.*

Unsere Sinne sind unsere Brücken zur Welt. Was wir sehen, hören, sprechen, berühren und wohin wir gehen, bestimmt, wie wir denken, glauben und letztlich handeln. Einige Gelehrte haben den menschlichen Körper als Land beschrieben: Das Herz ist die Hauptstadt, umgeben von sieben Toren – Magen, Augen, Ohren, Mund, Füße, Hände und Genitalien. Da das Herz der Sitz des Gottesbewusstseins ist, besteht die Aufgabe des Gläubigen darin, diese sieben Eingänge zu schützen, indem er lediglich hereinlässt und sich allein auf das einstellt, was im Einklang mit Allah ist, während er alles andere herausfiltert.

Um ein transformiertes Herz zu erlangen, müssen wir das ändern, was wir durch die Türen unserer Sinne aus der Welt um uns hereinlassen. Wie können wir behaupten, dass wir in einem Zustand des Gottesbewusstseins fasten, wenn unsere Ohren von Klatsch und Tratsch überfüllt sind? Wie

können wir sagen, dass das Fasten uns unserer besten Version näherbringt, wenn unsere Augen ihren Blick nur selten senken und diese Welt
zu einem Buffet für alles machen, was ihnen beliebt; wenn unsere Hände
nach Versuchungen greifen, als wären wir nur dazu erschaffen, unsere
niederen Gelüste zu befriedigen? Wie können wir behaupten, dass uns
das Fasten Allah näherbringt, wenn unsere Füße uns an Orte tragen, die
der Heiligkeit in uns zuwider sind, und unser Mund vom Fasten trocken
zwar ist, wir aber trotzdem hinter dem Rücken anderer Menschen reden?

Der Prophet ﷺ sagt: »Wer nicht von schlechter Rede und bösen Taten
ablässt, dessen Verzicht auf Essen und Trinken braucht Allah nicht.«[15] Das
Fasten ist nicht nur ein Verzicht auf die Welt der Formen, sondern auch
eine Reinigung all unserer Sinne von der Völlerei. Es ist eine Rückkehr
unseres gesamten Wesens – mit Gliedern und Sinnen – zu Allah.

Wir wurden erschaffen, um *in* dieser Welt zu sein; jedoch sollen wir
danach streben, nicht *von* dieser Welt zu sein. Das Fasten des niederen
Selbst beginnt damit, dass wir dem Wunsch des Egos widerstehen, Lob
und Bestätigung von anderen zu bekommen. Sobald wir in der Lage sind,
auf unsere körperlichen Begierden und die Erwartungen anderer zu verzichten, müssen wir lernen, uns von der Tyrannei des Geistes zu befreien.

> »*So wie Wassertropfen einen Fluss bilden, bilden*
> *Gedanken den Charakter und den Glauben.*«
>
> IMAM ALI

Um unsere Denkmuster ändern und neue Bahnen in unserem Gehirn
ebnen zu können, müssen wir uns von all den Gedanken lösen, die nicht
unserem höheren Selbst dienen.[16] Wissenschaftliche Studien haben bewiesen, dass es keinen Unterschied macht, ob wir uns visuell vorstellen,
dass unsere rechte Hand angehoben ist, oder ob wir sie tatsächlich heben
– es werden dieselben Hirnareale stimuliert.[17] Eine Studie an der Harvard
University zeigte ferner, dass die Fingerkraft von Teilnehmenden, die
sich mehrere Wochen lang vorstellen, ihre Finger zu beugen, um 35
Prozent gestiegen ist.[18] Da diese Studien belegen, dass Gedanken sowohl
die Gehirnentwicklung als auch die gesamte Physiologie des Körpers

beeinflussen, wissen wir, dass wir uns unserer Gedanken bewusst werden müssen, da sie einen direkten Einfluss auf unser Wohlbefinden haben.[19]

> *Das Fasten durch den Entzug von unseren Gedanken bedeutet nicht, dass wir versuchen, unser Denken zu stoppen. Wir entscheiden uns vielmehr dafür, nicht jeden Gedanken aufzunehmen, der aus dem Boden des Egos sprießt.*

Wenn sich Gedanken in uns regen, urteilen wir nicht über sie, analysieren sie nicht und versuchen nicht, sie zu ändern – stattdessen sehen wir zu, wie sie vorbeiziehen, genauso wie die Wolken, die am Himmel unseres Geistes schweben, und richten unseren Blick sanft zurück auf das Göttliche. Wenn wir Raum zwischen unseren Gedanken und der Person, die wir *wirklich* sind, schaffen, erkennen wir, dass wir nicht unsere Gedanken sind. Erst dann sind wir in der Lage, die Selbstverurteilung und die Scham loszulassen, die unser Ego verursacht hat und die uns oft daran hindern, uns einer Beziehung zu Allah würdig zu fühlen. Sobald wir erkennen, dass Allah unsere Zuflucht und unser sicherer Hafen vor den Fängen des Egos ist, können wir beginnen, unser Herz von der vergänglichen Schöpfung auf den ewigen Schöpfer zu wenden.

## Das herzzentrierte Fasten

Während bei Sonnenuntergang das äußere Fasten gebrochen wird, soll das innere, herzzentrierte Fasten ununterbrochen fortgesetzt werden. Dieser Zustand des Fastens spiegelt den Ausspruch des Propheten ﷺ wider: »Meine Augen schlafen, doch mein Herz schläft nicht.«[20] Wenn wir Allah in allem bezeugen, wird jede Handlung zum Gebet, jeder Augenblick zum Gottesdienst und jede Person, jeder Ort und jede Sache zeigt in Richtung Allah.

Wenn wir uns in einem Zustand der Einheit mit unserem Herrn befinden, ist unser Herz in den höchsten Himmeln ganz bei Allah, auch wenn wir mit unseren Füßen auf der Erde stehen. Zu fasten, indem wir uns allem außer Allah entziehen, bedeutet, sich völlig von der Schöpfung abzuwenden. Wenn wir leer von Essen, Trinken, Gedanken und allen anderen Gelüsten sind, tragen wir nur den göttlichen Odem des Lebens in uns. In diesem Zustand sind wir so leer von uns selbst, dass wir zu einem reinen Spiegel für Gott auf der Erde werden.

Der Islam ist der Pfad, auf dem man alles aus dem Weg räumt, was der eigenen Verbindung mit Gott im Wege steht. Der Ramadan ist eine Zeit der *Muraqaba* oder »Beobachtung«, in der Gott uns die Gelegenheit gibt, sowohl als Individuen als auch als muslimische Gemeinschaft die Gedanken und Gefühle in unserem Geist und Herzen zu erkennen, die zu einem Schleier zwischen uns und Gott werden und uns daran hindern, Ihn zu bezeugen. Allah inspiriert uns zu diesem Monat der Selbstbeobachtung, um uns dabei zu helfen, die Gewohnheiten zu erkennen und zu durchbrechen, die uns von der Liebe Gottes entfernen, und die Taten zu fördern, die uns Ihm näherbringen. Die Bedeutung der Reflexion liegt darin, dass sie uns alles erkennen lässt, was uns daran hindert, Seine Liebe zu erfahren. Während der Gottesdienst den Geist mit Gottesbewusstsein parfümiert, schützen Fasten und Nachsinnen uns vor der Neigung unseres Egos zu Hochmut und Herrschaft.

Fasten versetzt uns in einen Zustand der Demut, indem es uns daran erinnert, wie schnell unser Körper schwächelt: Nur ein paar Stunden ohne Nahrung und Wasser genügen, um unsere Blutgerinnung zu verlangsamen, uns energielos zu machen und unsere Illusion der Unbesiegbarkeit schwinden zu lassen. Wenn wir unsere Armut vor Gott spüren und unsere völlige Abhängigkeit Ihm gegenüber erkennen, werden unsere Herzen automatisch großzügiger gegenüber den Bedürftigen. Unsere Urteile über die Armen werden geläutert, wenn wir die Schwere des Hungers zu spüren bekommen. Wenn wir uns die Zeit nehmen, die vielen Gaben anzuerkennen, die Gott uns so freigebig zuteilwerden ließ, öffnen wir unsere Augen für die Realität, dass Milliarden von Menschen auf der Welt in ständiger Hungersnot leben und kaum Hoffnung auf eine Mahlzeit haben, wenn die Sonne untergeht. Das Fasten verwandelt unsere Spiegel in Fenster und weitet unseren Blick von einem Zustand der Egozentrik hin zu einem Zustand, in dem wir die Bedürfnisse derer berücksichtigen, die weit weniger vom Glück begünstigt sind als wir.

> *»Die Nahrung des Körpers ist das Essen, während die Nahrung der Seele darin besteht, andere zu speisen.«*
> IMAM ALI

Diejenigen, die Schwierigkeiten haben, das Fasten zu vollenden – aufgrund einer Krankheit oder weil sie sich auf einer Reise befinden –, werden im Koran aufgefordert, für jeden versäumten Tag eine bedürftige Person zu speisen. Weiter heißt es im entsprechenden Vers, dass es für den Zustand ihrer Seelen besser ist, mehr zu geben, als erwartet wird (2:184). Wie der Prophet Muhammad ﷺ sagte: »Wer nicht barmherzig ist, der findet auch kein Erbarmen.«[21] Der Prophet ﷺ erinnert uns daran, dass je mehr wir die Eigenschaften Gottes nachahmen und auf andere projizieren, desto mehr werden diese Eigenschaften in unserer eigenen Seele erblühen.

## Lailat al-Qadr: Nacht der Bestimmung

Als spiritueller Höhepunkt des Ramadans gilt *Lailat al-Qadr*, die »Nacht der Bestimmung«, die den Jahrestag der Offenbarung des Korans darstellt. Obwohl niemand darüber Kenntnis hat, welche Nacht des Ramadans *Lailat al-Qadr* ist, legte der Prophet Muhammad ﷺ nahe, dass es eine der ungeraden Nächte unter den letzten zehn Tagen des Ramadans ist.[22]

Es wird geglaubt, dass Allahs Barmherzigkeit und Erbarmen in dieser Nacht überschwänglich und reichlich ist, dass alle Sünden vergeben werden, jedes Bittgebet erhört wird und dass der Engel Gabriel und viele andere Engel aus den höchsten Himmeln in unsere Welt herabsteigen und die Anordnungen Gottes erfüllen. Der Prophet Muhammad ﷺ sagte: »Wahrlich, in dieser Nacht sind Engel so zahlreich wie die Kieselsteine auf der Erde.«[23] Unsere Welt wird gewissermaßen von himmlischen Wesen bevölkert, deren Anzahl die der Menschen um ein Vielfaches übersteigt.

*»Wir haben den Koran ja in der Nacht der Bestimmung hinabgesandt. Und was lässt dich wissen, was die Nacht der Bestimmung ist? Die Nacht der Bestimmung ist besser als tausend Monate. Es kommen die Engel und der Geist in ihr mit der Erlaubnis ihres Herrn mit jeder Angelegenheit herab. Frieden ist sie bis zum Anbruch der Morgendämmerung.«*

KORAN 97:1-5

Da sich nicht jeder die *Haddsch*, die Pilgerfahrt nach Mekka, leisten kann, sagen die Mystiker: »*Lailat al-Qadr* ist der Tag, an dem Allah dir die *Haddsch* zu Füßen legt.« In dieser Nacht öffnet Allah die Tore Seiner Barmherzigkeit für alle Menschen und vergrößert jede gute Tat um ein Vielfaches – wie es im Koran heißt: »Die Nacht der Bestimmung ist besser als tausend Monate.« (97:3) In gewissem Sinne erinnert uns Allah daran, dass diese eine Nacht bedeutender ist als 80 Jahre Gottesdienst, was im Grunde eine ganze menschliche Lebensspanne ausmacht.

*Lailat al-Qadr* gilt als die wichtigste Nacht des Jahres, denn es wird geglaubt, dass es die Nacht ist, in der wir eingeladen werden, durch das Gebet an der Gestaltung unseres Schicksals mitzuwirken. In dieser mystischen Nacht interagiert unser freier Wille mit dem göttlichen Willen, um auf geheimnisvolle Weise neue Möglichkeiten für das kommende Jahr zu manifestieren.

So heilig diese Nacht auch ist, sind Muslime nicht nur dazu aufgerufen, *Lailat al-Qadr* in den Moscheen zu verbringen, sondern auch der Menschheit zu dienen, indem sie die Umwelt schützen, die Armen speisen, ihnen Kleidungen spenden und um Vergebung für vergangene Sünden bitten. Ein gutes Herz, das durch gute Taten ergänzt wird, trägt dazu bei, dass wir vor schlechten Resultaten, sowohl im Diesseits als auch im Jenseits, geschützt sind.

## Das Ende ist der Anfang

Der Tag, der das Ende des Ramadans markiert, heißt *Eid al-Fitr*, was übersetzt »Fest des Fastenbrechens« bedeutet. Das Wort *Fitr* ist mit den

Begriffen *Iftar*, *Fitra* und *al-Fatir* verwandt. Das Wort *Iftar* bezieht sich auf das Fastenbrechen, das Wort *Fitra* auf die allen Menschen innewohnende Gutheit und das Wort *al-Fatir* ist einer von Allahs göttlichen Namen und bedeutet »der Schöpfer«. In gewisser Weise soll uns der Ramadan helfen, unsere alten Muster zu durchbrechen, die *Fitra* oder das angeborene Gute, das wir bereits in uns tragen, zu verwirklichen und zum Ursprung von allem, was existiert, zurückzukehren – Allah.

Das Ziel des Ramadans besteht nicht darin, das eigene Verhalten kurzfristig zu ändern; er soll die Morgendämmerung sein, die einen neuen Tag bringt. Ein Ziel des Ramadans ist es, Muster in deinem Leben abzuändern, die dir nichts mehr bringen und dich daran hindern, neue Möglichkeiten in deinem Leben zu schaffen. Da wir Menschen vergessliche Wesen sind, ist eine einmonatige Phase der Selbstreflexion eine gute Möglichkeit, uns daran zu erinnern, welche Dinge im Leben Priorität haben sollten.

Trotz aller Entbehrungen ist der Monat Ramadan für viele Muslime eine der freudigsten Zeiten des Jahres. Während des Ramadans verbringen wir mehr Zeit damit, das zu tun, wofür wir erschaffen worden sind – nämlich uns mit dem Gottesdienst zu beschäftigen, im Dienst der Armen zu stehen, unser Ego zu zügeln, Gottes Eigenschaften der Liebe stärker zu reflektieren und in der Gemeinschaft mit anderen zu sein –, was dazu führt, dass wir erfüllter und zufriedener sind.

## Nur für Allah

Die folgende Geschichte verdeutlicht, wie unsere Herzen auf natürliche Weise barmherziger und liebevoller gegenüber der gesamten Schöpfung werden, wenn wir fasten, indem wir allem anderen als Allah entsagen.

Ein Mystiker namens Mansur, der im Monat vor dem Ramadan fastete, war auf dem Weg zur Moschee, als er an einer Gruppe von Aussätzigen vorbeikam, die Essensreste aus dem Müll aßen. Einer von ihnen lud den bekannten Mystiker ein, mit ihm zu Mittag zu essen. Der Mystiker erwiderte: »Bist du dir sicher? Ich möchte dir nicht zur Last fallen.« Der Mann versicherte ihm, dass es für ihn eine Ehre sei, mit einem derart berühmten Gelehrten zu essen. Mansur nahm die Einladung an und setzte sich mit dem alten Aussätzigen auf den Boden, während dieser das Essen zubereitete.

Der Aussätzige wandte sich seinem Gast zu und sagte betrübt: »Hast du keine Angst vor uns? Wir laden die Imame, die unterwegs zur Moschee sind, oft ein, mit uns das Brot zu brechen, doch sie lehnen immer ab.« Der gütige Mystiker lächelte den Mann sanft an und sagte: »Das liegt höchstwahrscheinlich daran, dass sie fasten.« Der Aussätzige erwiderte: »Aber bist du nicht ein religiöser Mensch? Bist du nicht gottesfürchtig? Warum fastest du dann nicht freiwillig vor dem Ramadan?« Der Mystiker lächelte und erwiderte: »Ja, sicherlich liebe ich Gott, und heute habe ich das Vergnügen, mit dir zu essen.«

Der Aussätzige lächelte, und gemeinsam genossen sie ein paar Bissen. Als der Gebetsruf ertönte, stand Mansur auf, umarmte den Leprakranken aus Dankbarkeit und ging in die Moschee, um das Nachmittagsgebet zu verrichten. Nachdem die Sonne untergegangen war, sprach Mansur das folgende Bittgebet: »O Allah, ich danke Dir dafür, dass du mir diese Gelegenheit gegeben hast, Dir zu dienen! Mögest Du mein Fasten heute annehmen.« Einige Gelehrte hörten Mansurs Bittgebet, drehten sich zu ihm um und sagten: »Mansur! Wir haben dich heute mit den Aussätzigen essen sehen. Du bist ein Heuchler und ein Lügner, weil du versuchst, rechtschaffener zu wirken als du bist!«

Demütig wandte sich Mansur ihnen zu und sagte: »Ich habe vielleicht mein Fasten gebrochen, aber ich habe kein Herz gebrochen. Sag mir, was Allah leichter verzeihen wird: ein Fasten, das wir aus Liebe gebrochen haben, oder ein Herz, das wir aus Selbstgerechtigkeit gebrochen haben?«

Wenn jemand durch das Fasten engstirniger und verurteilender als zuvor wird, dann ist sein Fasten nicht für Allah, sondern für die Freude seines eigenen Egos. Fasten kann zwar den Körper entgiften und die Willenskraft stärken, doch erst durch Aufrichtigkeit und Liebe erfährt das Herz Gott im wahrsten Sinne.

Das wahre Fasten hilft uns, uns der allumfassenden Gegenwart Gottes bewusster zu werden, was uns wiederum hilft, unser Verhalten in allen Aspekten unseres Lebens bewusster zu gestalten. Der Ramadan soll uns helfen, unserem eigenen Herzen tiefer zu begegnen, Gottesbewusstsein zu entwickeln und Selbstbeherrschung zu lernen. Der Ramadan ist ein Monat der Vergebung und der Wegweisung für den ängstlichen Geist, für das gebrochene Herz und für jede Seele, die geheilt werden möchte. Er ist eine Zeit, in der wir uns zutiefst darüber bewusstwerden, dass Gott unser Zeuge ist und dass wir völlig von Ihm abhängig sind. Im Ramadan sind wir dazu aufgerufen, von allem außer Allah zu fasten, um uns daran zu erinnern, dass wir bei allem, was wir tun, in Allahs Gegenwart sein sollen.

Allah sagt: »Das Fasten ist ein Schutzschild«,[24] weil es uns vor dem Feuer der Trennung schützt, indem wir ständig daran erinnert werden, dass unsere Liebe zu Allah größer ist als unsere Liebe zu unseren Begierden. Während des Ramadans verbringen wir weniger Zeit mit dem Essen und Schlafen und widmen dem Gottesdienst mehr Zeit als in jedem anderen Monat. Wir bewegen uns von unserer tierischen Natur, die nur nach weltlichen Vergnügungen strebt, hin zu unserer engelhaften Natur, die allein nach Allah strebt. Der Ramadan ist eine heilige Zeit, in der uns die Gabe zuteilwird, unser Gelübde im Bund mit Allah zu erneuern. Denn nur wenn wir das Grabmal unseres sterblichen Egos aufbrechen, können wir in der ewigen Gegenwart unseres liebenden Gottes wiederauferstehen.

*Mein geliebter Herr, hilf mir, zu fasten, indem ich auf alles verzichte, was mir nicht dient und was mein Herz daran hindert, Dich zu bezeugen. O Allah, lass mein Herz auf Hass, Eifersucht, Gier und Härte verzichten, während ich mich der Nahrung und des Wassers enthalte. O Allah, ich werfe mich vor Dir nieder und bitte Dich um Dein Licht, das mich leitet, und um Deine Barmherzigkeit, die mich umschließt. Mein Herr, hilf mir, jeden Wunsch aufzugeben, der mich daran hindert, Deine Wahrheit zu erfahren. Mein geliebter Herr, hilf mir, den niederen Eigenschaften meines Egos zu entsagen, bis die Sonne meines Lebens untergeht. Wie Dein geliebter Prophet ﷺ gebetet hat: »Allahumma innaka 'afuwwun, tuhibbul-'afwa fa'fu 'anni – o Allah! Du bist der Vergebende, Du liebst es zu vergeben, so vergib auch mir.«²⁵ O Allah, hilf mir, auf dem spirituellen Weg standhaft zu bleiben, hilf mir, Dir gegenüber achtsam zu sein, und hilf mir, Deine Liebe, Großzügigkeit und endlose Barmherzigkeit, die jedes Atom der Existenz umfasst, nie aus den Augen zu verlieren. In Deinem barmherzigen Namen bete ich, amin.*

## Reflexion: Die Illusion beobachten

Bei der Meditation geht es nicht darum, die Gedanken zu eliminieren, sondern vielmehr darum, dass du Raum zwischen deinen Gedanken schaffst. Es ist wichtig, uns daran zu erinnern, dass unsere Gedanken und Gefühle wie die Jahreszeiten Veränderungen ausgesetzt sind, doch unsere tiefe innere Essenz (*Fitra*) bleibt dieselbe. Die buddhistische Nonne Pema Chödrön sagt: »Du bist der Himmel. Alles andere ist nur das Wetter.« Wir müssen uns stets der Tatsache bewusst sein, dass sich unsere Gedanken wie das Wetter verändern, aber wer wir sind, der Beobachter dieser Gedanken, bleibt derselbe.

In der islamischen Spiritualität ist *Muraqaba* die Praxis der Achtsamkeit, bei der die flüchtigen und ständig wechselnden Projektionen des Geistes »beobachtet« oder »überwacht« werden. So wie Nahrungsmittel beim Fasten nicht verschwinden, verschwinden auch unsere Gedanken nicht, wenn wir meditieren. Denn beim Fasten entscheiden wir uns bewusst dafür, sie nicht zu konsumieren, genauso wie wir uns bei unseren Gedanken dafür entscheiden, sie zu beobachten, anstatt uns mit ihnen zu beschäftigen. Beim Meditieren lernen wir, zwischen dem, was wir sind, und dem, was wir denken, zu unterscheiden. Wenn wir unseren Fokus immer wieder neu ausrichten und unsere Energie Allah zuwenden, beginnt langsam Frieden in uns zu erblühen. Wie Rumi sagt: »Je ruhiger du wirst, desto mehr kannst du hören.« Die folgende Übung ist eine gute Möglichkeit, deine Gedanken zu beobachten, deinen Geist zur Ruhe zu bringen und die alte Praxis der *Muraqaba* in dein tägliches Leben zu integrieren:

- Bringe dich in eine bequeme Position, halte deinen Rücken gerade und stelle beide Füße fest auf den Boden.
- Konzentriere dich auf deinen Atem. Wenn du durch die Nase einatmest, denke dir »einatmen«, und wenn du durch den Mund ausatmest, denke dir »ausatmen«.
- Wenn du dein Bewusstsein auf deinen Atem richtest, merkst du, wie du tiefer und langsamer zu atmen beginnst.
- Wenn deine Gedanken während der Beobachtung deines Atems abschweifen, versuche nicht, sie auszuschalten oder dich dagegen zu wehren, sondern nimm sie einfach zur Kenntnis und beobachte sie so, wie du vielleicht die vorbeiziehenden Wolken am Himmel oder die Blätter auf einem fließenden Fluss beobachten würdest; und dann richte deine Aufmerksamkeit wieder auf deinen Atem.
- Bleibe 2–3 Minuten lang im Zustand der *Muraqaba* sitzen und beobachte deine vorüberziehenden Gedanken, ohne sie zu analysieren oder über sie zu urteilen.
- Jedes Mal, wenn du anfängst, einen vorüberziehenden Gedanken zu analysieren, hilft es, deine Aufmerksamkeit sanft auf deinen Atem oder den Namen »Allah« zu richten.
- Beachte, wie die sanfte Erwähnung des Namens Allahs dem natürlichen Fluss des Ein- und Ausatmens ähnelt.
- Wie ist es, wenn du dein Bewusstsein von deinen sich ständig verändernden Gedanken auf einen ewigen und unveränderlichen Gott lenkst?
- Nimm dir einen Moment Zeit und schreibe kurz auf, wie du dich nach dieser Übung fühlst.

*»Vollzieht die Pilgerfahrt und die
Besuchsfahrt für Allah.«*

**KORAN 2:196**

*»Möchtest du ein Pilger auf dem Weg der
Liebe werden? Die erste Bedingung ist,
dass du demütig wirst wie Staub
und Asche.«*

**RUMI**

# 10

# *HADDSCH:* EINE PILGERFAHRT ZU GOTT

Gott ruft jeden Muslim, der körperlich gesund und finanziell dazu in der Lage ist, auf, mit Liebe in die geheiligte Stadt Mekka zu reisen und an der heiligen Pilgerfahrt teilzunehmen, die als *Haddsch* (3:97) bekannt ist. Während die freiwillige Pilgerfahrt nach Mekka, die sogenannte *'Umra*, zu jeder Zeit des Jahres möglich ist, muss die verpflichtende Wallfahrt nach Mekka (*Haddsch*) in einem bestimmten Zeitraum von sechs Tagen im zwölften Monat des islamischen Kalenders durchgeführt werden.

Die *Haddsch* steht für die lebenslange Reise des Geistes, die Rückkehr zu Gott. Der Koran spricht von unserer letztendlichen Rückkehr in die Arme der göttlichen Barmherzigkeit, aber oft in dem Kontext, dass wir durch die Tür des Todes gehen. Wir bereiten uns auf die *Haddsch* vor, so als würden wir uns auf unseren Tod vorbereiten. Wir müssen all unsere Schulden begleichen, ein Testament verfassen, Geld für unsere Familie hinterlassen und all jene um Vergebung bitten, deren Herz wir gebrochen haben könnten. Die körperliche Anstrengung der *Haddsch*-Praktiken ist Teil des Prozesses der Reinigung der Seele, denn wenn der Körper schwächer wird, wird auch das Ego und der Wunsch nach Materialismus schwächer, wodurch die idealen Bedingungen für das Erwachen des Geistes geschaffen werden. Die *Haddsch* ist eine körperliche, psychologische und spirituelle Reise, die uns dazu auffordert, darüber nachzudenken, wie sehr wir an diesem Leben hängen und wie bereit wir für den Tod sind.

Die Rituale der *Haddsch* erleichtern den Weg der Rückkehr zu Allah, indem sie uns helfen, uns allmählich von unserem Ego zu lösen und unser Herz zu erwecken. Gai Eaton, der Gelehrte des zwanzigsten Jahrhunderts, sagt über die *Haddsch*: »Die körperliche Reise ist nicht mehr und nicht weniger als der äußere Ausdruck einer inneren Reise, der Reise von der Peripherie unseres Seins zum Zentrum, dem Herzen, das für den Islam der Punkt ist, an dem sich die Vertikale und die Horizontale treffen, der Punkt, an dem sich das Göttliche mit dem Menschlichen überschneidet.«[1] Die heilige Pilgerfahrt ist keine Reise zur passiven Anbetung Allahs, sondern vielmehr ein Prozess des Auflösens in der Liebe Allahs, so wie sich die Wolken im Licht der Sonne auflösen.

*Die Haddsch ist nicht nur eine äußerliche Reise, sondern*
*eine Reise im Inneren des Herzens, bei der wir all das*
*verwirklichen, was wir bereits sind.*

Die Rituale der *Haddsch* sind speziell darauf ausgerichtet, nicht nur die Ketten unseres einschränkenden Egos zu lösen, sondern auch oberflächliche Grenzen wie Rasse, Klasse und Gender, die ein Produkt der Kultur sind. Bevor es kommerzielle Flüge gab, dauerte es Wochen, Monate und sogar Jahre, bis Muslime aus aller Welt mit dem Boot, zu Pferd oder zu Fuß die heilige Stadt Mekka erreichten.

Daher nahmen sich die Pilger nach der *Haddsch* oft Zeit, um sich zu erholen, bevor sie in ihr Leben und zu ihren Familien zurückkehrten – oft reisten sie um die halbe Welt. Während dieses Aufenthalts bot sich ihnen die seltene Gelegenheit, von Muslimen verschiedener Herkünfte und Kulturen zu lernen, die sie sonst nie getroffen hätten, und mit ihnen

in Kontakt zu treten. Dies war eine Zeit, in der Gelehrte ihre Ideen aus-
tauschten, Hass zwischen den Kulturen abgebaut und kulturelle Stereotype
durchbrochen wurden. Da Ängste und Vorurteile in der Regel nicht durch
Fakten oder Daten, sondern eher durch Beziehungen abgebaut werden,
vereinte die *Haddsch* Frauen und Männer aus allen sozialen Schichten und
Kulturen durch den Gottesdienst als Brüder und Schwestern im Glauben.
Diese einigende Gegenwart hatte eine tiefgreifende Wirkung auf den
Menschenrechtsaktivisten Malcolm X, der die Pilgerfahrt nach Mekka mit
den folgenden Worten beschrieb: »Da waren zehntausende von Pilgern aus
der ganzen Welt. Sie hatten alle Farben, von blauäugigen Blonden bis zu
Schwarzafrikanern. Aber wir nahmen alle an demselben Ritual teil und
entfalteten einen einheitlichen Geist und eine Brüderlichkeit, von der ich
nach meinen Erfahrungen in Amerika geglaubt hatte, dass sie zwischen
Weißen und Nichtweißen niemals existieren könnte.«

Wir mögen alle unterschiedlich aussehen, doch die Liebe, nach der
wir uns sehnen, ist dieselbe. Bei den Ritualen der *Haddsch* gibt es keine
Hierarchie, denn in den Augen Gottes sind alle Menschen gleich. Im Koran
spricht Allah davon, dass die gesamte Menschheit aus einer einzigen Seele
hervorgegangen ist. Aus diesem Grund ist die Vielfalt unserer Farben und
Sprachen nichts, was Trennung zwischen den Menschen schaffen soll,
sondern vielmehr eine Gelegenheit, Gottes grenzenlose Kreativität zu
erfahren.

> *»O ihr Menschen, Wir haben euch ja von einem männlichen*
> *und einem weiblichen Wesen erschaffen, und Wir haben*
> *euch zu Völkern und Stämmen gemacht, damit ihr einander*
> *kennenlernt. Gewiss, der Geehrteste von euch bei Allah ist*
> *der Gottesfürchtigste von euch. Gewiss, Allah ist allwissend*
> *und allkundig.«*
>
> **KORAN 49:13**

Die Religion wurde nicht gesandt, um uns zu spalten, sondern um uns
die Wahrheit zu offenbaren, dass wir zwar verschiedene Früchte sind, doch
alle am selben Lebensbaum hängen. Unsere Haut mag von Gott in vielen

Schattierungen und Farbtönen bemalt worden sein, doch die Farbe unserer Seelen ist eine. Während der *Haddsch* gehen wir gemeinsam als eine Seele zurück in dieselbe göttliche Heimat, die wir vor so langer Zeit verlassen haben. Unser gemeinsames Ziel, die Nähe zu Gott zu suchen, steht über jedem Unterschied in Hautfarbe, Kultur oder sozioökonomischem Status.

## Der Prophet Abraham: Vater des Monotheismus

Die Pilgerfahrt nach Mekka reicht tausende Jahre zurück bis in die Zeit des Propheten Abraham. Abraham ist die zentrale Brücke zwischen den wichtigsten monotheistischen Religionen. Wie Rumi sagte: »Juden, Christen, Muslime, wir alle verneigen uns vor dem Gott Abrahams.« Es gibt Rituale bei der *Haddsch*, die uns an die größte göttliche Prüfung erinnern, die der Prophet Abraham zu bestehen hatte: Er wurde von Gott dazu aufgefordert, seinen erstgeborenen Sohn Ismael zu opfern.[2] Bei dieser Geschichte fragen sich viele Menschen: »Wie kann Gott von einem Vater verlangen, sein unschuldiges Kind zu töten?«

Der Schlüssel zum Verständnis der tieferen Dimensionen der Geschichten im Koran liegt darin, sich nicht in den äußeren Bedeutungen zu verlieren, sondern genau hinzusehen, was die Geschichten symbolisch darstellen. Das Symbol des Todes steht in der Offenbarung nicht für ein Ende, sondern für eine Tür zu einer anderen Stufe der Wirklichkeit. Gelehrte legen nahe, dass Gott nicht darauf abzielte, dass Abraham seinen Sohn verletzt, sondern dass er seine Bindung an alles andere als Allah aufgibt. Gott konfrontierte Abraham mit dieser unendlich schwierigen Prüfung, um Abrahams Herz zu brechen, sodass alles andere als Gott aus ihm herausfallen würde. Allah lehrte Abraham dadurch, wie er *La Ilaha illa Allah* in seinem Herzen und seiner Seele verwirklichen konnte. Als Kind war Abraham die Anbetung physischer Formen so sehr zuwider, dass er die von seinen Vorfahren geschnitzten Götzen im Tempel zerbrach; jetzt, im hohen Alter, forderte Allah ihn dazu auf, seine Bindung an seinen Sohn im Heiligtum seines Herzens zu brechen. Das war keine Bestrafung, sondern Allah wollte ihn lediglich daran erinnern, die Gabe seines Sohnes nicht so sehr zu lieben, dass er ihren Geber aus den Augen verliert.

In dieser Geschichte geht es jedoch nicht nur um den Propheten Abraham, sondern auch um seinen Sohn Ismael. Als der Prophet Abraham den göttlichen Befehl erhielt, Ismael zu opfern, ging er zu seinem Sohn und sagte:»O mein lieber Sohn, ich sehe im Schlaf, dass ich dich schlachte. Schau jetzt, was du (dazu) meinst.« Er sagte:»O mein lieber Vater, tu, was dir befohlen wird. Du wirst mich, wenn Allah will, als einen der Standhaften finden« (37:102). Ismael hat auf wunderschöne Weise demonstriert, wie man sich der göttlichen Offenbarung wahrlich hingibt und sich in sie hineinbegibt. Dies ist eines der besten Beispiele für *Tawakkul* oder »vollkommenes Gottvertrauen« im Heiligen Koran. Als Ismael den Befehl Gottes hörte, gehorchte er, ohne zu hinterfragen, denn er vertraute Gott und wusste, dass sein Herr ihn mehr liebte, als irgendein Mensch es könnte, einschließlich seines Vaters.

Wir werden ermutigt, die vergänglichen Früchte und Blumen dieser schönen Erde zu lieben, doch Allah erinnert uns daran, diese Gaben in unseren Händen zu halten und nicht in unsere Herzen eindringen zu lassen, denn das Herz des treuen Dieners soll nur mit Gott gefüllt sein. Um einen singulären Gott zu erfahren, müssen wir danach streben, uns sowohl von unserem Selbst als auch von den weltlichen Bindungen, die uns definieren, zu befreien. Die Einheit Gottes wird in einer mythischen Geschichte über einen Alten wunderbar veranschaulicht, der sich auf die Suche nach Gott machte.

> Ein Verehrer Gottes war zwei Jahre lang auf der Suche nach der Wohnstätte seines Geliebten. Als er sie endlich fand, klopfte er an die Tür. Von der anderen Seite der Tür kam die Antwort:»Wer ist da?« Der Liebende antwortete ekstatisch:»Ich bin es! Derjenige, der Dich mehr liebt als jeder andere!« Sein Gegenüber hinter der Tür antwortete:»Du irrst sich; das ist nicht das Haus, das du suchst.«

Der Liebende war verzweifelt und verwirrt und ging schließlich in die Wüste, wo er jahrelang betete und mit dem Gottesdienst beschäftigt war, bevor er zurückkehrte. Er klopfte erneut an die Tür, und als die Stimme fragte: »Wer ist da?«, antwortete der Suchende: »Du bist es!« Daraufhin wurde ihm die Tür geöffnet.

Als der Weise zum ersten Mal an die Tür Gottes kam, stand sein Ego noch im Vordergrund seiner Existenz, was ihn von der göttlichen Einheit fernhielt. Doch als er in die Wüste ging, löste er sich mit Allahs Hilfe von seiner Anhaftung an sein Selbst los; er opferte seinen inneren Ismael und kehrte als nichts anderes als ein Spiegel für seinen Herrn zurück. Darin wird klar, was es bedeutet, ein treuer und liebevoller Hüter dieser Erde und ein klares Spiegelbild der göttlichen Eigenschaften zu sein. Dies ist die Stufe Abrahams, die Stufe der Loslösung von allem, was nicht Allah ist. In dem Moment, als Abraham sich dem hingab, was Allah von ihm verlangte, war es, als sagte sein Herz in Bezug auf den ursprünglichen Bund, den Allah mit allen Seelen geschlossen hat:[3] »Ja, ich bezeuge ihn!«

Jedes Mal, wenn unsere Wünsche mit dem Koran kollidieren, wird uns von Allah dieselbe Frage gestellt: »Bin ich nicht euer Herr?« Als Abraham voller Hingabe antwortete und seinen Willen dem Willen Gottes unterordnete, kam der Befehl, ein Schaf anstelle von Ismael zu opfern, als Symbol dafür, dass Abraham sein Ego vor Gott geopfert hatte.[4] Nachdem Abraham und sein Sohn die ihnen von Gott gestellte Prüfung bestanden hatten, wurden sie göttlich inspiriert, die alte Kaaba im Tal von Mekka wiederaufzubauen.

## Die Geheimnisse der Kaaba

Auch wenn es keine allgemein anerkannten prophetischen Überlieferungen darüber gibt, sagten einige Gelehrte und Mystiker, dass Adam und Eva, nachdem sie sich auf der Erde wiedergefunden hatten, vom unglaublichen Anblick der Engel, die um das *Bait al-Ma'mur* oder »das vielbesuchte (Gottes-)Haus« (52:4) kreisen, in das Tal von Mekka gezogen wurden. Das *Bait al-Ma'mur* soll sich außerhalb des menschlichen Reiches befinden, im siebten Himmel über der Kaaba. Einige legten nahe, dass Adam und Eva hier, direkt unter dem Zentrum der himmlischen Anbetung, dazu angeleitet wurden, die Kaaba zu bauen, die der erste von Menschen gemachte Altar zur Anbetung eines einzigen Gottes auf Erden war.[5]

> »*Das erste (Gottes-)Haus, das für die Menschen gegründet wurde, ist wahrlich dasjenige in Bakka [eine andere Bezeichnung für Mekka], als ein gesegnetes (Haus) und eine Rechtleitung für die Weltenbewohner.*«
>
> **KORAN 3:96**

Dieser heilige Schrein wurde von der Zeit verschlungen, nur um tausende Jahre später vom Propheten Abraham und seinem Sohn Ismael wiedererrichtet zu werden (2:127). Im Laufe der Zeit wurde die Kaaba, die einmal ein Symbol des Monotheismus war, mit Stammesgötzen gefüllt und war zu einem beliebten Ziel für heidnische Pilger geworden. Erst als der Prophet Muhammad ﷺ gesandt wurde, wurde die Kaaba von allen Götzen bereinigt und als Zentrum des Monotheismus für alle Muslime wiederhergestellt.

Die Kaaba ist unter Muslimen metaphorisch als das »Haus Gottes« bekannt. Sie ist architektonisch sehr simpel, ist jedoch reich an Symbolik. Die Bauweise der Kaaba ist würfelförmig, sodass sie nach Norden, Süden, Osten, Westen, nach unten und nach oben zeigt, ohne einer bestimmten Richtung zugeneigt zu sein, was uns daran erinnert, dass Gott in alle Richtungen gleichzeitig blickt.

Heute ist die Kaaba mit einem schwarzen Tuch bedeckt, das die endlose und transzendente Natur Gottes auf wunderbare Weise darstellt. Schwarz ist nicht die Abwesenheit von Farbe, sondern vielmehr das Ergebnis des Umstandes, dass jede Farbe ohne Reflexion absorbiert wird. In ähnlicher Weise vereinigt Gott jedwede Vielfalt in Seiner Einzigartigkeit. Die Kaaba ist innen leer: Dies bedeutet, dass Gott in keiner endlichen Form gefangen oder enthalten sein kann. Wie wichtig es ist, die Kaaba konzeptuell nicht zu wörtlich zu nehmen, zeigt die

Geschichte von Mullah Nasruddin, der zur *Haddsch* in die heilige Stadt Mekka reiste.

> Als Mullah Nasruddin seine *Haddsch* beendete, beschloss er, in der Großen Moschee ein kurzes Nickerchen zu machen. Im Schlaf wälzte er sich hin und her, bis seine Füße unbewusst in Richtung der heiligen Kaaba zeigten. Der Mullah wurde unsanft von einer Gruppe wütender Mekkaner geweckt, die ihn anschrien, weil seine Füße in Richtung des heiligen Hauses Gottes (Kaaba) zeigten. Der Mullah erwiderte: »O, verzeiht mir! Es tut mir furchtbar leid, dass ich so unachtsam war! Könntet ihr meine Füße bitte in eine Richtung lenken, in der Gott nicht anwesend ist?« Die mekkanischen Eliten waren sprachlos, denn sie wussten, dass Gott in jeder Richtung gegenwärtig war, und ließen den klugen Mullah in Ruhe.

Es herrscht kein Zweifel daran, dass die Kaaba unseren größten Respekt verdient, doch dürfen wir unter keinen Umständen den Fehler begehen, äußeren Formen zu huldigen; ganz besonders dann nicht, wenn wir dadurch vergessen, was die Kaaba bedeutet und symbolisiert. Der Koran lehrt uns, dass Rechtschaffenheit nicht erlangt wird, indem man sich irgendeiner geographischen Richtung zuwendet, sondern dass sie auf der Aufrichtigkeit hinter unserem Glauben und unseren Taten fußt.

> *»Nicht darin besteht die Güte, dass ihr eure Gesichter gegen Osten oder Westen wendet. Güte ist vielmehr, dass man an Allah, den Jüngsten Tag, die Engel, die Bücher und die Propheten glaubt und vom Besitz – obwohl man ihn liebt – der Verwandtschaft, den Waisen, den Armen, dem Sohn des Weges, den Bettlern und für (den Loskauf von) Sklaven hergibt, das Gebet verrichtet und die Abgabe entrichtet; und diejenigen, die ihre Verpflichtung einhalten, wenn sie eine eingegangen sind, und diejenigen, die standhaft bleiben in Not, Leid und in Kriegszeiten, das sind diejenigen, die wahrhaftig sind, und das sind die Gottesfürchtigen.«*

**KORAN 2:177**

Muslime betrachten die Kaaba nicht als Gottes Wohnstätte, sondern vielmehr als ein Abbild des *Bait al-Ma'mur*, das von unzähligen himmlischen Wesen fortwährend in Anbetung umkreist wird. Wenn wir die Kaaba zur Verehrung Allahs umkreisen, schließen wir uns dem gesamten Universum in einem Tanz zum Lobpreis des Göttlichen an. Allah wird als der zentrale Punkt des Kreises der Existenz angesehen. Er ist der Dreh- und Angelpunkt, um den sich alles dreht, Er bewegt sich nicht, verändert oder verschiebt sich nicht, denn Er existiert außerhalb von Raum und Zeit.

Alles, was existiert, befindet sich in einem ständigen Zustand der Umrundung. Elektronen umkreisen den Atomkern, der Mond umkreist die Erde, die Erde umkreist die Sonne, und die Sonne umkreist ein schwarzes Loch im Zentrum unserer Galaxie. So wie ein schwarzes Loch mit seiner Schwerkraft jegliche umliegende Materie in seine Umlaufbahn zieht, zieht die Kaaba die Seele durch die unendliche Schwerkraft der göttlichen Liebe an.

Ohne die göttliche Anziehungskraft der Liebe gäbe es kein Leben, denn für die Entstehung der Materie ist Anziehung unabdingbar. Wenn Liebe und die Anziehung zwischen dem Elektron und dem Atomkern oder zwischen der Erde und der Sonne wegfallen würden, gäbe es kein Leben mehr. Von der mikroskopischen bis zur makroskopischen Ebene befinden wir uns in einem ständigen Zustand der Umkreisung. Wie 300 Millionen Spermien, die auf ein einziges Ei zustreben, streben Millionen von Pilgern danach, sich im Göttlichen aufzulösen, denn es ist unsere Vereinigung mit Gott, die das Leben in uns inspiriert. So wie der Atomkern das Zentrum eines Atoms und ein schwarzes Loch das Zentrum unserer Galaxie ist, dient die Kaaba als geografischer Mittelpunkt des spirituellen Lebens eines Muslims. Das Leben eines jeden Gläubigen kreist um das vereinte Feld des Gottesbewusstseins.

Wir umschreiten die Kaaba gegen den Uhrzeigersinn, was symbolisiert, dass unsere Beziehung zu Gott außerhalb von Raum und Zeit liegt, und metaphorisch aufzeigt, dass die Reise zu Gott endlos ist. Aus diesem Grund beenden wir jede unserer sieben Umrundungen genau dort, wo wir sie begonnen haben, nämlich an *al-Hadscharu al-Aswad* – dem geheimnisvollen schwarzen Stein, von dem es heißt, dass er zur Zeit von Adam und Eva vom Himmel gefallen ist. Unsere Reise auf der Erde geht von Gott, unserem Ursprung, zu Gott, unserem Ziel.

Der Zweck jedes *Haddsch*-Rituals ist es, uns von unseren Bindungen an diese Welt zu befreien, damit wir uns der Nähe Gottes bewusst werden können. Wie Rumi sagt: »Zerfalle, damit dort, wo du bist, wilde Blumen wachsen können. Du bist schon zu lange steinig gewesen. Versuch mal etwas anderes. Gib dich hin.«

## Mystische Symbolik in den Ritualen der *Haddsch*

Die *Haddsch*-Rituale bieten uns die Gelegenheit, über unsere Existenz in Beziehung zu Gott und Seiner gesamten Schöpfung nachzudenken. Die langen Gebetszeiten im rauen Wüstenklima, die beengten Reisebedingungen zwischen den rituellen Stätten und die Einschränkungen durch die Kleidungsgebote erinnern uns an unsere Abhängigkeit von Gott. Die Pilgerfahrt besteht aus vielen schönen Ritualen, von denen die meisten sehr symbolträchtig sind. Im Folgenden sind einige der wichtigsten Rituale der *Haddsch* aufgeführt:

Das Wort *Haddsch* bedeutet nicht nur »Pilgerfahrt«, sondern stammt auch von den drei Wurzelbuchstaben *Ha*, *Dschim* und *Dschim* ab, die auf eine Bedeutung wie »vollständige Absicht, eindeutiger Beweis« hindeuten. Eine wichtige Voraussetzung für die *Haddsch* ist die Absicht (*Niyya*), die Welt und alles in ihr hinter sich zu lassen und nur Allah zu suchen. Wie Rumi sagt: »Widme dein Leben demjenigen, dem deine Atemzüge und deine Augenblicke bereits gehören.« Wenn sich die Pilger der Kaaba nähern, singen sie alle liebevoll das folgende Gebet, das als *Talbiya* bekannt ist: »Hier bin ich, zu Deinen Diensten, o Herr, hier bin ich. Hier bin ich, zu Deinen Diensten, und Du hast keine Partner. Dir allein gebührt alles Lob und alle Gnade, und Dir allein gehört die Herrschaft. Du hast keine Partner.«

Zusammen mit einer aufrichtigen Absicht müssen wir unsere weltliche Kleidung ablegen und in den Zustand des *Ihram* eintreten. Das
Wort *Ihram* bezieht sich sowohl auf eine Art der Kleidung als auch auf
einen Zustand des Seins. Als Substantiv bezeichnet der *Ihram* ein weißes
Tuch ohne Nähte, das frei von Marken und Wohlstandsschmuck ist, was
symbolisch für die Distanzierung von der menschlichen Kultur und dem
weltlichen Streben steht. Obwohl die Anforderungen an die Kleidung
der Frauen für die *Haddsch* – anders als bei den Männern – nicht spezi-
fiziert sind, werden sie dennoch ermutigt, sich bescheiden zu kleiden
und auf Markenkleidung zu verzichten, um ein Gefühl der Einheit zu
wahren. Die äußere Einheit symbolisiert, dass jeder Mensch vor Gott
gleich ist; es gibt keine Unterscheidungen aufgrund von Wohlstand,
Herkunft oder Kultur.

Die *Haddsch* schafft den einzigen Ort, an dem sich König und
Bauer gleich kleiden, ein hungernder Künstler und ein Milliardär Seite
an Seite beten, ein berühmter Filmstar und ein Dorfbewohner beide
in Zelten schlafen müssen. Wenn sowohl Frauen als auch Männer den
*Ihram*-Zustand einnehmen, sind ihnen bestimmte Aktivitäten wie
Geschlechtsverkehr, Jagen oder Haareschneiden verboten, um ihren
Fokus von den Begierden des Egos auf das reine Gottesbewusstsein
zu lenken. Alle Unterscheidungen des Selbst und das egoistische Ich
jedes Pilgers verschwinden, und sie werden zu einem universellen Wir.
Wie Tropfen im Ozean verschmelzen die Pilger zu einem einzigen
weißen Meer, in dem Kultur, Ethnie, sozialer Status, Geschlecht und
Alter im Angesicht Gottes keinen Unterschied machen. Die Hierarchie
in den Augen Gottes basiert nicht darauf, wie viel Reichtum man
besitzt, sondern auf spirituellem Reichtum, Rechtschaffenheit und
Gottesbewusstsein. Wenn der Pilger sich der Kaaba nähert, muss er
sich von jeder Anhaftung und jedem Zeichen der Trennung befreien,
indem er sich von der Welt entleert und sich danach sehnt, allein von
Gottes Gegenwart erfüllt zu werden. Der *Ihram* wird manchmal auch
als »Sargtuch« bezeichnet, weil er den *Kafan* widerspiegelt, den weißen
Stoff, in den Muslime eingewickelt werden, wenn sie beerdigt werden.

Wenn man ihn anzieht, übergibt man sich Gott wie ein Leichnam in den Händen der Totenwäscher und unterwirft seinen Willen vollständig dem Willen Gottes.

Sobald wir den Zustand des *Ihram* einnehmen, können wir die heilige Stadt Mekka betreten und die Kaaba siebenmal umrunden. Wie beim Umkreisen der sieben Ringe eines Atoms kreisen wir jedes Mal, wenn wir die Kaaba umrunden, näher und näher am Kern unseres eigenen Wesens, bis wir Zugang zur spirituellen Essenz in uns finden, in der sich Gott am glanzvollsten widerspiegelt. Im Wesentlichen ist die gesamte äußere Pilgerreise ein Symbol für unsere innere Pilgerreise zur Kaaba unseres Herzens.

Eine der symbolträchtigsten Praktiken der *Haddsch* ist das siebenmalige Laufen zwischen den Hügeln Safa und Marwa. Wie überliefert wurde, erhielt der Prophet Abraham, der fast ein Jahrhundert auf ein Kind gewartet hatte, den göttlichen Befehl, Hadschar, die Mutter seines Kindes, und seinen kleinen Sohn Ismael zwischen den beiden Hügeln Safa und Marwa in einer trockenen und unbewohnbaren Wüstenregion auf der Arabischen Halbinsel zurückzulassen, die später Mekka genannt wurde. Abraham wurde befohlen, sie den rauen Elementen der Erde auszusetzen und darauf zu vertrauen, dass Allah sie aus dem unendlichen Meer Seiner Barmherzigkeit beschützen und versorgen würde. Während der Haddsch laufen wir zwischen diesen Hügeln und stellen nach, wie Hadschar zwischen Safa und Marwa lief, um Wasser für ihr durstiges Kind zu finden. Diese Hügel sind ein Symbol für die irdische Reise, auf der wir zwischen Gottes Eigenschaften der Schönheit (*al-Dschamal*) und der Majestät (*al-Dschalal*) hin- und herlaufen, dürstend nach dem Wasser Seiner Liebe und Barmherzigkeit. Während Hadschar auf der Suche nach Wasser lief, weinte der kleine Ismael und grub seine Fersen in den Wüstensand. Dort, wo seine kleinen Füße den Boden berührten, sprudelte eine Wasserquelle hervor, die später als das wundersame Zamzam bekannt wurde.

Die heilige Quelle Zamzam hat die Pilger in Mekka schon vor der Zeit des Propheten Muhammad ﷺ mit Wasser versorgt. Symbolisch zeigt uns diese Geschichte, dass unsere Heilung – genauso wie die Quelle Zamzam unter den durstigen Füßen Ismaels entsprang – in unserem Schmerz und unserer Sehnsucht zu finden ist. Wie Rumi so schön sagt: »Heilung fließt überall dorthin, wo es Schmerz gibt; Versorgung ist dort, wo der Hunger ist. Wo es eine schwierige Frage gibt, dorthin wird eine Antwort kommen; wo sich ein Schiff befindet, dorthin findet das Wasser. Suche nicht nach Wasser, sondern steigere deinen Durst, damit das Wasser von oben und unten sprudelt. Wie soll die Milch aus der Brust der Mutter fließen, wenn der zarte Säugling noch nicht geboren ist?«

Eines der unvergesslichsten und lebensveränderndsten Erlebnisse der *Haddsch* ist das Gebet auf den Ebenen des Arafat. Es wird oft gesagt, dass Arafat der Höhepunkt der *Haddsch* ist. Das Bild von Millionen von Menschen, die praktisch so gekleidet sind, wie sie eines Tages begraben werden, und die aus allen Tälern und Ecken der Erde kommen, ist eine symbolische Generalprobe für den Tag des Jüngsten Gerichts, wenn wir mit nichts als unserem Glauben und unseren guten Taten vor Gott treten. Obwohl sich die Gelehrten nicht einig sind, wohin Adam und Eva auf der Erde geschickt wurden, vermuten einige Gelehrte, dass Arafat der Ort ist, an dem Adam und Eva sich wiedergefunden haben, nachdem sie aus dem göttlichen Garten vertrieben worden sind. Andere Gelehrte sind der Meinung, dass Arafat ein Symbol dafür ist, dass Gottes Vergebung unerschöpflich ist, denn auf dem Berg der Barmherzigkeit (Dschabal ar-Rahma) beteten Adam und Eva um Vergebung dafür, dass sie vom verbotenen Baum gegessen hatten, und ihr Gebet wurde erhört.[6] Das Wort Arafat stammt von der Wortwurzel 'arafa, was so viel bedeutet wie »erkennen, entdecken, kennen«. Dies deutet darauf hin, dass dieser Ort eine Rückkehr zu unserem Ursprung darstellt, ein Zusammenkommen, eine Wiederbegegnung mit dem, was wir sind und woher wir kommen. Durch die Wiederverbindung von Adam und Eva wird die duale Natur des Menschen symbolisch vor der Einzigartigkeit Gottes vereinigt. Wie Rumi sagt: »Obwohl du in irdischer Form erscheinst, ist deine Essenz reines Bewusstsein. Du bist der furchtlose Hüter des göttlichen Lichts. So komm, kehre zurück zur Wurzel der Wurzel deiner eigenen Seele.«

Arafat ist ein Machtzentrum des Gottesbewusstseins, zu dem die Pilger kommen, um ihr göttliches Treuegelöbnis zu bekräftigen und um Vergebung zu bitten.[7] Der Prophet Muhammad ﷺ legt nahe, dass das folgende eines der besten Bittgebete für den Tag von Arafat ist: »*La Ilaha illa Allahu, wahdahu laa Scharika lah, lahul-Mulku wa lahul-Hamdu, wa huwa ʿalaa kulli schaiʾin qadir.*« Übersetzt heißt dies: »Keinem gebührt es, angebetet zu werden, außer Allah allein, der keinen Partner besitzt. Die Herrschaft und alles Lob gebühren Ihm, und Er hat alle Macht über alle Dinge.«[8]

Eine Praxis, die die Abkehr von unseren Götzen und die Hinwendung zu Allah symbolisiert, ist das Ritual des Steinwerfens in Mina. Bei dieser Praxis werden kieselgroße Steine auf drei Säulen geworfen, die die drei Prüfungen darstellen, die der Prophet Abraham bestehen musste, als er seinen ersten Sohn opfern sollte. Symbolisch gesehen steht die Zahl 3 für unsere ständigen und wiederkehrenden Versuchungen. Traditionsgemäß muss der Pilger jede der drei Säulen, die den Teufel symbolisieren, siebenmal mit Steinen bewerfen. Diese Praxis steht für die konsequente Übergabe unserer weltlichen und spirituellen Angelegenheiten an Allah. Wir sind nicht dazu berufen, die Finsternis allein zu bekämpfen, sondern das Licht Gottes zu suchen und Ihn zu bitten, unseren Weg zum Frieden zu erleuchten. Der Steinwurf kann auch als ein Spiegelbild des Ranges des Propheten David betrachtet werden, der den Riesen der Unterdrückung mit einem einzigen Stein des Glaubens töten konnte. Es geht nicht darum, mit der größten Kraft gegen die Säulen zu schlagen, sondern darum, niedere Begierden und negative Muster in unserem Leben, die unseren spirituellen Fortschritt behindern, langsam loszulassen. Wenn wir die Punkte, in denen wir feststecken, konfrontieren und sie anerkennen, können wir ein tieferes Bewusstsein dafür entwickeln, was wir in unserem Leben ändern wollen. Es gibt eine amüsante Geschichte über den witzigen Mullah Nasruddin, die auf beste Weise unsere Neigung veranschaulicht, an Mustern festzuhalten, die ein Hindernis für unseren spirituellen Fortschritt darstellen.

Eines Tages, als der Mullah bei der Arbeit war, öffnete er seine Brotdose und beschwerte sich: »Schon wieder ein Käsebrot! Ich kann keine Käsebrote mehr sehen!« Auch am nächsten Tag sagte er beim Mittagessen: »Wieder ein Käsebrot! Ich werde noch an diesen Käsebroten sterben!« Am dritten Tag öffnete der Mullah wieder seine Dose, und siehe da, er sagte: »Käsebrot! Ich hasse Käsebrote! O Gott, warum?! Warum ist es immer ein Käsebrot?« Schließlich sagte einer seiner Kollegen: »Mullah, warum sagst du nicht einfach deiner Frau, dass du keine Käsebrote magst?« Der Mullah antwortete: »Aber ich habe keine Frau.« Sein Kollege fragte verwirrt: »Wer macht denn dann diese Käsebrote?« Daraufhin sagte der Mullah: »Nun ja, ich!«

Diese humorvolle und doch tiefgreifende Geschichte regt uns an, darüber nachzudenken, wie oft wir uns über die Muster in unserem Leben beschweren, die wir mit unseren eigenen Händen weben. Der Steinwurf in Mina steht symbolisch dafür, Verantwortung für unsere Taten zu übernehmen. Es geht nicht nur darum, die äußeren Einflüsse des Teufels zurückzuweisen, sondern auch darum, innere Stimmen wie Kritik, Neid, Gier, Eifersucht, Lust und andere Versuchungen des Egos zu vertreiben, die uns zu Sklaven in dieser Welt machen, anstatt uns auf Allah auszurichten.

Die Gier des Menschen und seine Besessenheit von seinem Ego gehören zu den Gründen, warum die Pilger aufgerufen sind, ein Tier zu schlachten und das Fleisch den Bedürftigen zu spenden. Dieses Opfer symbolisiert, dass wir wie der Prophet Abraham bereit sind, die Dinge, die uns am wichtigsten sind, im Tausch gegen Gottes Wohlgefallen herzugeben. Dies kann auch als Symbol für die Loslösung von den animalischen Begierden des Egos gesehen werden. Wie es im Koran heißt: »So bete zu deinem Herrn und opfere« (108:2), denn alles, was du suchst, ist unter den grundlegenden Begierden des niederen Selbst verborgen. Im göttlichen Reich gilt: Je mehr wir für Gott geben, desto mehr erhalten wir aus den Händen Gottes. Folglich verbindet uns diese wohltätige Spende nicht nur mit den Bedürftigen, sondern sie dient auch dazu, unsere Herzen offener und empfänglicher für Seinen Segen (*Baraka*) zu machen.

Die Pilger opfern nicht nur ein Tier für die Bedürftigen, sondern schneiden oder rasieren sich auch die Haare, was ebenfalls ein Akt der Opferung vor Gott darstellt. Dieses Opfer soll uns an die Vergänglichkeit unserer körperlichen Gestalt im Verhältnis zur ewigen Natur Gottes erinnern. Das Haar symbolisiert unsere Ehre, und wenn wir uns die Haare rasieren oder schneiden, sagen wir Gott damit: »Ich stelle nichts über Dich. Ich opfere all meine oberflächlichen Anhaftungen, mein Ansehen und all den weltlichen Schmuck, der mich ausmacht, um Dein Wohlgefallen zu erlangen.« Mit dem Schneiden der Haare verlassen wir ehrfürchtig den *Ihram*-Zustand.

Vor dem Verlassen des *Ihram*-Zustandes allerdings kehren viele Muslime nach Mekka zurück und machen die »Abschiedsumrundung« der Kaaba. Jedes Mal, wenn wir die Kaaba umrunden, schälen wir symbolisch eine der sieben Himmelsschichten ab, mit der Absicht, ohne die Schleier unseres Egos vor Gott zu stehen. Wie der Prophet ﷺ sagt: »Wer die *Haddsch* verrichtet und dabei weder anzüglich noch sündhaft handelt, der kehrt [frei von Sünden] zurück wie am Tage, an dem seine Mutter ihn zur Welt brachte.«[9] Die *Haddsch* ist wie eine Abkürzung, die uns Zugang zur Heiligkeit unseres essenziellen Selbst (*Fitra*) verschafft und sie enthüllt. Es heißt sogar, dass die Umrundung der Kaaba nach Abschluss der *Haddsch*-Rituale für den Pilger, der sich ganz dem Göttlichen hingibt, wie eine Umrundung des Throns Gottes inmitten der Engel in den höchsten Himmeln sein wird.

## Jeder Augenblick ist eine *Haddsch*

Die Wege zur Kaaba sind unendlich und zahlreich, doch das Ziel ist eins. Unsere Reise auf der Erde ist eine Pilgerfahrt von Allah zu Allah. Jedes Einatmen und jedes Ausatmen gehören Ihm. Jedes Mal, wenn du schläfst, kehrst du zu Allah zurück, und jeden Morgen wird deine Seele durch Seine Gnade in deinen Körper zurückgebracht. Die *Haddsch* findet jetzt statt. In diesem Augenblick umkreist du eine Kaaba in deinem Leben. So wie die Erde sich um ihre eigene Achse dreht, umkreisen wir Menschen einen zentralen Punkt.

### *Was ist deine Kaaba?*

Was genau zieht dich mit der stärksten Anziehungskraft an, und woran denkst du, wenn deine Seele am Morgen in deinen Körper zurückkehrt? Was genau umkreist dein Geist, wenn dich deine Augenlider jede Nacht in den Schlaf küssen? Wonach sehnst du dich am allermeisten? Was ist der Mittelpunkt deines Lebens? Deine Antwort darauf ist deine Kaaba.

Wir müssen nicht Hals über Kopf in etwas verliebt sein, damit es zu einem Götzen vor Gott wird. Alles, worauf wir unser Augenmerk mehr richten als auf Allah, wird zu einem falschen Gott, denn wenn es mehr Raum in unseren Gedanken einnimmt, beeinflusst es auch unsere Entscheidungen stärker. Wenn sich deine Welt um etwas Sterbliches dreht – eine Person, die eines Tages sterben wird, eine Sache, die eines Tages kaputtgehen wird, oder einen Wunsch, der vergehen wird, – wirst du niemals wahren Frieden finden, weil du dich an etwas gebunden hast, das vergänglich ist. Deshalb sagte der Buddha: »Die Wurzel all unseres Leidens ist die Anhaftung.« Das ist auch der Grund, warum der Weg zu Gott damit beginnt, sich von allen flüchtigen Götzen mit *La Ilaha* (Es gibt keinen Gott) zu lösen, bevor man den Glauben an die eine, ewige Realität Gottes mit *illa Allah* (außer Gott) bekräftigt.

Bevor wir die Einzigartigkeit und Vollkommenheit Allahs verkünden können, müssen wir zuerst die Existenz falscher Götzen in uns verneinen. Die Haddsch lehrt uns, diese sterbliche Welt loszulassen, damit wir an einem ewigen Gott festhalten können. Bei jeder Handlung und jedem Ritual der *Haddsch* geht es darum, uns von allem zu befreien, was uns daran hindert, die allumfassende Einheit Gottes zu verwirklichen. Wir gehen nicht auf die *Haddsch*, um etwas zu bekommen, sondern vielmehr, um alles loszulassen, was uns daran hindert, das zu verwirklichen, was wir bereits sind.

Bei der *Haddsch* geben wir unsere Begrenzungen und unsere Vorstellungen davon, wie die Realität sein sollte, auf, um für alles empfänglich zu werden, was Gott durch uns erschaffen möchte. Wenn die Schleier unserer falschen Wahrnehmung entfernt werden, stellen wir fest, dass sich die Tür zum Göttlichen schon immer in der Kaaba unseres eigenen heiligen Herzens befunden hat.

> *Mein geliebter Herr, bitte öffne mir die Türen Deiner unermesslich großen Barmherzigkeit, damit ich Dein Heiliges Haus besuchen kann. O Allah, mache mein ganzes Leben zu einer Haddsch, einer Pilgerreise weg von allem, was ich bin, zu allem, was Du bist. Vergib mir meine Unzulänglichkeiten und läutere mich mit Deiner Gnade, damit ich ein Pilger auf dem Pfad Deiner Liebe werden kann. Mit den Worten meines geliebten Propheten ﷺ: »O Allah, entferne mich von meinen Sünden, so wie Du den Osten vom Westen entfernt hast. O Allah, reinige mich von meinen Sünden, so wie ein weißer Stoff vom Schmutz gereinigt wird. O Allah, reinige mich von meinen Sünden mit Schnee, Wasser und Eis.«[10] O Allah, voller Liebe warte ich auf Deine Einladung, um Dich eines Tages besuchen zu können, sowohl in diesem als auch im nächsten Leben. Ich setze meine Hoffnung auf Deine Barmherzigkeit und vertraue auf Dein perfektes Timing. In Deinem großzügigen Namen bete ich, amin.*

## Reflexion: Was befindet sich in der Kaaba deines Herzens?

Jeder Mensch verehrt etwas. Was wir anbeten, hängt davon ab, worauf wir unsere Aufmerksamkeit richten. Wenn unser Hauptaugenmerk auf etwas anderem als Allah liegt, wird das Objekt unserer Aufmerksamkeit zu einem Götzen. Die folgende Übung soll uns helfen, unsere Götzen zu erkennen und zu entfernen.

- Halte einen Stift und ein paar Blätter Papier bereit.

- Setze dich mit geradem Rücken auf einen Stuhl oder auf den Boden und atme dreimal tief ein und aus. Achte besonders darauf, dass du langsam ausatmest.
- Denke über die folgenden Fragen nach: Welche Gedanken beschäftigen dich am meisten in deinem Leben? Worüber machst du dir Sorgen, bevor du einschläfst? Woran denkst du (als Erstes), wenn du aufwachst? Was lenkt dich im Gebet am meisten ab?
- Schreibe alle deine Antworten auf ein separates Blatt.
- Lege diese Blätter um dich herum und stelle sie dir als physische Götzen vor, die du in der Kaaba deines Herzens platziert hast. Welche Gefühle kommen in dir auf, wenn du diese Götzen siehst?
- Atme über fünf Sekunden tief durch die Nase ein, halte deinen Atem drei Sekunden lang an und atme über acht bis zehn Sekunden langsam durch den Mund aus. Mache eine kurze Pause über zwei Sekunden und wiederhole das Ganze. Führe diese Übung sechs- bis achtmal durch oder bis du dich entspannt fühlst. (Am Anfang kann dir das schwer fallen, nach einigen Versuchen wird es jedoch leichter.)
- Beobachte, wie sich dein Zustand verändert hat. Wenn dein Geist zur Ruhe kommt, nimm ein Blatt nach dem anderen in die Hand und sprich das folgende Du'a: »O Allah, hilf mir, diesen Götzen, der mir nicht dient, loszulassen, damit ich an Dir festhalten kann. O Allah, entferne diese Mauer zwischen uns, damit ich Dich deutlicher wahrnehmen kann.«
- Zerreiße nach jedem Bittgebet deinen Papiergötzen in kleine Stücke, als symbolischen Akt des Loslassens.
- Nach jedem zerrissenen Götzenbild rezitierst du 33- bis 100-mal *La Ilaha illa Allah*, was so viel bedeutet wie »Es gibt keinen Gott außer Gott selbst«.
- Nimm bewusst wahr, wie du dich vor und nach dieser Übung fühlst.

»Und das diesseitige Leben ist nur
trügerischer Genuss.«

**KORAN 3:185**

»Unser Tod ist unsere Hochzeit mit
der Ewigkeit.«

**RUMI**

# 11

# DIE SPIRITUELLEN GEHEIMNISSE DES TODES

Wir sind ein ewiger Geist, der aus dem Odem Gottes geformt wurde. Unsere Körper sind Transportmittel, doch sie verkörpern nicht die Person, die wir wirklich sind. Unsere Körper wurden aus Lehm hervorgebracht, und diese Erde ist der Ofen, in dem wir gebrannt und zu göttlichem Töpferwerk gemacht werden. Die Erde ist nicht unser Zuhause, sondern ein Kokon, eine Reifezeit, in der wir zu der Person geformt werden, zu der wir bestimmt sind.

Der Tod ist kein Ende, sondern ein Übergang – eine Metamorphose, bei der wir unseren Raupenkörper ablegen, um unseren ewigen Schmetterlingsgeist zu enthüllen. Alles Lebendige beginnt mit einem Tod, einem Verlust oder einem Opfer; es ist der Kompost des Todes, aus dem das Leben erwächst und sich entwickelt. Der Kokon muss zerrissen werden, damit der Schmetterling herausschlüpfen kann, und der Samen muss aufgehen, bevor ein Baum austreiben kann.

Leben heißt zu sterben, um sich weiterzuentwickeln. Der Tod ist eine Brücke, die zur Entwicklung unseres Bewusstseins führt, denn wie Allah sagt: »Und das Jenseits ist wahrlich besser für dich als das Diesseits.« (93:4) Wenn du einem Baby in der Dunkelheit des Mutterleibs erzählst, dass es eine Welt voller Licht, Berge, Meere und Sterne gibt, wird es ihm schwerfallen, daran zu glauben. Genau wie dieses Baby ist unser Verständnis der Realität darauf beschränkt, was wir im Schoß von Mutter Erde erfahren haben. Und genau wie ein Baby müssen auch wir eines Tages den Schoß dieser Welt verlassen, um in eine andere Wirklichkeit zu gelangen.[1] Unser Körper wird eines Tages sterben, doch unser Geist wird weiterleben. Der Tod ist kein Ende, sondern ein Mittel, das zu einem ewigen Gott führt.

*Wir sind keine Steine, wir sind Samen; wir werden nicht begraben, wenn wir sterben, sondern wir werden gepflanzt, um in einer anderen Zeit wiederaufzuerstehen.*

Auf die Vorstellung von einer Existenz nach dem Tod deutet sogar die Wissenschaft; nämlich durch das Energieerhaltungsgesetz. Dieses besagt, dass in einem geschlossenen System Energie weder erzeugt noch zerstört wird. Mit anderen Worten: Wenn unser Körper stirbt, wird das Lebenslicht in uns nicht zerstört, sondern umgewandelt.[2] Der Tod ist eine Jahreszeit, ein Winter für unseren Geist, der im Frühling der Auferstehung erwachen soll. Der Tod ist das Tor zum ewigen Leben, denn nur durch das Sterben können wir die Unsterblichkeit erfahren; nur durch den Tod verwirklichen wir den unbezahlbaren Wert des Lebens.

Wir erleben im Laufe unseres Lebens Verluste oder »kleine Tode«, die uns daran erinnern sollen, dass nichts auf dieser Erde ewig ist. Allein Allah ist ewig. Alles hier wird eines Tages zu Ihm zurückkehren. Im Koran heißt es: »Und Wir werden euch ganz gewiss mit ein wenig Furcht und Hunger und Mangel an Besitz, Seelen und Früchten prüfen. Doch verkünde frohe Botschaft den Standhaften.« (2:155) Wir sind lediglich Sandburgen in der Nähe eines aufsteigenden Ufers, und es ist nur eine Frage der Zeit, bis der Ozean der Einheit uns wieder in seine Umarmung hineinzieht.

Von Beziehungen, die zugrunde gehen, über Freundschaften, die enden, bis hin zu Träumen, die aufgegeben werden, – alles stirbt ständig und wird neugeboren. Die Atome und Zellen in unserem Körper sterben ständig und regenerieren sich zu einem neuen Dasein. Mit jeder Nacht ist die Erde für den vorangegangenen Tag gestorben; wann auch immer du schläfst, schmeckst du den Tod, bis Gott dich schließlich in einen neuen Wachzustand wiederauferweckt.[3]

>*Und Er ist es, Der euch die Nacht zum Kleid und den Schlaf zum Ausruhen macht; und Er macht den Tag zum Aufstehen.*«

**KORAN 25:47**

Wir werden ständig wiedererschaffen zu einer neuen Art der Schöpfung. Der Tod ist eng mit dem Leben verflochten. Verliebe dich nicht in diese vergängliche Welt, gewöhne dich nicht an ihre Bequemlichkeiten, denn hier zerfällt alles, löst sich auf und verfällt, wenn seine Zeit abgelaufen ist.

>*Wascht die Verstorbenen und eure Herzen werden bewegt sein, denn ein leerer Körper ist wahrlich eine große Lektion.*«

**IMAM ALI**

## Die Unbezahlbarkeit der Zeit

Es sind die Wolken unserer Anhaftung an dieses Leben, die uns daran hindern, die Sonne der Wirklichkeit zu sehen. Wenn wir lernen, unser Leben Gott zu überlassen und wahrhaftig Frieden mit dem Tod zu schließen, beginnt das Licht der Erkenntnis, unser Bewusstsein zu durchdringen, und die Wahrheit kommt ans Tageslicht. Dies wird auf tiefgründige Weise durch die Geschichte vom Tod Alexanders des Großen veranschaulicht.

Als Alexander der Große todkrank wurde, rief er die größten Heiler und Ärzte aus der ganzen Welt zu sich. Er zeigte ihnen seine

Reichtümer – seine Diamanten, Goldmünzen und Rubine – und sagte, dass derjenige, der ihn heilt, unglaubliche Schätze erhalten würde. Doch kein Kraut, keine Pille, keine Tinktur und kein Trank konnte seinen sich verschlechternden Zustand bessern. Alexander der Große, der mächtigste Mann der Welt, lag im Sterben und konnte nichts tun, um es zu verhindern.

Als Alexander schließlich aufgab und sich seinem Schicksal fügte, rief er die Wesire und Adligen seines Hofes zu einer Versammlung und teilte ihnen mit, dass er drei Wünsche habe, die sie nach seinem Tod erfüllen sollten. Erstens bat er darum, dass seine Ärzte die einzigen sein sollten, die seinen Sarg tragen. Zweitens bat er darum, dass der Weg zu seinem Grab mit Edelsteinen und Reichtümern aus seiner Schatzkammer geschmückt werden sollte. Zuletzt bat er darum, dass seine Hände aus seinem Sarg baumeln sollten.

Alexander der Große erklärte: »Ich möchte, dass meine Ärzte meinen Sarg tragen, damit die Menschen wissen, dass kein irdischer Arzt den Tod verhindern kann, wenn er kommt. Ich möchte, dass der Weg zu meinem Grab mit Diamanten und Gold übersät wird, damit meine Leute sehen, dass ich trotz meines Reichtums nichts von meinen Schätzen mitnehmen konnte und dass ich nicht mehr Lebenszeit kaufen konnte, als mir gegeben wurde, denn das Leben ist unbezahlbar. Schließlich möchte ich, dass meine Hände aus meinem Sarg baumeln, damit die Menschen erkennen, dass ich wie jeder Mensch mit leeren Händen in diese Welt gekommen bin und nun mit leeren Händen aus dieser Welt gehe.«

Alexander der Große erkannte, dass sein unendlicher Reichtum und seine historischen Erfolge ihn nicht vor dem Tod bewahren konnten. Diese Geschichte erinnert uns daran, uns der übrigen Lebenszeit bewusst zu werden, denn Zeit ist ein Gut, das wir nie zurückerlangen können. Wir können sündigen und Vergebung erlangen. Wir können krank werden und genesen. Wir können arm werden und unser Vermögen wiederaufbauen. Doch wenn die Zeit einmal verstrichen ist, ist es unmöglich, sie zurückzudrehen. Es sind die Samen der Wohltätigkeit, der Liebe, des Wissens und der guten Taten, die wir um Allahs willen säen, die über die Jahreszeiten hinaus erblühen. Es sind nur unsere guten Taten, die wir mit ins Grab nehmen.

>>*Der Besitz und die Söhne sind der Schmuck des diesseitigen Lebens. Das Bleibende aber, die rechtschaffenen Werke, – sie sind bei deinem Herrn besser hinsichtlich der Belohnung und besser hinsichtlich der Hoffnung.*<<

**KORAN 18:46**

Unser Vermögen, unsere irdischen Erfolge, unsere Familie und Freunde – alles, was sterblich ist, wird zurückbleiben. Wie ein Mystiker sagte: >>Jeder Einzelne, den du in dieser Welt liebst, wird entweder dich begraben oder du wirst ihn begraben. Es gibt keinen anderen Weg.<<[4]

## Der Verlust eines geliebten Menschen

Den Verlust eines geliebten Menschen zu akzeptieren, ist eine der schwierigsten Prüfungen, die wir je erleben werden. Es ist leicht, sich in beschämenden Gedanken über die bedauerlichen Dinge zu verlieren, die wir begangen oder nicht begangen haben, oder über die Worte, die wir zum Verstorbenen gesagt haben oder nie sagen konnten. Der Schlüssel zur Bewältigung des Verlustes liegt darin, sich nicht so sehr in der Trauer und im Schmerz zu verlieren, dass einem entgeht, die liebevolle Gegenwart Allahs zu bezeugen, die uns sogar in unseren erschütterndsten Momenten umschließt.

Trauer hat einen zutiefst heiligen Zweck, denn dank der Gefühle, die wir während eines Verlustes erleben, können wir wahre Dankbarkeit verkörpern. Wenn wir beginnen, die Tiefe unserer Trauer als Ausdruck der Tiefe der Liebe zu sehen, die wir empfunden haben, verwandeln sich die Lücken, die der Geist eines geliebten Menschen einst füllte, von Auslösern der Traurigkeit und des Bedauerns in Altäre der Dankbarkeit.

Die Kinderbuchfigur Winnie Puuh veranschaulicht dies mit den folgenden Worten: »Was für ein Glück, dass ich etwas habe, das mir den Abschied so schwer macht.« Mögen wir niemals zulassen, dass unsere Trauer über den Verlust eines geliebten Menschen uns daran hindert, dankbar dafür zu sein, dass wir diesen Menschen so lange in unserem Leben hatten.

Trauer ist eine normale Reaktion, und unser Glaube wird dadurch nicht beeinträchtigt. Schließlich trauerte der Prophet Muhammad ﷺ noch viele Jahre nach dem Tod seiner Frau und der Liebe seines Lebens, Chadidscha. Vergieße die Tränen, die du vergießen musst, aber vergiss inmitten deines Schmerzes nicht, dass dein Herr dich zutiefst liebt und dich sieht.

> »Fürchtet euch nicht. Ich bin gewiss mit euch, Ich höre und
> Ich sehe (was geschieht).«
>
> KORAN 20:46

Ganz gleich, wie sehr uns der Verlust eines geliebten Menschen das Herz bricht, wir dürfen nicht vergessen: »Allah erlegt keiner Seele mehr auf, als sie zu leisten vermag.« (2:286) Wenn uns die Last des Lebens zu schwer erscheint, liegt das nicht daran, dass Gott versucht, uns zu zerbrechen, sondern daran, dass Gott eine Stärke in uns enthüllen möchte, die wir bisher nicht bemerkt haben.

Um dies besser zu verstehen, bedenke das folgende Beispiel: Eine nordamerikanische Pflanze namens Iliamna bakeri besitzt Samen mit derart harten Schalen, dass sie nur in einem Lauffeuer keimen. Daher können sie mehr als hundert Jahre lang in der Erde schlummern und keinen einzigen Sprössling hervorbringen. Erst wenn ein Lauffeuer durch den Wald fegt und die Schale des Samens aufweicht und aufbricht, kann Wasser den Kern der Pflanze erreichen und sie zum Keimen bringen. Während die meisten Bäume, Pflanzen und Blumen im Feuer verbrennen, wächst Iliamna bakeri *wegen* des Feuers.[5]

Manchmal zerstören die Feuersbrünste des Schmerzes nicht nur, was wir lieben, sondern enthüllen auch verborgene Samen der Schönheit und Stärke in uns, von denen wir nicht wussten, dass sie existieren, und die wir unter normalen Bedingungen nicht manifestieren konnten. Gott stellt uns manchmal auf die Probe, um die Schale unseres Herzens zu zerbrechen und uns die Möglichkeit zu geben, uns in einen Garten des Glaubens zu verwandeln. So wie ein Ei zerbrechen muss, damit ein Vogel schlüpfen kann, muss Gott manchmal unsere Herzen brechen, bis sich ein Weg zum Licht öffnet.

Je mehr wir daran erinnert werden, dass unsere Liebsten Geschenke Gottes sind, desto weniger werden wir die Schuld auf Gott schieben, wenn Er sie zurücknimmt. Im tiefsten Sinne bedeutet Verlust, dass wir Gott zurückgeben, was uns eigentlich nie gehörte. Glaube bedeutet nicht, dass wir diesen Verlust nicht betrauern, sondern dass wir trotz unserer Trübsal auf Gottes Versprechen vertrauen, dass der Tod kein Ende ist und dass der Tag kommen wird, an dem wir wieder vereint sein werden. Der Prophet Muhammad ﷺ selbst erinnert die Verehrer Gottes daran, dass alle irdischen Trennungen nur vorübergehend sind, denn am Ende werden wir mit denjenigen sein, die wir lieben.[6]

Wir trauern nicht nur um jemanden, den wir verloren haben, sondern werden ermutigt, in seinem Namen zu spenden, denn Güte und Wohltätigkeit überschreiten die Grenzen des Grabes. Im Namen eines geliebten Menschen zu spenden, stärkt nicht nur die Bindung zwischen uns und ihm, sondern lädt darüber hinaus seine Gegenwart in das Leben anderer Menschen ein und lässt sein Vermächtnis über seine Zeit auf der Erde hinaus weiterleben. Der Tod mag uns davon trennen, die Verstorbenen physisch zu erleben, doch die Liebe, die wir in unseren Herzen spüren, transformiert weiterhin unsere Seelen.

> »Abschiede sind nur für diejenigen, die mit den Augen lieben. Denn für diejenigen, die mit Herz und Seele lieben, gibt es so etwas wie eine Trennung nicht [...]. Der Tod hat nichts mit Fortgehen zu tun. Die Sonne geht unter. Der Mond geht unter. Doch sie sind nicht fort.«
>
> RUMI

Die Flamme einer Kerze erlischt, wenn sie bis zum Ende ihres Dochtes abbrennt, doch das Licht und die Wärme, die sie ausstrahlte, lebt weiter. Unsere Körper mögen wie Kerzen mit der Zeit dahinschmelzen, aber die Samen der Liebe, die wir auf der Erde gepflanzt haben, werden über unser endliches Leben hinaus weiterblühen. Die Verstorbenen sind wie Sterne am Himmel: Obwohl sie schon tot sind, erleben wir weiterhin ihr Licht in unserem Leben.

Außerdem ist es wichtig anzuerkennen, dass die Ursache unserer Trauer über den Verlust eines geliebten Menschen oft auf die Angst vor unserem eigenen Ableben zurückzuführen ist. Trotz des Schmerzes, den der Verlust eines geliebten Menschen mit sich bringt, ist der versteckte Segen eine göttliche Erinnerung daran, in vollen Zügen zu leben, intensiver zu lieben und bereitwilliger zu geben, denn jeder Moment könnte unser letzter sein.

## Dies ist nicht dein Zuhause

Dein Körper ist ein Transportmittel, das Gott dir als Leihgabe gegeben hat; und diese Welt ist nur eine Bushaltestelle auf dem Weg von Gott zurück zu Gott. Dieses irdische Leben ist nicht ewig. Die Vergänglichkeit des Lebens wird in der folgenden Geschichte auf schöne Weise dargestellt:

> Ein Mystiker aus Kufa begab sich auf eine Reise, um den spirituellen Meister Abu Hussain zum ersten Mal zu treffen. Als der Mystiker das Haus von Abu Hussain betrat, war er überrascht, weil er keine Möbel vorfand. Der verblüffte Suchende fragte den Heiligen: »Wieso hat denn dein Haus keine Möbel?« Der Meister lächelte und fragte ekstatisch: »Wieso hast du keine Möbel mitgebracht?« Der verwirrte Sucher sagte: »Ich bin ein Reisender. Was würden mir Möbel denn nützen?« Der Meister lachte und sagte: »Nun, mein Freund, ich bin ja auch ein Reisender. Ich werde nur für ein paar kurze Tage auf dieser Erde verweilen und dann werde ich wieder in meine wahre Heimat zurückkehren!«

Unser wahres Zuhause kann nicht mit Geld erworben werden – denn unser wahres Zuhause ist bei Gott. Diese Geschichte spiegelt die Worte des Propheten Muhammad ﷺ wider, der sagte: »Der irdische Komfort hat keine Bedeutung für mich. Ich bin wie ein Reisender, der sich im Schatten unter einem Baum ausruht und dann seinen Weg fortsetzt.«[7]

Ein Mystiker sagte hinsichtlich der kurzen Dauer unserer Reise auf Erden: »Wenn wir geboren werden, wird der *Adhan*, der Gebetsruf, in unsere Ohren rezitiert, aber kein Gebet wird verrichtet. Wenn wir sterben, wird kein *Adhan* rezitiert, aber es wird ein Gebet verrichtet. Das liegt daran, dass der *Adhan* bei deiner Geburt zu deinem Totengebet gehört. So kurz ist das Leben.«[8]

Wir sind keine Bewohner unserer Häuser, Länder oder gar Körper – vielmehr sind wir ihre Besucher. Und so wie kein Besucher ein Hotelzimmer schmücken würde, in dem er nur ein paar Tage verweilt, so solltest du keine Zeit damit verschwenden, dich mit dem Schmuck eines irdischen Lebens zu beschäftigen, das nicht dir gehört; schmücke stattdessen deinen Geist mit guten Taten, denn das ist die einzige Währung, die keine zeitlichen und räumlichen Grenzen kennt. Investiere in das ewige, nicht das vergängliche Leben.

> *»Stirb, bevor du stirbst.« Töte deine Anhaftung an die Illusionen dieses Lebens – dein Ego, deinen Ruf, deinen Stolz und deinen materiellen Besitz –, denn je mehr du von dieser Welt loslässt, desto höher wirst du aufsteigen.*[9]

Nur wenn wir unsere Anhaftung an die sterblichen Begierden des Selbst töten, werden wir von der Angst befreit, alles Vergängliche zu verlieren. Es geht dabei um einen freiwilligen Tod der Illusion, bei dem wir zum Licht des Göttlichen hingezogen werden, bis jede Trennung verschwindet. Dies ist die Stufe der *Fana fi Allah*, oder der Auflösung des getrennten Selbst im unendlichen Ozean der Liebe Gottes. Zwischen dem Tod des Egos und dem Tod des Körpers können wir das Leben wirklich leben. Wir sollten uns jedoch daran erinnern, dass die spirituelle Wiedergeburt kein einmaliges Ereignis ist, sondern ein stetiger Prozess.

Wir sind nicht dazu aufgerufen, die Segnungen unseres weltlichen Lebens abzulehnen, sondern wir werden vielmehr daran erinnert, keine Sklaven unserer Liebe zu werden.

> *»Von allem loszulassen, bedeutet nicht, dass du nichts mehr besitzen sollst, sondern dass nichts mehr dich besitzen soll.«*
>
> IMAM ALI

Ein weiser Mann betete einst zu Gott: »Mein Herr, bitte lass mich nicht sterben, bevor ich ausgelöscht bin.« Er verstand, dass es zum Zeitpunkt des Todes keinen Kampf oder Schmerz geben kann, wenn wir Gott zuvor alles geben, was der Tod uns nehmen kann, einschließlich uns selbst. Wir finden dauerhaften Frieden, wenn wir uns voll und ganz auf die Reise zurück zum göttlichen Licht Allahs einlassen, das darauf wartet, uns mit seinem Geheimnis und seiner Barmherzigkeit zu umschließen.

## Unbeständigkeit und die verborgene Barmherzigkeit Gottes

Im Islam wird die Vergänglichkeit des Lebens nicht als Strafe, sondern als integraler Bestandteil der göttlichen Barmherzigkeit angesehen. Die verborgene Barmherzigkeit des Todes wird in der folgenden alten Geschichte eines gläubigen Königs wunderbar veranschaulicht:

> Ein König gab einem Rat spiritueller Weiser den Auftrag, ein Motto zu entwickeln, das ihn daran erinnern sollte, in den Höhen des Lebens bescheiden und dankbar zu sein, aber auch in traurigen Zeiten geduldig und hoffnungsvoll zu bleiben. Nach nächtelangen Beratungen brachten die Weisen dem König einen Ring mit Rubinstein, in den folgende Worte eingraviert waren: »Auch dies wird vorübergehen.« Das Wissen um die Vergänglichkeit aller irdischen Dinge und Gefühle gab dem König die Hoffnung, dass egal wie schmerzhaft oder schwierig das Leben auch sein würde, die Leiden nicht für immer anhalten würden. An den Tagen, an denen der Segen überall Blüten fallen ließ und das Leben perfekt schien, erinnerte der Ring den König daran, stets demütig zu bleiben.

Die Vergänglichkeit dieses Lebens und all seines Dramas ist unsere größte Quelle der Hoffnung und Demut. Der Tod erinnert uns an die Barmherzigkeit Gottes – wenn alles unendlich wäre, würden auch unsere Sorgen und unser Leid ewig bestehen.

Der Tod drängt uns dazu, unser Glück nicht in etwas Vergänglichem zu verankern, sondern in Allah, denn Seine Liebe ist ewig und unveränderlich. Der Tod erinnert uns daran, dass Gott das einzig Wirkliche und Unveränderliche ist. Alles andere Existente, ob gut oder schlecht, wird letzten Endes vergehen. Wie der große tibetische Meister und Poet Jetsün Milarepa sagte: »Ein Gewitter lässt zwar den Donner ertönen, doch ist dieser nichts weiter als ein leeres Geräusch. Zwar hat der Regenbogen schöne Farben, doch verblasst er schnell. Weltliche Angelegenheiten, auch angenehme, sind nur ein Traum. Objekte des Verlangens bereiten viel Vergnügen, sind jedoch Ursache für schändliches Handeln.«[10]

Wenn wir unsere Kraft darauf verwenden, unseren Fokus auf den immerwährenden und mystischen Odem Gottes in uns zu richten, und nicht auf unser Ego und unseren sterblichen Körper, so löst sich die Angst vor dem Tod wie eine Schneeflocke in der Sonne langsam auf. Unser spirituelles Wesen kann nicht sterben, denn unser Geist lebt über unsere Zeit auf der Erde hinaus. Diese Welt bricht nur die Schalen der Samen dessen auf, was du zu sein *glaubst*, damit Gott den Baum deiner wahren Essenz manifestieren kann, die du schon immer in dir getragen hast.

Die Wolke wirft der Natur nicht vor, dass sie sie jedes Mal zerreißt, wenn sich die Blumen und Früchte der Erde nach Regen sehnen. Gold verflucht nicht das Feuer, das es läutert. Eine Mutter trauert nicht um den Verlust ihrer Plazenta, wenn sie ihr neugeborenes Kind in Händen hält. Wenn wir sehen, dass mit der Erschwernis Erleichterung einhergeht (94:5), trauern wir nicht um das, was uns genommen wurde. Allah sagt im Koran: »Wenn Allah in euren Herzen etwas Gutes weiß, wird Er euch etwas Besseres geben als das, was euch genommen worden ist, und wird euch vergeben. Allah ist allvergebend und barmherzig.« (8:70) So wie der Winter die Bäume von verwelkten Blättern befreit, um Platz für

Frühlingsblüten zu schaffen, nimmt Gott von uns, um uns zu beschenken. Wahrer Frieden liegt darin, an nichts so stark festzuhalten wie an Gott.

> *Wenn die Schmerzen unerträglich sind, dann hör auf,*
> *dich an Dinge zu klammern, die vergänglich sind.*
>
> ARU BARZAK, DICHTERIN

Lass alles Vergängliche los und halte an dem fest, was echt und ewig ist – an Gott. Denn alles, was sterblich ist, ist definitionsgemäß ein Schleier vor einem unsterblichen Gott. Vertraue darauf, dass der Geist in dir nicht zerbrochen werden kann, denn es sind nur die irdischen Illusionen, die zerbrechen können. Lass die Feuer des göttlichen Willens jedes Gramm deines Egos verbrennen, bis es sich in Kompost für den Garten des Glaubens verwandelt hat, der darauf wartet, zum Leben zu erwachen.

## Der Tod enthüllt die Wahrheit

Die Verehrer Gottes haben zu allen Zeiten gesagt: »Dieses Leben ist ein Traum und wenn wir sterben, wachen wir auf«, um hinter die Maske dieser Welt zu blicken.[11] Der Tod entfernt unsere Masken; nur das Falsche geht dahin, denn die Wahrheit stirbt nie (17:81). Wer sich dem Willen Gottes unterwirft, wer in der Wahrheit lebt, wer Liebe pflanzt, wo immer das Leben ihn hinführt, der hat keine Angst vor dem Tod, denn der Tod ist eine Rückkehr zum Ursprung der Liebe (*al-Wadud*). Diejenigen, die ihr Bestes geben, um gütig zu sein, die sich um Treue bemühen und aufrichtig Gottes Barmherzigkeit suchen, wenn sie Sünden begehen, – sie werden im Tod mit Gnade und Vergebung empfangen.

Für den Tyrannen jedoch oder den Unterdrücker oder jemanden, der Spaltung verursacht, indem er das Unkraut des Hasses bewässert, ist der Tod eine Quelle des Schmerzes. Der Tod ist das Tor zum Tag des Jüngsten Gerichts, an dem Gott das Gewicht auf der Waage der

Gerechtigkeit ausgleicht, die durch unsere Zeit auf der Erde aus dem Gleichgewicht geraten ist. Der Tod ist der kosmische Ausgleich. Reichtum, Ruhm oder Schönheit lassen uns nicht dem Schicksal des Todes entgehen – jeder wird das Grab erleben. Der Tod erinnert uns daran, dass wir nicht durch unseren Reichtum, unsere Geliebten, unsere Kinder oder durch unsere eigenen Hände gerettet werden können. Der Tod macht keinen Unterschied nach Alter, Herkunft oder Glauben. Allah macht im Koran deutlich, dass »niemand weiß, in welchem Land er sterben wird« (31:34), und wenn die festgesetzte Zeit für den Tod gekommen ist, kann niemand »sie weder um eine Stunde hinausschieben noch vorverlegen« (16:61). Die Unausweichlichkeit des Todes wird im folgenden Gleichnis veranschaulicht:

> Eines Tages erschien der Todesengel in Menschengestalt und betrat den Hof des Propheten Salomo. Der Engel blickte einem Untertan Salomos in die Augen und warf ihm einen grimmigen und verwirrten Blick zu. Als der Todesengel das Reich verließ, eilte der Untergebene zu Salomo und fragte ihn, wer er gewesen war. Als Salomo sagte, dass es der Todesengel war, begann der Mann zu zittern und sagte ängstlich: »Die Weise, wie er mich ansah, macht mir Angst, dass er kommen wird, meine Seele zu holen. Bitte befiehl den Winden, mich weit weg nach Indien zu bringen, damit ich geschützt bin.« Salomo, der von Gott die Kontrolle über die Naturgewalten erhalten hatte, befahl den Winden, den Mann nach Indien zu bringen.
>
> Als Salomo den Todesengel am nächsten Tag sah, stellte er ihm die Frage: »Warum hast du den Mann in meinem Hof gestern so angestarrt?« Der Engel antwortete: »Ich war überrascht, ihn in deinem Reich anzutreffen, denn mir wurde befohlen, nur wenige Stunden später, tausende von Meilen entfernt, in Indien seine Seele zu holen.«

Diese Geschichte konfrontiert uns auf tiefgreifende Weise mit der Tatsache, dass wir dem Tod nur entgegenlaufen, wenn wir versuchen, ihm zu entkommen. Allah sagt im Koran: »Die Flucht wird euch nicht nützen, wenn ihr davor flieht, zu sterben oder getötet zu werden« (33:16), denn wenn deine Frist gekommen ist, wo immer du auch bist, wird der Tod dich erfassen, und wärest du auch in hochgebauten Türmen (4:78).

Der Tod lehrt uns, nur an Gott festzuhalten, denn die seelische Leere, die der Verlust hinterlässt, kann nur mit dem Licht von Gottes Gnade auf ewig gefüllt werden. Bei dem spirituellen Konzept »sterben, bevor man stirbt« geht es darum, alles loszulassen, was von Beginn an vergänglich ist, um jetzt in der Ewigkeit wiedergeboren zu werden. Derjenige, der Gott liebt, hat keine Angst vor dem Tod, denn er ist jetzt bei Gott und weiß, dass er auch nach dem Tod bei Gott sein wird.

> »Unser ganzes Leben lang lagen wir buchstäblich im Sterben, um Gott zu begegnen.«
>
> ARU BARZAK, DICHTERIN

Wie Rumi sagt: »Jeder hat solche Angst vor dem Tod, aber die echten Mystiker lachen nur: Nichts tyrannisiert ihre Herzen. Was auf die Austernschale trifft, beschädigt die Perle nicht.« Während dein Körper stirbt und der Erde zurückgegeben wird, aus der er besteht, ist dein Geist wie eine ewige Perle, die für immer im Ozean der Gnade Gottes bleibt.

## Darum hast du Angst vor dem Tod

Die Angst vor dem Tod ist ein Zeichen dafür, dass wir uns an etwas anderem festhalten als an Gott, an etwas, dessen Grundlage kontingent ist. Solange unser Glück von Dingen abhängt, die wir nicht kontrollieren können, werden wir niemals Zufriedenheit verspüren. Der innere Frieden hängt von unserer Verbundenheit mit Gott ab, denn Gott allein ist ewig und unwandelbar.

Hingabe stellt die Grundlage des Islams dar, denn nur wenn wir unsere falsche Vorstellung von Kontrolle aufgeben, können wir wahre Freiheit erleben. Der Tod treibt uns entweder in die Angst oder in den Glauben. Wenn wir akzeptieren, dass wir keine Kontrolle über die Zukunft haben und uns gänzlich auf Gott verlassen, beginnen wir, Frieden zu spüren.

Wie es im Koran heißt: »Wer an seinen Herrn glaubt, der befürchtet keine (Lohn-)Schmälerung und keine Drangsal.« (72:13)

Doch wenn wir uns an uns selbst wenden, um die unbekannte Zukunft zu bewältigen, werden wir uns mit Gefühlen der Angst und Verzweiflung konfrontiert sehen. Wenn wir den Teil in uns hinnehmen, der meint, wir wüssten es besser als Gott, und unser Vertrauen sanft und mitfühlend von uns selbst auf das Göttliche lenken, beginnen wir die Gelassenheit zu spüren, die mit der Hingabe kommt.

Nur wenn wir uns in den Tod hineinbegeben und dabei an Allah festhalten, beginnen wir, unsere Angst vor dem Tod zu überwinden. Das Problem jedoch besteht darin, dass wir uns vor dem Tod scheuen, ihn aus unseren Gesprächen ausklammern, ihn als makaber bezeichnen und ihn auf ein anderes Mal verschieben, als ob wir genau wüssten, wie viel Zeit wir noch haben, bevor der Tod ungelegen an unsere Tür klopft. Wir kehren den Tod unter den Teppich, als ob wir nicht auch eines Tages unter den Teppich der Erde gekehrt werden würden. Der Tod ist nicht nur etwas, das anderen Menschen widerfährt. Er wird dir und mir widerfahren. Der Prophet ﷺ sagt uns, dass wir an unseren Tod denken und Friedhöfe besuchen sollen,[12] denn Friedhöfe mögen Orte der Stille sein, aber die Botschaft ist laut und deutlich:

*Wir werden mehr Zeit unter der Erde als über der*
*Erde verbringen.*

Durch unsere Gesellschaft und Kultur wurde uns vermittelt, dass der Tod etwas ist, wogegen wir ein Heilmittel finden müssen; aber der Tod ist nichts, das wir beheben können, weil er kein Fehler im System ist, der einer Ausbesserung bedarf. Allah hat jeden Einzelnen von uns absichtlich so erschaffen, dass der Tod bereits in die Software Seiner Schöpfung einprogrammiert ist. Der Tod ist kein Unfall, er ist gewollt. Denn erst durch den Tod hat das ewige Leben einen Sinn. Ohne Trennung kann man den Wert von Verbindung und Nähe nicht erkennen. Wenn wir den Tod als Krankheit einstufen, sehen wir unsere Trauer als etwas an, das in Ordnung gebracht werden muss, anstatt uns daran zu erinnern, dass der

Tod ein natürlicher Teil der menschlichen Existenz ist. Erst wenn wir uns mit unserer Trauer und unserem Verlust an eine höhere Macht wenden, beginnt eine tiefe spirituelle Transformation.

Auf dem spirituellen Weg geht es nicht darum, unsere Gefühle zu umgehen, sondern darum, in Verbindung mit unserem Schmerz zu treten und das Licht Allahs in unsere Wunden eindringen zu lassen. Unseren Schmerz zu leugnen, wird uns nicht bei unserem Heilungsprozess helfen. Der Versuch, unserem Schmerz zu entkommen, ist wie der Versuch, vor unserem Schatten davonzulaufen. Nur weil wir mit unserem Kummer kämpfen, bedeutet das nicht, dass wir weniger gläubig sind. Alle Propheten Gottes gingen durch schwere Zeiten und waren tief betrübt angesichts der Verluste, die sie erlebten. Im Koran heißt es, dass der Prophet Jakob Folgendes sagte, als er seine Söhne verlor:

> *»Siehe, ich trage meinen Kummer und Gram nur zu Allah,*
> *und ich weiß von Allah, was ihr nicht wisst.«*

**KORAN 12:86**

Ein Erwachen des Glaubens bedeutet nicht, dass wir immun gegen Schmerzen werden, sondern dass wir diese Schmerzen an ihren rechtmäßigen Platz stellen – in die Hände Allahs. Wir können immer die Hilfe anderer suchen, doch wir müssen den Weg unserer Heilung stets damit beginnen und beenden, dass wir uns im Gebet an Allah wenden. Wir müssen ehrlich damit sein, wie wir uns fühlen, denn wir können Gottes tiefe Heilung nicht empfangen, wenn wir es ständig vermeiden, uns unserem Schmerz zu stellen. Genau hier, im göttlichen Schmelztiegel, beginnt die Alchemie der Seele. Wenn sich das Heilige und das Weltliche miteinander verflechten, beginnt sich die Trennung zwischen uns und dem Göttlichen aufzulösen. In ebendieser heiligen Landschaft fallen die Schleier, und das Antlitz Allahs kommt tritt ans Tageslicht und spiegelt sich auf den Gesichtern der gesamten Schöpfung wider. Von den Bäumen bis zu den Meeren, von den Sternen bis zu den Bienen beginnt alles, von Gott zu sprechen. Selbst die Existenz des Todes wird zu einem Ruf der

Rückkehr von Gott – ein Ruf, der uns daran erinnern soll, wer wir sind und wem wir gehören.

## Du wirst sterben...

Der Tod ist der größte Prediger, dem wir je begegnen werden, denn er lehrt uns, nur an Allah festzuhalten, da alles vergeht, außer dem Angesicht Gottes (55:26–27). Wenn wir über unseren Tod nachdenken, bringt uns das natürlich dazu, Prioritäten zu setzen und festzulegen, was in unserem Leben am wichtigsten ist. Im Koran heißt es: »Jede Seele wird den Tod kosten« (29:57), doch die Frage lautet: Wie viele werden wirklich die Süße des Lebens kosten?

Es ist nicht der Tod, vor dem wir Angst haben, sondern wir fürchten uns davor, nicht das Leben zu leben, für das wir erschaffen wurden. Wir haben Angst, dass uns die Zeit davonläuft, bevor wir in der Lage sind, die Bestimmung unserer Seele zu verwirklichen. Der Tod ist die ultimative Konfrontation. Wenn wir des Todes gedenken, bedauern wir all die Zeit, die wir durch unsere Aufschübe verloren haben. Wenn der Tod kommt, werden all unsere Geheimnisse, Sünden und Unzulänglichkeiten offengelegt. Wir werden mit all den Träumen konfrontiert, die wir nicht verwirklicht haben, mit der Reue, die wir nicht gezeigt haben, und mit der Spende, die wir nicht gegeben haben.

> *»Lebe, solange du kannst, doch wisse, dass dich der Tod eines Tages einholen wird. Liebe, wen immer du willst, doch wisse, dass du eines Tages die Trennung kosten wirst. Tu, was du willst, doch wisse, dass du eines Tages zur Rechenschaft gezogen wirst.«[13]*
>
> IMAM AL-GHAZALI,
> MYSTIKER DES 11. JAHRHUNDERTS

Die Tatsache, dass der Tod unausweichlich ist, konfrontiert uns mit der Frage: Leben wir jeden Tag, als sei er unser letzter? Der Tod zwingt uns dazu, darüber nachzudenken, ob wir ein sinnvolles Leben führen oder nur versuchen, die Zeit totzuschlagen, während die Zeit uns tötet.

Imam Ali sagte: »Lebe für das Diesseits, als würdest du ewig leben, und lebe für das Jenseits, als würdest du morgen sterben.« Der Prophet ﷺ teilt uns mit, dass wir über den Tod nachsinnen sollen, um den vollen Nutzen aus unserer begrenzten Zeit auf Erden zu ziehen.[14] Im Koran heißt es, dass Allah »den Tod und das Leben erschaffen hat, damit Er euch prüfe, wer von euch die besten Taten begeht. Und Er ist der Allmächtige und Allvergebende« (67:2).

Es ist der Tod, der uns dazu aufruft, den Tag zu nutzen und »Söhne und Töchter des jetzigen Moments« zu werden, in der Gegenwart zu leben und sie als einen unschätzbaren Segen zu ehren, der uns von Gott zuteilwurde. Wir können nicht entscheiden, wann und wo wir sterben, doch wir können bewusst entscheiden, wie wir leben. Eines Tages fragte ein Mann den Propheten ﷺ: »Wann ist die Stunde?«, und der Prophet ﷺ stellte daraufhin eine Gegenfrage: »Was hast du für sie vorbereitet?«[15] Der Prophet ﷺ konfrontierte den Mann mit dem, was wirklich zählt. In einer anderen Überlieferung sagt der Prophet ﷺ: »Wenn die letzte Stunde naht, während jemand einen Palmensetzling in der Hand hält, den er einpflanzen könnte, bevor die Stunde schlägt, so soll er ihn einpflanzen.«[16]

Im Koran wird der Tag des Jüngsten Gerichts als der Tag beschrieben, an dem alle Menschen wiederauferstehen werden, um Gott gegenüberzutreten und sowohl für ihre guten als auch ihre schlechten Taten Rechenschaft abzulegen. Ähnlich wie in den biblischen Berichten wird dieser Tag im Koran mit anschaulichen Bildern beschrieben. Allah sagt uns im Koran, dass die Erde erschüttert wird (99:1), dass die Berge wie zerpflückte Wolle sein werden (101:5), dass die Menschen wie verstreute Motten sein werden (101:4), dass die Sterne erlöschen werden (81:2), dass die Meere zum Überfließen gebracht werden (81:6), dass Sonne und Mond verschmelzen werden (75:9), dass der Himmel zusammengerollt wird wie Schriftrollen (21:104) und dass die Toten wiederauferweckt werden (36:51). An diesem Tag wird sich die gesamte Existenz nur vor Gott verneigen. Dies ist der Tag, an dem die Waagschale der Gerechtigkeit, die auf der Erde noch nicht ausgeglichen war, wieder ins Gleichgewicht gebracht wird, und Gottes Barmherzigkeit reichlicher sein wird, als wir es uns je vorstellen können.

Niemand weiß, wann er sterben wird oder wann der Tag des Jüngsten Gerichts anbrechen wird. Das Einzige, was in unserer Macht steht, ist die Art und Weise, wie wir das eine Leben, das Allah uns gegeben hat, in diesem Moment bewusst leben. Anstatt uns Sorgen darüber zu machen, wann wir sterben werden, sollten wir uns lieber darauf konzentrieren, was wir tun können, um diese Welt positiv zu beeinflussen. Wie der persische Gelehrte Abu Sa'id Abul-Chair im 11. Jahrhundert sagte: »Als du auf die Welt kamst, weintest du und um dich herum freuten sich alle. Bemühe dich, so zu leben, dass, wenn du die Welt verlässt, alle um dich herum weinen und du allein lachst.«[17]

Wenn dir bewusstwird, wie nah der Tod ist – dass du morgen früh vielleicht nicht mehr aufwachst –, wie fühlst du dich dann? Fühlst du dich vor Angst gelähmt, von Furcht erfüllt und unfähig, gedanklich präsent zu sein? Oder fühlst du einen Drang, eine göttliche Motivation, jeden Tag in vollen Zügen zu leben? Wenn wir Gott vertrauen und akzeptieren, dass unsere Zeit begrenzt ist, kann das all unsere Ängste auflösen, unseren Stolz brechen und uns demütig machen. Die Ungewissheit unseres Todes inspiriert uns dazu, uns zu entschuldigen, wenn wir im Unrecht sind, anderen zu vergeben, wenn sie im Unrecht sind, großzügig von dem zu geben, was wir lieben, unsere Worte der Güte nicht zurückzuhalten, ehrlich im Umgang mit unseren Gefühlen zu sein, mit jeder Faser unseres Geistes zu beten, die Arbeit an unserer Seele nicht aufzuschieben, diesen Moment als den einzigen zu sehen, den wir haben, und schließlich Gottes Eigenschaften der Liebe, der Barmherzigkeit, des Mitgefühls sowie Gleichheit für alle Menschen ohne Unterscheidung zu manifestieren. Wie Rumi sagt: »Das Leben ist kurz wie ein halber Atemzug – pflanze nichts als Liebe.«

## ... doch du bist nicht für den Tod gemacht

Wenn Gott uns nur für dieses Leben erschaffen hätte, dann gäbe es keinen Tod. Der Tod stellt nicht das Gegenteil von Leben dar – das wäre vielmehr die Nichtexistenz. Der Tod ist unser Beweis dafür, dass wir für mehr als nur das Leben erschaffen worden sind. Wie Rumi sagt: »Meine Seele ist von anderswo. Da bin ich mir sicher. Und ich beabsichtige, dort anzukommen.«

Der Tod ist keine Pforte zum Nichts – er ist vielmehr der Geburtskanal, durch den wir gehen müssen, um ins ewige Leben geboren zu werden. Ähnlich wie wir aus einem Traum aufwachen, wenn wir die Augen öffnen, verschwinden wir nicht, wenn wir sterben, sondern öffnen einfach die Augen für eine andere Wirklichkeit.

> »Der Tod ist nicht das Auslöschen des Lichts; er macht nur
> die Lampe aus, weil die Morgendämmerung gekommen ist.«
>
> **RABINDRANATH TAGORE,**
> **INDISCHER DICHTER DES 20. JAHRHUNDERTS**

Im Koran heißt es: »Und du siehst die Erde regungslos, doch wenn Wir Wasser auf sie herabkommen lassen, regt sie sich, schwillt und lässt von jeder entzückenden (Pflanzen-)Art wachsen.« (22:5) So wie abgestorbene Wintersaaten jeden Frühling wieder Früchte tragen, ist der Tod nicht unser Ende, sondern die nächste Jahreszeit unseres geistigen Wachstums. Wie Scheich Sidi Muhammad al-Jamal so schön sagt: »Lausche dem Klang des Todes, der in Wirklichkeit das Lied vom ewigen Leben ist.« Trauere nicht, wenn du das zurücklässt, was du an dieser Welt liebst, denn dieses Reich ist nur ein Duft der kommenden Welt.

> »Das Diesseits ist im Vergleich zum Jenseits so, als ob einer
> von euch seinen Finger in den Ozean taucht und dann
> schaut, was er davon genommen hat.«[18]
>
> **PROPHET MUHAMMAD** ﷺ

Durch den Tod gelangt man vom Geruch zum Geschmack, von der Form zur Essenz, von den Objekten der Liebe zum Ursprung der Liebe (al-Wadud). Wenn wir sterben, hört unser Bewusstsein nicht auf zu existieren, sondern wird geläutert und enthüllt. Dies ermöglicht es uns, die Wahrheit zu sehen, so wie sie ist, und nicht auf eine Weise, wie wir sie uns vorstellen oder interpretieren. Wenn du stirbst, verlierst du nicht, was du liebst, – du wirst ein Teil davon.

Der Todestag ist für die treuen Verehrer Gottes wie ein Fest – die himmlische Heimkehr. Wenn wir im Zustand des Gottesbewusstseins sterben, lösen sich die letzten Schleier zwischen uns und Gott auf und wir sehen das Angesicht der Schönheit und Liebe Gottes. Der Tod ist nicht das große Unbekannte, denn wir gehen nicht an einen unbekannten Ort, sondern kehren zu unserem Ursprung zurück. Wir sind wie Wellen, die in dasselbe ewige Meer zurückkehren, das uns einst inspirierte, uns zu erheben.

*»Wir gehören Allah, und zu Ihm kehren wir zurück.«*

**KORAN 2:156**

Wenn wir uns dem Willen Gottes hingeben, wird der Tod zu unserer endgültigen Befreiung. Ein schönes Ende ist ein Ausbruch aus dem einengenden Käfig des Egos, wodurch der geistige Vogel endlich die Freiheit erlangt, seine Flügel in die Umarmung Gottes zu spannen. Der Tod ist nicht das Ende – er ist vielmehr der Anfang der Ewigkeit.

*O Allah, erinnere mich stets daran, dass meine Zeit auf dieser Erde kurz ist und jeder Tag mein letzter sein könnte. Allah, hilf mir, jeden Augenblick meines Lebens im Dienst an Dir und an den Unterdrückten, Bedürftigen, Armen und Hoffnungslosen zu verbringen. Mein Herr, hilf mir, mich zu entschuldigen, wenn ich anderen Unrecht tue, zurückzugeben, was mir anvertraut wurde, und immer demütig genug zu sein, um Verantwortung für meine Fehler zu übernehmen. O Herr, ich bete dafür, dass mich das Bewusstsein meiner Unbeständigkeit dazu inspiriert, allen Menschen, die leiden und Liebe brauchen, gegenüber freundlicher, großzügiger und verzeihender zu sein. Allah, erinnere mich daran, dass dieses Leben nicht das einzige Leben ist, das mir gegeben wurde. Hilf mir, mich daran zu erinnern, dass mein wahres Leben ab dem Zeitpunkt beginnt, in dem Du entscheidest, dass ich diesen Körper zurücklasse. O Allah, »Erschaffer der Himmel und der Erde, Du bist mein Schutzherr im Diesseits und Jenseits. Berufe mich als (Dir) ergeben ab und nimm mich unter die Rechtschaffenen auf« (12:101). In Deinem ewigen Namen bete ich, amin.*

## Reflexion: Über den Tod nachsinnen

Wenn wir über den Tod nachdenken, bekommen wir ein tieferes Verständnis dafür, wie wir leben wollen. Die folgende Übung hilft uns, uns daran zu erinnern, was wir im Leben wirklich wertschätzen, und fordert uns zugleich auf, unser Leben bewusst zu leben.

- Lege dich mit dem Rücken auf den Boden und lege deine Hände übereinander auf deinen Bauch.
- Schließe deine Augen und stell dir vor, dass du die letzten Atemzüge deines irdischen Lebens nimmst.
- Nimm wahr, welche Gefühle in dir hochkommen.
- Bedauerst du irgendetwas in diesem Moment? Wie hättest du gerne deine Zeit und deine Ressourcen genutzt? Welche Risiken bedauerst du, nicht eingegangen zu sein? Gibt es etwas, das du gerne zu jemandem gesagt hättest, den du liebst? Wie hättest du dich deinen Liebsten gegenüber anders zeigen können? Was hättest du gerne wiedergutgemacht? Welche Träume hättest du weiterverfolgt? Was hättest du zu Allah sagen wollen? Wie hättest du Allah näher sein können?
- Schreibe deine Antworten auf und sei dir der Gefühle bewusst, die in dir hochkommen.
- Nimm dir vor, diese Dinge heute zu tun, anstatt auf ein Morgen zu warten, das vielleicht nie kommt.

*»Der Weg zum Himmel ist im Inneren, im Herzen. Öffne die Flügel der Liebe, denn wenn die Flügel der Liebe stark sind, braucht man sich nicht um eine Leiter zu kümmern.«*

RUMI

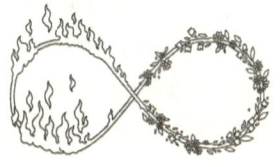

# 12

# DIE GEHEIMNISSE VON HIMMEL UND HÖLLE

Allah sagt im Koran: »Und von jedem Wesen erschufen Wir Paare« (51:49), denn jede Erfahrung der Existenz hängt von ihrer Beziehung zu ihrem Gegenteil ab. Ohne ein Inneres kann es kein Äußeres geben, ohne Yin gibt es kein Yang, ohne das Weibliche gibt es kein Männliches. Was bedeutet Licht ohne Dunkelheit? Was ist der Himmel ohne die Hölle? Wenn es keine Kontraste gäbe, wären unsere Augen nicht imstande zu sehen, und wenn es keine Schallwellen gäbe, könnten unsere Ohren nicht hören, weil das Verständnis des Geistes von Beziehungen, Relativität und Assoziationen abhängig ist. Die Dualität der Schöpfung ist notwendig, damit der Mensch Gottes Eigenschaften, die sich in der erschaffenen Welt widerspiegeln, erfahren und sich durch diese Erfahrung in Ihn verlieben kann.

Da die Früchte der Liebe nicht durch Zwang aufblühen können, hat Gott uns eine Entscheidungsfreiheit gegeben, durch die eine wirkliche Form der Liebe existieren kann. Im grundlegendsten Sinne ist die Hölle ein Nebenprodukt unseres freien Willens, denn als Allah uns die

Freiheit gab, uns für die Liebe zu Ihm zu entscheiden, musste Er auch die Möglichkeit bieten, dass wir uns von Ihm abwenden.

Es stimmt zwar, dass wir das, was wir in diesem Leben säen, im nächsten Leben ernten, doch wenn wir die Existenz des Jenseits nur auf Bestrafung und Belohnung reduzieren, verfehlen wir den Kern der Botschaft. Himmel und Hölle sind nicht nur physische Erscheinungsformen, sondern auch Seinszustände, die widerspiegeln, wie es sich für den Geist anfühlt, dem Göttlichen nah oder fern zu sein. Im Kern sind Himmel und Hölle wie Spiegel, die uns die Beziehung unserer Seele zu Gott zeigen.

## Die tieferen Dimensionen von Himmel und Hölle

Himmel und Hölle sind nicht nur physische Bestimmungsorte, sondern auch metaphysische Realitäten. Wir können nicht nur wortwörtlich über Himmel und Hölle sprechen, denn sie sind Tatsachen, die über das hinausgehen, was wir als Menschen mit unseren Sinnen erfahren haben. Deshalb können neben den Versen des Korans und den Aussagen des Propheten ﷺ auch Geschichten, Poesie und Symbolik entscheidend sein, um die tieferen Wahrheiten des Jenseits zu erfahren. Die folgende Geschichte ist eine der aufschlussreichsten und metaphorischsten Geschichten über Himmel und Hölle:

> Eines Tages stellte ein Mann Gott während des Gebets die Frage: »Mein Herr, was ist der Unterschied zwischen Himmel und Hölle?« In dieser Nacht erschien ihm Gott im Traum und sagte: »Komm mit mir, Ich zeige dir, warum der Himmel anders ist als die Hölle.«
>
> Gott führte den Mann zuerst in die Hölle und zeigte ihm einen Tisch mit einem unglaublichen Festmahl, das so köstlich duftete, dass dem Mann beim bloßen Anblick das Wasser im Mund zusammenfloss. Der Mann sah, dass an den Händen der Menschen Löffel befestigt waren, deren Griffe länger waren als ihre Arme. Die Menschen waren mager und zugleich wütend, denn der Stiel des Löffels war zu lang, um damit essen zu können. Der Mann sah ihnen zu, wandte sich an Gott und

sagte: »Die Hölle muss der Ort sein, an dem wir Deine herrlichen Gaben bezeugen werden, aber nicht an ihnen teilhaben können.« Gott sagte daraufhin: »Jetzt möchte Ich dich in den Himmel führen.«

Als Gott die zweite Tür öffnete, war der Mann schockiert über das, was er sah, denn dort fand er denselben Tisch, dasselbe Festmahl, dieselben köstlichen Düfte und dieselben langen Löffel vor. Der verwirrte Mann schaute Gott an und fragte: »Wie können Himmel und Hölle identisch sein?« Gott sagte: »Schau weiter zu.« Der Mann richtete seinen Blick wieder auf den Tisch und bemerkte, dass die Menschen im Himmel satt, gesund und glücklich aussahen. Er beobachtete, wie jeder Mensch im Himmel seinen Löffel mit all den Dingen füllte, die er gerne essen würde, jedoch seinem Tischnachbarn zu essen gab. Einer nach dem anderen, Löffel für Löffel schenkten die Himmelsbewohner einander von dem, was sie liebten.

Gott sagte zu dem Mann: »Himmel und Hölle sind Wirklichkeiten, die nach dem Bewusstsein derer geschaffen sind, die darin leben. Diejenigen, die Meine Eigenschaften der Großzügigkeit, Liebe, Güte und des Mitgefühls widerspiegeln, machen jeden Ort zum Himmel. Und diejenigen, die hochmütig, egozentrisch, zornig und stolz sind, würden sogar den Himmel in die Hölle verwandeln.«

Mit anderen Worten: Gott gibt uns die Fähigkeit, himmlische Eigenschaften zu erleben, je nachdem, welche Qualitäten wir im Garten unserer Seele bewässern. Manche Menschen sind wie Schmetterlinge, die tagsüber das Sonnenlicht und den Duft der Blumen suchen, während andere wie Motten sind, die nachts die Dunkelheit und Feuerflammen suchen.

Im Jenseits hilft Gott uns, das zu erreichen, wonach wir gesucht haben. Das nächste Leben wird aus diesem Leben geformt; unsere Gärten im Paradies werden mit den guten Taten besät, die wir auf der Erde pflanzen. Im Koran heißt es: »Esst und trinkt und lasst es euch wohl sein, in Anerkennung dessen, was ihr in vergangenen Tagen vorausgeschickt hattet!« (69:24) Wenn du von Gott getrennt, Ihn ablehnend und hassend gelebt hast, wird Allah dir eine Realität bereiten, die das Leben widerspiegelt, das du auf der Erde gewählt hast. Die Hölle ist ein Zustand der Trennung, in dem der Mensch von der allumfassenden Barmherzigkeit Allahs abgeschirmt ist. Im Himmel hingegen taucht man in das Meer der göttlichen Liebe und des Friedens ein.

> *»Suche Himmel und Hölle nicht in der Zukunft. Beide sind*
> *bereits da. Immer wenn wir es schaffen, ohne Erwartungen,*
> *Pläne oder Kompromisse zu lieben, sind wir im Himmel.*
> *Und immer wenn wir streiten und hassen, sind wir in*
> *der Hölle.«*

SCHAMS-E TABRIZI, RUMIS SPIRITUELLER MEISTER

Unser Ziel auf der Erde besteht nicht nur darin, nach dem Himmel zu streben, sondern auch darin, Gott aufrichtig kennenzulernen, zu lieben und anzubeten. Wenn wir wirklich wissen möchten, wo wir bei Gott stehen, müssen wir uns ansehen, wo wir Gott in unserem Leben platziert haben. Wenn unsere einzige Motivation für unseren Gottesdienst die Belohnung ist, dann werden wir mit Gott lediglich eine Geschäftsbeziehung führen und verfehlen somit den eigentlichen Zweck unseres Daseins. Wenn wir Gott nur wegen des Himmels anbeten, wird der Himmel zu einem Schleier oder einem Götzen, der uns von der Gegenwart Gottes trennt.

Gott erwähnt im Koran nie, dass wir nur erschaffen wurden, um den Himmel oder die Hölle anzustreben. Vielmehr werden wir im Koran immer wieder daran erinnert, dass wir erschaffen wurden, um Gott zu dienen, unser Ego zu überwinden und unsere Herzen zu polieren, bis wir in der Lage sind, das liebevolle Angesicht Gottes in allem und jedem zu sehen. Wie die mystische Dichterin Rabiʿa al-ʿAdawiyya einmal sagte: »Mein Herr! Wenn ich Dich aus Angst vor der Hölle anbete, verbrenne mich in der Hölle, und wenn ich Dich in der Hoffnung auf das Paradies anbete, dann schließe mich aus dem Paradies aus; doch wenn ich Dich um Deinetwillen anbete, entziehe mir nicht Deine ewige Schönheit.«

»Allah hat den gläubigen Männern und Frauen Gärten versprochen, durcheilt von Bächen, ewig darin zu bleiben, und gute Wohnungen in den Gärten Edens«, sagt dann aber, dass jenseits aller materiellen Belohnungen das Wohlgefallen von Allah noch größer ist. »Das ist der großartige Erfolg« (9:72). Die Mystiker sagen, wenn Gott Sein Angesicht im Zentrum der Hölle enthüllen würde, würden sich die Feuer in einen Garten der Freude verwandeln; und wenn Gott Seine Gegenwart inmitten des Himmels verschleiern würde, würden die endlosen Freuden des Paradieses ihre Bedeutung verlieren. Die Schönheit des Himmels besteht allein in der Nähe der Schöpfung zu ihrem Schöpfer.

## Mystische Symbole und Metaphern

Der Himmel ist ein Ort, an dem du in die physischen Erscheinungen von Allahs Eigenschaften gehüllt bist. Er ist ein Reich, in dem du von Allahs Güte umgeben bist, in Palästen Seiner Herrlichkeit lebst, die Gärten Seiner Großzügigkeit genießt, aus den Bächen Seiner Barmherzigkeit trinkst, in die Seide Seiner Schönheit gehüllt bist, auf Sofas Seines Friedens liegst, den Wein Seiner Liebe trinkst,[1] in Brunnen Seiner Wahrheit schwimmst, von majestätischen Bäumen Seiner Größe umgeben bist, Datteln Seiner Großzügigkeit und Granatäpfel Seiner Weisheit isst. Vor allem sagt der Prophet Muhammad ﷺ, dass ihr im Himmel »euren Herrn sehen werdet, so wie ihr den Vollmond seht«[2]. Der Himmel ist das Reich, in dem das Unsichtbare sichtbar wird, in dem sich die Eigenschaften Gottes manifestieren, in das keine Angst, Depression oder Trauer eindringen kann, denn alles, was du möchtest, wird dir zuteilwerden, noch bevor du darum bittest.

Im Koran heißt es: »Gewiss, diejenigen, die sagen: ›Unser Herr ist Allah‹, und sich hierauf recht verhalten, auf sie kommen die Engel herab: ›Fürchtet euch nicht, seid nicht traurig, und vernehmt die frohe Botschaft vom (Paradies-)Garten, der euch stets versprochen wurde.‹« (41:30) In Bezug auf dieses ewige Reich des Paradieses sagt unser liebender Herr: »Ich habe für Meine rechtschaffenen Diener das vorbereitet, was kein Auge gesehen hat, und kein Ohr gehört hat, und niemals als Herzenswunsch in die Vorstellung eines Menschen einfiel.«[3]

Im Himmel werden wir eine neue Schöpfung sein; in einer Welt, die völlig anders ist als das, was sich der Verstand vorstellen kann; erschaffen in einer uns völlig unbekannten Form. Wir mögen nach Erfolgen suchen, die endlich sind, doch Gott sucht für uns ewige Belohnungen in einem ewigen Paradies.

> »Ihr wollt Glücksgüter des Diesseitigen, aber Allah will das
> Jenseits. Allah ist allmächtig und allweise.«
>
> KORAN 8:67

Gottes Großzügigkeit ist zu groß, um in eine endliche Welt wie die unsere zu passen. Um die unendliche Barmherzigkeit Gottes vollständig erfahren zu können, brauchen wir ein unendliches, ewiges Reich wie das Paradies.

Wenn Gott das Paradies beschreibt, spricht Er von vier besonderen Bächen: »Bäche mit Wasser, das nicht schal wird, und Bäche mit Milch, deren Geschmack sich nicht ändert, und Bäche mit Wein, der köstlich ist für diejenigen, die (davon) trinken, und Bäche mit geklärtem Honig. Und sie haben darin von allen Früchten und Vergebung von ihrem Herrn.« (47:15) Manche sind der Meinung, dass Wasser, Milch, Honig und Wein für die vier Arten von Wissen stehen: natürliches, spirituelles, intellektuelles und sinnliches.[4]

Gelehrte, die eher zur Esoterik neigen, sind der Ansicht, dass der Wein ein Symbol für den spirituell Suchenden ist, der sich metaphorisch an der göttlichen Liebe berauscht. Milch symbolisiert die Rückkehr zur *Fitra* oder zur ursprünglichen Essenz, in deren Kontext wir dazu aufgerufen sind, mit Gott zu sein wie ein Kind mit seiner Mutter ist. Honig erinnert uns daran, dass wir die Süße der Spiritualität nicht nur in Worten und Reden schmecken sollen, sondern vielmehr in der Erfahrung. Schließlich steht Wasser für Demut, denn Wasser fließt natürlicherweise nach unten. Die Mystiker sagen, wenn wir demütig sind, unseren Glauben praktizieren, eine gewisse Kindlichkeit entwickeln und uns an der Liebe Gottes berauschen, dann wird unser Ort, egal wo wir uns befinden, zu einem Abbild des Himmels auf Erden.[5]

Während es im Himmel um die ewige Nähe zu Gott und die Einheit geht, ist die Hölle ein Ausdruck der äußersten Trennung. Denke an jemanden, den du mehr liebst als jeden anderen auf der Welt. Stelle dir nun vor, er oder sie wird ins Weltall geschickt, an einen Ort, den du niemals erreichen kannst. Wie würde sich das anfühlen? Spüre die brüllenden Stimmen der Verzweiflung in deinem Kopf (23:106), spüre den endlosen Abgrund aus Schmerz und Sehnsucht (25:22), beobachte, wie der Rauch der Angst dir den Atem raubt, spüre das Kochen der brennenden Verzweiflung (44:46) und die Schmetterlinge aus Rasierklingen in deinem Bauch (44:45), beobachte, wie du in einen hoffnungslosen Abyss stürzt, ohne Zuflucht oder einen sicheren Ort zum Ausruhen (7:50).

Der Schmerz der Trennung von allem, was wir lieben, ist die eigentliche Beschreibung der Hölle. Die Hölle ist ein Zustand, in dem unser Bewusstsein nicht nur am weitesten von Gott entfernt ist, sondern auch am weitesten von der Wahrheit dessen, wozu Gott uns erschaffen hat. Es ist ein ständiger Zustand des Bedauerns über die verlorene Zeit, das vergeudete Potenzial und die verpasste Chance, mit der Quelle des Friedens (*as-Salam*) wiedervereint zu sein. Die Strafen der Hölle stehen symbolisch für die Qualen, die ein göttlich inspirierter Geist, der eng mit Gott verbunden ist, durch die Trennung von der Quelle seiner Existenz erleidet.

*Der Himmel ist der Ort, an dem die Schleier der Trennung zwischen dir und Gott entfernt werden und du in Seiner unmittelbaren Nähe bist.*

Imam Ali beschreibt den Himmel als etwas, das nur zwei Schritte entfernt ist: Der erste Schritt besteht darin, die herrschenden Begierden des Egos zu bremsen, und der zweite Schritt ist der Eintritt in den Himmel.[6] Manche behaupten, dass das, was tatsächlich im Höllenfeuer brennen wird, der separate Wille des Menschen und jeglicher Widerstand gegen Gottes höchsten Willen des Friedens, der Liebe, der Gerechtigkeit und der Freiheit ist.[7] Im Himmel bist du vollständig mit deiner eigentlichen

Essenz im Einklang und lebst im vollkommenen Bewusstsein deiner seelischen Natur. Die Belohnungen, die den Verehrern Gottes im Himmel versprochen wurden, sind ein Ausdruck der transzendenten Freude, die der Geist verspürt, wenn er in die Umarmung des liebenden Herrn zurückkehrt, der ihn einst geformt hat. Im Koran heißt es: »Und das (gute) Ende gehört den Gottesfürchtigen.« (7:128)

## Wir bringen uns selbst ins Feuer

In der islamischen Weltanschauung wird jeder einzelne Mensch als von Natur aus gut angesehen, mit einem guten essenziellen Selbst (*Fitra*), das spirituell auf das Göttliche ausgerichtet ist. Da der Glaube ein wesentlicher Bestandteil des Menschseins ist, bedeutet die Abkehr von göttlichen Eigenschaften wie Mitgefühl, Nachsicht, Güte, Barmherzigkeit, Liebe und Einheit eine Abkehr von unserem göttlich ausgerichteten Geist. Der Himmel wird als Ziel für alle Menschen angesehen, während die Hölle das Reich für diejenigen ist, die ihre Reise als Menschen begonnen haben, sich aber schließlich von ihrem wahren Menschsein abgewandt haben, indem sie ein Leben voller Hass, Selbstsucht und Trennung führten.

Interessanterweise ist das Wort für »Teufel« im Arabischen *Schaitan*, was von der Wortwurzel *schatana* stammt, die je nach Kontext auch »Menschen von etwas fernhalten oder entfernen« bedeuten kann. Mit anderen Worten: Das Ziel des Teufels ist es, Isolation, Trennung und Hochmut zu schaffen, indem er das Unkraut des Egos bewässert. Je mehr wir die Samen des Stolzes, der Gier, des Neids und der Begierden in den fruchtbaren Boden unserer Menschlichkeit pflanzen, desto weniger Licht wird an unser Herz gelangen. Alles, was wir in diesem Leben für Gott tun, wird auf dem Acker des Jenseits gesät und am Tag des Gerichts geerntet.

> *»Wer nun im Gewicht eines Stäubchens Gutes tut, wird es sehen. Und wer im Gewicht eines Stäubchens Böses tut, wird es sehen.«*

KORAN 99:7-8

Allah unterwirft uns nicht der Hölle, sondern lässt uns frei ent-
scheiden, ob wir von Ihm oder in getrennt oder in inniger Beziehung zu
Ihm leben wollen. Wie Er im Koran sagt: »Allah fügt den Menschen kein
Unrecht zu, sondern die Menschen fügen sich selbst Unrecht zu.« (10:44)
Es ist unser freier Wille, der die Möglichkeit der Hölle schafft, daher wird
im Koran nie erwähnt, dass die Tiere oder Pflanzen dieser Welt in der
Hölle sein werden, weil sie instinktiv und nicht durch freie Entscheidung
leben. Wir sind es, die das Höllenfeuer mit den Flammen unserer Taten
entzünden.

Den Menschen wurde die Entscheidungsfreiheit möglicherweise deshalb gewährt, weil wir Gottes Barmherzigkeit, Vergebung oder Mitgefühl
nicht voll begreifen und erfahren können, wenn wir nie Fehler begehen.
In gewisser Weise dient das Böse dazu, den Kontrast zu schaffen, der notwendig ist, um das Gute zu erfahren. Für eine moralische Welt, in der
Gutes existiert, muss es auch das Böse geben. Genauso wie Kälte eine
Abwesenheit von Wärme ist und Dunkelheit eine Abwesenheit von Licht,
kann das Böse nicht Gott zugeschrieben werden, denn es resultiert aus
der Abkehr von Gott.

Im Koran heißt es: »Was dich an Gutem trifft, ist von Allah, und
was dich an Bösem trifft, ist von dir selbst.« (4:79) Dies besagt, dass das
Böse ein Schleier ist, der durch menschliche Fehlwahrnehmung entsteht. Allah sagt im Koran: »O die ihr glaubt, bewahrt euch selbst und
eure Angehörigen vor einem Feuer, dessen Brennstoff Menschen und
Steine sind.« (66:6) Hier sagt Gott offenbar, dass wir es sind, die mit den
Flammen unserer Taten das Höllenfeuer entzünden. »Gewiss, ihr und
das, dem ihr anstatt Allahs dient, seid Brennstoff der Hölle.« (21:98) Die
Hölle ist nicht nur ein Ort, sondern auch ein Zustand, den wir in uns
tragen. Folgende mythische Geschichte über einen Suchenden, der einen
wandernden Mystiker trifft, veranschaulicht dies:

> Der Suchende fragte den wandernden Mystiker: »O Verehrer Gottes,
> wo kommst du her?« Der Mystiker antwortete: »Ich komme gerade
> aus der Hölle zurück.« Der Mann war entsetzt über diese Antwort,

hörte aber dennoch aufmerksam zu, als der Mystiker fortfuhr: »Ich brauchte ein wenig Feuer und dachte mir, die Hölle wäre der beste Ort, um Feuer zu bekommen. Aber als ich an den Toren ankam und den zuständigen Engel bat, mir ein paar Flammen zu geben, sagte er: ›Hier gibt es kein Feuer.‹ Ich fragte ihn verwirrt: ›Aber sollte die Hölle nicht voller Feuer und Flammen sein?‹ Der Engel antwortete: ›Die Hölle hat kein eigenes Feuer – jeder Mensch, der hierherkommt, bringt sein eigenes Feuer mit!‹«[8]

In gewisser Weise bringen wir uns selbst ins Feuer, indem wir unsere Augen vor dem ewigen Licht der Barmherzigkeit Gottes verschließen. Wenn wir uns vom Licht Gottes abwenden, schließen sich die Blütenblätter unseres Herzens und verwelken durch den Schmerz der Entfernung von der Quelle des Lebens (*al-Hayy*). Der Himmel ist nicht nur ein irdischer Gipfel oder ein Ziel, das wir anstreben – der Himmel ist ein Ort, an dem wir Gott in vollem Umfang bezeugen. Er ist eine Wirklichkeit, die für die Menschen geschaffen wurde, die ihren Willen unterwerfen, um vom Willen Gottes umhüllt zu werden.

> *»Und nahe herangebracht wird der (Paradies-)Garten an die Gottesfürchtigen, gar nicht fern.«*
>
> KORAN 50:31

Die Hölle hingegen ist ein Ort für diejenigen, die ein von Gott unabhängiges Leben anstreben, sich lieber ihrem eigenen Willen unterwerfen, für ihre eigenen Begierden leben und sterben und sich von einem Gott-zentrierten Leben im Tausch gegen ein egozentrisches abwenden. Wenn du in dieser Welt unabhängig von Gott sein willst, wird auch das Jenseits diese Trennung vom Göttlichen widerspiegeln. Gott fügt dir im Jenseits kein Unrecht zu, sondern: »Euch wird nur das vergolten, was ihr zu tun pflegtet.« (66:7)

Wenn du darum bittest, dass die Hölle komplett ausgelöscht wird, bittest du darum, dass Gott dir deine Entscheidungsfreiheit nimmt.[9] Wenn du um die freie Wahl bittest, ohne die Konsequenzen tragen zu müssen, dann bittest du um einen Gott, der nicht gerecht ist. Allah stellt im Koran die folgende rhetorische Frage: »Sollen Wir etwa die Gottergebenen den Übeltätern gleichstellen? Was ist mit euch? Wie urteilt ihr?« (68:35–36)

Die Existenz von Himmel und Hölle dient dazu, das Gewicht auf der Waage der Ungerechtigkeit auszugleichen, die durch unsere Zeit auf der Erde aus dem Gleichgewicht geraten ist. Die Tatsache, dass Allah beschlossen hat, ein moralisches Universum zu schaffen und uns mit der Entscheidungsfreiheit zu ehren, verleiht uns einen Rang, der in der Schöpfung beispiellos ist. Aufgrund des freien Willens, der uns Menschen gewährt wurde, beruht auch unser Gottesdienst auf dem freien Willen, und dies ermöglicht uns, einen höheren Rang einzunehmen als die Engel – doch es ist auch durchaus möglich, einen niedrigeren Rang einzunehmen als die Tiere, wenn wir bewusst unseren Begierden folgen und in diesem Zustand sterben.

Wenn du darum bittest, dass auch die Egozentriker in den Himmel aufgenommen werden, bittest du darum, dass der Himmel zu etwas wird, was er nicht ist. Das Licht kann keinen Platz für die Dunkelheit schaffen, denn wenn Licht scheint, verschwindet jede Finsternis. Gott schließt die Menschen nicht vom Himmel aus, sondern es sind die Menschen selbst, die sich dazu entscheiden, in einer Realität zu leben, die den himmlischen Eigenschaften widerspricht.

Gott schlägt denjenigen, die sich leiten lassen wollen, nicht Seine Türen zu, doch wenn wir uns entscheiden, nach links zu gehen, obwohl das Navigationssystem der Offenbarung sagt, dass wir nach rechts gehen sollen, werden wir unser Ziel nicht erreichen. Wenn wir Gottes Anweisungen ignorieren und uns verirren, ist es nicht Gottes Schuld, sondern unsere eigene Entscheidung, die uns in die Irre geführt hat. Wenn wir uns von Gottes Führung abwenden wollen, um nach unserem eigenen Willen zu leben, dann sind wir es, die engstirnig sind, – wir lehnen einen liebenden Gott ab, der uns unendlich viele Möglichkeiten gegeben hat, Ihn zu suchen, und leben stattdessen ein egozentrisches Leben.

Gott wird uns nicht dazu zwingen, dem Weg zu folgen, den Er liebevoll für uns geebnet hat. Da Gott uns jedoch liebt, wird Er uns durch die

Worte der heiligen Schrift, die Menschen, denen wir begegnen, die Orte, an denen wir uns aufhalten, und die Umstände, denen wir ausgesetzt sind, immer wieder daran erinnern, dass wir wahren Frieden nur in der Beziehung zu Ihm finden können. Im Koran werden wir ständig daran erinnert, dass die Tür zur Rückkehr zu Allah immer offensteht, selbst wenn wir uns 100 Milliarden Schritte von Ihm entfernen. Allah macht deutlich, dass keine Sünde zu groß oder zu schlimm für Seine Vergebung ist.

> *»O Meine Diener, ihr sündigt bei Tag und bei Nacht, und*
> *Ich vergebe alle Sünden. So bittet Mich um Vergebung*
> *und Ich vergebe euch!«[10]*
>
> ALLAH

Wir müssen uns stets vor Augen führen, dass sowohl der Himmel als auch die Hölle für Sünder erschaffen wurden: Während die Hölle für den unwissenden, hochmütigen Sünder erschaffen wurde, wurde der Himmel für den Sünder gemacht, der aufrichtig Buße tut. Der Koran betont immer wieder Allahs Barmherzigkeit, damit wir verstehen, dass unser liebender Herr möchte, dass wir in den Himmel unseres Ursprungs zurückkehren. Tatsächlich gibt es eine Überlieferung, nach der der Prophet ﷺ eine Frau sah, die ein Kind stillte, woraufhin er seine Gefährten fragte: »Haltet ihr es für möglich, dass diese Frau ihr Kind ins Feuer werfen würde?« Seine Gefährten antworteten: »Nein, niemals wird sie es tun können!« Der Prophet ﷺ sagte: »Allah ist gegenüber Seinen Dienern noch barmherziger als diese Frau gegenüber ihrem Kind.«[11] Allah beurteilt uns nicht nach den Maßstäben unserer kulturellen Hintergründe oder Gesellschaft, sondern nach Seiner immerwährenden und unendlichen Barmherzigkeit, die alles in der Existenz umfasst.

## Wir können den jenseitigen Bestimmungsort anderer nicht vorhersagen

Da über uns nach dem Zustand unseres Herzens geurteilt wird, können wir nicht wissen, wer in den Himmel oder in die Hölle kommt, und niemand außer Gott kann in unsere Herzen hineinblicken. Im Koran wird erwähnt, dass uns am Tag der Auferstehung weder unser Besitz noch unsere Kinder nützen, und erfolgreich wird nur sein, »wer zu Allah mit reinem Herzen kommt« (26:88–89). Allah warnt uns im Koran sogar davor, über den Stand der anderen zu spekulieren, indem Er sagt: »O die ihr glaubt, meidet viel von den Mutmaßungen; gewiss, manche Mutmaßung ist Sünde.« (49:12) Auch der Prophet ﷺ warnte davor, Menschen in Gruppen einzuteilen, indem er sagte: »Niemand bezichtigt einen anderen des Unglaubens, ohne dass es zu ihm zurückkehrt, wenn es nicht auf den anderen zutrifft.«[12]

Allah sagt im Koran: »Euch aber ist vom Wissen gewiss nur wenig gegeben.« (17:85) Wie könnten wir also jemanden auf der Grundlage unserer begrenzten Sicht der Realität beurteilen? Natürlich ruft uns Allah im Koran dazu auf, die Menschen zu rechtschaffenen Werken und zum Glauben zu ermutigen, allerdings ist Allah der Einzige, der des Urteilens über uns würdig ist. Im Koran heißt es: »Was lässt dich wissen, was der Tag des Gerichts ist? Am Tag, da keine Seele für eine (andere) Seele etwas (auszurichten) vermag; und der Befehl wird an jenem Tag Allah (allein) zustehen.« (82:18–19) Die Betonung in diesem Vers liegt darauf, dass der Befehl Gott zusteht und nicht uns.

Der ewige Bestimmungsort anderer hat keinen Einfluss darauf, wie Muslime die Schöpfung Gottes behandeln sollen. Unsere Liebe, unser Respekt und unsere Ehre anderen gegenüber sollten nicht vom Glauben oder Glaubenssystem der anderen abhängen, sondern von *unserem* Glauben. Da wir daran glauben, dass jeder einzelne Mensch von Gott erschaffen wurde und ständig von Ihm erhalten wird, ist das Leben eines jeden Menschen gänzlich unbezahlbar, unabhängig davon, was er in diesem und im nächsten Leben anstrebt oder woran er glaubt.

## Gottes Barmherzigkeit umfasst alle Dinge

Im Koran sagt Allah: »Und Meine Barmherzigkeit umfasst alle Dinge« (7:156), was bedeutet, dass die Barmherzigkeit Gottes auch in der Hölle gelten wird. Aus Seiner göttlichen Barmherzigkeit heraus umarmt Gott den sündigen Sucher im Höllenfeuer, um seine Seele zu läutern und zu veredeln, damit sie durch die Tore des Himmels gefiltert werden kann. Wie Rumi sagt: »Die Schläge auf einen Teppich gelten nicht dem Teppich, sondern dem Staub darauf.«

Interessanterweise lautet das Wort für »Licht« im Arabischen *Nur* und hat dieselbe Wurzel wie das arabische Wort für »Feuer«, das *Nar* lautet. Einige Gelehrte haben auf poetische Weise angedeutet, dass sich das erleuchtende Element des göttlichen Lichts im Himmel manifestiert und die Augen des Herzens für die vielen Geheimnisse und Wunder Gottes erweckt. Andererseits steigt die mit dem Licht verbundene Hitze in die Hölle hinab, um die Seelen der Menschen zu läutern, so wie eine Flamme eine Nadel reinigt.[13]

Während die meisten traditionellen Gelehrten der Meinung sind, dass die Hölle für einige Menschen eine ewige, unendliche Realität der Trennung von Gott sein wird, gibt es einige Sprachwissenschaftler, die das Wort »ewig« als »zeitlos« oder jenseits des Konzepts der Zeit verstehen. Da die Menschen im Arabien des siebten Jahrhunderts Zahlen als Näherungswerte verwendeten, anstatt zu implizieren, dass die Hölle aus einer unendlichen Anzahl an Tagen bestehen würde, könnte es sehr wohl bedeuten, dass die Hölle jenseits unseres Zeitverständnisses liegt. Sogar einige prominente klassische Gelehrte haben behauptet, dass die sündigen Seelen schließlich in der Hölle geläutert werden und die gesamte Menschheit in den Himmel kommt.[14] Letztendlich weiß nur Gott, was Er beabsichtigt hat; wir dürfen jedoch nicht vergessen, dass Allahs Barmherzigkeit alles umfasst, auch die Hölle.

Obwohl im Koran sehr deutlich formuliert wird, dass Himmel und Hölle reale Orte sind, neigen manche Menschen dazu, die Existenz der Hölle zu leugnen. Wenn wir uns jedoch weigern, die Realität der Hölle vollständig zu akzeptieren, sind wir nicht in der Lage, das Geschenk der Barmherzigkeit Gottes vollständig zu empfangen. Es ist wichtig, sich daran zu erinnern, dass der Himmel nicht mit perfekten Menschen gefüllt ist, sondern mit Sündern, die Buße getan haben und denen die

Vergebung Gottes zuteilwurde. Wenn man bedenkt, wie viel Wert im Islam auf Gottes Barmherzigkeit, Vergebung und Mitgefühl gelegt wird, könnte man fast meinen, dass es schwieriger ist, in die Hölle zu kommen als in den Himmel!

Allah sagt, dass Er eine gute Tat 10- bis 700-fach belohnt; Er sagt, dass sogar der Gedanke an eine gute Tat als eine gute Tat gezählt wird, und ein böser Gedanke, der nicht in die Tat umgesetzt wird, als eine gute Tat gewertet wird. Außerdem zählt eine Sünde nach einer aufrichtigen Reue ebenfalls als eine gute Tat.[15] Siehst du, wie Allah die Waage zu deinen Gunsten ausschlagen lässt? Denke daran, wie der Prophet ﷺ sagte, dass die Barmherzigkeit auf Erden lediglich ein Prozent von Allahs Barmherzigkeit ausmacht, während die übrigen 99 Prozent für das Jenseits aufbewahrt werden.[16] Obwohl unsere Taten gewogen und der Zustand unserer Herzen beurteilt werden, können wir den Himmel nicht allein durch unsere Taten erreichen, weil wir Gott niemals so verehren können, wie Er es verdient.

Dadurch, dass ein ewiger Himmel nicht durch vergängliche Taten erworben werden kann, ist der Himmel nichts, das man sich verdient, sondern etwas, das man zu empfangen lernen muss. Wie der Prophet ﷺ selbst sagte: »Niemand von euch wird allein durch seine Taten ins Paradies kommen.« Daraufhin wurde er von seinen Gefährten gefragt: »Nicht einmal du, o Gesandter Allahs?« Der Prophet ﷺ sagte: »Nicht einmal ich, es sei denn, Allah hüllt mich in Seine Vergebung und Barmherzigkeit.«[17] Deshalb sind Gläubige niemals stolz auf ihren Gehorsam, denn sie begreifen, dass der Grund für diesen auf Allahs Liebe zu ihnen zurückzuführen ist und nicht auf ihre eigenen Bemühungen. Schließlich sind es nicht wir, die im Gebet zu Gott rufen, sondern Er ist es, der uns durch die Sehnsucht unseres Herzens zu sich ruft.

Wir mögen aus unserer begrenzten menschlichen Perspektive heraus nicht verstehen, wie göttliche Barmherzigkeit und Gerechtigkeit die unendlichen Variablen, die im Leben eines jeden Menschen eine Rolle spielen, berücksichtigen werden, doch wir werden im Koran ständig daran erinnert, dass am Tag des Gerichts niemand ungerecht behandelt werden

wird: »Und ihnen wird nicht um ein Fädchen Unrecht zugefügt.« (4:49)
Wie ein Mystiker sagte: »Allah sucht nicht nach einem Grund, um dich in
die Hölle zu werfen, sondern Er möchte dich durch Seine Barmherzigkeit
in die unvergänglichen Gärten Seiner ewigen Liebe eintreten lassen.«[18]

*Mein geliebter Herr, richte mein keimendes Herz auf Dein
Licht aus, nähre den Boden meiner Seele mit dem Wasser
Deiner Barmherzigkeit und hilf mir, in allem, was ich tue,
hin zu Deiner Gegenwart zu wachsen, sowohl in diesem
Leben als auch im Jenseits. »Unser Herr, gib uns im Diesseits
Gutes und im Jenseits Gutes, und bewahre uns vor der Strafe
des (Höllen-)Feuers!« (2:201) Mein Herr, lösche die Feuer der
Trennung zwischen uns und umschließe mich mit Deiner
Liebe. O Allah, säe die Samen Deiner Schönheit in mir
und hilf mir, den Garten meines Glaubens zu pflegen, bis
ich ein Abbild des Himmels auf Erden werde. »Mein Herr,
baue mir bei Dir ein Haus im (Paradies-)Garten.« (66:11). O
Allah, zeige mir, wie ich mein Herz erweichen kann, damit
Dein Licht die verborgenen Winkel meiner Seele erreichen
kann. O Allah, sei die Morgendämmerung der Hoffnung in
meinen dunkelsten Momenten. Mein Herr, enthülle mich
von mir selbst und hilf mir zu erkennen, wer ich wirklich
bin. Allah, hilf mir, mein Ego zu überwinden, mein Herz
zu polieren und ein reiner Spiegel für Dich auf dieser Erde
zu werden. »Unser Herr, auf Dich verlassen wir uns, und
Dir wenden wir uns reuig zu. Und zu Dir ist der Ausgang.«
(60:4) In Deinem vergebenden Namen bete ich, amin.*

## Reflexion: Den Himmel auf Erden widerspiegeln

Der Himmel ist ein Bereich, in dem Eigenschaften Gottes wie
Liebe, Barmherzigkeit, Mitgefühl und Güte vollkommen zum Ausdruck
kommen, ohne von den Schleiern des menschlichen Egos verdeckt
zu werden. Je mehr wir den Spiegel unseres Herzens polieren und die
göttlichen Eigenschaften Allahs reflektieren, desto mehr beginnen wir,

den Himmel auf Erden zu kanalisieren. Die folgende Übung ist eine wirksame Methode, um im Hier und Jetzt bewusst in eine himmlische Geisteshaltung zu gelangen:

- Sprich jeden Morgen, wenn du aufwachst, das folgende Gebet mit deinen eigenen Worten: »O Allah, hilf mir, mit meinen Worten gütig zu sein, mit meinen Gedanken barmherzig zu sein und mit jedem Schritt, den ich mache, ein Abbild von Dir zu sein. O Allah, erlaube meinen Augen, nur Dich zu sehen, öffne die Schleier meiner Ohren, damit ich nur Dein Lob hören kann, und hilf mir, meine Hände als Werkzeug zur Heilung Deiner Welt und Deiner Schöpfung zu nutzen. O Allah, erleuchte meinen Verstand mit Deinem Licht, sodass mein Intellekt in Deinem Dienst stehen kann. O Allah, weite mein Herz, damit es all Deine Geschöpfe zu jeder Zeit und an jedem Ort einschließt, amin.«

- Nachdem du dieses Gebet gesprochen hast, nimm dir einen kleinen Gegenstand (z. B. einen Ring, eine Uhr oder auch nur eine Schnur), den du als ständige Erinnerung an dieses Gebet an deinem Handgelenk tragen kannst. Du kannst auch einen Timer auf deiner Uhr oder deinem Handy einstellen, der dich stündlich daran erinnert, dich auf deine Absicht auszurichten.

- Jedes Mal, wenn du bemerkst, dass du deinen Blick auf den gewählten Gegenstand richtest, oder dein Timer abgelaufen ist, nimm dir einen Moment Zeit, um zu deinem Atem zurückzukehren. Atme dreimal tief durch die Nase ein und atme anschließend durch den Mund aus.

- Bitte Allah darum, dass Er dir bei deiner Absicht hilft, freundlichere Worte zu dir selbst und zu anderen zu sprechen, barmherziger in deinen Gedanken und Urteilen und mitfühlender und liebevoller in deinem Handeln zu sein.

- Jedes Mal, wenn du an dieses Gebet erinnert wirst, sage: »*Alhamdulillah*, ich danke dir, Allah, dass Du mein Herz mit

Deinen Eigenschaften in Einklang bringst.« Wenn du feststellst, dass du deine Absicht nicht erfüllt hast, sei Allah dankbar, dass Er dich darauf aufmerksam gemacht hat, und richte deine Aufmerksamkeit erneut auf Allah und deinen Atem.

- Nimm dir vor, diese kurze Übung in dein tägliches Leben zu integrieren, damit du dich immer wieder auf die göttlichen Eigenschaften Allahs ausrichten kannst.

>>Hör auf, dich so
klein zu machen. Du
bist das Universum
in ekstatischer
Bewegung.<<

RUMI

# Du bist geliebt

Der Schöpfer des Kosmos hat dir von Seinem Geist eingehaucht und Seine Geheimnisse der göttlichen Liebe in die Tiefen deiner Seele gepflanzt. Der Schöpfer der Existenz hat dich vor Seiner gesamten Schöpfung dazu auserwählt, ein Vertreter Seiner liebenden Gnade zu sein. Du wurdest von Allah für Allah erschaffen. Du wurdest weder erschaffen, um anderen zu gefallen, noch um in die von deiner Kultur und Gesellschaft geprägte Form zu passen. Du wurdest erschaffen, um dich selbst und Gott zu kennen, Ihn zu lieben und Ihn von ganzem Herzen zu verehren. Du wurdest erschaffen, um Gott zu suchen und zu lobpreisen, in Seinem Ozean der Barmherzigkeit zu schwimmen und die spirituellen Schätze zu entdecken, die in den Tiefen deiner Seele verborgen sind. Gott braucht zwar unser Lob nicht, doch unsere Anbetung Gottes enthüllt die Wahrheit darüber, wer wir sind und zu wem wir tatsächlich werden. Wie eine Knospe, die sich zur Sonne wendet, wenn sie blüht, und ihren verborgenen Duft enthüllt, so erblüht dein wahres Wesen, wenn du dich dem Licht Allahs zuwendest.

## Du bist wichtig

Der Schöpfer des Universums hat sich bewusst dafür entschieden, dich aus dem Licht Seiner ewigen Liebe und Barmherzigkeit zu erschaffen. Dein Wert beruht auf dem Einen, dessen Odem dir das Leben gab. Du bist nicht dieser Körper, der eines Tages zerbrechen wird; du bist die Seele, die ewig ist. Wie Rumi sagt: »Du siehst dich als Bürger des Universums. Du denkst, du gehörst zu dieser Welt aus Staub und Materie. Aus diesem Staub hast du dir ein persönliches Bild gemacht und dabei die Essenz deines wahren Ursprungs vergessen.«

*Warum lässt du zu, dass Menschen dir deinen Wert diktieren, wo doch der ewige Ursprung jeder Existenz – Allah – erklärt hat, dass dein Leben heiliger ist, als die Sprache es zum Ausdruck bringen kann?*

Allah liebt dich unendlich mehr, als du es dir vorstellen kannst. Du bist würdig. Du bist wichtig. Diese ganze Welt wurde für dich erschaffen, damit du den Schatz, den du bereits in dir verbirgst, enthüllen kannst, und nur durch die Anbetung und Unterwerfung unter Allah kannst du dies verwirklichen.

## Gott liebt dich bedingungslos

Vergiss nicht, dass Gott unabhängig von Seinen Geschöpfen ist und Seine Eigenschaften der Liebe und Barmherzigkeit von unseren Taten unberührt bleiben. Wenn wir sündigen, wird Seine Liebe zu uns nicht weniger; vielmehr sind es unsere Sünden, die uns davon abhalten, für Gottes ewige und unendliche Liebe empfänglich zu sein. Gottes Liebe zu uns ändert sich nie – es ist unsere Erfahrung Seiner Liebe, die sich ändert.

Die Säulen und Grundsätze des Islams sind wie Poliertücher, die den Schmutz abwischen, der durch Sünde, Vergessen und Versuchung entstanden ist, um die Unbezahlbarkeit deines wahren Gesichts zu enthüllen. Wenn du erkennst, dass du wichtig bist, weil Gott dich auserwählt hat, wirst du aufhören, im Kreis zu laufen und nach Bestätigung in der Welt suchen.

Gottes Liebe ist bedingungslos und unbezahlbar, daher kann sie nicht erworben werden; unsere guten Taten sind jedoch wichtig, weil sie uns ermöglichen, die Liebe zu erfahren, die Gott schon immer über uns ausgegossen hat. So wie ein Boot seine Segel öffnen muss, um vom Wind bewegt zu werden, müssen wir unsere Hände und unser Herz im Gebet und in der Hingabe öffnen, um von der Brise der überfließenden Liebe Gottes bewegt zu werden.

## Du hast bereits alles, was du brauchst

Du bist ein Mikrokosmos im Makrokosmos. Du bist ein Spiegelbild des gesamten Universums, das in einer Ummantelung aus Lehm sitzt. Gott ist nicht in einem weitentfernten Himmel, Er ist in diesem Moment bei dir, egal wer du bist oder was du getan hast. Nichts ist frei von Ihm. Alles, was Leben hat, ist ein Abglanz Seines Lebens. Alles, was existiert, ist ein Abbild Seiner Einheit. Wie Kabir, der indische Dichter des 15. Jahrhunderts, sagte: »Ich lache, wenn ich höre, dass der Fisch im Wasser durstig ist.« Du hast das, was du suchst, bereits in dir. Der islamische Weg bietet dir den Rahmen, um deine einschränkenden Gedanken zu beseitigen, damit du für die Liebe Gottes empfänglich wirst.

Allahs Namen sind bereits in den Boden deines Herzens gepflanzt. Unsere Aufgabe besteht darin, uns selbst aus dem Weg zu gehen, indem wir uns Allah hingeben und zulassen, dass das Licht Seiner Liebe und der Regen der Offenbarung und Barmherzigkeit unseren Geist nährt. Der Himmel ist nicht nur ein Ort, den wir infolge des Todes erreichen; er ist ein Ort, den wir in uns selbst bewässern. Ein erfülltes Leben zu leben, bedeutet, in Verbindung mit deinem wahren Wesen und deiner Bestimmung zu sein. Wir sind nicht dazu berufen, Gott nur zu dienen, um einen zukünftigen Himmel zu erreichen – wir sind dazu berufen, ein Spiegelbild des Himmels auf Erden zu werden, indem wir ein reines Gefäß für Gottes liebevolle Eigenschaften werden.

## Du hast eine göttliche Bestimmung

Gott hat dich absichtlich erschaffen, damit du Ihn kennenlernst, Ihn liebst und Ihn anbetest. Alles Sichtbare in der Welt ist ein Spiegelbild Seiner unendlichen Gesichter. Gott versteckt sich nicht in der Kaaba, einer Kirche oder einem Tempel. Gott spiegelt sich überall und in allem wider.

Er hat dich als Spiegelbild Seiner Schönheit und Majestät erschaffen. Er hat dich auf diese Erde geschickt, um Ihn anzubeten, um dich selbst zu kennen, um die Heiligkeit des Lebens zu schützen, um den Hilflosen zu dienen, um für dieses heilige Land zu sorgen und um alle Menschen aus tiefster Seele zu lieben. Gott füllt den Krug deines Lebens mit dem Wasser des Segens, damit du die durstigen Herzen, die dir begegnen, großzügig erfrischen kannst.

Durch Ihn bist du dazu berufen, eine Hand für jene zu sein, die gefallen sind, eine Stütze für jene zu sein, deren Herzen gebrochen sind, und mit deiner Gegenwart Heilung für jene zu sein, die krank sind. Du bist nicht dazu aufgerufen, die gute Nachricht von Gottes bedingungsloser Liebe und Barmherzigkeit nur den Gläubigen mitzuteilen.

*Du bist dazu berufen, deine Komfortzone zu verlassen und in die Täler der Hoffnungslosen zu gehen, so wie ein Leuchtturm, der die dunklen Ecken der Erde beleuchtet.*

Im Koran heißt es: »Ihr sollt [...] euch auf Allahs Weg mit eurem Besitz und mit eurer eigenen Person abmühen.« (61:11) Aber teile deinen Glauben nicht mit dem alleinigen Ziel, die Menschen von ihm zu überzeugen. Sei eine lebende Verkörperung deines Glaubens, erinnere die Menschen an die göttliche Liebe und lass Gott entscheiden, welchen Weg sie gehen sollen. Wir alle vergießen dieselben Tränen, haben dasselbe Blut und empfinden denselben Kummer, warum solltest du also aufgrund des religiösen Glaubens Unterschiede hinsichtlich dessen machen, wen du in einer schweren Zeit tröstest?

Das Ziel des Islams besteht darin, für alle Menschen ein Gesicht der Hingabe an Gottes liebenden Willen auf der Erde zu sein. Die Grundsätze des Islams lehren uns, Botschafter des Friedens zu sein – wie Wasser, sanft genug, um Tränen wegzuwischen, und stark genug, um Hass zu ertränken. Muslim zu sein bedeutet, die Schwachen, die Waisen, die Bettler, die Behinderten jeder Herkunft und jedes kulturellen Hintergrunds zu schützen. Muslim zu sein bedeutet nicht, farbenblind zu sein, sondern die Unterschiede zwischen den Menschen zu erkennen und diese Vielfalt als ein Produkt des freien Willens zu zelebrieren, den Gott uns gegeben hat.

*»Und zu Seinen Zeichen gehört die Erschaffung der Himmel und der Erde und (auch) die Verschiedenheit eurer Sprachen und Farben. Darin sind wahrlich Zeichen für die Wissenden.«*

**KORAN 30:22**

Wir sind alle Geschöpfe Gottes. Wie könnte also eine Person weniger wert sein als die andere, wo doch derselbe Gott sie beide kraft desselben Odems erschaffen hat? Lass diese äußeren Unterschiede los und tauche ein in den Hauch der Göttlichkeit dieser einen Seele, die wir beide tragen.

Wir sind viele in dem Einen. Wir sind unzählige Früchte in einem einzigen Samen. Wir sind ein Tropfen, der alle Ozeane in sich trägt, und du bist du selbst, aber du bist zeitgleich auch ich. Zeige mir, wo ich aufhöre und wo du beginnst, ohne dabei auf unsere Haut zu zeigen. Ich liebe dich, wo immer du bist, wer immer du bist. Wie könnte ich nicht lieben, was Er, die Liebe selbst, erschaffen hat? Wie könnte ich die Liebe *selbst* nicht lieben? Du bist Liebe, denn Liebe kann nur aus Liebe entstehen.

*Begreifst du nun, wer du bist? Du bist ein Spiegelbild der Liebe Gottes.*

So wie Schneeflocken sind auch wir Menschen unterschiedlich geformt, jedoch haben wir eine unerlässliche Aufgabe auf der Erde zu erfüllen. Diese Welt ist auf dich angewiesen, ganz gleich, wozu du berufen bist. Die Existenz ist ein Puzzle und ohne dich wäre es lückenhaft. Jetzt ist es an der Zeit, deine Furcht zu überwinden und dein Potenzial zu entfalten.

*Gott spricht zu dir, wenn Er sagt: »Fürchtet euch nicht. Ich bin gewiss mit euch.« (20:46) Gott spricht zu dir, wenn Er sagt: »Und Ich habe dich für Mich auserwählt.« (20:41) Gott hat dir nicht versprochen, dass der Weg zum Guten immer ohne Erschwernisse sein wird, doch Er sagt im Koran: »Allah ist mit den Standhaften.« (8:46)*

Du wirst geprüft werden, in Bedrängnis geraten und auf die Probe gestellt werden, doch mit Allah an deiner Seite wirst du triumphieren. Wie der Prophet 🕌 uns so schön erinnert: »Wahre Allah, so wird Er dich bewahren, wahre Allah, so wirst du Ihn an deiner Seite finden. Wenn du bittest, so bitte Allah, und wenn du Hilfe suchst, so bitte Allah um Hilfe, und wisse, dass wenn die ganze Menschheit sich versammeln würde, um dir zu helfen, so würden sie dir in keiner Angelegenheit helfen, außer in dem, was Allah für dich bestimmt hat. Und wenn sie sich zusammentun würden, um dir zu schaden, so würden sie dir nur in dem Schaden zufügen, was Allah schon für dich bestimmt hat. Die Stifte wurden abgesetzt und die Seiten sind getrocknet.«[1]

Allah hat eine perfekte Liebesgeschichte zwischen dir und Ihm verfasst. Alles, was dir begegnet, jeder Berg, den du erklimmst, jedes Meer, das du durchquerst, und jede Wüste, durch die du gehst, wurde dir vor Augen geführt, damit du dich selbst und deinen Herrn kennenlernst. Jede Freude und jeder Schmerz, jeder Erfolg und jedes Scheitern, alle Höhen und Tiefen sind von Allah. Alles, was du erlebst, ist ein Aufruf an dich, zu Ihm zurückzukehren.

Allah hat auf dich gewartet. Er war schon immer hier und ist dir näher als deine Halsschlagader, näher als die Luft in deiner Lunge, näher als die Worte auf deiner Zunge. Gott ist hier bei dir. Kehre zu Ihm zurück.

*»O du Seele, die du Ruhe gefunden hast, kehre zu deinem*
*Herrn zufrieden und mit Wohlgefallen zurück.«*

KORAN 89:27-28

Du bist Allah wichtig und Seine Liebe zu dir ist bedingungslos. Du wurdest absichtlich und mit einer göttlichen Bestimmung erschaffen. Deine Samen wurden gepflanzt, damit du zu dem erblühen kannst, wofür Allah dich erschaffen hat. Kehre also zu deinem Herrn zurück, ganz gleich, wie lange du umhergeirrt bist. Egal, was du getan oder gesagt hast, Allah wartet darauf, dich in Seine Vergebung und Liebe einzuhüllen. Kehre zu Ihm zurück. Lass dich von Ihm lieben und heilen und dich daran erinnern, dass du würdig bist. Lass Ihn dir zeigen, dass du mehr als genug bist und dass du in Seinen Augen perfekt bist, denn Er macht niemals Fehler. Kehre zu Ihm zurück und lass Ihn die Wolken deines Kummers fortfegen und dir die strahlende Sonne zeigen, die du tief in dir trägst. Lass Ihn die Edelsteine freilegen, die in deiner Seele verborgen sind. Kehre zu Ihm zurück und lass Ihn Frieden in jede Spalte und jeden Riss deines Herzens flößen. Jedes Mal, wenn du in die Irre gehst, jedes Mal, wenn du versagst, – kehre zu Ihm zurück. Allah wartet auf dich. Kehre in Seinen Ozean der Liebe zurück und lass dich von den heilenden Wellen Seiner unendlichen Barmherzigkeit umarmen.

*Alhamdulillah. »(Alles) Lob gehört Allah, dem Herrn der Welten.« (1:2) Alhamdulillah, alles Lob gebührt Allah, dem Gott des Universums, dem Herrn der Liebe, dem Gesicht der Barmherzigkeit und dem Schöpfer von allem, was bereits existiert und jemals sein wird. O Allah, ich danke Dir, dass Du uns die Gelegenheit gibst, Dich zu kennen, zu lieben und zu verehren. Ich danke Dir, dass Du uns die Hand gereicht hast, dass Du zu uns sprichst, dass Du Gesandte für uns geschickt hast und dass Du uns unendlich mehr liebst, als wir es uns jemals vorstellen könnten. »O Allah, Du bist die Quelle des Friedens und von Dir kommt aller Friede, also umhülle mich mit Deinem Frieden.«[2] Mein geliebter Herr, in Deinem Namen bete ich für alle, die in der Welt leiden, dass sie den Frieden finden, den sie so verzweifelt suchen. Ich bete für diejenigen, deren Herzen gebrochen sind, die deprimiert sind, die hungern, die krank sind, die unterdrückt werden, die traurig sind, die verstoßen wurden, die in Kriegsgebieten leben, die zu Unrecht aus ihren Häusern vertrieben wurden, und für alle, die etwas verloren haben, das sie nicht zurückbekommen können. O Allah, lass Deine Liebe auf die Erde niederregnen, repariere, was zerbrochen ist, flicke, was zerrissen ist, und bringe Frieden in diese Welt, der dauerhaft ist. O Allah, hilf mir, ein Repräsentant Deiner göttlichen Liebe und Heilung für alle Menschen zu werden, ohne zwischen ihnen zu unterscheiden. O Allah, mache meine Seele großzügig und erlaube meiner Zunge nur, freundliche Worte zu sprechen. O Allah, ich bitte Dich um einen starken Glauben und ein weiches Herz. O Allah, läutere meinen Geist und mache meine Handlungen aufrichtig. Mein geliebter Herr, hilf mir, auf dem geraden Weg standhaft weiterzugehen und ein treuer Diener in Deinem Dienst und im Dienst Deiner Schöpfung zu werden. In Deinem schönen, majestätischen und liebevollen Namen bete ich, amin.*

# ANHANG

### Bittgebet des Lichts

*»O Allah,*
*lege mir Licht in mein Herz,*
*Licht in meine Zunge,*
*Licht in mein Gehör,*
*Licht in meinen Blick,*
*und über mir Licht,*
*unter mir Licht,*
*zu meiner Rechten Licht,*
*zu meiner Linken Licht,*
*vor mir Licht,*
*hinter mich Licht,*
*und setze in mich selbst Licht.*
*Und verstärke für mich ein Licht,*
*erhelle für mich ein Licht.*
*Und mache für mich Licht*
*und mache mich zu Licht.*
*O Allah, gib mir Licht,*
*lege in meine Nerven Licht,*
*in mein Fleisch Licht,*
*in mein Blut Licht,*
*in meine Haare Licht*
*und in meine Haut Licht*
*Und gib mir mehr Licht,*
*und gib mir mehr Licht,*
*und gib mir mehr Licht.*
*Gewähre mir Licht über Licht.«*[1]

PROPHET MUHAMMAD ﷺ

# DIE 99 SCHÖNSTEN NAMEN ALLAHS

*Allah* ............................................... Der größte Name

1. *Ar-Rahman* ........................... Der Gnädige, der Allerbarmer
2. *Ar-Rahim* ............................. Der (besonders) Barmherzige
3. *Al-Malik* ........................... Der ewige Herrscher, der König
4. *Al-Quddus* ................................................. Der Heilige
5. *As-Salam* ..................... Der Friede, der Verleiher des Friedens
6. *Al-Mu'min* ........................... Der Überzeugte, der Bewahrer
7. *Al-Muhaimin* ............... Der Beschützer, der Hüter der Sicherheit
8. *Al-'Aziz* ........................... Der Allmächtige, der Ehrwürdige
9. *Al-Dschabbar* ...................... Der Gewaltige, der Unterwerfer
10. *Al-Mutakabbir* ........................ Der Großartige, der Erhabene
11. *Al-Chaliq* .............................................. Der Schöpfer
12. *Al-Bari'* ........ Der Verwirklichende, der aus dem Nichts Schaffende
13. *Al-Musawwir* ............... Der Former der Schönheit, der Gestalter
14. *Al-Ghaffar* .............. Der Allvergebende, der ständig Vergebende
15. *Al-Qahhar* ................. Der Allmächtige, der alles Bezwingende
16. *Al-Wahhab* ............................. Der Gebende, der Verleiher
17. *Ar-Razzaq* ............................. Der Versorger, der Erhalter

18. *Al-Fattah* ................................... Der Eröffner, der Befreier

19. *Al-'Alim* ............................................. Der Allwissende

20. *Al-Qabid* .......................... Der Zügelnde, der Verweigerer

21. *Al-Basit* .................................. Der Verbreiter, der Befreier

22. *Al-Chafid* ..................... Der Erniedrigende, der Besänftigende

23. *Ar-Rafi'* ............................. Der Erhebende, der Erhöhende

24. *Al-Mu'izz* ............................. Der Ehrende, der Stärkende

25. *Al-Mudhill* ...................... Der Entehrende, der Demütigende

26. *As-Sami'* ............................................. Der Allhörende

27. *Al-Basir* ..................... Der Allsehende, der Wahrnehmende

28. *Al-Hakam* ............................................ Der Richter

29. *Al-'Adl* ............................................ Der Gerechte

30. *Al-Latif* ......................... Der Feinfühlige, der Milde

31. *Al-Chabir* ........................... Der Bewusste, der Kundige

32. *Al-Halim* ...................... Der Nachsichtige, der Sanftmütige

33. *Al-'Azim* ............................ Der Großartige, der Erhabene

34. *Al-Ghafur* .......... Der große Vergebende, der Fehler Verdeckende

35. *Asch-Schakur* ..................... Der Dankbare, der Wertschätzende

36. *Al-'Aliyy* ................................ Der Hohe, der Erhabene

37. *Al-Kabir* ................................................ Der Große

38. *Al-Hafiz* .............................. Der Beschützer, der Bewahrer

39. *Al-Muqit* ................................. Der Erhalter, der Ernährer

40. *Al-Hasib* ............................. Der Abrechnende, der Garant

41. *Al-Dschalil* ...................... Der Majestätische, der Ruhmvolle

42. *Al-Karim* ...................................... Der Großzügige

43. *Ar-Raqib* ............................................ Der Beobachtende

44. *Al-Mudschib* ............. Der Antwortende, der Erhörer der Gebete

45. *Al-Wasi'* ....................... Der Allumfassende, der Universelle

46. *Al-Hakim* ............................................ Der Weise

47. *Al-Wadud* ................... Der Liebende, der Ursprung der Liebe

48. *Al-Madschid* ................... Der Ruhmreiche, der Großartige

49. *Al-Ba'ith* ............................................ Der Erweckende

50. *Asch-Schahid* ................................... Der Zeuge

51. *Al-Haqq* ..................................... Die Wahrheit, der Wahre

52. *Al-Wakil* ......................... Der Vertrauenswürdige, der Helfer

53. *Al-Qawi* ................................... Der Starke, der Kraftvolle

54. *Al-Matin*.... Der Standhafte, der Konsequente, der Unerschütterliche

55. *Al-Wali* ......... Der beschützende Freund, der liebende Verteidiger

56. *Al-Hamid*............................................ Der Preiswürdige

57. *Al-Muhsi* .................. Der Sachverständige, der Aufzeichnende

58. *Al-Mubdi'* ......................... Der Urheber, der Hervorbringende

59. *Al-Mu'id*........... Der Wiederherstellende, der Wiedererweckende

60. *Al-Muhyi* ................................... Der Lebensspendende

61. *Al-Mumit*................................ Der Verursacher des Todes

62. *Al-Hayy*..................................... Der Lebendige

63. *Al-Qayyum*............... Der Sich selbst Erhaltende, der Beständige

64. *Al-Wadschid*...................... Der Findende, der Wahrnehmende

65. *Al-Madschid*........................ Der Glorreiche, der Ruhmvolle

66. *Al-Wahid* ................................ Der Eine, der Einzigartige

67. *Al-Ahad* ............................ Der Alleinige, der Untrennbare

68. *As-Samad* .................. Der Ewige, die Erfüller aller Bedürfnisse

69. *Al-Qadir*................................ Der Allmächtige, der Fähige

70. *Al-Muqtadir*................................ Der Vorherrschende

71. *Al-Muqaddim* ............... Der Beförderer, der Vorwärtsbringende

72. *Al-Mu'achchir* .................. Der Aufschiebende, der Verzögernde

73. *Al-Awwal*......................... Der Erste, der bereits Existierende

74. *Al-Achir* ............................... Der Letzte, das Ende

75. *Az-Zahir*............................ Der Manifeste, der Offenbare

76. *Al-Batin* ............... Der Verbogene, der Unsichtbare, der Innere

77. *Al-Wali* ................................. Der Schutzherr, der Regent

78. *Al-Muta'ali* ................................. Der Hohe, der Erhabene

79. *Al-Barr* .................... Der Rechtschaffene, die Quelle des Guten

80. *At-Tawwab* ................................. Der Reue Annehmende

81. *Al-Muntaqim*...................................... Der Vergelter

82. *Al-'Afuww* ...................................... Der Vergebende

83. *Ar-Ra'uf*............................Der Mitleidsvolle, der Gnädige

84. *Malik al-Mulk*...... Der Herr aller Welten, Inhaber aller Reichtümer

85. *Dhul-Dschalali wal-Ikram*......... Der Herr der Majestät und Ehre

86. *Al-Muqsit*................ Der unparteiisch Richtende, der Gerechte

87. *Al-Dschami'*........................................ Der Versammler

88. *Al-Ghaniyy*.................. Der Reiche, der sich selbst Genügende

89. *Al-Mughni*.......... Der Bereichernde, der Erfüller der Bedürfnisse

90. *Al-Mani'*....................... Der Hindernde, der Zurückweisende

91. *Ad-Darr*...................... Der Peiniger, der Schaden Zufügende

92. *An-Nafi'*................ Der Schöpfer des Guten, der Nutzbringende

93. *An-Nur*...................................................... Das Licht

94. *Al-Hadi*........................................... Der Rechtleitende

95. *Al-Badi'*......................... Der Schöpfer, die absolute Ursache

96. *Al-Baqi*.................... Der ewig Währende, der Allgegenwärtige

97. *Al-Warith*................................................ Der Erbende

98. *Ar-Raschid*..................................... Der Führung Gebende

99. *As-Sabur*.................................................. Der Geduldige

Allahs Namen sind vielschichtig und können niemals mit einem einzigen Satz oder Wort einwandfrei übersetzt werden. Im Buch kann ein und derselbe göttliche Name unterschiedlich übersetzt worden sein, was die Tiefe und Vielzahl der Bedeutungen widerspiegelt, die ein und derselbe Name beinhaltet. In der englischen Originalversion ist die obige Liste eine Sammlung von Übersetzungen, die von den folgenden Quellen inspiriert wurden:

• *Divine Names: The 99 Healing Names of the One Love* von Rosina-Fawzia Al-Rawi

• *The Most Beautiful Names* von Tosun Bayrak al-Jerrahi al-Halveti

# EMPFOHLENE
# LEKTÜRE

Es gibt Dutzende von großartigen Büchern, die ich zum weiteren Studium empfehlen würde, aber wenn ich nur ein paar für die Vertiefung deines Verständnisses des Islams aussuchen müsste, wären es die folgenden:

- *Der Koran* von Allah. Wenn du bereits Arabisch lesen kannst, kannst du jeden beliebigen Koran kaufen, denn sie sind vom Inhalt her genau gleich (sie unterscheiden sich nur in der Schriftart und -größe).

- *The Holy Qur'an in Today's English* von Yahiya Emerick. Dies ist eine meiner Lieblingsübersetzungen des Korans. Sie ist in leicht zu lesendem, modernem Englisch verfasst worden und enthält viele Fußnoten zum weiteren Studium und Nachsinnen.

- *The Study Quran*, herausgegeben von Seyyed Hossein Nasr. Dieses Buch ist geeignet für alle, die auf der Suche nach einer vielfältigen Sammlung von Kommentaren zu Koranversen sind. Es ist eines der wenigen Bücher auf Englisch, die eine Vielzahl von theologischen Meinungen von sunnitischen, schiitischen und Sufi-Gelehrten auf ganzheitliche Weise zusammenfassen.

Außerdem gibt es im Anhang eine Vielzahl von aufschlussreichen Abhandlungen zu verschiedenen Themen.

- *Muhammad: A Prophet for Our Time* von Karen Armstrong. Meines Erachtens ist dies eines der besten englischsprachigen Bücher über das Leben des Propheten Muhammad ﷺ. Der Autorin gelingt es auf fantastische Weise, ein Bild vom Arabien des siebten Jahrhunderts zu zeichnen und den Lesenden so zu helfen, den historischen Kontext des Korans zur Zeit seiner Offenbarung zu verstehen. Außerdem bringt sie das Mitgefühl, die Güte und den spirituellen Rang des Propheten ﷺ durch unzählige Geschichten und hervorragend gewählte Hadithe wunderbar zum Ausdruck.

- *He Who Knows Himself, Knows His Lord* von Scheich Muhammad al-Jamal Rifa'i. Dieses Buch wurde von einem der größten spirituellen Meister unserer Zeit verfasst. Für ernsthaft Suchende kann dieses Buch lebensverändernd sein, denn es gibt konkrete Ratschläge dafür, wie man die blinden Flecken auf dem spirituellen Weg überwindet. Ich würde dieses Buch als Fortgeschrittenen-Lektüre einstufen, deren vollständiges Verständnis und deren Anwendung im eigenen Leben Geduld und Hingabe erfordert.

- *Jewels of Remembrance: A Daybook of Spiritual Guidance Containing 365 Selections from the Wisdom of Mevlana Jalaluddin* von Camille Adams Helminski und Kabir Helminski. Dies ist eine meiner liebsten Gedichtsammlungen von Rumi in englischer Sprache. Sie ist inspirierend, erbaulich und leicht zu lesen, aber dennoch sehr aufschlussreich und tiefgründig.

- *Vision of Islam* von Sachiko Murata und William Chittick. Obwohl dieses Buch eher wie ein Lehrbuch über den Islam geschrieben ist, ist es dennoch sehr fesselnd und aufschlussreich. Den Autoren gelingt es hervorragend, exoterische und esoterische Perspektiven mit dem Koran und den Hadithen zu vereinen.

- *Spiritual Gems of Islam: Insights and Practices from the Qur'an, Hadith, Rumi, and Muslim Teaching Stories to Enlighten the Heart and Mind* von Imam Jamal Rahman. Dies ist eines der leichtherzigsten, aber auch tiefgründigsten und inspirierendsten Bücher über den Islam, die ich je gelesen habe. Es besteht aus einer Mischung aus Koranversen, Poesie und mystischen Geschichten. Es ist ein absolutes Juwel!
- *Divine Names: The 99 Healing Names of the One Love* von Rosina-Fawzia Al-Rawi. Wenn du tief in die spirituellen Geheimnisse eintauchen willst, die in den schönsten Namen Allahs verborgen sind, ist dies eine großartige Lektüre.

# FUSSNOTEN

1  Hadith-Sammlung: Tirmidhi.

2  »The Sunni-Shia Divide«. Council on Foreign Relations. www.cfr.org/ interactives/sunni-shia-divide#!/sunni-shia-divide.

3  Es sollte darauf hingewiesen werden, dass das Wort »tolerant« in der mittelalterlichen Toxikologie verwendet wurde, um festzustellen, wie viel der Körper von einer fremden und giftigen Substanz vertragen kann, bevor er dem Tod ausgesetzt ist. Sprachlich gesehen bedeutet tolerant zu sein lediglich, die unterschiedlichen Sichtweisen anderer Menschen zu erdulden, anstatt Raum zu machen, um von der Vielfalt der Kulturen, Hautfarben und theologischen Ansichten der Menschen zu lernen.

## Kapitel 1 – Allah: Der Ursprung der Liebe

1  Shah-Kazemi, Reza. *Common Ground between Islam and Buddhism*. Louisville, KY: Fons Vitae, 2011.

2  Gagnon, Steve. »Questions and Answers«. *It's Elemental—The Element Californium*, education.jlab.org/qa/how-much-of-an-atom-is-emptyspace. html.

3  Der Prophet Muhammad ﷺ sagte: »Wahrlich, die Herzen der Kinder Adams sind wie ein einziges Herz zwischen zwei Fingern des Barmherzigen. Er wendet sie, wohin er will.« Außerdem sagte der Prophet ﷺ: »O Allah, Wender der Herzen, drehe unsere Herzen, Dir zu gehorchen.« (Hadith-Sammlung: Muslim)

4  Im Koran heißt es: »Allah vergibt gewiss nicht, dass man Ihm (etwas) beigesellt. Doch was außer diesem ist, vergibt Er, wem Er will. Wer Allah (etwas) beigesellt, der ist fürwahr weit abgeirrt.« (4:116). *Schirk* oder

Allah Partner zuzuschreiben ist trotzdem verzeihbar, wenn du bereust und Allah deine Vergebung annimmt. Diese Unterscheidung ist wichtig, weil manche Menschen fälschlicherweise denken, dass bestimmte Sünden wie *Schirk* nie vergeben werden können. Das ist nicht die Botschaft dieses Verses. Die Tatsache, dass *alle* Sünden durch Reue vergeben werden können, wird im folgenden Vers deutlich zum Ausdruck gebracht: »O Meine Diener, die ihr gegen euch selbst maßlos gewesen seid, verliert nicht die Hoffnung auf Allahs Barmherzigkeit. Gewiss, Allah vergibt *alle* Sünden. Er ist ja der Allvergebende und Barmherzige.« (39:53)

5    Anonym.

6    Der Prophet Muhammad ﷺ sagte: »Gott hat siebzigtausend Schleier von Licht und Dunkelheit; entfernte Er sie, würde der strahlende Glanz Seines Antlitzes jeden verbrennen, der Ihn mit Seinem Blick erreicht.« (Hadith-Sammlung: Ibn Madscha. Quelle: Morris, James Winston (2005). *The Reflective Heart: Discovering Spiritual Intelligence in Ibn Arabi's Meccan Illuminations*. Louisville: Fons Vitae. S. 115).

7    Der Grund, warum wir ein Bewusstsein haben, liegt in Gott. Allah ist es zu verdanken, dass wir sehen, hören, berühren, fühlen, riechen oder schmecken können. Obwohl Allah unsere Sinneswahrnehmungen erschaffen hat, ist Er uns näher als alles, was wir je erfahren könnten. Ähnlich wie die Iris in unseren Augen uns so nahe ist, dass wir sie nicht wahrnehmen können und dennoch dank ihr sehen, ist Gott uns so nahe, dass wir Ihn nicht direkt erleben können, doch unsere Fähigkeit, Ihn zu erleben, beruht auf Seiner Nähe und Liebe zu uns.

8    Ein Beispiel dafür, dass Gott nach der Verwendung des Wortes »Wir« Seine Einheit bekräftigt, findet sich im folgenden Koranvers: »Und Wir haben dich nur als Barmherzigkeit für die Weltenbewohner gesandt. Sag: Mir wird (als Offenbarung) nur eingegeben, dass euer Gott nur ein einziger Gott ist. Werdet ihr nun (Allah) ergeben sein?« (21:107–108)

9    Aus: Dröws, Helmut. *Ich weiß, dass es einen Gott gibt. 366 Andachten für jeden Tag des Jahres*. Books on Demand, 1. Auflage, 2015, S. 301 (zitiert nach Lew Tolstoi – *Krieg und Frieden*).

10    Diese Überlieferung wird als *Hadith Qudsi* bezeichnet. Diese Art der Überlieferung unterscheidet sich von einem *Hadith Nabawi* oder einer allgemeinen Aussage des Propheten ﷺ, denn die Überlieferungskette

eines *Hadith Qudsi* geht direkt auf Gott zurück und nicht auf eine Überlieferungskette, die mit dem Propheten Muhammad ﷺ endet. Ein *Hadith Qudsi* unterscheidet sich jedoch von einem Koranvers. Während ein *Hadith Qudsi* ein göttlicher Ausspruch ist, dessen Worte aber vom Propheten ﷺ formuliert wurden, enthält der Koran die genaue Rede Gottes, sowohl in der Bedeutung als auch im Wortlaut.

11     Allah stellt sich in jeder Sure des Korans mit *Bismillahi ar-Rahman ar-Rahim* vor, was als *Basmala* bekannt ist, außer in Sure 9, *at-Tauba*. In Vers 27:30 gibt es jedoch eine zusätzliche *Basmala*.

12     Das liegt daran, dass es in der Form des *Ism Fa'il* oder aktiven Partizips steht.

13     Khan, Nouman Ali. »The Word Ar-Rahman«, 2014.

14     Hadith-Sammlung: Muslim.

15     Einige Gelehrte sagen, dass Gottes Liebe an Bedingungen gebunden ist. Sie vertreten die Ansicht, dass Gottes Liebe nur denjenigen zuteilwird, die sie »verdient« haben. Sie weisen darauf hin, dass im Koran verdeutlicht wird, wen Gott liebt und wen Er nicht liebt. Sie sagen, dass der Koran besagt, dass Allah nur die Standhaften liebt (3:146), die Reumütigen und die, die sich rein halten (2:222), die Gerechten (60:8), die Gutes Tuenden (2:195), die Gottesfürchtigen (3:76), diejenigen, die dem Propheten ﷺ folgen (3:31), sich auf Allah verlassen (3:159), demütig, dankbar und gläubig sind und Allahs oft gedenken. Sie weisen dann darauf hin, dass Allah im Koran verdeutlicht, dass Er folgende Leute nicht liebt: die Sünder und die, die im Unglauben beharren (2:276), die Unheilstifter (5:64), die Übertreter (2:190), die Ungerechten (3:140), die Verräter und Sünder (4:107), die Eingebildeten und Prahler (4:36), die Hochmütigen (16:23), die Maßlosen (7:31) etc. Obwohl die Fakten zunächst den Eindruck erwecken, dass Gottes Liebe an Bedingungen geknüpft ist, konfrontiert uns Allah im Koran dann klar und deutlich mit dem Vers: »Meine Barmherzigkeit umfasst alle Dinge.« (7:156) Allah sagt nicht, dass Seine Barmherzigkeit (*ar-Rahman*) nur die Gläubigen oder diejenigen, die Ihm gehorchen, umfasst. Allah sagt: »Meine Barmherzigkeit umfasst *alle* Dinge.« Wie bereits erwähnt, bedeutet das Wort *Rahman*, das mit »Barmherzigkeit« übersetzt wird, auch Mitgefühl, Liebe und Güte. Wenn Allahs *Rahman* alles umfasst, dann muss es auch die undankbaren Sünder,

Unterdrücker und hochmütigen Tyrannen mit Liebe und Mitgefühl umfassen. Es ist jedoch wichtig, darauf hinzuweisen, dass Gerechtigkeit und Rechenschaftspflicht immer noch bestehen. Der Unterschied besteht darin, dass diejenigen, die ein Leben im Widerspruch zu Gottes Geboten führen, verschleiert werden, sodass sie Gottes bedingungslose Liebe nicht empfangen können. Um das besser zu verstehen, ziehe das folgende Beispiel in Betracht: Wenn ich mich dreißig Meter unter die Erde in einen massiven Betonkeller begeben würde, der keine Fenster hat, befände ich mich in völliger Dunkelheit. Von diesem Ort aus könnte ich das Sonnenlicht nicht mehr wahrnehmen, weil ich von ihm abgeschirmt wäre. Aber nur, weil ich an einem Ort bin, an dem ich die Sonne nicht sehen kann, heißt das nicht, dass die Sonne nicht mehr scheint. In ähnlicher Weise hört Gott nie auf, uns zu lieben; wenn wir allerdings unfreundlich, undankbar oder tyrannisch sind, werden wir von der Erfahrung der Liebe Gottes abgeschirmt. Es ist nicht Gott, der uns unterdrückt, sondern wir unterdrücken uns selbst, indem wir die Augen unseres Herzens durch Unaufrichtigkeit und Sünde verschleiern, und als Resultat können wir Gottes allumfassende Liebe nicht mehr erfahren.

16    Hadith-Sammlung: Muslim.

17    »Verse (3:32) – Word by Word«. *The Quranic Arabic Corpus: Word by Word Grammar, Syntax and Morphology of the Holy Quran*, corpus. quran.com/wordbyword.jsp?chapter=3&verse=32# (3:32:1). (In Bezug auf die Dinge, die Allah nicht mag, wird im Koran *la yuhibbu* verwendet, was wörtlich »liebt nicht« bedeutet.)

18    Im Koran ist von Gottes Zorn die Rede, doch dieser heilige Zorn ist nicht von Seiner Barmherzigkeit (*ar-Rahman*) getrennt. Um dies besser zu verstehen, schauen wir uns das folgende Beispiel an: Wenn Eltern ihr Kind anschreien, weil es in den Gegenverkehr gerannt ist, tun sie dies, weil sie ihr Kind lieben. Der schreiende Elternteil möchte sein Kind beschützen und ihm nicht wehtun. In einem tieferen Sinne ist Gottes Zorn kein Ausdruck Seines Hasses, sondern vielmehr ein lauter Ausdruck Seiner Barmherzigkeit. Manchmal muss Gott uns symbolisch anschreien, um uns davor zu bewahren, in den entgegenkommenden Verkehr voller Gier, Verlangen, Neid usw. zu laufen.

19    Meyer, Wali Ali und Bilal Hyde. *Physicians of the Heart: A Sufi View of the Ninety-Nine Names of Allah.* Sufi Ruhaniat International, 2012.

20    Hadith-Sammlung: Buchari.

21    Hadith-Sammlung: Tirmidhi.

22    Hawking, Stephen. »The Beginning of Time«. www.hawking.org.uk/the-beginning-of-time.html.

23    Um die Bedeutung von 120 Nachkommastellen besser zu verstehen, ziehe Folgendes in Betracht: Bei der Zahl 2,1 steht die Ziffer 1 auf der ersten Nachkommastelle. Bei der Zahl 2,0000001 steht die Ziffer 1 auf der siebten Nachkommastelle. Stelle dir nun vor, wie genau eine Zahl sein muss, bei der bis auf 120 Nachkommastellen jede Ziffer perfekt sein muss.

24    Hathaway, Mark & Boff, Leonardo. *Die Weisheit des Kosmos: Ein zukunftweisendes Weltbild. Mit einem Vorwort von Fritjof Capra.* Lit Verlag. 2021.

25    Ein guter Beweis dafür ist die Tatsache, wie die bekannten Gesetze der Wissenschaft in der Welt der Quantenphysik zu kollabieren scheinen.

26    Die Frage, wer Gott erschaffen hat, führt nur zu der Frage, wer denjenigen erschaffen hat, der Gott erschaffen hat, wer wiederum den erschaffen hat, der den erschaffen hat, der Gott erschaffen hat, und so weiter ad infinitum. Mit anderen Worten: Die Endlosschleife beginnt mit einer Schöpfung und geht unendlich weit zurück. Wenn man unendlich weit zurückgehen würde, könnte das Universum nie entstanden sein, weil man die unendliche Entfernung per definitionem nicht überwinden kann. Aus diesem Grund geht die islamische Theologie davon aus, dass Gott ewig und unerschaffen ist, denn sonst würde man auf das Problem des infiniten Regresses stoßen und diese Welt wäre nie erschaffen worden.

27    Das Wort *Dschalal* stammt von derselben Wurzel wie das Wort *al-Dschalil.* Diese beiden Namen bedeuten »Majestät, Erhabenheit, Größe«. *Dschalal* wird im Allgemeinen verwendet, um die Kategorie der majestätischen Namen Gottes zu erklären, während *al-Dschalil* in der Regel der Name ist, der in der Liste der 99 schönsten Namen Allahs für »der Majestätische« verwendet wird. *Dschalal* ist auch in den 99 schönsten Namen Allahs als Teil des Namens *Dhul-Dschalali wal-Ikram* enthalten, was »der Herr der Majestät und Ehre« bedeutet.

28    Wie es im Koran heißt: »Wir werden ihnen Unsere Zeichen am
      Gesichtskreis und in ihnen selbst zeigen, bis es ihnen klar wird, dass es
      die Wahrheit ist.« (41:53)

29    Hadith-Sammlung: Buchari, Muslim.

## Kapitel 2 – Wer bist du?

1     Hadith-Sammlung: Buchari. Dieser Hadith spielt auf die Tatsache an,
      dass es schon immer Allahs Wille war, die Menschen mit dem Geschenk
      des freien Willens zu erschaffen. Da unsere Fehlbarkeit ein Produkt
      unseres freien Willens ist, würde Gott, wenn wir keine Fehler begehen
      würden, eine Schöpfung erschaffen, die Fehler begeht, denn in unserer
      Fehlbarkeit können wir Gottes Barmherzigkeit und Vergebung voll
      erfahren und kosten.

2     Hadith-Sammlung: Buchari, Muslim.

3     Gott hat uns als seine Statthalter auf der Erde auf diese Welt gesandt
      (2:30). Ein Teil unserer Aufgabe besteht darin, für die Erde zu sorgen und
      Gottes Eigenschaften auf die gesamte Schöpfung zu reflektieren. Da der
      Himmel ein Bereich ist, in dem Gott sichtbar ist, werden wir, wenn wir
      Gottes Namen auf der Erde widerspiegeln, zu einem Abbild des Himmels
      auf der Erde.

4     Safi, Omid. *Radical Love: Teachings from the Islamic Mystical Tradition.*
      Yale University Press, 2018, S. 33.

5     Wie bereits erwähnt, sagte der Prophet Muhammad ﷺ: »Allah schaut
      nicht auf eure Gestalten und eure Güter, sondern auf eure Herzen und
      eure Taten.« (Hadith-Sammlung: Muslim)

6     Hadith-Sammlung: Abu Dawud, Tirmidhi.

7     *The American Heritage Dictionary.* Houghton Mifflin Harcourt, 2012.

8     Der Prophet Muhammad ﷺ bekräftigt die hohe Stellung der Frauen mit
      den folgenden Worten: »Das Paradies liegt unter den Füßen der Mütter.«
      (Hadith-Sammlung: Ahmad, Nasa'i)

9     Leaman, Oliver. *The Qur'an: An Encyclopedia.* Routledge, 2010.

10    Einige Gelehrte sagten, dass Iblis ein Engel war, weil er Gott unter den
      Engeln anbetete. Diese Gelehrten führen oft den folgenden Vers als
      Beweis an: »Und als Wir zu den Engeln sagten: ›Werft euch vor Adam
      nieder.‹ Da warfen sie sich nieder, außer Iblis (Satan) […]« (18:50). Die

Beweise dafür, dass Iblis ein *Dschinn* war, sind jedoch aussagekräftiger, denn im selben Vers heißt es weiter: »[...] er gehörte zu den Dschinn. So frevelte er gegen den Befehl seines Herrn« (18:50). Iblis selbst sagte in Bezug auf Adam: »Ich bin besser als er. Du hast mich aus Feuer erschaffen, ihn aber hast Du aus Lehm erschaffen.« (7:12) Im Koran wird weiter bestätigt, dass Iblis ein *Dschinn* ist: »Und Er hat die *Dschinn* aus einer unruhigen Feuerflamme erschaffen.« (55:15) Ganz zu schweigen davon, dass der Prophet ﷺ sagte: »Die Engel wurden aus Licht erschaffen, die *Dschinn* wurden aus rauchlosem Feuer erschaffen und Adam wurde aus dem erschaffen, was euch beschrieben wurde.« (Hadith-Sammlung: Muslim, Ahmad, Al-Baihaqi)

11  Wissenswertes: Der englische Begriff *genie* leitet sich vom arabischen Wort *Dschinn* ab.

12  Wheeler, Brannon M. *Prophets in the Quran: An Introduction to the Quran and Muslim Exegesis*. Continuum, 2002.

13  Im Koran heißt es: »So aßen sie beide davon, und da zeigte sich ihnen ihre Blöße offenkundig, und sie begannen, Blätter des (Paradies-)Gartens auf sich zusammenzuheften. So widersetzte Adam sich seinem Herrn, und da fiel er in Verirrung. Hierauf erwählte ihn sein Herr, und so wandte Er Sich ihm Reue annehmend zu und leitete (ihn) recht.« (20:121–122)

14  Der folgende Absatz ist ein Auszug aus *Kapitel 11 – Die spirituellen Geheimnisse des Todes*: »Im Koran wird der Tag des Jüngsten Gerichts als der Tag beschrieben, an dem alle Menschen wiederauferstehen werden, um Gott gegenüberzutreten und sowohl für ihre guten als auch ihre schlechten Taten Rechenschaft abzulegen. Ähnlich wie in den biblischen Berichten wird dieser Tag im Koran mit anschaulichen Bildern beschrieben. Allah sagt uns im Koran, dass die Erde erschüttert wird (99:1), dass die Berge wie zerflockte gefärbte Wolle sein werden (101:5), dass die Menschen wie flatternde Motten sein werden (101:4), dass die Sterne verstreut werden (81:2), dass die Meere zum Überfließen gebracht werden (81:6), dass Sonne und Mond zusammengebracht werden (75:9), dass der Himmel zusammengefaltet wird, wie der Urkundenschreiber die Schriftstücke zusammenfaltet (21:104), und dass die Toten wiedererauferweckt werden (36:51). An diesem Tag wird sich die gesamte Existenz nur vor Gott verneigen. Dies ist der Tag, an dem die Waagschale

der Gerechtigkeit, die auf der Erde noch nicht ausgeglichen war, wieder ins Gleichgewicht gebracht wird, und Gottes Barmherzigkeit reichlicher sein wird, als wir es uns je vorstellen können.«

15   Allah ist *asch-Schakur* oder »der Dankbare« als Antwort auf unsere guten Taten. Allahs Dankbarkeit zeigt sich in Form von Großzügigkeit, Vergebung und dem Zuteilwerden von Segnungen.

16   Hadith-Sammlung: Buchari.

17   Hadith-Sammlung: Buchari.

18   Das Wort Kufr wird oft mit »Unglaube« übersetzt, jedoch bedeutet es nicht nur »die Wahrheit verdecken«, sondern kann auch mit »die Ablehnung eines Segens« übersetzt werden.

19   Hadith-Sammlung: Muslim.

20   Wie bereits erwähnt wird das Wort *Insan* im Arabischen für einen Menschen benutzt und leitet sich nach Ansicht vieler Gelehrter vom Wurzelwort *Nisyan* ab, was »Vergessenheit« bedeutet.

21   Weitere Informationen über die Praxis der *Tauba* in Kapitel 5.

22   Hadith-Sammlung: Muslim.

23   Bin Younis, Imam. »Question and Answer«. 2017, California.

24   Es gibt keinen bestimmten Autor, dem dieser Spruch zugeschrieben wird, aber viele haben ihn verwendet, um die tieferen Dimensionen des Egos (Nafs) zu erklären. Dieses Sprichwort ist auch in Zwölf-Schritte-Programmen zur Suchtbekämpfung weit verbreitet.

25   Es ist wichtig, darauf hinzuweisen, dass wir im Himmel als neue Schöpfung in einer neuen Realität leben und nicht mehr denselben Regeln wie in unserem irdischen Leben unterworfen sein werden. Es heißt, dass denjenigen, die in den Himmel kommen, die Segnung zuteilwird, Gott direkt zu erleben, ohne die irdischen Schleier. Im Koran heißt es: »(Die einen) Gesichter werden an jenem Tag strahlen, zu ihrem Herrn schauen.« (75:22–23) Der Prophet Muhammad ﷺ sagte auch: »Wahrlich, ihr werdet euren Herrn genau so sehen, wie ihr den Vollmond seht.« (Hadith-Sammlung: Tirmidhi)

26   Der Koran macht sehr deutlich, dass der Mensch als Statthalter Gottes auf der Erde erschaffen wurde, bevor Adam und Eva überhaupt von der Frucht des verbotenen Baumes aßen. Der Koran sagt: »Ich bin dabei, auf der Erde einen Statthalter einzusetzen.« (2:30)

27 Hadith-Sammlung: Buchari, Muslim.

28 Im Laufe der Geschichte wurde dies dem Propheten Muhammad ﷺ, Imam Ali und vielen anderen zugeschrieben.

29 Hadith-Sammlung: Muslim.

30 Hadith-Sammlung: Buchari. Ein Gefährte stellte dem Propheten ﷺ die folgende Frage: »O Gesandter Allahs, welche Menschen werden am meisten geprüft?« Der Prophet ﷺ sagte: »Die Propheten, dann die nächstbesten und dann die nächstbesten. Ein Mensch wird auf der Grundlage seiner religiösen Hingabe geprüft. Wenn er standhaft ist in seiner religiösen Hingabe, werden seine Prüfungen härter sein. Wenn er schwach ist in seiner religiösen Hingabe, dann wird er entsprechend seiner religiösen Hingabe geprüft. Der Diener wird so lange geprüft, bis er ohne Sünden auf Erden geht.« (Hadith-Sammlung: Tirmidhi)

31 *Dschihad* wird fälschlicherweise von manchen mit »Heiliger Krieg« übersetzt. Würde man »Heiliger Krieg« ins Arabische übersetzen, hieße es wörtlich *al-Harb al-Muqaddasa*, was weder im Koran noch in den Hadithen vorkommt.

32 Muhammad, Ghazi Ibn, et al. *War and Peace in Islam the Uses and Abuses of Jihad*. The Islamic Texts Society, 2013.

33 Hadith-Sammlung: Abu Dawud.

34 Hadith-Sammlung: Ahmad.

35 Hadith-Sammlung: Buchari, Muslim.

36 Formica, Michael J. »The Longest Distance in the World Is From the Head to the Heart«. *Psychology Today*. www.psychologytoday.com/us/blog/enlightened-living/200808/the-longest-distance-in-the-world-is-the-head-the-heart.

37 Monastra, Yahya. »Theology: Intelligence (in Arabic)«. *Sharia Law and Women*. www.mwcoalition.org/id49.html.

38 Hadith-Sammlung: Buchari.

39 Wells, Diana. »24 Fun Facts About the Heart«. Healthline Media. 23. Januar 2019. www.healthline.com/health/fun-facts-about-the-heart#1.

40 Yusuf, Hamza. »The Ethereal Essence of Our Hearts«, 2016.

41 Hadith-Sammlung: al-Darimi, nach al-Haitami al-Makki.

42    »The Energetic Heart Is Unfolding«. HeartMath Institute. 25. März 2015. www.heartmath.org/articles-of-the-heart/science-of-the-heart/the-energetic-heart-is-unfolding/.

43    Der Prophet ﷺ sagte: »Rechtschaffenheit ist, wobei sich die Seele beruhigt und wobei sich das Herz beruhigt, und Sünde ist, was in der Seele Unruhe stiftet und in der Brust poltert.« (Hadith-Sammlung: al-Darimi, nach al-Haitami al-Makki) Der Prophet ﷺ sagte weiter: »Rechtschaffenheit ist guter Charakter und Sünde ist das, was dich in deinem Herzen plagt und von dem du nicht willst, dass die Menschen davon wissen.« (Hadith-Sammlung: Muslim)

44    Allah bezeichnet das Wort »Herz« im Koran mit den Begriffen *Qalb* und *Fu'ad*. Das Wort *Fu'ad* kommt vom Verb *fa'ada*, das »brennen«, »Flamme« oder »rösten« bedeuten kann. Im Koran wird das Herz im Allgemeinen als *Fu'ad* bezeichnet, wenn der Mensch voller Emotionen ist und sich »in der Hitze des Gefechts« befindet – wenn das Herz sehr emotional ist, sei es sehr glücklich, traurig, ängstlich, wütend, reumütig, lustvoll oder frustriert. Mit anderen Worten: *Fu'ad* wird in allen intensiven emotionalen Situationen verwendet, während *Qalb* in einem allgemeineren Sinne verwendet wird. Das Wort *Qalb* kommt von dem Wort *Taqallub*, das so viel bedeutet wie »sich verändern, verschieben, drehen«. Das bezieht sich sowohl auf das physische Herz, das sich dreht und verschiebt, wenn es sich zusammenzieht und ausdehnt, als auch auf das spirituelle Herz, das sich ständig zu Allah wendet und von Ihm wegbewegt. Im Koran wird das Wort *Sadr* nicht für das Herz, sondern für die Brust verwendet. Das Wort *Sadr* wird verwendet, wenn Allah von unseren Geheimnissen, Motiven und Absichten spricht, die wir nicht kennen oder sehen können. (17:36, 28:10, 7:179, 22:46)

45    Hadith-Sammlung: Tirmidhi.

46    Weitere Informationen über die Praxis der *Tauba* in Kapitel 5.

47    Hadith-Sammlung: Buchari.

48    Macdonell, Arthur A. *A Sanskrit Grammar for Students*. Oxford University Press, 3. Ausgabe, 1927.

49    Siehe Anhang: »Die 99 Schönsten Namen Allahs«.

50    Chittick, William C. The Inner Journey: Views from the Islamic Tradition. Morning Light Press, 2007.

51 Borenstein, Seth. »Titanic's Legacy: A Fascination with Disasters«. NBCNews.com, NBCUniversal News Group, 1. April 2012. www. nbcnews.com/id/46916279/ns/technology_and_science-science/t/ titanics-legacy-fascination-disasters/.

52 Das Wort »Ubuntu« stammt vom Zulu-Ausspruch »Umuntu ngumuntu ngabantu«. Ifejika Nkem. »The Question: What Does Ubuntu Really Mean?« The Guardian, Guardian News and Media. 28. September 2006. www.theguardian.com/theguardian/2006/sep/29/features11.g2.

53 Anonym.

54 Hadith-Sammlung: Buchari.

55 Hadith-Sammlung: Buchari, Muslim, Abu Dawud, Ahmad.

56 Peterson, Eugene H. *The Message: The Bible in Contemporary Language.* NavPress, 2017.

57 Diese Geschichte wird von manchen Quellen dem persischen Dichter Attar von Nischapur zugeschrieben.

58 Hadith-Sammlung: Tirmidhi.

## Kapitel 3 – Die geheimnisvolle Welt des Korans

1 Hadith-Sammlung: Ahmad.

2 Forrin, Noah D. und Colin M. Macleod. »This Time It's Personal: The Memory Benefit of Hearing Oneself«. *Memory*, 26:4, 2017, S. 574–579. Doi :10.1080/09658211.2017.1383434.

3 Der Mond erzeugt kein Licht, sondern reflektiert einen kleinen Teil des Sonnenlichts, das an seiner Oberfläche abprallt.

4 Im Koran heißt es: »Und der Koran ist ganz sicher eine Offenbarung des Herrn der Weltenbewohner; mit dem der vertrauenswürdige Geist [Engel Gabriel] herabgekommen ist auf dein Herz [Prophet], damit du zu den Überbringern von Warnung gehörst, in deutlicher arabischer Sprache.« (26:192–195)

5 Praktizierende Muslime wiederholen *Bismillahi ar-Rahman ar-Rahim* allein beim rituellen Gebet (*Salah*) über ein Dutzend Mal an einem einzigen Tag. *Bismillah* wird auch oft vor dem Essen, beim Verlassen oder Betreten eines Hauses und so ziemlich bei sämtlichen anderen Handlungen während des Tages rezitiert. Einige Sprachwissenschaftler haben daher nahegelegt, dass das Wort *Bismillah* aus allen Sprachen das am meisten wiederholte der Welt ist.

6    Der Koran mag in Bezug auf bestimmte Regeln und Verbote streng sein, aber wir müssen die tieferen Lehren des göttlichen Gesetzes (Schari'a) stets mit Barmherzigkeit und Liebe weitergeben. Wir sind nicht dazu aufgerufen, Menschen bloßzustellen oder über sie zu urteilen. Der Koran fordert uns dazu auf, den Menschen Ratschläge zu erteilen, sie zum Guten anzuhalten und immer das Bewusstsein zu haben, dass das Urteil Gott allein zusteht.

7    Khan, Nouman Ali. »Alif Lam Mim«, 2012.

8    Naik, Zakir. »What Is the Meaning of Alif Laam Meem?«, 2011.

9    Hadith-Sammlung: Tirmidhi.

10    Zakariya, Abu. The Eternal Challenge: A Journey through the Miraculous Qur'an. One Reason, 2015.

11    Obwohl die am meisten verbreitete Version des Hadith die Überlieferung ist, in der der Prophet ﷺ sagte: »Ich hinterlasse euch zwei Dinge. Wenn ihr an diesen festhaltet, werdet ihr niemals vom rechten Weg abkommen: Diese sind das Buch Allahs und meine Sunna«, findet sich diese Aussage weder in einer der sechs sunnitischen Sammlungen authentischer Hadithe noch in schiitischen und sufistischen Quellen. Natürlich sind die Sunna oder Beispiele, die der Prophet ﷺ hinterlassen hat, unschätzbar und zeitlos, doch in Bezug auf diese Überlieferung findet man in den Hadith-Büchern, denen die Mehrheit der Muslime (Sunniten) und die Minderheit der Muslime (Schiiten) folgt, immer wieder, dass der Prophet Muhammad ﷺ gesagt hat: »Ich hinterlasse euch das Buch Allahs und mein Haus (Ahl al-Bait).« Es war natürlich am sinnvollsten, die authentischste Version des Hadith zu zitieren, die oft als Hadith al-Thaqalain bezeichnet wird. (Hadith-Sammlung: Sahih Muslim, Sahih Tirmidhi, al-Kafi)

12    Einigen zufolge zählen Imam Ali, Fatima Zahra, die Tochter des Propheten ﷺ, und Hussain und Hassan, die beiden Enkel des Propheten ﷺ, sowie ihre Nachkommen zu den Ahl al-Bait. Aischa berichtete, dass der Prophet ﷺ eines Morgens hinausging und einen gestreiften Mantel aus schwarzem Kamelhaar trug und Hassan Ibn Ali zu ihm kam. Er bedeckte ihn damit, dann kam Hussain und er bedeckte ihn, zusammen mit dem anderen (Hassan). Dann kam Fatima, und er bedeckte sie damit, dann kam Ali, und er bedeckte auch ihn damit und sagte

dann: »Allah will gewiss nur den Makel der Sünde von euch entfernen, o Angehörige des Hauses, und euch völlig rein machen.« (Hadith-Sammlung: Muslim). Einige Gelehrte zählen auch die Ehefrauen des Propheten ﷺ zu dieser Kategorie und führen den Vers 33:33 als Beweis für ihre Behauptung an.

13 Hadith-Sammlung: Buchari, Muslim.

14 Anonym.

15 An dieser Stelle ist darauf hinzuweisen, dass nichts dagegen spricht, den Koran wörtlich zu lesen, solange der historische Kontext der Verse miteinbezogen wird. Dennoch ist es wichtig zu verstehen, dass Allah im gesamten Text Symbolik und viele Metaphern verwendet, die nicht immer im wörtlichen Kontext aufgefasst werden können. Um ein umfassenderes Verständnis der Offenbarung zu erhalten, müssen wir den Text sowohl im wörtlichen als auch im esoterischen Sinne betrachten.

16 Shari'ati, Ali. *On the Sociology of Islam*. Algorithm, 2017.

17 Gelehrte halten fest, dass manche Koranverse, die sich auf die Natur beziehen, absichtlich vage sind, damit Menschen mit verschiedensten intellektuellen Fähigkeiten die Zeichen Gottes auf der Ebene ihres Verständnisses erfahren können.

18 Hadith-Sammlung: Abu Dawud.

19 Hixon, Lex. *The Heart of the Qur'an: An Introduction to Islamic Spirituality*. 2. Auflage, The Theosophical Publishing House, 2003.

20 Im Arabischen besteht das Wort *Kun* aus zwei Buchstaben. Es beginnt mit dem Buchstaben *Kaf*, der den K-Laut ergibt. Auf dem *Kaf* befindet sich eine kleine Vokalisierung namens *Damma*, die den U-Laut ergibt. Das Wort endet mit dem Buchstaben *Nun*, der den N-Laut ergibt. Wenn man sich den heiligen Klangcode des Wortes *Kun* ansieht, kann man sich vorstellen, dass die Kraft des *K* das gesamte Universum mit einem Knall, mit einem Lichtstoß in die Schöpfung stieß. Der Klang des *U* dehnte den Raum aus und zerstreute alles in Entfernungen, in denen jedes Atom die Möglichkeit zum Gedeihen und Blühen hatte. Das *N* ist mit seiner Resonanz und Vibration die Energie des Lichts, die sich so schnell bewegt, dass sie die Illusion der Form kreiert. (Dies basiert auf

den Lehren der heiligen Klangtheorie, einer uralten Lehre von Klang und Schwingung.)

21    Hadith-Sammlung: Buchari.

22    Koberlein, Brian. »How Are Energy and Matter the Same?«. *Universe Today*, 23. Dezember 2015. www.universetoday.com/116615/how-are-energy-and-matter-the-same/.

23    »Scientist Proves DNA Can Be Reprogrammed by Words and Frequencies«. *Collective Evolution*, 27. August 2013. www.collective-evolution.com/2011/09/02/scientist-prove-dna-can-be-reprogrammed-by-words-and-frequencies/.

24    *Aya* ist das arabische Wort für »Zeichen«, das auch für einen Vers im Koran verwendet wird. So wie die Worte des Korans auf Gott hinweisen, ist auch die Welt an sich eine *Aya* oder ein Zeichen von Gottes Schöpferkraft.

25    Safi, Omid. »The Sufi Tradition—Literary and Cultural Dimensions«. Bayan Claremont. 11. Februar 2019, Claremont.

26    Das arabische Wort *Sura* bezieht sich auf einen Teil oder ein Kapitel des Korans.

27    Der Prophet Muhammad ﷺ sagte: »Jedes Kind wird mit der *Fitra* geboren«, oder der natürlichen Neigung, an die Einheit Gottes zu glauben (Hadith-Sammlung: Sahih Muslim, Sahih Buchari). Im Koran heißt es: »So richte dein Gesicht aufrichtig zur Religion hin als Anhänger des rechten Glaubens, – (gemäß) der natürlichen Anlage Allahs, in der Er die Menschen erschaffen hat. Keine Abänderung gibt es für die Schöpfung Allahs. Das ist die richtige Religion. Aber die meisten Menschen wissen nicht.« (30:30)

28    Paul, Annie Murphy. »Why We Remember Song Lyrics So Well«. Psychology Today, Sussex Publishers. www.psychologytoday.com/us/blog/how-be-brilliant/201206/why-we-remember-song-lyrics-so-well.

29    »Memory and Mnemonic Devices«. *Psych Central*, 17. Juli, 2016. psychcentral.com/lib/memory-and-mnemonic-devices/.

30    Graham, William Albert. *Beyond the Written Word: Oral Aspects of Scripture in the History of Religion*. Cambridge University Press, 2001.

31    Hadith-Sammlung: Tabarani.

32 Nasr, Seyyed Hossein. *Ideals and Realities of Islam*. The Islamic Texts Society, 2006.

33 Khan, Nouman Ali. »Miracle Word Count«, 2014.

34 Aufgrund der Tatsache, dass der Koran als die letzte Offenbarung für die Menschheit angesehen wird, nimmt Gott es persönlich auf sich, ihn zu bewahren. Allah sagt: »Wir sind es, die Wir die Ermahnung offenbart haben, und Wir werden wahrlich ihr Hüter sein.« (15:9)

35 Im Koran heißt es: »Und Wir haben zu dir das Buch mit der Wahrheit hinabgesandt, das zu bestätigen, was von dem Buch vor ihm (offenbart) war, und als Wächter darüber. So richte zwischen ihnen nach dem, was Allah (als Offenbarung) herabgesandt hat, und folge nicht ihren Neigungen entgegen dem, was dir von der Wahrheit zugekommen ist. Für jeden von euch haben Wir ein Gesetz und einen deutlichen Weg festgelegt. Und wenn Allah wollte, hätte Er euch wahrlich zu einer einzigen Gemeinschaft gemacht. Aber (es ist so,) damit Er euch in dem, was Er euch gegeben hat, prüfe. So wetteifert nach den guten Dingen! Zu Allah wird euer aller Rückkehr sein, und dann wird Er euch kundtun, worüber ihr uneinig zu sein pflegtet.« (5:48)

36 Der Prophet ﷺ sagte: »Das Streben nach Wissen ist Pflicht für jeden Muslim.« (Hadith-Sammlung: Ibn Madscha) Der Prophet ﷺ sagte auch: »Streben nach Wissen ist Pflicht für jede Frau und für jeden Mann.« (Hadith-Sammlung: Bahar al-Anwar)

37 Hadith-Sammlung: Darimi.

38 Arnett, Patricia. »How the Atmosphere Protects the Earth«. *Sciencing*, 24. April 2017. sciencing.com/atmosphere-protects-earth-6933411.html.

39 Es gibt eine Menge kostenloser Online-Ressourcen, die Zugang zu Koranaufnahmen bieten. Wenn du nach Websites suchst, die neben der englischen Übersetzung, der Transliteration und einer Aufzeichnung jedes Verses auch Koran-Arabisch enthalten, kannst du Corpus.Quran.com oder Quran.com besuchen. Wenn du nur nach einer Aufnahme suchst, kannst du jeden Vers oder jedes Kapitel des Korans auf den meisten öffentlichen Video- oder Audio-Streaming-Seiten wie YouTube finden, gefolgt vom Namen eines berühmten Rezitators. Du kannst es mit einem der folgenden beliebten Rezitatoren versuchen: Abdul Basit, Mishary Alafasy oder Sharifah Khasif Fadzilah.

## Kapitel 4 – Die spirituellen Dimensionen des Islams

1    Die Begleichung unserer Schuld gegenüber Gott ist kein einmaliges Ereignis, sondern ein stetiger Prozess und eine Absicht, nach der wir ständig streben sollen, auch wenn wir sie nie ganz erreichen werden, weil wir Gott nie so verehren können, wie Er es verdient, verehrt zu werden.

2    Wie bereits angeführt: Die angeborene Ausrichtung auf das Göttliche, die dem Herzen des Menschseins innewohnt, wird oft als »ursprüngliche Essenz« oder im Arabischen als *Fitra* bezeichnet. Das Wort *Fitra* kommt von einem Wurzelwort, das »spalten, hervorbringen« bedeutet. Dies impliziert, dass unsere Arbeit auf dieser Erde darin besteht, die Schale unseres Egos zu spalten und die göttlichen Samen *hervorzubringen*, die Gott durch die Großzügigkeit Seiner Liebe bereits in den Garten unseres Geistes gepflanzt hat.

3    Sakaamini, Ahmad und Ihsan Alexander Torabi. »Hajj and the Journey to The Divine«. Soulofislamradio.com, 7. Februar 2019. www. soulofislamradio.com/blog/hajj-and-the-journey-to-the-Divine.

4    Hadith-Sammlung: Buchari, Muslim.

5    Redd, Nola Taylor. »Earth's Stabilizing Moon May Be Unique Within Universe«. Space.com, 29. Juli 2011. www.space.com/12464-earth-moonunique-solar-system-universe.html.

6    Hadith-Sammlung: Tirmidhi.

7    Hadith-Sammlung: Muslim.

8    Anonym.

9    White, Mark D. »The Wisdom of Wei Wu Wei: Letting Good Things Happen«. *Psychology Today*, Sussex Publishers, 9. Juli 2011. www.psychologytoday.com/us/blog/maybe-its-just-me/201107/ the-wisdom-wei-wu-wei-letting-good-things-happen.

10    Hadith-Sammlung: Muslim.

11    Dieser Spruch wurde von vielen zitiert. Einige haben ihn dem Propheten Muhammad ﷺ zugeschrieben, während andere ihn 'Abdullah Bin Mas'ud zugeschrieben haben.

12    Hadith-Sammlung: Tirmidhi.

13    Wenn unsere Glaubensüberzeugungen auf die Probe gestellt werden, werden die Voraussetzungen für das Erblühen des Glaubens oder Iman geschaffen.

14 Der *Iman* eines jeden Menschen hängt mit seinen Handlungen, seiner Aufrichtigkeit, seinem Glauben an das Verborgene und mit den Anordnungen Gottes zusammen. Im Koran heißt es: »Für alle wird es Rangstufen geben gemäß dem, was sie getan haben.« (46:19)

15 Hadith-Sammlung: Daraqutni.

16 Hadith-Sammlung: Buchari.

17 Dieser Spruch wurde auch Imam Ali zugeschrieben.

18 Hadith-Sammlung: Buchari, Muslim.

19 Wenn eine Person stirbt, hat ihr Körper keinen eigenen Willen mehr. Der Bestatter, der einen Leichnam wäscht, hat die volle Kontrolle über ihn. Wir sind dazu aufgerufen, uns wie die Toten den Händen Gottes zu überlassen und uns von Ihm bewegen zu lassen, so wie Er es möchte.

20 Wenn wir in der Gegenwart Gottes sind, können wir Gott wahrhaftig anbeten und durch Hingabe eine Beziehung zum Göttlichen aufbauen. Der Begriff »Gotteserkenntnis« bedeutet, dass wir eine Erfahrung mit Gott machen, die das Fassungsvermögen des menschlichen Verstandes überschreitet. Diese Art von Wissen kann nicht erlernt werden, sie kann uns nur durch Allah zuteilwerden. Wir werden empfänglicher für diese Art von Weisheit, wenn wir unser Herz und unsere Seele durch das Gebet (*Salah*), die Reue (*Tauba*) und das Gedenken (*Dhikr*) auf Allah ausrichten.

## Kapitel 5 – *Tauba*: Reue und die Rückkehr zur Einheit

1 Diese Überlieferung wird als *Hadith Qudsi* bezeichnet. Diese Art der Überlieferung unterscheidet sich von einem *Hadith Nabawi* oder einer allgemeinen Aussage des Propheten ﷺ, denn die Überlieferungskette eines *Hadith Qudsi* geht direkt auf Gott zurück und nicht auf eine Überlieferungskette, die mit dem Propheten Muhammad ﷺ endet. Ein *Hadith Qudsi* unterscheidet sich jedoch von einem Koranvers. Während ein *Hadith Qudsi* ein göttlicher Ausspruch ist, dessen Worte aber vom Propheten ﷺ formuliert wurden, enthält der Koran die genaue Rede Gottes, sowohl in der Bedeutung als auch im Wortlaut.

2 Wie es im Koran heißt: »Aber Allah würde sie nimmer strafen, solange du unter ihnen bist; und Allah würde sie nimmer strafen, solange sie um Vergebung bitten.« (8:33)

3    Dies ist ein Verweis auf die ursprüngliche Essenz der Reinheit und Gutheit (*Fitra*), die im Herzen eines jeden Menschen ist.

4    Hadith-Sammlung: Ahmad.

5    Covey, Stephen R. *How to Develop Your Personal Mission Statement.* GABAL, 2010.

6    Hadith-Sammlung: Buchari.

7    Doyle, John Sean. »Resilience, Growth, and Kintsukuroi«. *Psychology Today*, Sussex Publishers, 3. Oktober 2015. www.psychologytoday.com/us/blog/luminous-things/201510/resilience-growth-kintsukuroi.

8    Hadith-Sammlung: Buchari, Muslim.

9    Hadith-Sammlung: Buchari, Muslim.

10   King, Martin Luther. »Love Your Enemies.« 17. November 1957, Dexter Baptist Church, Dexter Baptist Church.

11   Hadith-Sammlung: Buchari.

12   Hadith-Sammlung: Tirmidhi.

13   Obwohl einige Gelehrte unterschiedliche Ansichten vertreten, wird dieses Zitat gemeinhin Imam Ali zugeschrieben.

14   Hadith-Sammlung: Abu Dawud.

15   Hadith-Sammlung: Abu Dawud, Tirmidhi.

16   Hadith-Sammlung: Buchari.

## Kapitel 6 – *Schahada*: Die Ekstase der Einheit

1    Wie bereits angeführt: Der Koran erinnert uns an die subtile Realität, dass Gott die Samen des Glaubens, der Liebe und der Einheit im sogenannten Bund von Alast (*Ruz-e-Alast*) in die fruchtbaren Herzen der gesamten Menschheit gepflanzt hat. In einem vorewigen Reich, vor dieser Welt, wie wir sie kennen, wurden die Wesen, die sich eines Tages in einer irdischen Form manifestieren würden, von Allah gefragt: »Bin ich nicht euer Herr?« Die Seelen vibrierten zu einer Symphonie der Bejahung, als jedes einzelne Wesen die Einheit Allahs mit den folgenden Worten bestätigte: »Doch, wir bezeugen es.« Das Ergebnis dieses Bundes ist, so kann gesagt werden, dass auf der Seelenebene jeder Mensch unabhängig von seinem bewussten Glauben vollständig auf das Göttliche ausgerichtet ist (7:172).

2    Hadith-Sammlung: Muslim.

3   Eine Frau des Propheten Muhammad ﷺ beschrieb ihn folgendermaßen: »Wahrlich, sein Charakter war der Koran!« (Hadith-Sammlung: Muslim)

4   Diese Überlieferung wird als *Hadith Qudsi* bezeichnet. Diese Art der Überlieferung unterscheidet sich von einem *Hadith Nabawi* oder einer allgemeinen Aussage des Propheten ﷺ, denn die Überlieferungskette eines *Hadith Qudsi* geht direkt auf Gott zurück und nicht auf eine Überlieferungskette, die mit dem Propheten Muhammad ﷺ endet. Ein *Hadith Qudsi* unterscheidet sich jedoch von einem Koranvers. Während ein *Hadith Qudsi* ein göttlicher Ausspruch ist, dessen Worte aber vom Propheten ﷺ formuliert wurden, enthält der Koran die genaue Rede Gottes, sowohl in der Bedeutung als auch im Wortlaut. (Hadith-Sammlung: Buchari)

5   Wie es im Koran heißt: »Gewiss diejenigen, die dir den Treueid leisten, leisten (in Wirklichkeit) nur Allah den Treueid; Allahs Hand ist über ihren Händen. Wer nun (sein Wort) bricht, bricht es nur zu seinem eigenen Nachteil; wer aber das einhält, wozu er sich Allah gegenüber verpflichtet hat, dem wird Er großartigen Lohn geben.« (48:10)

6   Während der Prophet Moses von Abrahams zweitem Sohn, dem Propheten Isaak, abstammt, ist der Prophet Muhammad ﷺ ein Nachkomme von Abrahams älterem Sohn, dem Propheten Ismael.

7   Hadith-Sammlung: Buchari.

8   Der Prophet ﷺ und seine Gefährten waren bereits einmal zur *Haddsch* aufgebrochen, doch die Mekkaner verwehrten ihnen den Zutritt zur Stadt Mekka. Dies war im selben Jahr, in dem der Prophet ﷺ den Vertrag von Hudaibiyya unterzeichnete.

9   Bevor der Prophet Mohammed ﷺ die Botschaft des Islams in Mekka verkündete, diente die Kaaba in Arabien als Zentrum für den Götzenkult. Heute ist die Kaaba als »Haus Gottes« bekannt und gilt für Muslime als der heiligste Ort der Welt.

10  *Al-Hadscharu al-Aswad* ist ein geheimnisvoller schwarzer Stein, der laut Überlieferungen vom Himmel gefallen ist. Einige Gelehrte sagen, dass er zur Zeit von Adam und Eva herunterfiel und später vom Propheten Abraham und seinem Sohn Ismael gefunden wurde.

11   A'zami Muhammad Mustafa. *The History of the Qur'ānic Text: From Revelation to Compilation: A Comparative Study with the Old and New Testaments.* Al-Qalam Pub., 2011.

12   Hadith-Sammlung: Buchari, Muslim.

13   Hadith-Sammlung: Ahmad.

14   Hadith-Sammlung: Buchari.

15   Arbil, Majd. »The Compassion of the Prophet Towards Those Who Abused Him«. IslamiCity, 26. Juni 2018. www.islamicity.org/8645/the-compassion-of-the-prophet-towards-those-who-abused-him/.

16   Hadith-Sammlung: Muslim.

17   Hadith-Sammlung: Buchari, Muslim. Die Barmherzigkeit und Geduld der auserwählten Propheten Gottes ﷺ sind unfassbar. Einer der Gefährten des Propheten berichtete die folgende Erzählung: »Ich erinnere mich, wie der Gesandte Allahs, Friede und Segen seien über ihm, die Geschichte eines Propheten erzählte, der von seinem Volk verprügelt wurde, sich das Blut vom Gesicht wischte und sagte: ›Mein Herr, vergib meinem Volk, denn sie wissen nicht, was sie tun.‹« (Hadith-Sammlung: Sahih Bukhari, Muslim)

18   Taylor, Bill. »What Breaking the Four-Minute Mile Taught Us About the Limits of Conventional Thinking«. *Harvard Business Review*, 10. April 2018. Hbr.org/2018/03/what-breaking-the4-minute-mile-taught-us-about-the-limits-of-conventional-thinking.

19   Hadith-Sammlung: Ahmad.

20   Die Wiedergabe dieser Geschichte basiert auf der Übersetzung aus dem folgenden Buch: Nicholson, Reynold Alleyne. *The Mathnawi.* E. J. Brill Luzac & Co., 1925.

## Kapitel 7 - *Salah*: Wie wir uns auf die göttliche Liebe einstimmen

1    Einige Gelehrte sind der Meinung, dass das Wort *Salah* von der Wurzel *salla* stammt, die »Bittgebet« bedeutet. Andere hingegen sagen, dass das Wort *Salah* von der Wurzel *silla* abstammt, die »verbinden, befestigen, zusammenbinden« bedeutet. Beide Sichtweisen werden gewürdigt, wenn wir bedenken, dass das Wort *Salah* auch von den drei Wurzelradikalen *Sad, Lam, Wau* stammt, die auf eine Bedeutung wie »Gebet, Flehen, Segen, verherrlichen, hervorbringen, dicht folgen, eng hinterhergehen, verbunden bleiben« hindeuten. Das Element der Verbundenheit ist der

Kern des Bittgebets und des rituellen Gebets. Es wird auch die Meinung geäußert, dass wenn ein Pferd beim Pferderennen dem Pferd vor ihm so dicht folgt, dass sein Kopf praktisch am Körper des ersten Pferdes hängt, dieses zweite Pferd *al-Mussalli* genannt wird. Da *Salah* so viel wie »Gott anflehen« bedeutet, kann die Wurzel sprachlich als »anhängen« und »enge Verbundenheit mit Gott« verstanden werden.

2    Hadith-Sammlung: Buchari, Muslim.

3    Der große Denker des achten Jahrhunderts, Imam Muhammad al-Baqir, sagte: »Das Gebet ist die Säule der Religion und sein Gleichnis ist das der Stütze eines Zeltes – wenn die Stütze aufrecht bleibt, bleiben die Heringe und Seile gerade und aufrecht, doch biegt die Stütze sich oder bricht, bleiben weder die Heringe noch die Seile gerade.« (Bihar al-Anwar)

4    Hadith-Sammlung: Tirmidhi.

5    Dies ist eine weitverbreitete Lehre, die in verschiedenen spirituellen Traditionen vorkommt, weshalb sie nicht einem einzigen Autor zugeschrieben wird.

6    Redd, Nola Taylor. »Einstein's Theory of General Relativity«. Space.com, 8. November 2017. www.space.com/17661-theory-general-relativity.html.

7    Alban, Deane. »How to increase Blood Flow to the Brain«. *Be Brain Fit*, 24. Juni 2018. Bebrainfit.com/increase-blood-flow-brain/.

8    Ober, Clinton, et al. *Earthing: The Most Important Health Discovery Ever!* Basic Health Publications, 2014.

9    Chevalier, Gaétan, et al. »Earthing: Health Implications of Reconnecting the Human Body to the Earth's Surface Electrons«. *Journal of Environmental and Public Health*. www.ncbi.nlm.nih.gov/pmc/articles/ PMC3265077/.

10   »Dr. Stephen Sinatra Talks About Grounding Benefits«. Mercola.com. www.articles.mercola.com/sites/articles/archive/2013/08/04/barefoot-grounding-effect.aspx.

11   Hadith-Sammlung: Muslim.

12   Hadith-Sammlung: Buchari.

13   Hadith-Sammlung: Ibn Hibban.

14   Hilyat al-Abrar, Band 1, S. 321ff.

15   Hadith-Sammlung: Buchari.

16   Das Wort *Falah* kommt von den drei Wurzelbuchstaben *Fa, Lam, Ha,*
     die auf eine Bedeutung wie »gedeihen, erfolgreich sein, etwas erreichen,
     pflügen, kultivieren« hindeuten. Der Terminus *Falah* hat dieselbe Wurzel
     wie das Wort *Fallah* oder »Bauer«. Das unterstreicht noch einmal den
     Gedanken, dass wir das, was wir in diesem Leben pflanzen, im nächsten
     Leben ernten.

17   Hadith-Sammlung: Muslim.

18   Yusuf, Hamza. »Islam on Demand«, 2011.

19   Hadith-Sammlung: Tirmidhi.

20   »Das erste (Gottes)haus, das für die Menschen gegründet wurde, ist
     wahrlich dasjenige in Bakka [ein anderer Name für Makka], als ein
     gesegnetes (Haus) und eine Rechtleitung für die Weltenbewohner.« (3:96)

21   Goleman, Daniel. »A Feel-Good Theory: A Smile Affects Mood«. *The New
     York Times*, 18. Juli 1989. www.nytimes.com/1989/07/18/science/a-feel-
     good-theory-a-smile-affects-mood.html.

22   Es ist wichtig, das koranische Arabisch richtig auszusprechen, doch Allah
     ist barmherzig gegenüber denjenigen, die die arabische Sprache nicht
     ausreichend beherrschen. Der Prophet Muhammad ﷺ sagte: »Wahrlich,
     derjenige, der den Koran mit Gewandtheit liest, wird in der Gesellschaft
     der rechtschaffenen, edlen Engel sein, und derjenige, der ihn mit Mühe
     stotternd liest, wird von Allah den doppelten Lohn bekommen.« (Hadith-
     Sammlung: Buchari, Muslim)

23   Der Prophet Muhammad ﷺ sagte: »Die Sure, die mit ›(Alles) Lob
     gehört Allah, dem Herrn der Welten‹ beginnt, ist die Mutter des Koran,
     die Mutter des Buches, die sieben oft wiederholten Verse und der große
     Koran.« (Hadith-Sammlung: Tirmidhi)

24   Der Prophet ﷺ überlieferte: »Allah der Allmächtige sagte: ›Ich habe
     das Gebet zwischen Mir und Meinem Diener in zwei Teile geteilt, und
     Meinem Diener wird das zuteilsein, worum er bittet.‹ Wenn der Diener
     sagt: ›Alles Lob gebührt Allah, dem Herrn der Welten‹, sagt Allah
     der Allmächtige: ›Mein Diener hat Mich gelobt.‹ Und wenn er sagt:
     ›Dem Allerbarmer, dem Barmherzigen‹, sagt Allah: ›Mein Diener hat
     mich gepriesen.‹ Wenn er sagt: ›Herrscher am Tage des Gerichts‹, sagt
     Allah: ›Mein Diener hat Mich gerühmt und Mein Diener hat sich Mir
     unterworfen‹, und manchmal sagt Er: ›Mein Diener hat alles auf Mich

zurückgeführt.‹ Und wenn er sagt: ›Dir allein dienen wir und Dich allein flehen wir um Hilfe an‹, sagt Er: ›Dies ist zwischen Mir und Meinem Diener, und Meinem Diener wird das zuteilsein, worum er bittet.‹ Und wenn er sagt: ›Leite uns den geraden Weg, den Weg derjenigen, denen Du Gunst erwiesen hast, nicht derjenigen, die (Deinen) Zorn erregt haben, und nicht der Irregehenden!‹, dann sagt Allah: ›Dies ist für Meinen Diener, und Meinem Diener wird das zuteilsein, worum er bittet.‹« (Hadith-Sammlung: Muslim)

25    Es gibt eine laufende Debatte darüber, wann das erste Gebet des Tages ist. Einige Gelehrte sind der Meinung, dass das erste Gebet das *Maghrib*-Gebet ist, während andere glauben, es sei das *Fadschr*-Gebet. Diese Debatte spiegelt sich auch in dem Vers wider, in dem es heißt: »Haltet die Gebete ein, und (besonders) das mittlere Gebet, und steht demütig ergeben vor Allah.« (2:238) Diejenigen, die sagen, dass das *Maghrib*-Gebet das erste ist, sehen im mittleren Gebet das *Fadschr*-Gebet, während diejenigen, die sagen, dass das *Fadschr*-Gebet das erste Gebet ist, das mittlere als 'Asr-Gebet identifizieren. Es gibt auch Gelehrte, die sagen, das mittlere Gebet ist das *Zuhr*-Gebet, weil es in der Mitte des Tages liegt.

26    Anonym.

27    Hadith-Sammlung: Abu Dawud, an-Nasa'i.

28    Mehr über die Praxis der *Tauba* in Kapitel 5.

## Kapitel 8 – *Zakat*: Geben als Werkzeug Gottes

1    Hadith-Sammlung: Buchari, Muslim.

2    Hadith-Sammlung: Abu Dawud.

3    Hadith-Sammlung: Muslim.

4    Hadith-Sammlung: Tirmidhi.

5    Hadith-Sammlung: Buchari, Muslim.

6    Diese Einsicht wurde von den folgenden Worten des Boxers Muhammad Ali inspiriert: »Der Dienst an anderen ist die Miete, die du für dein Zimmer hier auf der Erde bezahlst.«

7    Hadith-Sammlung: Buchari.

8    Hadith-Sammlung: Tirmidhi.

9    Hadith-Sammlung: Muslim.

10    Safi, Omid. *Radical Love: Teachings from the Islamic Mystical Tradition.* Yale University Press, 2018.

11    Gibran, Kahlil. *The Prophet.* VIVI Books, 2016.

12    Hadith-Sammlung: Buchari.

13    Hadith-Sammlung: *Nuzhat al-Madschalis* von al-Asfuri, nach Ibn al-Tawus.

14    Hadith-Sammlung: Muslim.

15    Hadith-Sammlung: Buchari, Muslim.

16    Bea, Scott. »Why Giving Is Good for Your Health«. *Health Essentials from Cleveland Clinic*, 30. Januar 2018. Health.clevelandclinic.org/why-giving-is-good-for-your-health/.

17    Suttie, Jill und Jason Marsh. »5 Ways Giving Is Good for You«. Greater Good, 13. Dezember 2010, greatergood.berkeley.edu/article/item/5_ways_giving_is_good_for_you.

18    Dieses Zitat ist Pastor Rick Warrens Wiedergabe eines Spruchs von C. S. Lewis.

19    Swalin, Rachel. »4 Health Benefits of Being Generous«. Health.com. 2. Dezember 2014. www.health.com/stress/.

20    Waters, Lea, et al. »Why Giving Is Good for the Soul«. *Pursuit*, The University of Melbourne, 23. Juli 2018. Pursuit.unimelb.edu.au/articles/why-giving-is-good-for-the-soul.

21    »Exploring the Eel River Valley«. *Logging Industry.* Sunnyfortuna.com/explore/redwoods_and_water.htm.

22    »About Coast Redwoods«. CA State Parks. www.parks.ca.gov/?page_id=22257.

23    Hadith-Sammlung: al-Kubra, Ibn Abbas.

24    Hadith-Sammlung: Buchari, Muslim.

25    Diese Überlieferung wird als *Hadith Qudsi* bezeichnet. Diese Art der Überlieferung unterscheidet sich von einem *Hadith Nabawi* oder einer allgemeinen Aussage des Propheten ﷺ, denn die Überlieferungskette eines *Hadith Qudsi* geht direkt auf Gott zurück und nicht auf eine Überlieferungskette, die mit dem Propheten Muhammad ﷺ endet. Ein *Hadith Qudsi* unterscheidet sich jedoch von einem Koranvers. Während ein *Hadith Qudsi* ein göttlicher Ausspruch ist, dessen Worte aber vom Propheten ﷺ formuliert wurden, enthält der Koran die genaue Rede Gottes, sowohl in der Bedeutung als auch im Wortlaut.

26    Hadith-Sammlung: Buchari.

27   Dies ist das bekannte Gelassenheitsgebet des christlichen Theologen
     Reinhold Niebuhr.

## Kapitel 9 – Ramadan: Der heilige Fastenmonat

1   Imam al-Qurtubi sagte: »Er (dieser Monat) wurde Ramadan genannt, weil
    er die Sünden der Menschen mit rechtschaffenen Taten verbrennt«.

2   Hadith-Sammlung: Buchari.

3   Hadith-Sammlung: Tirmidhi.

4   Da Materialismus und die Verehrung der Welt in der islamischen
    Theologie oft als eine der Wurzeln des Übels genannt werden, versuchen
    wir, wenn wir fasten, unser Bewusstsein von dieser vergänglichen
    Schöpfung auf den ewigen Schöpfer zu richten. Es gibt auch einen Hadith
    aus Baihaqis Schuʻab al-Iman, der auf al-Hasan al-Basri zurückgeht
    und besagt, dass der Prophet ﷺ sagte: »Die Liebe zu dieser Welt ist die
    Wurzel allen Übels.« In einigen Überlieferungen wird dies auch Jesus
    zugeschrieben. Der Gedanke, dass die Liebe zur Welt das Herz von der
    Anbetung ablenkt, ist kein neues oder revolutionäres Konzept des Islams,
    sondern ist auch im Judentum und Christentum vorhanden.

5   Hadith-Sammlung: Muslim.

6   Hadith-Sammlung: Buchari, Muslim, Malik, Tirmidhi, an-Nasaʼi, Ibn
    Madscha.

7   Wie bereits angeführt: Die angeborene Ausrichtung auf das Göttliche,
    die dem Herzen des Menschseins innewohnt, wird oft als »ursprüngliche
    Essenz« oder im Arabischen als *Fitra* bezeichnet. Das Wort *Fitra* kommt
    von einem Wurzelwort, das »spalten, hervorbringen« bedeutet. Dies
    impliziert, dass unsere Arbeit auf dieser Erde darin besteht, die Schale
    unseres Egos zu spalten und die göttlichen Samen hervorzubringen, die
    Gott durch die Großzügigkeit Seiner Liebe bereits in den Garten unseres
    Geistes gepflanzt hat.

8   Hadith-Sammlung: Tirmidhi.

9   Group, Dr. Edward. »20 Health Benefits of Fasting for Whole Body
    Wellness«. *Dr. Group's Healthy Living Articles*, Global Healing Center,
    Inc, 13. Juni 2017. www.globalhealingcenter.com/natural-health/
    health-benefits-of-fasting/.

10    Whiteman, Honor. »Fasting: Health Benefits and Risks«. *Medical News Today*, MediLexicon International, July 27, 2015. www.medicalnewstoday.com/articles/295914.php.

11    Stibich, Mark. »Hara Hachi Bu: The Japanese Secret to Longevity«. *Verywell Health*, 19. Oktober 2017. www.verywellhealth.com/hara-haci-bu-the-okinawans-secret-to-longevity-2224043.

12    Hadith-Sammlung: Tirmidhi.

13    Diese Überlieferung wird als *Hadith Qudsi* bezeichnet. Diese Art der Überlieferung unterscheidet sich von einem *Hadith Nabawi* oder einer allgemeinen Aussage des Propheten ﷺ, denn die Überlieferungskette eines *Hadith Qudsi* geht direkt auf Gott zurück und nicht auf eine Überlieferungskette, die mit dem Propheten Muhammad ﷺ endet. Ein *Hadith Qudsi* unterscheidet sich jedoch von einem Koranvers. Während ein *Hadith Qudsi* ein göttlicher Ausspruch ist, dessen Worte aber vom Propheten ﷺ formuliert wurden, enthält der Koran die genaue Rede Gottes, sowohl in der Bedeutung als auch im Wortlaut.

14    Hadith-Sammlung: Abu Huraira, Darimi.

15    Hadith-Sammlung: Buchari.

16    Adams, A. J. »Seeing Is Believing: The Power of Visualization«. *Psychology Today*, Sussex Publishers. www.spychologytoday.com/us/blog/flourish/200912/seeing-is-believing-the-power-visualization.

17    Lohr, Jim. »Can Visualizing Your Body Doing Something Help You Learn to Do It Better?«. *Scientific American*. www.scientificamerican.com/article/can-visualizing-your-body-doing-something-help-you-learn-to-do-it-better/.

18    B., Zoe. »Harvard Research—How Thoughts Affect Your Brain«. Simple Life Strategies, 2013. Simplelifestrategies.com/Harvard-research/.

19    Pillay, Srinivasan. »The Science of Visualization. Maximizing Your Brain's Potential During the Recession«. The Huffington Post. www.huffingtonpost.com/srinivasan-pillay/the-science-of-visualizat_b_171340.html.

20    Hadith-Sammlung: Buchari.

21    Hadith-Sammlung: Buchari.

22 Der Prophet Muhammad ﷺ sagte: »Sucht die Nacht der Bestimmung an den letzten zehn Tagen in den ungeraden Nächten des Ramadans.« (Hadith-Sammlung: Buchari)

23 Hadith-Sammlung: Ahmad.

24 Hadith-Sammlung: Buchari, Muslim.

25 Hadith-Sammlung: Tirmidhi.

## Kapitel 10 – *Haddsch*: Eine Pilgerfahrt zu Gott

1 Chittick, William C. *The Inner Journey: Views from the Islamic Tradition.* Morning Light Press, 2007. Anmerkung: Dieses Zitat besagt nicht, dass wir zu Gott werden, sondern dass wir durch Hingabe die Schleier der Arroganz überwinden, damit wir Gott erfahren können.

2 Die Juden und Christen glauben daran, dass der Prophet Abraham von Gott aufgefordert wurde, seinen ersten Sohn Isaak, den er aus der Ehe mit seiner Frau Sara hatte, zu opfern.

3 Wie bereits angeführt: Der Koran erinnert uns an die subtile Realität, dass Gott die Samen des Glaubens, der Liebe und der Einheit im sogenannten Bund von Alast (*Ruz-e-Alast*) in die fruchtbaren Herzen der gesamten Menschheit gepflanzt hat. In einem vorewigen Reich, vor dieser Welt, wie wir sie kennen, wurden die Wesen, die sich eines Tages in einer irdischen Form manifestieren würden, von Allah gefragt: »Bin ich nicht euer Herr?« Die Seelen vibrierten zu einer Symphonie der Bejahung, als jedes einzelne Wesen die Einheit Allahs mit den folgenden Worten bestätigte: »Doch, wir bezeugen es.« Das Ergebnis dieses Bundes ist, so kann gesagt werden, dass auf der Seelenebene jeder Mensch unabhängig von seinem bewussten Glauben vollständig auf das Göttliche ausgerichtet ist (7:172).

4 Einige Gelehrte sind der Ansicht, dass es sich bei dem Opfer um einen Widder handelte.

5 Anwaar, Amna. »All You Need to Know about Bait-ul Ma'mur.« *IslamicFinder*, 21. Juli 2017. www.islamicfinder.org/news/all-you-need-to-know-about-bait-ul-mamur/.

6 Einige Gelehrte, die dem Mystizismus stärker zugeneigt waren, haben sogar behauptet, dass Arafat der Ort ist, an dem alle Seelen, die sich eines Tages in irdischen Körpern manifestieren würden, den vorirdischen Bund

von Alast geschlossen haben, durch den sie erklärten, dass Gottes Herrschaft und Souveränität über der gesamten Schöpfung steht.

7    Der Prophet Muhammad ﷺ sagte: »Es gibt keinen Tag, an dem Allah mehr Diener vom Höllenfeuer befreit als am Tag von Arafat.« (Hadith-Sammlung: Muslim)

8    Hadith-Sammlung: Tirmidhi.

9    Hadith-Sammlung: Buchari.

10    Hadith-Sammlung: Buchari, Muslim, Abu Dawud, An-Nasa'i.

## Kapitel 11 – Die spirituellen Geheimnisse des Todes

1    Wie Rumi sagt: »Hast du jemals ein Samenkorn gesehen, das auf die Erde fiel und nicht mit neuem Leben aufging? Warum solltest du also am Aufgehen eines Samenkorns namens Mensch zweifeln?«

2    Tuckerman, Mark E. »Law of Conservation of Energy«. New York University. www.nyu.edu/classes/tuckerman/adv.chem/lectures/lecture_2/node4.html.

3    »Er ist es, Der euch bei Nacht (im Schlaf) abberuft und weiß, was ihr bei Tag begangen habt.« (6:60)

4    Anonym.

5    Poore, Jennifer. »These Flowers Only Bloom After Forest Fires« *Redding Record Searchlight*, 2. Juni 2017. www.redding.com/story/life/home-garden/2017/06/02/these-flowers-only-bloom-after-forest fires/364114001/.

6    Hadith-Sammlung: Buchari.

7    Hadith-Sammlung: Tirmidhi.

8    Anonym.

9    Der Satz »Stirb, bevor du stirbst« wurde dem Propheten Muhammad ﷺ, Imam Ali und vielen Mystikern verschiedener Traditionen zugeschrieben.

10    Ricard, Matthieu. *Weisheit: Die schönsten Texte tibetischer Meister.* Nymphenburger Verlag, 2012.

11    Dieses Zitat wird oft Imam Ali zugeschrieben.

12    Hinsichtlich des Todes sagte der Prophet Muhammad ﷺ: »Erwähnt oft den Tod, den Zerstörer der Genüsse.« (Hadith-Sammlung: Tirmidhi)

13    Al-Ghazali, Abu Hamid. Dear Beloved Son – Ayyuhal Walad. Lulu.com, 2015.

14    Hadith-Sammlung: Tirmidhi.

15    Hadith-Sammlung: Buchari.

16  Hadith-Sammlung: al-Albani.

17  Dieses Zitat wird unter anderem dem Propheten Muhammad ﷺ und Imam Ali zugeschrieben, kommt aber auch in Überlieferungen der Ureinwohner Amerikas vor.

18  Hadith-Sammlung: Muslim, Ahmad.

## Kapitel 12 – Die Geheimnisse von Himmel und Hölle

1  Dies ist ein metaphorischer Verweis auf den Koranvers 52:23.

2  Hadith-Sammlung: Tirmidhi.

3  Hadith-Sammlung: Tirmidhi. Der Koran bekräftigt, dass die Belohnungen des Paradieses unvergleichbar sind mit dem, was der Mensch je gekannt hat, wenn es heißt: »Keine Seele weiß, welche Freuden im Verborgenen für sie bereitgehalten werden als Lohn für das, was sie zu tun pflegten.« (32:17)

4  Quraeshi, Samina, et al. *Sacred Spaces: A Journey with the Sufis of the Indus.* Peabody Museum of Archaeology and Ethnology, 2009.

5  Safi, Omid. »The Sufi Tradition – Literary and Cultural Dimensions«. Bayan Claremont, 11. Februar 2019, Claremont.

6  Vakil, Mohammed Ali, and Mohammed Arif Vakil. *40 Sufi Comics.* Sufi Studios, 2012.

7  Einige Gelehrte legen nahe, dass die Hölle für manche kein ewiger Bestimmungsort ist, sondern ein Ort der Läuterung.

8  Einige haben diese Geschichte Mullah Nasruddin zugeschrieben. Sie steht in engem Zusammenhang mit den Koranversen 66:6 und 21:98.

9  Mit dem Moment, in dem Gott uns den freien Willen gegeben hat, musste Er die Möglichkeit einräumen, dass wir uns von Ihm abwenden können. Unser freier Wille schafft eine Dualität, und diese Dualität erfordert zwei Endziele: eines in Richtung Licht und eines vom Licht entfernt. Wenn wir die Hölle abschaffen und nur den Himmel haben wollen, dann müssen wir auch jede mögliche Wahl ausschließen, die uns in die Hölle führen würde. Würde uns Gott nur den Weg in den Himmel wählen lassen, könnten wir unseren freien Willen nicht zum Ausdruck bringen, weil wir nur eine Option hätten und nicht die Freiheit, diese Wahl zu verweigern.

10  Diese Überlieferung wird als *Hadith Qudsi* bezeichnet. Diese Art der Überlieferung unterscheidet sich von einem *Hadith Nabawi* oder einer allgemeinen Aussage des Propheten ﷺ, denn die Überlieferungskette eines *Hadith Qudsi* geht direkt auf Gott zurück und nicht auf eine

Überlieferungskette, die mit dem Propheten Muhammad ﷺ endet. Ein *Hadith Qudsi* unterscheidet sich jedoch von einem Koranvers. Während ein *Hadith Qudsi* ein göttlicher Ausspruch ist, dessen Worte aber vom Propheten ﷺ formuliert wurden, enthält der Koran die genaue Rede Gottes, sowohl in der Bedeutung als auch im Wortlaut. (Hadith-Sammlung: Buchari)

11    Hadith-Sammlung: Buchari.

12    Hadith-Sammlung: Buchari.

13    Al-Rawi, Rosina Fawzia. *Divine Names: The 99 Healing Names of the One Love.* Olive Branch Press, 2015.

14    Khalil, Mohammad Hassan. *Islam and the Fate of Others the Salvation Question.* Oxford University Press, 2012.

15    Der Prophet Muhammad ﷺ sagte: »Wahrlich, Allah hat die guten und die schlechten Taten niedergeschrieben und Er hat sie deutlich gemacht! Wer also etwas Gutes zu tun beabsichtigt, es aber nicht ausführt, für den schreibt es Allah bei sich als eine volle gute Tat nieder. Und wenn er es beabsichtigt und sodann begeht, so schreibt es Allah für ihn bei sich als zehn gute Taten, bis zum Siebenhundertfachen und mehrmals darüber hinaus, nieder. Wer aber etwas Schlechtes zu tun beabsichtigt und es dann nicht ausführt, für den schreibt es Allah bei sich als eine volle gute Tat nieder. Und wenn er es beabsichtigt und dann begeht, so schreibt es Allah für ihn bei sich nur als eine einzige schlechte Tat nieder.« (Hadith-Sammlung: Buchari)

16    Hadith-Sammlung: Buchari.

17    Hadith-Sammlung: Buchari, Muslim.

18    Anonym.

## Du bist geliebt

1    Hadith-Sammlung: Tirmidhi.

2    Ein traditionelles islamisches Bittgebet.

## Anhang

1    Hadith-Sammlung: Muslim.

# LITERATUR-
# VERZEICHNIS

Al-'Arabi Ibn, et al. *101 Diamonds from the Oral Tradition of the Glorious Messenger Muhammad Mishkat Al-Anwar: A Collection of Hadith.* Pir Press, 2002.

Al-Ghazali, Abu Hamid. *The Alchemy of Happiness.* WLC, 2009.

Al-Husayn Sharif al-Radi Muhammad ibn, et al. *Nahjul Balagha.* Peermahomed Ebrahim Trust, 1972.

Al-Husayn Sharif al-Radi Muhammad ibn und Thomas F. Cleary. *Living and Dying with Grace: Counsels of Hadrat 'Alī.* Shambhala, 1996.

Ali, Abdullah Yusuf. *The Meaning of the Holy Qur'ān: Explanatory English Translation, Commentary, and Comprehensive Index.* Amana Publications, 2016.

»Al-Qur'an Al-Kareem«. *Al-Qur'an Al-Kareem.* quran.com.

Al-Rawi, Rosina Fawzia. *Divine Names: The 99 Healing Names of the One Love.* Olive Branch Press, 2015.

Ananda, Maitreya. *The Dhammapada.* Parallax Press, 2001.

Armstrong, Karen. *Muhammad Prophet of Our Time.* HarperPress, 2006.

Asad, Muhammad und Ahmed Moustafa. *The Message of the Qur'ān: the Full Account of the Revealed Arabic Text Accompanied by Parallel Transliteration.* Book Foundation, 2012.

A'zami, Muhammad Mustafa. *The History of the Qur'ānic Text: From Revelation to Compilation: A Comparative Study with the Old and New Testaments.* Al-Qalam Pub., 2011.

Barks, Coleman, and Michael Green. *The Illuminated Prayer: The Five-Times Prayer of the Sufis as Revealed by Jellaludin Rumi and Bawa Muhaiyaddeen.* Ballantine Wellspring, 2000.

Bayrak, Tosun. *The Most Beautiful Names.* Threshold Books, 1985.

Berg, Yehudah. *Satan: An Autobiography.* Kabbalah Centre, 2016.

Bly, Robert, and Kabir. *Kabir: Ecstatic Poems.* Beacon Press, 2004.

Bradshaw, John. *Healing the Shame That Binds You*. Health Communications, Inc., 2005.

Bucaille, Maurice. *The Bible, the Qur'an, and Science: The Holy Scriptures Examined in the Light of Modern Knowledge*. Tahrike Tarsile Qur'an, 2014.

Chittick, William C. *The Inner Journey: Views from the Islamic Tradition*. Morning Light Press, 2007.

Cleary, Thomas und Bukari Muhammad. *The Wisdom of the Prophet: Sayings of Muhammad*. Shambhala, 2002.

Coelho, Paulo. *The Alchemist*. HarperCollins Publishers, 1993.

Coelho, Paulo und Margaret Jull Costa. *Warrior of the Light: A Manual*. HarperCollins, 2011.

»Du'aa of Light«. *Authentic Dua and Dhikr*. authentic-dua.com/2011/12/10/duaa-of-light-noor, 10. Juni 2016.

Easwaran, Eknath. *The Bhagavad Gita*. 2. Ausgabe, Nilgiri Press, 2007.

Easwaran, Eknath. *The Upanishads*. 2. Ausgabe, Jaico Pub. House, 2010.

Fadiman, James, and Robert Frager. *Essential Sufism: Selections from the Saints and Sages*. Gulshan Books, 2009.

Freke, Timothy. *The Heart of Islam*. Godsfield, 2002.

Gibran, Khalil. *Prophet*. Arcturus Publishing LTD, 2017.

Glassel, Cyril. *The New Encyclopedia of Islam: A Revised Edition of the Concise Encyclopedia of Islam*. Altamira, 2002.

Goss, Phil. *Jung: A Complete Introduction: Teach Yourself*. Hodder and Stoughton General Div, 2015.

»Hadith Collection«. Hadith Qudsi—Hadith Collection. www.hadithcollection.com/hadith-qudsi.html.

»Hadith of the Day«. hadithoftheday.com.

Harvey, Andrew und Eryk Hanut. *Perfume of the Desert: Inspirations from Sufi Wisdom*. Theosophical Publishing House, 1999.

Hathaway, Mark & Boff, Leonardo. *Die Weisheit des Kosmos: Ein zukunftweisendes Weltbild. Mit einem Vorwort von Fritjof Capra*. Lit Verlag. 2021

Hawking, Stephen. *A Brief History of Time*. Bantam Books, 2017.

Henning, Max. *Der Koran. Das Heilige Buch des Islam*. Überarbeitung und Einleitung von Murad Wilfried Hofmann. Çağrı Yayınları, 2005.

Hixon, Lex. *The Heart of the Qur'an: An Introduction to Islamic Spirituality*. 2. Ausgabe, The Theosophical Publishing House, 2003.

*Holy Bible. New Living Translation.* Tyndale House, 2005.

»Humility in the Quran and Sunnah.« *Faith in Allah.* abuaminaelias.com/humility-in-the-quran-and-sunnah/.

Ibn ʿAta Allah, Ahmad ibn Muhammad, et al. *Ibn ʿAtaʾ Illah: The Book of Wisdom, and Kwaja Abdullah Ansari: Intimate Conversations.* Paulist Press, 1978.

Irving, Thomas Ballantine., et al. *The Qurʾān: Basic Teachings.* Daʿawah Academy, International Islamic University, 1994.

Jaffer, Tahir Ridha. »Ghurar Al-Hikam Wa Durar Al-Kalim, Exalted Aphorisms And Pearls Of Speech«. *Al-Islam.org.* www.al-islam.org/ghurar-al-hikam-wa-durar-al-kalim-exalted-aphorisms-and-pearls-speech.

Khalil, Mohammad Hassan. *Islam and the Fate of Others the Salvation Question.* Oxford University Press, 2012.

Khan, Nouman Ali. *Revive Your Heart: Putting Life in Perspective.* Kube Publishing Ltd, 2017.

Khan, Nouman Ali und Sharif Randhawa. *Divine Speech.* Bayyinah Publications, 2016.

Kidwai, Abdur Raheem. *Daily Wisdom: Sayings of the Prophet Muhammad.* Kube, 2010.

Kidwai, Abdur Raheem. *Daily Wisdom: Selections from the Holy Qurʾan.* Kube, 2011.

Kidwai, Abdur Raheem. *The Qurʾan: Essential Teachings.* Islamic Foundation Limited, 2015.

Ladinsky, Daniel James. *Love Poems from God: Twelve Sacred Voices from the East and West.* Penguin Compass, 2002.

Leaman, Oliver. *The Qurʾan: An Encyclopedia.* Routledge, 2010.

Lewis, Clive S. *The Problem of Pain.* HarperCollins, 2014.

Lewis, C. S. *The Great Divorce.* Collins, 2012.

Lings, Martin. *Muhammad: His Life Based on the Earliest Sources.* Islamic Texts Society, 2007.

Mazrui, Shaykh al-Amin Ali. *The Content of Character: Ethical Sayings of the Prophet Muhammad.* Sandala, 2005.

Meyer, Wali Ali. und Bilal Hyde. *Physicians of the Heart: A Sufi View of the Ninety-Nine Names of Allah.* Sufi Ruhaniat International, 2012.

Mogahed, Yasmin. *Reclaim Your Heart: Personal Insights on Breaking Free from Life's Shackles.* FB Publishing, 2015.

Muhammad Ibn Talal Ghazi ibn, et al. *War and Peace in Islam: The Uses and Abuses of Jihad.* The Islamic Texts Society, 2013.

Murata, Sachiko und William C. Chittick. *The Vision of Islam.* Gulshan Books Kashmir, 2015.

Nasr, Seyyed Hossein. *The Garden of Truth: The Vision and Promise of Sufism, Islam's Mystical Tradition.* HarperOne, 2008.

Nasr, Seyyed Hossein. *Islamic Spirituality: Foundations.* Crossroad, 1987.

Nasr, Seyyed Hossein. *The Study Quran: A New Translation and Commentary.* HarperOne, an Imprint of HarperCollins Publishers, 2017.

Nepo, Mark. *The Book of Awakening.* Conari Press, 2000.

Nguyen, Martin. *Modern Muslim Theology: Engaging God and the World with Faith and Imagination.* Rowman & Littlefield, 2019.

Nicholson, Reynold Alleyne. *The Mathnawi.* E.J. Brill Luzac & Co., 1925.

Peterson, Eugene H. *The Message: The Bible in Contemporary Language.* NavPress, 2017.

Power, Carla. *If the Oceans Were Ink: An Unlikely Friendship and a Journey to the Heart of the Qur'an.* Henry Holt and Company, 2015.

Rahman, Fazlur und Ebrahim Moosa. *Major Themes of the Qur'ān.* The University of Chicago Press, 2013.

Rahman, Jamal. *The Fragrance of Faith: The Enlightened Heart of Islam.* Book Foundation, 2006.

Rahman, Jamal. *Spiritual Gems of Islam: Insights, Practices from the Qur'an, Hadith, Rumi, and Muslim Teaching Stories to Enlighten the Heart and Mind.* SkyLight Paths Publishing, 2014.

Rahman, Jamal, et al. *Out of Darkness into Light: Spiritual Guidance in the Quran with Reflections from Jewish and Christian Sources.* Morehouse Pub., 2009.

Ricard, Matthieu. *On the Path to Enlightenment: Heart Advice from the Great Tibetan Masters.* Shambhala, 2013.

Rifa'i, Muhammad al-Jamal. *Conversations in the Zawiyah.* Sidi Muhammad Press, 1999.

Rifa'i, Muhammad al-Jamal. *The Deeper Meaning behind the Pillars of Islam.* Sidi Muhammad Press, 1996.

Rifa'i, Muhammad al-Jamal. *He Who Knows Himself Knows His Lord.* Sidi Muhammad Press, 2007.

Rifaʻi, Muhammad al-Jamal. *Music of the Soul: Sufi Teachings.* Sidi Muhammad Press, 1997.

Rifaʻi, Muhammad al-Jamal. *The Path of Allah Most High.* Sidi Muhammad Press, 1997.

Rifaʻi, Muhammad al-Jamal. *The Reality of Imagination.* Sidi Muhammad Press, 1999.

Robinson, Neal. *Discovering the Qurʾan: A Contemporary Approach to a Veiled Text.* Georgetown University Press, 2004.

Rubin, David C. *Memory in Oral Traditions: The Cognitive Psychology of Epic, Ballads, and Counting-out Rhymes.* Oxford University Press, 1998.

Rumi Jalal al-Din, et al. *The Illustrated Rumi: A Treasury of Wisdom from the Poet of the Soul.* HarperOne, 2010.

Rumi Jalal al-Din, et al. *Jewels of Remembrance: A Daybook of Spiritual Guidance: Containing 365 Selections from the Wisdom of Rumi.* Shambhala, 2000.

Rumi Jalal al-Din und Coleman Barks. *The Essential Rumi.* HarperOne, 2004.

Rumi Jalal al-Din und Jonathan Star. *Rumi: In the Arms of the Beloved.* Jeremy P. Tarcher/Penguin, 2009.

Safi, Omid. *Radical Love: Teachings from the Islamic Mystical Tradition.* Yale University Press, 2018.

Shafak, Elif. *The Forty Rules of Love.* Penguin Books, 2015.

Shah, Idries. *The Pleasantries of the Incredible Mulla Nasrudin.* ISF Publishing, 2015.

Shah-Kazemi, Reza. *Common Ground between Islam and Buddhism.* Louisville, KY: Fons Vitae, 2011.

Shariʾati, Ali. *Hajj: Reflections on Its Rituals.* ABJAD, 1992.

Shariʾati, Ali. *On the Sociology of Islam.* Algorithm, 2017.

Sultan, Sohaib. *The Qurʾan and Sayings of Prophet Muhammad: Selections Annotated and Explained.* SkyLight Paths Pub., 2012.

Tarsin, Asad und Shaykh Hamza. Yusuf. *Being Muslim: A Practical Guide.* Sandala Inc., 2015.

»The Quranic Arabic Corpus - Word by Word Grammar, Syntax and Morphology of the Holy Quran«. corpus.quran.com.

The University of Spiritual Healing and Sufism. *A Drop in the Ocean of Love: Ancient Wisdom for Living a Divinely-Guided Life.* DPWN Publishing, 2017.

Tolstoy, Leo. *War and Peace.* Walter Scott Pub. Co., 1920.

Vakil, Mohammed Ali und Mohammed Arif Vakil. *40 Sufi Comics*. CreateSpace Independent Publishing Platform, 2011.

Walker, Brian Browne. *The Tao Te Ching of Lao Tzu*. St. Martin's Press, 1995.

Warren, Rick. *The Purpose Driven Life*. Zondervan, 2006.

Watts, Alan. *The Wisdom of Insecurity: A Message for an Age of Anxiety*. Vintage Books, 2011.

Wheeler, Brannon M. *Prophets in the Quran: An Introduction to the Quran and Muslim Exegesis*. Continuum, 2002.

X, Malcolm, et al. *The Autobiography of Malcolm X*. Ballantine Books, 1999.

Yusaf, Mamoon. *Inside the Soul of Islam: A Unique View into the love, Beauty, and Wisdom of Islam for Spiritual Seekers of All Faiths*. Hay House, Inc., 2017.

Zakariya, Abu. *The Eternal Challenge: A Journey through the Miraculous Qur'an*. One Reason, 2015.

# ÜBER DIE AUTORIN

A. Helwa ist der Ansicht, dass jeder einzelne Mensch auf der Erde zutiefst vom Göttlichen geliebt wird. Sie ist eine preisgekrönte Autorin, die Hunderttausende Leser durch ihren leidenschaftlichen, poetischen und auf Liebe basierenden Zugang zur Spiritualität inspiriert hat. Sie startete ihren beliebten Blog @quranquotesdaily, während sie ihren Masterstudiengang in »Divinity« machte, um anderen dabei zu helfen, persönliche und spirituelle Schwierigkeiten auf ihrer Reise zu überwinden und göttliche Liebe zu erfahren.

Mit mehr als fünfzehn Jahren der spirituellen Entwicklung und Erfahrung darin, über den Islam zu schreiben und zu sprechen, schöpft A. Helwa Wissen aus ihren persönlichen Erfahrungen und traditionellen Quellen, um ihrem Publikum den Zugang zur »göttlichen Liebe im Alltag« zu erleichtern.

Wenn A. Helwa nicht gerade in Cafés liest, ist sie auf Reisen, zeltet in der Wüste, wandert im Dschungel oder liest über schwarze Löcher. Unter www.authorahelwa.com erfährst du mehr über ihre Arbeit und darüber, wie man sich dem Göttlichen durch Liebe nähern kann.